[illegible]

国、法国、俄罗斯等外国学者的关怀与支持，共同编辑出版《中国抗战大后[illegible]

大成就，并且期望有更多中外学者投入此项大型文化工程。

日本明治维新[illegible]

[illegible]

牙人民电》所说："我们与你们都是站在[illegible]

使在"二战"全面爆发以后，反法西斯战争延展形成东西[illegible]国依然是亚洲的主要战场，依然是长期有效抗击日本侵略的主力军之一，并且为世界反法西斯战争的胜利做出极其重要的贡献。2002年夏天，我在巴黎凯旋门正好遇见"二战"老兵举行盛大游行庆祝法国光复。经过接待人员介绍，他们知道我[illegible]合影，因为大家都曾是反法西斯的战士。我虽感光荣，但却受之有愧，因为作为

序

周 勇

“中国人民抗日战争的胜利，成为中华民族走向复兴的历史转折点。”①

“这一伟大胜利，彻底粉碎了日本军国主义殖民奴役中国的图谋，洗刷了近代以来中国抗击外来侵略屡战屡败的民族耻辱；重新确立了我国在世界上的大国地位，中国人民赢得了世界爱好和平人民的尊敬；开辟了中华民族伟大复兴的光明前景，开启了古老中国凤凰涅槃、浴火重生的新征程。这一伟大胜利，也是中国人民为世界反法西斯战争胜利、维护世界和平作出的重大贡献。”②

抗日战争时期，重庆是中国的战时首都、中共中央南方局所在地，是以国共合作为基础的抗日民族统一战线的重要政治舞台，是世界反法西斯战争东方战场统帅部所在地，为中国人民抗日战争和世界反法西斯战争的胜利作出了巨大的历史贡献。以重庆为中心的中国西部地区，是中国抗战的大后方，大后方人民在浴血奋战的抗战历史中，创造出独具特色的抗战历史文化。抗战大后方历史文化发展的主导力量，是中国共产党倡导和推动建立的以国共合作为基础的抗日民族统一战线。

为纪念中国人民抗日战争暨世界反法西斯战争胜利60周年，2008年以来，在中共重庆市委的领导下，重庆市实施了“重庆中国抗战大后方历史文化

①胡锦涛：《在纪念抗日战争胜利60周年大会上的讲话》(2005年9月3日)，《人民日报》2005年9月4日。

②《习近平在中共中央政治局第二十五次集体学习时强调，让历史说话，用史实发言，深入开展中国人民抗日战争研究》(2015年7月30日)，《人民日报》2015年7月31日。

研究和建设工程”。在此背景下,我们根据以重庆为中心的抗战大后方历史特点,专门设计以抗战时期国共合作为题的重大研究项目,获得了中宣部的批准立项。历时八年,我们承担并开展了国家交给我们的“第二次国共合作及其经验研究”,取得了一系列新进展、新成果。纳入《中国抗战大后方历史文化丛书》的“第二次国共合作及其经验研究系列”就是这些成果的集中体现。

时值上述成果完成并即将出版之际,中共中央政治局于2015年7月30日就中国人民抗日战争的回顾和思考,进行了第二十五次集体学习。中共中央总书记习近平在主持时强调:长期以来,对中国人民抗日战争的研究,取得了许多重要成果;“同时,同中国人民抗日战争的历史地位和历史意义相比,同这场战争对中华民族和世界的影响相比,我们的抗战研究还远远不够,要继续进行深入系统的研究”。“要坚持用唯物史观来认识和记述历史,把历史结论建立在翔实准确的史料支撑和深入细致的研究分析的基础之上。”为此他要求“要加强国家层面的统筹协调,按照‘总体研究要深、专题研究要细’的原则,制订中长期规划和具体工作方案,确定研究重点和主攻方向”。[①]

这一重要讲话是对中国人民抗日战争研究的顶层设计,意味着抗战研究将作为中国近现代历史学科的“显学”而成为常态,进入重点推进的新阶段。

在本课题结题的时候,这一讲话既是对既往研究的充分肯定,更是对未来深入研究的方向引领。

一、项目体系

大家看到的“第二次国共合作及其经验研究系列”是国家哲学社会科学基金特别委托项目“第二次国共合作及其经验研究——以中共中央南方局和抗战大后方为中心”(项目批准号:09@ZH012,简称“特别委托项目”)的最终成果。

这一项目的申报始于2008年重庆市酝酿“重庆中国抗战大后方历史文化研究和建设工程”之际,得到了中央领导同志和中央宣传部、中央文献研究

①《习近平在中共中央政治局第二十五次集体学习时强调,让历史说话,用史实发言,深入开展中国人民抗日战争研究》(2015年7月30日),《人民日报》2015年7月31日。

室、中央党史研究室、国家新闻出版总署、军事科学院等单位的大力支持。这一项目由重庆市委宣传部和西南大学联合申报，以周勇教授为首席专家，由中共重庆市委抗战大后方历史文化工作协调小组及其办公室牵头，整合国内及全市研究力量，协同实施。

在此背景下，这一课题所涉及的一批重要的研究及工作项目被列为“特别委托项目”的子课题，有的被重庆市哲学社会科学规划领导小组办公室列为重庆市社科规划的重大项目，形成了以“第二次国共合作”为核心主题，以“特别委托项目”为中心，以重庆社科项目为延伸，以全国范围研究力量为骨干，强调基础研究与应用研究相结合、历史研究与史料搜集相结合、学术研究与应用研究相结合，主次分明、层次清晰的立体式项目结构，以达成研究力量多元、优势互补的研究体系。从而很好地发挥了中央和地方的学术引擎“双驱动”作用，呈现相互支撑、协同创新、成果互补的良好局面，为完成这一国家社科规划重大项目打下了坚实基础。

这些项目主要有：

2009年：“第二次国共合作的形成与发展研究”（中央党史研究室李蓉主持，批准号：2009-ZDZX02）、“第二次国共合作国际国内环境研究”（西南大学张国镛主持，批准号：2009-ZDZX01）、“第二次国共合作政策与策略研究”（重庆市委党校胡大牛主持，批准号：2009-ZDZX03）、“第二次国共合作模式与机制研究”（西南大学潘洵、鲁克亮主持，批准号：2009-ZDZX04）、“第二次国共合作的分歧、冲突与谈判研究”（西南大学张守广、谭刚主持，批准号：2009-ZDZX05）、“第二次国共合作的成效与影响研究”（西南大学刘志英、杨如安主持，批准号：2009-ZDZX06）、“第二次国共合作破裂以来的国共关系的演变研究”（北京大学牛军主持，批准号：2009-ZDZX07）、“第二次国共合作的历史经验及其对当前发展两岸关系的指导意义研究”（重庆市委宣传部苟欣文主持，批准号：2009-ZDZX08）。

2010年：“抗战大后方与周恩来研究”（中央文献研究室廖心文主持，批准号：2010-ZDZX03）、“抗战时期国共合作档案文献资料汇编”（西南大学潘洵主持，批准号：2010-ZDZX11）、“重庆谈判档案文献汇编”（重庆中国抗战大后方研究中心刘志平主持,批准号:2010-ZDZX12)、“国民参政会档案文献资料汇编”(重庆中国抗战大后方研究中心黄晓东主持,批准号:2010-ZDZX13)、“政治协商会议档案文献资料汇编”(重庆中国抗战大后方研究中心何林主持,批准号:2010-ZDZX14)、“中共南方局党史资料汇编”(重庆市委党史研究室徐塞声主持,批准号:2010-ZDZX10)。

2011年:“董必武与抗战大后方研究”(西南政法大学俞荣根主持,批准号:2011-ZDZX01)、“红岩千秋——南方局口述历史资料集”(重庆中国抗战大后方研究中心刘志平主持,批准号:2011-ZDZX02)。

2012年:“西部12省区市抗战大后方党史系列研究”(重庆市抗战大后方历史文化研究会周勇主持,批准号:2012-ZDZX02)。

2013年:“中共南方局与抗战大后方社会研究”(西南大学陈跃主持,批准号:2013-ZDZX02)、“中国共产党抗战大后方文献选编”(重庆红岩联线管理中心朱军、刘志平主持,批准号:2013-ZDZX05)、“抗战大后方八路军办事处档案文献汇编”(重庆红岩联线管理中心朱军、吴绍阶主持,批准号:2013-ZDZX06)、“中国抗战时期中间党派档案文献选编”(重庆市政协学习与文史委员会杨力主持,批准号:2013-ZDZX07)、“中国共产党抗战大后方活动研究”(重庆工商大学洪富忠主持,批准号:2013-ZDZX10)、“抗战时期中国共产党在重庆的舆论话语权研究”(重庆大学张瑾主持,批准号:2013-ZDZX28)。

2014年:“中国共产党抗战大后方文献研究”(西南大学中国抗战大后方研究中心刘志平主持,批准号:2014-ZDZX06)、“抗战时期美国与中共关系档案资料汇编”(西南大学张凤英主持,批准号:2014-ZDZX19)。

二、研究的意义和价值

立项研究“第二次国共合作及其经验”,旨在深化考证研究,增进历史认同,解决遗留问题,构筑政治互信,探索合作新路。

自20世纪20年代以来,中国共产党和中国国民党就是中国政治舞台上影响中国近代历史进程的两大政党。虽然两大政党在政治纲领、政治信仰方面存在重大差异,但却有过两次比较成功的合作,对国家进步、民族复兴产生了重要的推动作用。令人遗憾的是，抗日战争结束以后，国共两党发生了严重的政治对抗，乃至兵戎相见，这种状况一直延续至今。

中共中央提出："两岸应该本着建设性态度，积极面向未来，共同努力，创造条件，通过平等协商逐步解决两岸关系中历史遗留的问题和发展过程中产生的新问题。"[①]

在新的历史条件下，中共中央进一步提出，要"让历史说话，用史实发言，深入开展中国人民抗日战争研究"；特别提出，要"推动海峡两岸学术界共享史料、共写史书，共同捍卫民族尊严和荣誉"[②]。为此，史学工作者应当恪守"一个中国"原则，尊重历史，求同存异，追求最大共识，增进政治互信，为推动两岸和平统一作出贡献。

因此，今天我们研究第二次国共合作的意义和价值就在于：

（一）有利于充分认识中国共产党是领导中国人民争取民族独立和人民解放的坚强核心和全民族抗战的中流砥柱，充分认识中国共产党在抗战大后方的卓越历史地位和巨大作用，深刻反映中国共产党倡导和推动建立的以国共合作为基础的抗日民族统一战线的形成和发展历程，继承和弘扬红岩精神

抗战时期，中国共产党领导的革命斗争，逐渐形成了两条战线、两个战场。一个是敌后抗日根据地的武装斗争，一个是中国共产党倡导和推进建立的抗日民族统一战线。特别是以重庆为中心的大后方，国际国内形势风云激荡，政治斗争纷繁复杂。中共中央南方局在党中央的正确领导下，始终高举抗日和民主的旗帜，坚持国共合作，牢牢把握抗日民族统一战线的领导权，正确处理统一战线中的阶级关系，凝聚民族力量，推动全民抗战，既为抗战胜利作出了重要贡献，又为民主党派阵营的形成和新中国建立后的中国共产党领导的多党合作政治格局的开创，奠定了坚实的基础。同时，在党中央领导下，以周恩来同志为代表的南方局老一辈无产阶级革命家，培育了以崇高思想境

① 胡锦涛在纪念《告台湾同胞书》发表30周年座谈会上的讲话（2008年12月31日），《人民日报》2009年1月1日第1版。

②《习近平在中共中央政治局第二十五次集体学习时强调，让历史说话，用史实发言，深入开展中国人民抗日战争研究》（2015年7月30日），《人民日报》2015年7月31日。

界、坚定理想信念、巨大人格力量和浩然革命正气为本质的红岩精神，体现了中国共产党精神风范中的核心价值。红岩精神同井冈山精神、长征精神、延安精神一样，都是中国共产党人和中华民族的宝贵精神财富。深入研究第二次国共合作及其经验，就是要加强对中国共产党在抗战大后方的地位和作用的研究，梳理中国共产党倡导和推进建立的抗日民族统一战线的发生、发展历史轨迹，厘清各民主党派成长历史和经验教训，深入研究抗日民族统一战线形成的机制和方法。大力弘扬红岩精神，有利于在新的历史时期进一步坚持中国共产党的领导，坚持和完善中国共产党领导的多党合作和政治协商制度，增强民族凝聚力，加强民族大团结，为实现中华民族的伟大复兴提供强大的精神动力。

（二）有利于充分认识第二次国共合作的重大意义和深远影响，增强新时期发展国共关系和两岸关系的责任感和自觉性

1931年“九一八”事变后，面对空前严重的民族危机和国内日益高涨的抗日浪潮，中国共产党和中国国民党及时调整政策，以民族利益为重，捐弃前嫌，求同存异，毅然再次合作，共赴国难，实现了中华民族的空前团结，并最终取得了近百年来第一次民族解放战争的完全胜利，开启了中华民族走向复兴的伟大转折。通过对大陆、台湾及其他地区和国家保存资料的参照对比、梳理考证和重新解读，进一步研究抗战时期国共两党艰难曲折的合作历程，还原第二次国共合作的历史真实；系统论证第二次国共合作取得的重大成果及其对抗日战争的伟大胜利、对中华民族走向复兴的伟大转折、对国共两党的发展所产生的深远影响；总结梳理抗战结束后，两党政治对立、国家分裂对民族复兴和国家利益造成的严重伤害，将有利于我们充分认识国共两党“合则对国家有利，分则必伤民族元气”的经验教训，进一步增强新时期发展国共关系和两岸关系的责任感和自觉性。

（三）有助于化解歧见，增加互信，解决历史遗留问题，为实现祖国和平统一排除历史认知障碍

抗战时期第二次国共合作的历史，既是国共两党求同存异、相忍为国的集中体现，也是两党智慧较量和实力斗争的充分展示。第二次国共合作取得

了抗战的胜利，推动了民族的复兴，同时也对国共两党产生了重要的影响。中国共产党通过与国民党的合作、与广大中间党派的合作，努力争取实现抗日和民主两大目标，获得了空前的发展，建立了一系列根据地，拥有了强大的军队，党员人数剧增，赢得了广大人民群众的支持，成为全国性大党，为中国人民抗日战争暨世界反法西斯战争的胜利作出了重大贡献，初步得到国际社会的了解，也为新中国政治制度奠定了重要的基础。中国国民党通过合作抗日，取得了中国历史上成功抵御外敌入侵、胜利还都的“不曾有的先例”（冯友兰语）。然而，长期以来，国民党和台湾方面并不认同国共合作，甚至完全不提“国共合作”，其中重要原因，就是把国民党在大陆的失败完全归咎于国民党在抗战时期所谓的“容共政策”，认为在两次国共合作中，国民党都吃尽苦头，终以中华民国退出中国大陆为代价，因此决不能再搞“国共合作”。这种对国共合作历史及经验教训的认识误区，实际上已成为国民党和台湾当局的一个历史包袱，也是阻碍当前发展两党和两岸关系的制约因素。因此，深化对第二次国共合作历史的研究，以科学的历史观正确认识第二次国共合作的历史、成果、影响及经验教训，有助于增进国共两党、海峡两岸的历史认同，逐步解决两岸关系中的历史遗留问题，构筑两岸政治互信的基石，从而排除祖国和平统一的历史认知障碍。

（四）有助于借鉴历史经验，在新的形势下积极探索发展两岸、两党关系的新内容、新形式与新机制

经过30多年的改革开放，中国的面貌发生了历史性变化，中国同世界的关系也发生了历史性变化。随着国家综合国力的整体增强，中华文化走向世界，中国的国际地位和影响力正在进一步提升，两党交流合作、两岸共谋发展迎来了新的国内和国际环境。两岸关系历经风雨坎坷，随着国民党在台湾执政地位的重新确立，台湾局势发生积极变化，两岸关系也迎来难得的历史发展机遇。历史研究的终极目的不仅是知晓过去，更是理解现在，指引未来。抗战时期以国共合作为核心的党际合作、朝野合作，最终表现为团结御侮、民族复兴，表现了中华民族生生不息的顽强生命力，尤其突出地表现了中华民族持久坚韧的民族凝聚力。研究第二次国共合作的历史，就是为发展两党关

系和两岸关系提供历史借鉴。这有助于站在新的历史起点上,探索基于民族凝聚力、建立党际政治互信与政治合作的制度性框架,乃至于更深入、更广泛层次的合作策略、合作模式与合作机制(如基于一个国家之下的不同政权、不同政党之间的合作),探索发展两党关系和两岸关系的新内容、新形式、新模式,有助于促进结束两党、两岸的政治对立,实现祖国的早日统一。

(五)有助于深化对中国近代史、抗日战争史、中华民族复兴史、国共两党关系史、民主党派史的研究,进一步从学理和法理上遏制"台独",促进祖国统一

正确的历史经验教训建立在科学的理论指导和最基本的史实研究基础之上。没有客观、深入和系统的研究,不可能实事求是地弄清楚长期影响着两党感情的种种历史矛盾和冲突的来龙去脉。仅仅满足于早已设定的政治结论,既不利于学术研究,也不可能正确地总结历史上的经验教训。深入研究第二次国共合作的历史,要坚持中国化马克思主义的指导,要注重现实关怀,坚持学术标准,在还原历史的真实上狠下功夫;需要在已有学术研究成果的基础上,立足新形势,拓宽新领域,挖掘新史料,构建新体系,提出新思考;在历史研究中再攀学术高峰,从而深化对中国近代史、抗日战争史、中华民族复兴史、国共两党关系史、中国民主党派史的认识。更为重要的是,抗战历史文化研究,特别是第二次国共合作历史研究的基本前提是"一个中国"原则。因此,研究国共合作的历史就是对"一个中国"的论证,是对"一个中国"原则的坚持。因此,基于科学和理性基础上的研究,就是从学理和法理方面遏制"台独",这是海峡两岸学界对促进祖国统一最实在的贡献。

三、国内外对第二次国共合作研究现状述评

(一)国内(含台湾地区)研究现状

自20世纪80年代以来,中国史学界对国共两党关系史的研究日益深入,硕果累累。其中对第二次国共合作的研究,成绩尤为显著。

发表的论文,据不完全统计,截至目前为止,以"第二次国共合作"为主题在CNKI学术期刊网上进行检索,有研究论文1200余篇,其主要侧重在共产

国际和第二次国共合作、第二次国共合作形成的历史过程和涉及的人物、对抗日战争胜利所起的巨大作用和意义、第二次国共合作期间国共两党的历次谈判、第二次国共合作为什么没能实行党内合作、抗日战争时期中共是否取得合法地位、第二次国共合作期间两党关系发生根本变化的标志、第二次国共合作破裂主要标志和过程、西安事变,等等。另外,中共党史学会选编的纪念抗日战争胜利40周年论文集《抗日民族统一战线与第二次国共合作》(中国文史出版社, 1987年版)、第一至第五届全国国共两党关系史学术讨论会论文集等,均收入大量有关第二次国共合作的论文。

出版的资料集,主要有:中共党史资料征集委员会编辑的《第二次国共合作的形成》(中共党史资料出版社, 1989年版);中央统战部、中央档案馆编辑的《中共中央抗日民族统一战线文件选编(上、中、下)》(档案出版社, 1985年版);重庆市政协文史资料委员会、重庆市委党校、红岩革命纪念馆合编的《抗战时期国共合作纪实(上、下)》(重庆出版社, 1992年版);中共湖北省委党史资料征集编研委员会、中共武汉市委党史资料征集编研委员会编的《抗战初期中共中央长江局》(湖北人民出版社, 1991年版);南方局党史资料征集小组编的《南方局党史资料(1—6)》(重庆出版社,1986—1990年版);重庆市政协文史资料研究委员会编的《国民参政会纪实(上、下、续)》(重庆出版社, 1985、1987年版);中共重庆市委党史工作委员会、重庆市政协文史资料研究委员会、红岩革命纪念馆合编的《重庆谈判纪实》(重庆出版社, 1983年版);中共重庆市委党史研究室、重庆市政协文史资料委员会、红岩革命纪念馆合编的《重庆谈判纪实增订本》(重庆出版社, 1993年版);重庆市政协文史资料研究委员会、重庆市委党校合编的《政治协商会议纪实》(重庆出版社,1989年版);中共代表团梅园新村纪念馆编辑的《国共谈判文献资料选辑(1945.8—1947.4)》(江苏人民出版社, 1980年版)》;中央档案馆编辑的《中共中央文件选集》(内部本第10—13册,中央党校出版社, 1985—1987年版);中央档案馆编辑的《中共中央文件选集》(公开本第11—16册, 中央党校出版社, 1991—1992年版);中央文献研究室和中共南京市委编辑的《周恩来1946年谈判文选》(中央文献出版社,1996年版),以及中共中央文献研究室、中央档案馆合编的《建党以来重要文献选编(1921—1949)》(其中涉及1931—1945年抗战时期的共15册,即第8—22册,中央文献出版社,2011年版)。另有西安事变资料多种,皖南事变资料多种。

出版的专著主要有:张梅玲的《干戈化玉帛——第二次国共合作的形成》(中国广播电视出版社,1991年版),郝晏华的《从秘密谈判到共赴国难——国共两党第二次合作形成探微》(北京燕山出版社,1992年版),杨奎松的《失去的机会?战时国共谈判实录》(广西师范大学出版社,1992年版),李良志的《度尽劫波兄弟在——战时国共关系》(广西师范大学出版社,1993年版),黄修荣的《抗战时期国共关系纪事(1931—1945)》(中共党史出版社,1995年版)和《国共关系70年纪实》(重庆出版社,1994年版)等。

此外,国共关系史、国共合作史以及中共党史、中国国民党党史著作中均有大量篇幅论述第二次国共合作问题。此方面的著作主要有:林家有的《国共合作史》(重庆出版社,1987年版),王功安、毛磊主编的《国共两党关系史》(武汉出版社,1988年版),杨世兰等主编的《国共合作史稿》(河南出版社,1988年版),张广信的《国共关系史略》(陕西教育出版社,1989年版),唐培吉等的《两次国共合作史稿》(浙江人民出版社,1989年版),苏仲波、杨振亚主编的《国共两党关系史》(江苏人民出版社,1990年版),李良志、王顺生的《国共合作历史与展望》(福建人民出版社,1990年版),秦野风等的《国共合作的过去与未来》(黑龙江教育出版社,1991年版),王功安、毛磊主编的《国共两党关系通史》(武汉大学出版社,1991年版),马齐彬主编的《国共两党关系史》(中共中央党校出版社,1995年版),范小方、毛磊的《国共谈判史纲》(武汉出版社,1996年版),杨奎松的《国民党的"联共"与"反共"》(社会科学文献出版社,2008年版)等。

从20世纪80年代后期到90年代前期,国共合作研究曾一度形成高潮,发表了大量的研究论文和学术专著,也涌现出了李良志的《度尽劫波兄弟在——战时国共关系》,杨奎松的《失去的机会?战时国共谈判实录》,王功安、毛磊主编的《国共两党关系通史》和马齐彬主编的《国共两党关系史》等质量较高的著述。90年代中期以后,出现了杨奎松的《国民党的"联共"与"反共”》,这部著作使用了国共双方大量可靠、翔实的资料,论述严密,多有创见,被称为研究国共关系的“开先河之作”。

但总体而言,抗战期间国共关系研究无论在史料史实方面,还是在观点创新方面,取得突破性进展的研究成果并不多,[1]尤其是对国民党方面的研究相当欠缺,而低水平重复的现象大量存在,研究的视野还有待超越,研究的领域还有待拓宽,研究的史料还有待发掘,专题研究还有待深入。特别是作为第二次国共合作主要机构的中共中央南方局和重要活动舞台的抗战大后方,一直没有受到研究者的重视,这不能不说是第二次国共合作研究的重大缺陷。

台湾地区和国民党方面长期否认国共合作,1956年蒋介石撰写《苏俄在中国》,总结失败的原因、教训,认为“对共党谈判和共军收编,乃是政策和战略上的一个根本错误”。无论是国民党还是民进党,都把国民党丢掉中国大陆归因于所谓的国民党“容共政策”。陈永发的《中国共产革命七十年》(台北联经出版事业公司,1998年版)、张玉法的《中华民国史稿》(台北联经出版事业公司,2001年修订版)和《中国现代史》(东华书局,2001年增订版),都有较大的篇幅论述国共在抗日战争中的联合与斗争,但仍然仅仅是从国民党的立场来分析国共关系,具有相当的片面性。

(二)国外研究现状

国外涉及第二次国共合作研究的著述不多。日本学者波多野善大开风气之先,对国共合作进行了专题研究,并形成了一部专著《国共合作》(罗可群译,广东档案史料丛刊增刊,1982年版),这也是目前所见国外最早的一部直接研究第二次国共合作历史的学术著作。日本山田辰雄(齐福霖译)的《中国对国民党史的研究——以国共合作为中心的重新探讨》也对国共合作进行了探讨。奥夫钦尼科夫的《中国抗日民族统一战线的形成和发展》(莫斯科,1985年版)是苏联学者论述国共合作的代表性作品,但过分强调苏联和共产国际的作用。美国方面有范力沛的《敌与友:中共党史中的统一战线》(斯坦福大学出版社,1976年版),比较系统地论述了中共党史中的统一战线问题。

---

①参见杨奎松:《抗战期间国共关系研究50年》,载《抗日战争研究》1999年第3期。

而涉及国共关系，尤其是在中美关系中涉及国共关系的论述很多，包括易劳逸的《毁灭的种子：战争和革命中的中国(1937—1949)》(斯坦福大学出版社，1948年版)、齐锡生的《抗战期间的国民党中国：军事失利与政治崩溃(1937—1945)》(密歇根大学出版社，1982年版)、迈克尔·沙勒的《美国十字军在中国(1938—1945)》、《马歇尔使华》(美国，1976年版)、苏姗娜·佩伯的《中国的内战：政治斗争(1945—1949)》(《剑桥中国史》第13卷，剑桥大学出版社，1986年版)、赫伯特·菲斯的《中国的纠葛——从珍珠港事变到马歇尔使华美国在中国的努力》(普林斯顿大学出版社，1953年版)、肯尼思·休梅克的《美国人与中国共产党人》(康奈尔大学出版社，1971年版)、约翰·斯图尔特·谢伟思的《美亚文件与中美关系史上的若干问题》(加州大学伯克利中国研究中心，1971年版)、约瑟夫·W.埃谢里的《在中国失掉的机会——美国前外交官约翰·W.谢伟思第二次世界大战时期的报告》(纽约，1974年版)、巴巴拉·W.塔奇曼的《史迪威与美国在华经验(1941—1945)》(麦克米伦公司，1978年版)等。英国有关第二次国共合作的著述包括嘉韦的《第二次统一战线的起源：共产国际和中国共产党》，论述了共产国际对中国共产党统一战线提出的影响；沈奎功的《中国共产主义者的强大道路：抗日民族统一战线(1935—1945)》，论述了中国共产党抗日民族统一战线的形成和发展过程；方德万的《中国的民族主义和战争》也对国共合作抗日有所涉及。国外研究也在美、苏等国对国共关系影响的研究方面取得了不少的成果。但总体而言，国外对国共合作的研究，由于受到意识形态、史料等多方面的影响，专题性的研究不多，也不深入。

综上所述，中外学术界对第二次国共合作已经进行了大量研究，取得了重要的成就。但是，还有大量的空白需要填补，还有许多问题需要深入，还有相当的史料需要发掘，尤其是对代表中共与国民党交往，具体实施第二次国共合作的中共中央南方局的研究，总体还相对薄弱；对国共合作舞台的大后方的研究，还处在起步阶段。因此还有相当大的空间可以施展，这是当今学人，尤其是作为第二次国共合作重要政治舞台的抗战大后方和国共合作主要机构的中共中央南方局所在地的研究机构和研究学者必须担任的历史责任。

四、项目的总体框架

本项目的基本理念是“中国立场,国际视野,学术标准,一流水平,进入西方主流社会,服务全国大局”。即:坚持国家民族立场,超越国共两党视野,站在前人研究的基础之上,以中共中央南方局与抗战大后方为中心,立足新形势,拓宽新领域,挖掘新史料,构建新体系,提出新思考,分专题深入研究第二次国共合作的国际国内环境、政策与策略、形成与发展、模式与机制、分歧与谈判、成就与影响,系统总结分析第二次国共合作的历史经验和对当前发展两岸关系的现实指导意义,服务于推动两岸关系和平发展、实现中华民族伟大复兴的大局。为此我们努力:

尊重历史事实。即从客观历史实际出发,在史料搜集、挖掘和考订上狠下功夫,通过史料的发掘来还原历史的真实。一方面要发掘和运用国共双方现存而尚未很好使用的历史档案;另一方面也要用好已经公开但利用不够的档案文献,特别是中共中央南方局档案和《新华日报》《群众周刊》等大量反映国共合作的文献资料。必须立足让史实说话。

拓宽研究领域,加强对过去较少关注或忽视的第二次国共合作的政策与策略、模式与机制、成就与影响的研究(如成就方面过去较多关注政治层面、文化层面,而对经济层面、社会层面、外交层面关注不多),特别是过去比较忽略、比较肤浅的对国民党及其政策的研究;注重构建研究框架,从纵向的发展历程研究转入横向的专题性研究。

关注历史与现实的结合。史学的任务不仅是回顾、复原历史,还要通过历史研究展望未来,探索历史发展的规律,为推进社会进步服务。

以中共中央南方局和抗战大后方为中心进行研究。中共中央南方局是抗日战争时期和解放战争初期中共中央派驻国民政府统治中心重庆的代表机关,在第二次国共合作中扮演了极其重要的角色,而抗战大后方是第二次国共合作最重要的活动舞台。以中共中央南方局和抗战大后方为中心进行研究,有助于深化对第二次国共合作诸多方面的认识。

项目研究的整体布局为三个部分:

（一）从八个方面对项目主题进行整体的深入研究

第二次国共合作国际国内环境研究；

第二次国共合作的形成与发展研究；

第二次国共合作政策与策略研究；

第二次国共合作的模式与机制研究；

第二次国共合作的分歧、冲突与谈判研究；

第二次国共合作的成果与影响研究；

第二次国共合作破裂以来国共关系的演变；

第二次国共合作的历史经验及其对当前发展两岸关系的指导意义。

以上内容是本项目研究的核心，也是本项目的代表性成果。

（二）对项目涉及的历史进行多侧面专题研究

中国共产党抗战大后方活动研究；

抗战大后方各省市党史研究；

中共南方局与抗战大后方社会研究；

抗战大后方与周恩来研究；

抗战大后方与董必武研究；

抗战时期中国共产党在重庆的舆论话语权研究。

以上内容围绕项目主题展开，是对主题所涉及的若干重大领域的挖掘，是从点和线上形成对主项目研究的深化。

（三）史料的搜集与整理

中国共产党抗战大后方文献；

中共中央南方局历史文献；

抗战大后方八路军办事处档案文献；

抗战时期国共合作档案文献资料；

国民参政会档案文献资料；

中共南方局口述历史资料；

重庆谈判档案文献；

政治协商会议档案文献资料；

中国抗战时期中间党派档案文献。

以上内容是本项目研究的特色，是整个学术研究创新的基础，也是主项目得以深化的前提。

五、项目研究的基本内容

(一)核心研究的基本内容

核心研究由八个子课题构成：

子课题之一：第二次国共合作国际国内环境研究

学术界至今尚未对该问题进行过全面系统的研究，若有也只是研究某一具体问题，没有就第二次国共合作整体系统的国际国内环境进行研究。因此我们认为，对第二次国共合作环境进行系统研究是一次新的学术尝试，本课题以求全面准确把握第二次国共合作的“生态环境”、环境表征和历史使然，为第二次国共合作的历史走向找出合乎历史逻辑的解释。这对第二次国共合作的研究是一个创新。

本子课题是整个课题研究的基础。我们力求深入系统地对第二次国共合作形成、运行和发展的外部环境和内部环境进行研究，为整个课题研究提供客观依据；同时也极大地拓宽了整个课题研究的领域，丰富和深化对整个课题的研究广度和厚度。作者把这种环境分为国际环境、国内环境、党际环境三个方面，从三个层次展开，即纵向研究影响第二次国共合作形成、发展过程中的国内外环境变化，并探究二者之间的关系；横向研究国共合作阶段决策的国内外环境及其对国共之间的影响；对比研究国共两党合作过程中各自受国内外环境变化的关系，探寻其中的规律，总结经验。

——第二次国共合作的国际环境。主要包括：一是德意日法西斯的侵略尤其是日本帝国主义对中国的侵略，这是促成第二次国共合作最主要的外部因素；二是英美等西方资本主义国家始终从自身战略利益权衡得失，在这一外部环境的影响下，国共合作始终充满变数；三是苏联为维护其自身利益，支援中国抗战和支持国共合作，牵制日本和中苏之间的博弈，支持建立广泛的反法西斯统一战线等。尽管美英和德意日进行过某种交易，甚至牺牲中国的一些利益，但根本上还是支持国共合作的，这是从积极方面促成国共合作的外部环境。

——第二次国共合作的国内环境。首先是政治环境，包括第一次国共合作的影响、各中间党派的诉求、地方实力派力量、社会贤达以及汪伪势力等因素和力量对第二次国共合作的影响。其次是经济环境。经济是基础，它对政治决策有影响作用。主要研究国共两党合作中的经济联系，以及这种经济联系对政治合作的影响。三是军事环境。两党军事力量的对比和消长，是影响第二次国共合作的重要条件。当共产党力量比较强势时，蒋介石国民党就要想方设法加以围剿；当共产党军事力量变弱时，蒋介石国民党同意改编；当双方军事斗争的矛头指向日本帝国主义侵略时，国共两党合作显得比较友好；当共产党军事力量再次发展后，蒋介石国民党又采取了军事摩擦，削弱共产党军事力量；当共产党军事力量再次减弱时，蒋介石国民党又伸出了橄榄枝，国共两党关系出现了微妙变化；当共产党力量再次强大时，国民党再也按捺不住了，于是有了后来的军事斗争，直到全面内战。四是文化环境。

——第二次国共合作的党际环境。主要是国民党、共产党、中间党派三个方面的相互影响。对于国民党来讲，作为执政党，自然要考虑处于反对党地位的共产党内外政策的变化。所以，共产党态度及政策的变化，必然会影响到国民党对共产党的态度等，从而成为一种外部环境；对于共产党来讲，处于执政地位的国民党内外政策的变化，也会影响到共产党对国民党态度的变化等，也会成为共产党制定政策和策略的外部环境；对于中间党派来说，他们虽然也处于在野地位，但他们是一支不可忽视的政治力量，或多或少能够影响国民党、共产党的政策和策略，也成为国民党、共产党的外部环境。特别需要指出的是，有时候，国民党的不同派别、共产党内部的不同意见，都可能成为一种影响决策的因素。

子课题之二：第二次国共合作的形成与发展研究

本子课题的基本任务是从历史的角度对国共第二次合作的发生、发展到结束的全过程进行系统的史实考察，给读者以第二次国共合作的完整印象，对其他子项目的研究提供史实支撑，同时形成国共第二次合作史的完整框架。

对第二次国共合作的历史,学界已经形成了一大批成果。但还没有出版将第二次国共合作作为独立的对象进行系统而全面研究且分量轻重的学术著作。特别是随着新的大量可靠、翔实的历史档案的披露和许多重要人物的日记、回忆录的公开,重新对第二次国共合作的形成与发展进行系统全面的史实梳理和深化研究就尤为迫切。

本子课题的研究着重于:与时俱进,站在21世纪的高度审视历史事件;实事求是,重视史料的掌握与运用;站上巨人的肩膀,在史学界已经取得成果的基础上前行;观水观澜,把握历史进程的关键环节。因此,在认真吸收与整合前人研究成果的基础上,重点利用中共南方局与抗战大后方等新史料,就第二次国共合作的接洽与会晤、推进与发展、合作与摩擦、破裂与对立重新进行了深入细致的梳理和研究,详细叙述了国共从分到联,再从联到分的过程,力争客观真实地描述国共两党领导人既为民族独立,也为主义、事业的坚持与妥协,最终以民族利益为重,捐弃前嫌,共赴国难,实现第二次合作并最终取得伟大的抗日战争的胜利。

在此基础上,作者形成了两个基本判断:一是国共第二次合作的历史,起于1935年中国共产党发表《八一宣言》,终于1947年3月8日中国共产党中央级人员吴玉章撤离重庆。二是国共第二次合作全过程的基本线索由八个关键环节构成,即:中共提出《八一宣言》和国民党响应—西安事变实际上结束了国共的内战—《国共合作宣言》的公开发表使中共实际上有了合法的名分—国民党五届六中全会和晋西事变所标志着的变化—林彪代毛泽东同蒋介石会谈和国民党五届十中全会表明两党关系的改善—抗战胜利后国共在新的基础上继续合作—国民党进攻中原解放区是由政治解决到军事解决的转折—中共代表团撤离是合作渠道的完全断绝。

基于以上基本判断,作者把第二次国共合作的进程分为七个阶段:1.酝酿阶段:起于《八一宣言》发表,终于西安事变之前;2.形成阶段:起于西安事变和平解决,终于《关于国共合作宣言》发表;3.展开阶段:起于国共合作宣言发表之后,终于国民党五届六中全会和晋西事变之前;4.波折阶段:起于1939

年11月国民党五届六中全会和晋西事变，终于1942年10月林彪代毛泽东同蒋介石会谈之前；5.持续阶段：起于1942年10月林彪代毛泽东同蒋介石会谈，终于抗战胜利；6.继续阶段：起于重庆谈判，终于1946年6月国民党政府军进攻中原解放区之前；7.终结阶段：起于1946年6月国民党政府军进攻中原解放区，终于1947年3月中共代表团撤出南京、上海、重庆。

子课题之三：第二次国共合作政策与策略研究

在以往的研究中，对第二次国共合作的政策与策略缺乏系统与深入的研究。本子课题围绕国共第二次合作的政策和策略展开，通过回顾和总结第二次国共合作进程中的国共两党关于合作的相关政策和策略的演变，分析其演变的主客观条件和相应的机制，力求全面深入并系统地梳理、准确理解把握合作双方在政策和策略上的演变过程和基本规律，进而为后面的几个子课题研究提供更加充分的客观依据。本子课题是整个研究课题中的创新点之一。

中共的政策和策略是旗帜鲜明的。作者将其概括为：以抗日民族统一战线包括抗日、民主两大根本任务，以在各方面工作中发展进步势力、争取中间势力、孤立反共顽固势力的战略任务为总政策，以区别对待各种政治势力而采取的又联合又斗争、以斗争求团结为总策略。以总政策和总策略指导而形成并体现为"三三制"政权、减租减息和交租交息、提高与普及民众文化和民族自尊心、大力发展中共武装力量等，以形成包括政治、经济、文化、军事等具体政策的分层级的政策和策略体系。其基本的运作程序是：总政策指导各方面战略任务，形成带有方向目标性的方针性政策和为实现方针性政策而采取的总策略。方针性政策和总策略决定各项目标的具体政策。其简化的程序是：总政策→总策略（方针性政策）→具体政策。可以说，毛泽东在政策、策略混用的纷繁表述中，厘清了政策和策略的分野与程序体系结构，具体指导了当时政策策略的策划和运用，为后世留下大量生动具体的"案例"。共产党的国共合作政策和策略，从总的方面讲，更多地注意在坚持抗战、动员群众、"发展壮大"方面着力，这是一笔厚重的思想财富，值得好好研究。

国民党绝口不提其政策策略规定，但其政策策略事实上却是客观存在的。国民党在抗战中的总政策是以"三民主义暨总理遗教"为"最高准绳"，

“在本党及蒋委员长领导之下”，“全国人民捐弃成见，破除畛域，集中意志，统一行动”，以“求抗战必胜，建国必成”的战略总目标；具体政策，如政治方面是组织国民参政会、实现县自治、改善各级政治机构、整饬纲纪、严惩贪官污吏。虽说从表现上并不涉及中共和各抗战小党派，但其“捐弃成见”就是要求中共等党派必须归属国民党当局在思想上、政治上的统一领导，即“溶共”等政策和策略内涵已包含其中。因此，其总政策可概括为抗战、反共、统一，而其策略包含在总政策中，又通过具体政策体现反映出来。由此可以推知，在反共总政策与推进参政会这类具体政策之间，有一套具体政策和策略在起作用。从反共目标和结果的关系看，从基本历史事实即政策实践的结果看，这套策略就只能是容共、溶共、限共等。所以，国民党政策规定的方式、程序仍然是：总政策→策略（方针或指导性政策）→具体政策。可以看出，国民党的国共合作政策和策略，从总的方面来讲，更多地是从依靠政府、“内部控制”的方面着力，缺乏动员群众等方面的思路。

在实践中，第二次国共合作只是发表政治宣言，有工作平台（国民参政会），但没有具体约束机制的合作方式，只能根据国共各自政策和策略采取“遇事协商”[①]的方式开展活动了。

纵观抗战时期的国共关系，其合作所依据的政策和策略，是国共两党各自拟订的；两党的“合作”政策目标，除抗战外，很多重大问题上是南辕北辙的，所以后来摩擦不断；正因为有了抗战这一共同点，才使合作得以形成并延续到最终。所以，研究第二次国共合作的政策和策略，基本内容就只能是以国共历史过程为经，以不同阶段的形势演变为纬，着力展现抗战中国的基本政策和策略及其演变和作用。

子课题之四：第二次国共合作的模式与机制研究

从模式与机制的角度去研究第二次国共合作，也是过去学术研究中较少关注或忽视的。本子课题从这一新的视角，全面回顾了第二次国共合作的模式和机制，即：1.第二次国共合作模式的磋商与确立。包括两党的初步合作

①周恩来在中共六届六中全会上的发言记录，1938年9月30日。转引自金冲及主编的《周恩来传（1898—1949）》，人民出版社、中央文献出版社1989年版，第396页。

模式、两党关于正式合作模式的反复磋商和两党合作模式的初步形成。2.第二次国共合作的活动平台。包括抗战初期的国防参议会、《新华日报》与《群众周刊》、国民参政会、军委会政治部第三厅与文化工作委员会，以及抗战胜利后召开的政治协商会议。3.第二次国共合作的联络机制。包括国防会议及战区的划分、八路军（新四军）驻各地办事处（通讯处）和军事委员会驻延安联络参谋等。4.第二次国共合作的协商机制。包括政治谈判和军事谈判等。

在此基础上，作者分析了第二次国共合作确立后的两党合作模式和机制，探索第二次国共合作时期的两党合作模式和机制的产生、发展与破裂的演变历程与轨迹。本子课题是整个研究课题中的创新点之一。

子课题之五：第二次国共合作的分歧、冲突与谈判研究

目前学界虽对第二次国共合作的分歧有所注意与研究，但对国共政治分歧、军事冲突和国共谈判的研究相对不足。本子课题通过对抗战时期第二次国共合作的分歧、冲突与谈判进行全面系统研究，全面深入分析国共合作的特殊性和复杂性，努力加深和拓宽第二次国共合作研究的深度和广度。可以说，这是一个“问题阈”研究。

抗战时期，国共两党在政治、军事方面存在分歧和冲突，两党遇事协商谈判，两党甚至分分合合，这是第二次国共合作的常态和特点。

双方的分歧、冲突和谈判，主要围绕军队、政权、政党这三个基本问题展开。

双方的基本分歧在于：蒋介石、中国国民党及国民政府，在政治和理论上，完全缺乏关于国共合作及抗日民族统一战线的观念，并对于抗日民族统一战线形势及格局下的国共关系作出了不切实际的错误认知。这种错误认知，导致蒋介石、中国国民党及国民政府在抗战时期乃至于战后一系列重大军政处置上的严重失误，使国共两党在以抗战和建国为现实目标的第二次国共合作中冲突不断，险象环生。这种矛盾、冲突愈演愈烈的状况，既不利于战时团结抗日，也不利于战后合作建国，并导致最后两党关系的破裂。

双方的冲突表现在政治、军事、思想文化等各个方面：政治上，国民党方面掌握着中央政权，在政治上长期占据有利地位。国民党以中央政府名义，

强调军令政令统一和训政体制,要求中共交出军队,取消根据地政权。国民党拒绝从法律上承认中共合法地位,长期以“文化团体”对待中共。军事上,国民党不断制造摩擦、冲突,并对陕甘宁边区实行封锁;思想文化上,强调三民主义,认为共产主义不适合中国国情等。中共方面,强调其作为政党的独立性,并在团结、民主、抗战、建国的旗帜下,要求国民政府允许其扩编军队并补充饷弹,承认根据地民选政权,承认中共及一切抗日党派的合法地位,战时合作抗战,战后合作建国;要求国民党实行真正民主,最后提出“联合政府”的政权主张,否认国民党一党专政的合法性。中共强调,现阶段当然信奉三民主义,但将来还是要致力于共产主义的事业。

双方的谈判大致上分为战时和战后两个阶段:第一次和第二次谈判围绕防区及中共军队的扩编、边区政权的范围等具体问题展开,第三、四、五次围绕“联合政府”问题展开,第六次重庆谈判围绕“和平建国”问题展开,第七次围绕和平民主及政协会议展开。双方主张在谈判中呈现渐行渐远的总体趋势。

国共双方的分歧、冲突和谈判,为中国近代以来艰难演进的现代化进程开拓出了相对宽阔的发展空间。政治上,民主观念得到广泛传播并深入人心,并在抗战胜利后诞生出政治协商会议这样崭新的政治协商形式。军事上,敌后游击战从普通的战术形式演变为军事战略,并成功开辟出由中国共产党领导的敌后战场,创建了一系列敌后根据地,根据地、游击区和深入敌占区的武工队形成了人民战争的汪洋大海,使侵略者深深陷入无边的泥淖而不能自拔。中华民族的解放事业也由此迎来了云开日出的万道霞光,并最终迎来了抗战的胜利,民族伟大复兴的转折点终于到来。

子课题之六:第二次国共合作的成果与影响研究

在以往的研究中,对第二次国共合作所取得的成就,较多关注政治与文化层面,而对经济、社会、外交层面关注相对较弱。本子课题在吸收前人研究成果的基础上,对以国共合作为基础,国内各党派、各民族实现了空前的民族团结,在政治、军事、经济、文化、外交等众多领域开展的合作与取得的成就进行系统梳理与深入研究,重点加强对以往研究薄弱的国共在经济、外交领域中的合作进行探讨,进而分析国共合作分别对国共双方所产生的不同影响。本子课题是整个研究课题中的创新点之一。

第二次国共合作在政治上的成效主要表现在:第二次国共合作的实现,成为抗日民族统一战线的基础,尤其是克服了合作抗日历程中,曾反复出现的不利于团结抗日大局的各种投降、分裂、倒退的危机,坚持了抗日、团结、进步的大局,赢得了抗战的最终胜利。

在军事上的合作成效主要表现在:国共合作建立后,两党坚持持久战以空间换时间,两个战场相辅为用,两党在战略方针、战役战斗、军事训练等方面形成了多层面的战时军事合作关系,最终取得了对日作战的胜利。

在经济上的合作成效主要表现在:国共合作的建立,使国共两党停止了军事对抗,国民党解除了对共产党所辖区域的经济封锁,结束了国统区和根据地在此之前长时期的经济隔绝状况,缓和了封锁与反封锁的尖锐斗争,开始了有限度的经济领域的合作,为全民族抗战提供了基本的物质基础。

在外交上的合作成效主要表现在:国共合作的建立,使得国共捐弃前嫌,共同倡导、推动了世界反法西斯统一战线的建立;极大拓展了民间外交的空间,国共合作背景之下的民间外交成为国家总体外交的重要组成部分;不平等条约的废除与国家地位的提高,使得中国不断增强和提升着自己在世界的影响力和国际地位;国共还携手参与了建立联合国等涉及战后国际秩序安排的重要外交行动,最终迎来了中华民族由衰败到复兴的伟大转折。

在文化上的合作成效主要表现在:国共合作的建立,使一切不愿做亡国奴的文化工作者都联合起来,组成了我国近代文化史上最广泛、最持久的抗日文化统一战线。即便是在相持阶段到来后,国民党对内对外政策策略发生改变,对抗战进步文化实行专制主义和高压政策的时候,共产党始终坚持“相忍为国”的大局意识和“又联合又斗争”,“以斗争求团结”的策略原则,国民党也最终坚持了民族大义并作出了一些妥协,从而使国共合作“磨而不裂”。因此,在国共合作的大背景下,抗日进步文化运动始终占据主导地位,从而为取得抗日战争的最后胜利作出了独特而重大的贡献。

子课题之七:第二次国共合作破裂以来国共关系的演变

本子课题主要研究第二次国共合作破裂后,国共两党政策、策略的变化,两党、两岸之间的接触和交往及其演变,分析不同历史时期国共关系变化的内外因素,探讨国共关系的未来发展走向。研究第二次国共关系破裂后国共关系的演变,是理解和通往国共两党、两岸未来关系的桥梁和纽带。

本子课题着重研究:1.第二次国共合作破裂后国共双方的激烈对抗,包括内战的爆发、北平谈判和国民党政权的覆灭。2.海峡两岸对峙局面的形成,包括美国插手台湾事务、第三次国共合作的提出、国共两党的秘密接触。3.国共关系的缓和与两党交流的重启,"一国两制"构想的提出与隔岸政治对话,九二共识与"汪辜会谈"。4."台独"与反"台独"的斗争,"台独"的起源,台湾的"民主化"与台独的发展,民进党执政与台独势力的猖獗。5.国共关系的新篇章,两岸经贸关系的发展,国共两党党际交流的重新建立,国民党在台湾的再度执政。

本子课题的成果将以研究报告的方式呈现。

子课题之八:第二次国共合作的历史经验及其对当前发展两岸关系的指导意义

本子课题的研究主要基于2008年3月台湾局势发生积极变化,两岸关系迎来难得历史机遇的新形势。

本子课题在全面总结与借鉴第二次国共合作给我们留下的宝贵历史经验的基础上,认真探讨其对当前发展两岸关系的指导意义,积极推动两岸关系的良性发展,通过共同努力,切实做到共创双赢,促进祖国统一的早日实现。

在新时期,研究和总结抗战时期第二次国共合作的历史经验,将有利于我们对海峡两岸关系的认识,对推进祖国早日实现和平统一具有积极的现实意义。主要是:

统一的民族观念是推动国共两党合作的社会基础;

有利的国际国内形势是实现国共合作的外在环境;

共同的认识目标(即"九二共识")是促成国共两党合作的政治前提;

正确的策略方针是达成国共两党合作的关键所在；

适当的合作机制是建立国共两党合作的正确途径；

必要的妥协和让步是实现国共两党合作的重要条件。

(二)专题研究的基本内容

1. 中国共产党抗战大后方活动研究。本课题侧重于对中共在大后方的作用进行研究，进而提出了中共在大后方地位和作用的观点。作者认为，中国共产党在大后方发挥了彪炳史册的重大作用，大后方既是中国抵御日寇入侵的最后战略基地，也是抗日民族统一战线政策的实践地，也是抗战期间中共实现自己的政治抱负最重要的活动舞台之一。为此，中共努力宣传坚持抗战、反对投降的政治理念，相忍为国，维系国共合作，为抗战胜利奠定政治基础；团结一切可以团结的力量，努力争取中间势力，为抗战胜利壮大进步力量；推动抗战文化发展，为抗战胜利凝聚精神力量；开展民间外交，推动建立国际反法西斯统一战线，为抗战胜利营造有利中国的国际环境。从中共在大后方的历史作用及其发挥作用的主要方式来看，中共在大后方主要是通过立场宣告、以方向引领为主的政治指导方式发挥作用，而成为大后方政治方向的引领者和指导者。

2. 抗战大后方各省市党史研究。本课题主要研究包括中国共产党第七次全国代表大会大后方代表团和中国共产党在抗战大后方地区各省市党的活动。中国共产党第七次全国代表大会设置了大后方代表团，这是党中央对以周恩来为书记的南方局在大后方八年工作的充分肯定，也客观地反映中国共产党在南方地区领导抗战而不懈奋斗的历程。我们依据这批档案史料，对大后方代表团的面貌进行了呈现。同时，本课题对中共在大后方重庆、四川、云南、贵州、广西、陕西、甘肃、宁夏、青海、新疆等省市的活动进行了全面系统的梳理和反映。两大部分共同构成了中国共产党在抗战大后方的历史全貌。

3. 抗战大后方与周恩来研究。研究周恩来的论著不少，但迄今为止，还没有一部全面反映周恩来在抗战大后方的著作，这个课题立项研究是一个创新。课题将以现有研究成果为基础，大量补充在周恩来传记、年谱中没有使用的档案史料，力图全面、真实地反映周恩来在以重庆为中心的抗战大后方的革命斗争生涯和建立统一战线的丰功伟绩，同时，也将涉及这一时期他在延安等方面的活动。本课题以周恩来为主，对其他领袖人物及其所涉及的方方面面也将适当反映，使读者看到的是活跃在抗日民族统一战线大舞台上的周恩来，是中国共产党和各抗日党派群体中的周恩来，而不仅仅是单独的周恩来个人。全书将以纪实体的风格，适当配置历史照片，力求图文并茂。这将是一部以丰富的档案史料为显著特色的著作，也是一部迄今为止最为权威地反映周恩来在抗日战争时期的历史著作。

4. 抗战大后方与董必武研究。董必武是中共南方局仅次于周恩来的主要领导人。当时，周恩来常奔走于重庆与延安之间，以军委会政治部副主任名义巡视战区，还去莫斯科治病等，南方局就由董必武主持工作。迄今为止，没有一部全面反映董必武在抗战大后方的著作，更缺乏撰写这部著作所需要的基础性历史资料。因此，本课题首要的任务就是搜集抗战时期董必武在重庆撰写的著述、诗文、电稿、信函等，其次是搜集已经发表的有关董必武在抗战时期的生平、思想的回忆和研究文章。在此基础上，再对董必武在抗战大后方的历史活动进行深入系统的研究。

5. 抗战时期中国共产党在重庆的舆论话语权研究。重庆是国共合作的主阵地，舆论话语权是考察第二次国共合作的重要领域。中国共产党在重庆的新闻传播活动，对国共关系、战时中国时局、全民族的抗日战争、中美关系均产生了深远的影响，也是第二次国共合作的"晴雨表"。本课题在充分吸取前人研究成果的基础上，运用传播学、舆论学、历史学、政治学、社会心理学等多学科的理论和方法，运用丰富的中外文第一手历史文献，以抗战大后方中心城市重庆及其周边区域为空间，以国民政府移驻重庆时期为研究历史时段，全面系统地探讨在这一时空下，中国共产党在重庆的舆论话语权变迁及其重大意义。研究认为，国共关系是考察中国共产党在重庆时期舆论话语权的重要历史语境。国共两党对于战时合作关系的认识差异，直接影响着两党新闻宣传喉舌的话语权的走向，也必将面临大众对于其话语的接受度。中共一开始就明确了从国家民族高度看待与国民党的关系。抗日民族统一战线的建立，为中共进入大后方和在重庆建立起自己的舆论阵地创造了条件。在与各党派各方面交流和宣传中，中共的政策主张得到了前所未有的认同和支持，重庆为中共发出自己的声音提供了巨大的话语空间。

（三）史料搜集与整理的基本内容

1. 中国共产党抗战大后方文献搜集整理。抗日战争时期，中国共产党对大后方工作发了一系列重要的主张、指示，形成了丰富的关于大后方工作的文献。但是，迄今为止，还没有一部这样的文献选编。我们编纂中国共产党抗战大后方文献，就是要以此梳理中国共产党关于抗日民族统一战线的理论与实践，梳理中国共产党关于第二次国共合作的理论、路线、方针、政策，梳理中国共产党在大后方建设坚强的党组织的成功经验，从而充分认识中国共产党是领导中国人民争取民族独立和人民解放的坚强核心和全民族抗战的中流砥柱，充分认识中国共产党在抗战大后方的卓越地位和巨大作用，充分认识中国共产党倡导和推动建立的以国共合作为基础的抗日民族统一战线的艰难历程和宝贵经验，充分认识中国共产党在大后方培育和形成的红岩精神，是中国共产党和中华民族的宝贵精神财富。收入的文稿，起自1931年9月，截至1945年9月，包括中共中央及中央有关领导机构作出的关于抗战大后方工作的决定、指示，毛泽东等中共中央领导人、中共中央有关机构负责同志关于抗战大后方工作的报告、讲话、谈话、电报、书信、题词等，全面系统地反映中国共产党关于抗战大后方工作的指导思想和方针政策。

2. 中共中央南方局历史资料搜集整理。南方局党史资料的收集整理，已经进行了30年。重庆出版社1990年出版的《南方局党史资料》（六卷本）是其代表作。囿于当时的条件，由中央档案馆保存的档案史料相当部分并没有收入。后来，这部分档案文献由原中共中央党史资料征集委员会南方局党史资料征集小组移交给了中共重庆市委，保存在重庆市委党史研究室。近年来，根据中共中央关于加强南方局历史资料研究编写工作的指示精神，我们将这部分档案进行了全面系统的整理，历时六年。我们将这部分档案与此前出版的《南方局党史资料》合并起来重新编辑，成为目前关于中共中央南方局历史最为完整系统的文献资料，为研究第二次国共合作提供了翔实的史料。这些年来，南方局老同志撰写了一批回忆录，弥补了档案文献之不足；近年来我们对南方局老同志的子女进行了系统的采访,形成了一批珍贵的口述史资料,这些也将结集出版。

3.第二次国共合作历史资料搜集整理。这些年来,我们按照第二次国共合作的发生、发展、曲折、直到最后破裂的历程,做出了四题八卷、500万字的全景式专题资料著作,计分《抗战时期国共合作纪实》《重庆谈判纪实》《政治协商会议纪实》和《国民参政会纪实》。编者本着"实事求是"原则,按照历史发展顺序,以事件本末为中心,采取融大陆、台湾国共两党,中、美两国政府档案、报刊资料,以及当事人的回忆文章为一体的纪实性体例编成。本书的编辑始于20世纪80年代。30年来,关于这段历史的资料又有了进一步的公开披露。编者寻访于中国大陆和美英俄日荷等国及台湾地区,将所得史料补充于其中,从而极大地丰富了这部史料,也将深化对第二次国共合作的研究。

4.抗战时期中间党派档案文献搜集整理。中间党派是在抗日战争这一民族危亡的时期产生、发展起来的国共两党以外的政党和派别,以民族资产阶级、小资产阶级为其社会基础,以知识分子为主体,有独立的政治主张或利益诉求。在面对外族入侵,中华民族面临生死存亡之际,各中间党派站在救亡图存、爱国民主的立场,坚持团结抗日,积极提出各自的抗战、民主、团结的主张,开展抗日救国和民主宪政活动,对推动全民族抗战,为取得抗战最后胜利作出了重大贡献。中间势力有很大的力量,往往可以成为中共和国民党顽固派斗争时决定胜负的因素。因此,中国共产党总结出"发展进步势力,争取中间势力,孤立顽固势力"这一巩固和发展统一战线基本经验。我们组织搜集了反映中国抗战大后方各中间党派主要政治主张的文献资料。这些党派主要是组成中国民主政团同盟的几个党派,如中华民族解放行动委员会(第三党,中国农工民主党前身)、中国青年党、中国国家社会党、全国各界救国联合会和中国人民救国会、中华职业教育社、中国乡村建设协会,以及其前身统一建国同志会和改组后的中国民主同盟,等等。这些史料的搜集整理,有利于梳理中间党派与国共两党关系的演变及中国各主要中间党派的发展变化脉络;有利于清晰地呈现中国各党派对中国发展道路的判断、比较和选择;有利于厘清抗战后中国走上中共领导的多党合作与人民民主国家发展道路的深厚历史根源；有利于坚持和完善中国共产党领导的多党合作和政治协商制度；有利于借鉴历史经验，促进祖国和平统一；也有利于深化对中国近代史、抗日战争史、中华民族复兴史、各主要中间党派和各民主党派历史的研究。

六、项目的主要创新点和特色

（一）登高行远，站在国家民族立场审视两党合作的历史

历史学研究必须忠于历史。抗日战争已经结束70年了，我们今天面临着海峡两岸和平发展的国内环境和开放的国际环境。在这个环境中进行学术工作，对于忠于历史有了更好的条件，是我们这一代史学工作者的幸运。因此，使我们有可能在抗战研究中，转变“国共对立”的战场思维范式，而树立“国家民族利益和国家民族立场”的文化思维范式。如此，便能秉持国家民族的立场，增强中华民族的情怀，顺应历史潮流，把握发展趋势，在这样的高度上去研究历史，评价历史，才能洞察时事，超越创新，建功民族，成就自己。

为此，我们先后两次组团到台湾考察搜集抗战历史资料和学术交流，我们在重庆和台北与国民党高层，特别是中国国民党主席马英九、名誉主席吴伯雄和副主席林丰正、吴敦义，以及国民党文化传播委员会党史馆等就合作开展抗战历史研究深入交换意见，了解双方对历史的认知，从而也对一些问题有了新的认识，甚至共识。也便有了2009年8月13日，中共重庆市委宣传部和中国国民党党史馆签署《关于抗战文化交流备忘录》。这是60年来中国国民党党史馆与中国共产党有关组织就抗战历史文化研究交流合作达成的第一份文件。

就在本系列图书即将出版的时候，2015年7月30日，中共中央政治局就中国人民抗日战争的回顾和思考进行第二十五次集体学习。中共中央总书记习近平在主持学习时强调，深入开展中国人民抗日战争研究，必须坚持正确历史观、加强规划和力量整合、加强史料搜集和整理、加强舆论宣传工作，让历史说话，用史实发言，着力研究和深入阐释中国人民抗日战争的伟大意

义、中国人民抗日战争在世界反法西斯战争中的重要地位、中国共产党的中流砥柱作用是中国人民抗日战争胜利的关键等重大问题。特别是他提出，“要推动海峡两岸史学界共享史料、共写史书，共同捍卫民族尊严和荣誉。”这“三共”的前提就是共同的立场，这就是“国家民族利益与国家民族立场”。习近平总书记的讲话，是对我们这些年秉持“国家民族利益和国家民族立场”进行抗战历史研究的肯定，也对我们进一步研究指出了明确的方向。尽管这件事情是需要付出极大努力的。

（二）放眼世界，以全球的视野观察两党合作的历史

我曾经提出过“重庆史也是中国史、世界史”的观点，即要有全球视野和全局思维，才能在重庆史研究上有所作为。在这个项目中，我们提出以中共中央南方局和大后方为中心。南方局是中共设在重庆的党的秘密机构，负责处理国共关系，维系统一战线大局并领导南方各省党的工作；大后方是抗战时期以重庆为中心的西部广大地区，重庆是中国国家政权意义上的政治、军事、经济、文化和外交的中心，更由于中国与西方大国结盟，使中国各党各派与世界发生着密切的联系。这在中共党史和抗战史上，都是具有全局意义的，也因为如此，中国抗战史、中共党史和国共合作历史与世界反法西斯战争史紧密相连。但既往的研究，有就事论事的情况，有知其然而不知其所以然的情况，把一个全局的历史，搞成了一部地方历史；把全球背景下的角逐，搞成了纯粹是国共两党的争斗。其实，中国的抗日战争，并不只是中日之间的事情，而是亚洲的事，是世界的事。同理，国共合作的进程并不简单地是国民党和共产党的事，而是中国的事，也是世界的事。

因此，在这个项目中，我们努力把发生在重庆和大后方的历史事件，放在国内和国际的环境中去考察，努力以重庆和大后方为研究对象，去研究中国和世界的历史。这就要求研究者努力培养宏观、开阔的国际视野和中国胸怀，即以世界的眼光看中国，用中国的视角看世界。洞悉世界，而不囿于中国一域，更不能画地为牢。这种视角的转变，是学术得以创新的一大途径。

我们整体上作了对国共合作环境的研究，努力从国际视野的角度去研究国共关系，这使我们收获了许多新成果，比如，美军观察组进驻延安是第二次

世界大战时期美国国家战略的重要组成部分。这是太平洋战争爆发以后,围绕赢得东方战场的胜利这个核心问题,美国为了自己的国家利益,与中国(包括国民党、共产党及各派政治力量)、英国和苏联等国角逐的产物,是中国为了自己的国家利益,包括国民党和共产党为了自身的利益,与美国、苏联力量角逐的产物,从而成为中国抗日战争与世界反法西斯战争发生直接联系的军事行动,成为第二次世界大战东方战场的重大事件,更成为中国共产党融入世界反法西斯战争的重要标志和与美国关系史上的里程碑。

(三)纵横观察,从多角度深入剖析两党合作的历史

第二次国共合作是中国近现代史、抗日战争史和中共党史上的老课题,已经取得了相当丰硕的学术成果;但也感觉视野单一,还需努力扩大,以加深对这段历史的认识。我们这一轮的研究,就是努力站在前人的肩上,从整体上对"第二次国共合作"再作一次系统的研究,收获更多的新成果。主要包括三方面的努力:一是在整体设计上,如前所述,对第二次国共合作作全球视野的俯瞰;二是把第二次国共合作作为一个独立的对象,进行系统而全面的研究,我们的定位是"第二次国共合作及其经验研究",既注重本体,又注重经验总结,落脚点是为现实服务;三是设计了一批新的角度,对第二次国共合作进行系统的研究,主要是国际国内环境、国共合作历史进程、政策与策略、模式与机制、分歧冲突与谈判、成果与影响这六个方面,努力对第二次国共合作进行纵向的梳理和横向的展开,从而构成了当下对这一历史现象的许多新认识。

(四)突破狭隘,在与境外交流中努力实现国共合作史料的丰富性

目前,中国抗战大后方的历史资料分散保存于中国大陆、台湾地区和战时盟国(美国、英国、俄罗斯),以及日本国内。多年以来,影响第二次国共合作研究水平提升的一个重要原因是资料的偏狭;随着国门的逐渐打开,随着台湾地区对大陆的开放,随着时间的远去,大批档案得以开放,不少史料陆续披露,更随着思想的解放和实事求是的研究态度的进一步确立,再加之数字技术的兴起,加快了档案文献的数字化,以及互联网的互联互通,我们完全有可能从崭新的视野去研究国共合作的历史。

这就需要整合力量和资源，建立一个与此相适应的史料搜集整理体系，为此，我们设计了“抗战大后方海外档案史料征集暨青年学者培养计划”，组织专家学者到美国、英国、俄罗斯、荷兰、日本和台湾地区搜集史料，至于零星的学者访问和资料搜集活动，已成常态；同时，将征集到的档案史料进行系统编辑出版，惠及学界，滋养研究，也成为我们的学术追求。

这项工作得到了国家新闻出版部门的支持，2009年国家新闻出版总署批准了重庆申报的“中国抗战大后方历史文化丛书”为国家出版重点项目。本课题首席专家周勇教授为负责人，以档案文献、学术专著、通俗读物、电子出版物等为主要形态，以反映中国抗战大后方历史文化为核心内容，以中国大陆、台湾地区和海外保存的档案文献合集出版为特色。其中关于国共合作的内容占三分之一以上，主要有《抗战时期国共合作纪实》《中国共产党关于抗战大后方工作文献选编》《中共中央南方局历史文献汇编》《国民参政会纪实》《重庆谈判纪实》《政治协商会议纪实》《中国抗战大后方中间党派文献资料选编》《中国共产党抗战大后方历史》《国共合作重庆谈判图史》《抗战时期中国共产党在重庆的舆论话语权研究》，等等。这些图书的出版为我们的研究，乃至国内外的学者研究第二次国共合作提供了准确的全面的史料基础。

（五）中流砥柱，以中共中央南方局为视角深化两党合作历史研究，彰显中国共产党在大后方的地位和作用

几十年来，中外学术界对于以延安为中心的抗日根据地的研究，已经取得了巨大的进步和相当的共识。但是，对于中国共产党在大后方和沦陷区的研究则比较浅表和零碎，使独具特色的中国共产党在抗战大后方的历史淹没于抗日战争史的宏大叙述之中，忽视了中共在大后方独特的历史作用和贡献。以至于在有的人看来，“大后方”就等于国民党，研究“大后方”就等于研究国民党。这固然与“非白即黑”的落后惯性思维有关，也与没有研究清楚身在大后方的中国共产党、大后方的抗日民族统一战线、大后方的中间党派等丰富的历史有关，也与提升历史认知的丰富性、复杂性有关。当我们承担了国家哲学社会科学特别委托项目“第二次国共合作及其经验研究——以中共中央南方局和抗战大后方为中心”后，感到很有必要专门对中国共产党在大

后方的历史进行必要的梳理和深入的研究，以更加清晰、完整地认识这段历史，更加深刻地彰显中国共产党对抗日战争与世界反法西斯战争作出的巨大贡献，更加准确地定位中共在抗日战争中的地位作用。

我们认为，“大后方”既是抗日战争时期各派政治势力普遍使用的概念，也是中国共产党话语体系中的基本概念。中国抗战大后方是在中国共产党倡导建立的抗日民族统一战线旗帜下，国共两党合作抗战的重要政治舞台。中国共产党是中国抗日战争的政治指导者[①]、抗日民族统一战线的倡导者和推动者，是抗日战争的中流砥柱。中共在抗战大后方的政治、经济、文化、军事、外交等方面同样发挥了重要作用。

可喜的是，我们的努力已经在国内外学术界产生了积极的反响，我们撰写的《抗战时期毛泽东对大后方的政治指导——兼论毛泽东与第二次国共合作的关系》入选2013年“全国党史界毛泽东同志诞辰120周年学术研讨会”[②]；著名汉学家、荷兰莱顿大学教授彭轲(F.N.Pieke)也将研究的视野转向中共中央南方局，与我们合作研究中共的统一战线历史及其影响。

（六）全局俯瞰，以抗战大后方为中心拓展研究的视野与途径

由于深化研究“第二次国共合作”的需要，“抗战大后方”概念第一次出现在国家哲学社会科学规划项目之中。这是学术的突破，更是思想的解放。因此，我们对“大后方”的基本问题进行了系统的研究。

①关于“中国共产党是中国抗日战争的政治指导者”的表述，是作者基于历史与现实的考量第一次提出来的。源于延安革命纪念馆基本陈列对延安在抗日战争中的地位作用的表述。经过全国爱国主义教育基地“一号工程”的建设，2009年，延安革命纪念馆新馆建成并开放，其基本陈列调整为六个部分：一、红军长征的落脚点；二、抗日战争的政治指导中心；三、新民主主义的模范试验区；四、延安精神的发祥地；五、毛泽东思想在全党指导地位的确立；六、夺取全国胜利的出发点。其中将延安定位于“抗日战争的政治指导中心”是关键。据报道，这一陈列大纲和陈列方案，先后经过中共中央文献研究室、中共中央党史研究室、中国人民解放军军事科学院、中国国家博物馆、中国人民军事博物馆的充分论证、反复修改。时任中共中央政治局常委李长春等中央领导同志亲临视察，作出重要指示。2006年5月，中共中央宣传部审批通过了陈列大纲和方案（见2009年8月25日延安日报：《认真践行科学发展观　精心打造时代精品工程——全国爱国主义教育示范基地“一号工程”延安革命史陈列布展纪实》）。延安是“抗日战争的政治指导中心”，这是中央对延安及中共在抗日战争中的历史地位的新表述，表现了实事求是的思想路线和国家民族的宽广襟怀，使这一研究达到了新境界。这也反映了包括作者在内的学界的心声，故作上述表述。

② 参见《全国党史界毛泽东同志诞辰120周年学术研讨会论文集》，中央党史出版社2014年版。

我们认为，1937年中国人民抗日战争全面爆发以后，中国的政治版图逐渐呈现出一分为三的态势，即以延安为中心的抗日根据地，以上海为中心的沦陷区，以重庆为中心、由中国国民党统治的中国西部地区，这是中国抗战的大后方。

我们认为，推动和加强对中国抗战大后方历史文化的研究，这是深化中国抗战史、第二次世界大战史研究的一个新途径。可以更加深刻地认识和准确把握抗日民族统一战线的进程，揭示近代中国政治发展的大趋势；研究中国抗战大后方的历史，可以还原二战真相，进一步揭露日本侵华的战争罪行；可以还原中国战时首都的面貌，从而全面准确地认识和把握这段历史；可以全面展现中国战场的全貌，更加准确地反映中国在世界反法西斯战争中的作用和作出的巨大贡献。[①]

为此，从1999年起，以本项目核心团队为基础，我们联合中国社科院近代史所、哈佛大学、牛津大学、剑桥大学、日本和台湾学术机构，连续在重庆举办了相关的国际、两岸学术研讨会，将“中日战争共同研究”这个国际性研究平台的中国举办地定在重庆，从而吸引了世界的目光，使过去零星的学术研究，形成了整体而固定的研究群落，而且后继有人。在此基础上，我们对中国抗战大后方研究的基本问题进行了研究。[②]这是一次顶层设计，也标志着“中国抗战大后方研究板块”正式形成，并被认为“重庆所做的大后方方面的研究是实事求是的”，“这是一件功德无量的事”[③]。

本项目最终成果的陆续发表，意味着项目研究的结束。但是，对于第二次国共合作研究而言，则意味着新的阶段的开始。

---

① 周勇：《抗日战争研究视角、方法与途径的探讨——以大后方研究为例》，《抗日战争研究》2012年第3期。

② 周勇：《关于抗战大后方研究的几个基本问题》，《重庆大学学报》（哲学社会科学版）2015年第6期。

③ 杨天石：《重庆做了件功德无量的事》，《重庆日报》2013年9月15日。

经济篇

文化篇

政治篇

绪 论

中国人民抗日战争，是中国人民抵抗日本帝国主义侵略的正义战争，是在中国共产党倡导建立的抗日民族统一战线旗帜下，以国共两党合作为基础，工农商学兵各界、各族人民、各中间党派、抗日团体、社会各阶层爱国人士和海外侨胞广泛参加的全民族的战争，是近代历史上中国人民反对外敌入侵第一次取得完全胜利的民族解放战争。中国抗日战争是世界反法西斯战争不可分割的重要组成部分，中国人民为世界反法西斯战争的胜利作出了巨大的民族牺牲和重要的历史贡献。

这一伟大胜利，彻底粉碎了日本军国主义殖民奴役中国的图谋，洗刷了近代以来中国抗击外来侵略屡战屡败的民族耻辱；重新确立了我国在世界上的大国地位，中国人民赢得了世界爱好和平人民的尊敬；开辟了中华民族伟大复兴的光明前景，开启了古老中国凤凰涅槃、浴火重生的新征程。这一伟大胜利，也是中国人民为世界反法西斯战争胜利、维护世界和平作出的重大贡献。[①]因此，抗日战争的胜利是中国人民的胜利，是中华民族的胜利，是第二次国共合作的胜利，是抗日民族统一战线的胜利，“成为中华民族走向复兴的历史转折点”。[②]

在这场伟大的战争中，重庆是中国的战时首都，中共中央南方局所在地和抗日民族统一战线的重要政治舞台，也是世界反法西斯战争东方战场统帅

①《习近平在中共中央政治局第二十五次集体学习时强调，让历史说话，用史实发言，深入开展中国人民抗日战争研究》(2015年7月30日)，《人民日报》2015年7月31日。

②胡锦涛：《在纪念抗日战争胜利60周年大会上的讲话》(2005年9月3日)，《人民日报》2005年9月4日。

部所在地,在中国人民抗日战争和世界反法西斯战争中具有重要的历史地位,也为赢得抗日战争和世界反法西斯战争的胜利作出了重大的贡献。

一、重庆是抗日战争时期中国的战时首都

抗战之前重庆是隶属于四川省的省辖市。1937年"七七"卢沟桥事变后,日本大举侵略中国,平津沦陷。随后日本又在上海发动"八一三"事变,沿长江一线直逼国民政府首都南京,形势十分危急。1937年11月19日,蒋介石召集国防最高会议,作了题为《国府迁渝与抗战前途》的讲话,再次明确四川为抗战的大后方,重庆为国民政府驻地,"希望迁都以后,一切工作不但要照常努力,而且要积极整顿,格外振作,在艰苦之中,力求革新,要有一个新气象,来安慰前方将士,激勉后方军民"。[①]11月20日,国民政府宣布"移驻"重庆,重庆即正式担负起中国战时首都的责任,重庆也因此成为中国抗战大后方的政治、军事、经济、文化中心。1940年9月6日,国民政府发布训令,明定重庆为中国"陪都"。抗日战争胜利后,1945年12月,国民政府下令编制"(重庆)十年为期之建设计划"。1946年2月5日,国民政府宣布"还都以后,重庆将永久成为中国之陪都"[②]。次日,重庆市政府成立陪都建设计划委员会,开始编制《陪都十年建设计划草案》。

综观全面抗战8年的历史,重庆的主体功能是"战时首都"。"战时首都"的历史长达8年多(1937年11月—1946年5月),而"战时陪都"的历史只有5年多(1940年9月—1946年5月),可见,"战时首都"的历史覆盖了"战时陪都"的历史,"战时首都"是重庆城市在抗战时期历史的主体;1937年国民政府"移驻"重庆的实质就是把首都的功能从南京移到重庆,"移驻"之日就是"首都"功能转移之时,也是重庆主体功能发挥作用之时;1940年9月定重庆为"陪都"这只是对重庆战时首都功能的确定。所谓"陪都",是对"首都"之外担负"首都"职责其他城市地位的确定。定重庆为"陪都",既是明确重庆担负"战时首都"的法律地位,更是显示即使南京陷落,中国也要抗战到底的决心。

---

①秦孝仪主编:《总统蒋公大事长编初稿》卷四(上),中国国民党中央委员会党史委员会,1978年,第140页。

②《中央日报》1946年2月6日。

二、重庆是中国共产党倡导建立的以国共合作为基础的抗日民族统一战线的重要政治舞台

抗日战争时期，中国共产党已经历过了大革命和土地革命战争的洗礼，在探索马克思主义中国化的过程中，形成了以毛泽东为核心的第一代中央领导集体，创立了新民主主义革命理论，把党的最高纲领与最低纲领统一起来，提出了适应抗日民族统一战线的巩固与发展，与新民主主义革命的任务和中华民族根本利益相一致的政治路线、组织路线和思想路线，因而得到全国人民的支持和拥护。

抗日战争促成了第二次国共合作。当时，中国共产党面临着两大基本问题，一个是如何打败日本帝国主义的侵略，实现中华民族的解放；另一个是如何通过抗日战争在中国实现政治民主，实现中国人民的解放。这两大神圣而又沉重的历史任务落在了中国共产党肩上。同时，举国上下，民心所系，民意难违，中国一切政党、政治派别也都必须回答“抗日”和“民主”这两个重大的历史课题，而这也为中国共产党倡导建立的抗日民族统一战线提供了必要的政治准备。

国共合作是抗日民族统一战线的基础。但是国共之间除了抗日，在其他政治问题（尤其是民主问题）上没有共同点。国民党是执政党，控制着中央政府和绝大部分地方政权，掌握着国家经济命脉和占绝对优势的军队。虽然被迫同意共同抗日，但以蒋介石为首的国民党顽固派坚持独裁，坚持“溶共、限共、反共”，不断制造政治军事摩擦，企图在抗战中消灭共产党的力量。而共产党没有合法地位，为了自身的发展，在坚持抗战的同时，也不能不对国民党展开有理有节针锋相对的斗争。这就引出了许多复杂问题和尖锐矛盾。不解决这些问题，国共合作就不能持续，抗日民族统一战线就可能瓦解。

面对这种危机，两党之外的中间势力便成为决定双方力量对比的关键。在这个问题上，共产党在土地革命战争时期是吃过“左倾”路线的亏的。现在则清楚地认识到“在中国，这种中间势力有很大的力量，往往可以成为我们同顽固派斗争时决定胜负的因素”[①]，因此，共产党人总结出了巩固和发展统一

①《毛泽东选集》第2卷，人民出版社1991年版，第748页。

战线的基本经验，即“发展进步势力，争取中间势力，孤立顽固势力”，把这三个环节视为不可分离的一个整体。

抗日战争时期，中国共产党领导的革命斗争已逐渐形成了两条战线、两个战场：一个是敌后抗日根据地的武装斗争，这是革命的主战场；一个是共产党领导的国统区地下工作战场[①]，后者最重要的任务就是统一战线。随着抗日战争进程发展变化，国统区战场的地位日益重要。

1938年武汉沦陷后，随着中国国家政权的重心向重庆转移，扩大的中共六届六中全会决定撤销长江局，在重庆改设南方局，担负原长江局所负使命，即“代表中央向国民党及其他党派进行统一战线工作以及指导南方和大后方各省党的工作”[②]。因此，南方局的天然使命就是高举抗日民族统一战线旗帜，为抗战民主凝聚力量，其最重要的政治任务和贯穿始终的工作就是巩固和扩大抗日民族统一战线，维护国共合作，争取中间势力。由于大后方实际上成为执行统一战线政策的主要阵地，因此，南方局这一时期的统一战线工作，也就具有了全局性的地位。

以重庆为中心的大后方，国际国内风云激荡、政治斗争纷繁复杂。南方局既处在统一战线的第一线，也置身于国民党统治险恶的政治环境和艰苦的工作环境之中，时刻经受着信念、意志与生死的考验。从国民党顽固派推行消极抗日积极反共政策，在统一战线内部制造分裂发动三次反共高潮，到抗战胜利后国民党玩弄种种假和平、真内战的阴谋，南方局在党中央的正确领导下，始终高举抗战民主旗帜，正确处理统一战线中的阶级关系，广泛团结中间势力，孤立顽固势力，以卓有成效的工作把统一战线推向空前的广度和深度，为抗战胜利后民主党派阵营的形成，为建立新中国及中国共产党领导的多党合作政治格局的开创，从理论到实践都奠定了坚实的基础，做出了重大贡献。

国共合作是中国政治制度发展史上最重要的历史阶段。在此期间，国共

① 中共四川省委党史研究室编：《南方局党史研究论文集》，重庆出版社1993年版，第1–3页。

② 王健英编著：《中国共产党组织史资料汇编》，红旗出版社1983年版，第73页；《刘少奇选集》（上卷），人民出版社1981年版，第268页。

两党对中国政治制度分别提出和实施了各自的主张。中国共产党从理论和实践的结合上对政党制度、国家领导制度、政治协商制度进行了成功的探索，为改造旧中国、创立新中国政治制度奠定了最重要的基础。

第二次国共合作的建立是对国民党一党制的初步冲击。中共提出的共产党领导的多党合作的主张及其成功实践，迈出了建立新型政党制度的重要一步，为新中国的成立和民主党派对中共领导地位的确认，并最终建立起新中国政党制度奠定了重要基础。

国民参政会是抗日战争时期由国民政府成立，包括国民党、共产党及其他抗日党派和无党派人士代表的全国最高咨询机关，是第二次国共合作的产物。国民参政会于1938年7月在武汉成立，同年迁到重庆，1946年迁回南京，1948年3月结束。总共开过4届13次会议，其中的11次会议是在重庆召开的。在国共合作的历史条件下，中国共产党在抗日根据地建立了完整的参议会制度，这是中共创造的国家政权的组织形式，是新中国人大制度的雏形并为新中国政权建设积累了成功经验。

“两党遇事协商”是第二次国共合作的特殊组织形式。中共在抗战时期正确处理与国民党关系的成功实践，催生了旧政协的召开，形成了自己的“政协路线”，这是中共推动政治协商制度产生的成功尝试，是中共七大路线的胜利，也是新中国统一战线的组织形式——新政协——新中国政协制度产生的重要基础。

三、重庆是世界反法西斯战争东方战场统帅部所在地

中国人民抗日战争在世界反法西斯战争中具有重要地位，重庆则是世界反法西斯战争东方战场统帅部所在地。

中国的抗日战争始于1931年的“九一八”事变，接着1939年欧洲战争爆发，1941年苏德战争和太平洋战争爆发，第二次世界大战全面展开。这表明，中国战场在世界反法西斯战争中开始时间最早，事实上打响了世界反法西斯战争的第一枪。此外，中国战场持续时间最长，始终没有停止过战斗，直到日本法西斯最后投降为止，时间长达14年。中国人民进行的艰苦卓绝的抗日斗争，既是爱国自卫战争，也是世界反法西斯战争不可分割的组成部分。中国战场不是孤立的，世界各国人民在反法西斯战争中是互相支持的。中国战场是世界反法西斯战争的东方主战场，中国抗击和牵制了日本陆军的三分之二以上。在第二次世界大战中，人口伤亡总数超过1亿人，死亡人数5500多万人，其中，中国军民伤亡达3500万人。战争中，中国财产的直接损失达1000亿美元。中国人民在世界反法西斯战争中付出了巨大的代价，也作出了巨大的贡献。

中国战场牵制并大量歼灭了日军有生力量，使日军受到沉重打击。日军的绝大多数兵力用于中国战争；盟军对日作战所毙伤日军的70%在中国战场，这是日军在太平洋战场上死伤总数的8倍，是苏军击毙日军总数的31倍。中国战场始终是东方战场的主战场。在整个战争过程中，中国战场在东方战场中始终起着举足轻重的作用。

1931年"九一八"事变后，重庆人民就展开了抗日救亡运动，成为中国抗战的重要组成部分。1941年12月7日，太平洋战争爆发。12月9日，中国政府在重庆正式对日宣战。12月23日，中、美、英在重庆举行军事会议（史称"东亚军事会议"），正式结成三国军事同盟。1942年1月，《联合国家宣言》的发表，中国成为同盟国四强之一。1月3日，同盟国宣布蒋介石为盟军中国战区最高统帅，担任中国、泰国、越南等地区联合部队的指挥任务，由美国史迪威将军担任最高统帅参谋长。史迪威同时兼任中缅印战区总司令。重庆在第二次世界大战中的战略地位大大提高，重庆成为东方战场（中国战区）统帅部所在地。

对于这一段艰难的岁月，美国总统罗斯福曾经指出："假如没有中国，假如中国被打垮了，你想一想有多少师团的日本兵可以因此调到其他方面来作战？他们可以马上打下澳洲，打下印度——他们可以毫不费力地把这些地方打下来，他们并且可以一起冲向中东……和德国配合起来，举行一个大规模的夹攻，在近东会师，把俄国完全隔离起来，吞并埃及，切断通过地中海的一切交通线"①；英国首相丘吉尔曾经指出："如果日本进军西印度洋，必然会导致我方在中东的全部阵地崩溃。而能防止上述局势出现的只有中国"；苏军

①《第二次世界大战史论文集》，生活、读书、新知三联书店1985年版，第16页。

统帅斯大林曾经指出："只有当日本侵略者的手脚被捆住的时候，我们才能在德国侵略者一旦进攻我国的时候避免两线作战。"[①]正是基于对中国战场在第二次世界大战中重要地位的认识，"美国人把中国看作几乎同大英帝国相等的参战大国，并且带头偏爱把中国军队同俄国军队相提并论"[②]。三位伟大统帅和这位美国学者的评论道出了一个最基本的事实，中国抗日战争对世界反法西斯战争的胜利具有重大的作用，中国人民为世界反法西斯战争的胜利作出了巨大的贡献；同时也道出了作为中国战时首都和世界反法西斯战争东方战场统帅部所在地重庆的历史贡献。

四、作为中国抗战时期大后方的政治中心，重庆人民团结在中国共产党倡导建立的抗日民族统一战线的伟大旗帜下，坚持抗战到底，直至最后胜利

坚持抗战到底，这是中华民族的决心，也是一切抗日党派、团体和人物诉求的基本交汇点。但是，要准确把握抗战到底的意蕴，真正坚持抗战到底，却不是一件容易的事情。这既取决于坚持抵抗日本帝国主义的武装进攻，决战决胜于战场，又取决于抗日民族统一战线的团结一致，抵御日本帝国主义的政治诱降，决战决胜于政坛。重庆作为中国的战时首都，围绕这两大任务，上演了一出可歌可泣、威武雄壮的话剧。

重庆是日本军事进攻中国的重要战略目标，但日本的军事进攻并没有摧毁重庆抗战的意志与决心。

"七七"事变以后，日军对中国大举进攻，相继攻占了中国最大的经济中心城市上海、中国首都南京、中国"九省通衢"武汉、中国中南重镇长沙和中国南方最大城市广州，日军进逼宜昌，兵锋直指重庆。但是，由于中国军队的顽强抵抗，由于日本兵力的捉襟见肘，战争并没有实现日军"速战速决"的战略目标，日本不得不暂时放弃攻占重庆的目标，日军的进攻在长江三峡面前终于停了下来，而陷入长期战争的消耗之中。中国的抗战进入相持阶段。

为了摆脱困境，日军被迫改变侵华方针：一方面加紧对中国共产党领导

---

①《牢记历史 共护和平》，《人民日报》2005年5月9日。

② 罗伯特·达莱克著：《罗斯福与美国对外政策1932—1945》下册，商务印书馆1984年版，第474页。

和社会团体也是采取压制甚至迫害的手段。

中国共产党真心诚意地努力实践和维护抗日民族统一战线。以周恩来为书记的南方局高举抗日民族统一战线的旗帜，遵循党中央“发展进步势力，争取中间势力，孤立顽固势力”的方针，坚持国共合作，抗战到底，努力实现党在抗日民族统一战线中的领导权。中国共产党吸取了在第一次国共合作中因党内右倾机会主义错误而使人民革命力量遭受严重损失的历史教训，正确处理统一战线中的阶级关系，广泛团结中间势力，坚持灵活性与原则性的统一，从政治上、舆论上与国民党破坏合作、制造分裂的行径进行有理、有利、有节的斗争；在军事上时刻作好应对的准备，以军事自卫配合政治进攻，努力维系国共合作不至于完全破裂，以利于抗战大业的实现。在这一历史阶段，由于南方局在重庆卓有成效的工作，妥善处理了“皖南事变”前后国共合作出现的危局，成功地避免以国共合作为基础的统一战线的破裂，维护了全民族抗战的大局。坚持原则、敢于斗争，又注意和讲究斗争策略，达到了“合而不同，斗而不破”的目的。

在抗日战争中，重庆没有被日军占领，重庆人民的意志与决心没有被日军的轰炸所摧毁，以重庆为主要舞台的抗日民族统一战线没有被分裂，坚持抗战到底，直至最后胜利，这是抗日民族统一战线的胜利，是国共合作的胜利，是全民族的胜利，也是重庆人民的胜利。

五、重庆奉献了伟大的红岩精神，成为中华民族和中国共产党的宝贵精神财富

在艰苦的抗战岁月，中华民族进一步弘扬了以爱国主义为核心的伟大民族精神，而重庆人民的抗战表现出十分鲜明的特点：国共两党捐弃前嫌，再次合作，体现了国家和民族利益至上、誓死不当亡国奴的民族自尊品格；各党各派抗战到底，反对投降，体现了万众一心、共赴国难的民族团结意识；重庆人民不畏强暴，百折不挠，直面强敌的坚定、从容、坚韧和勇气，体现了“在艰苦受难中的英雄气魄”。

与此同时，中国共产党人还创造了伟大的红岩精神。

红岩精神是在党中央的领导下，以周恩来同志为代表的南方局老一辈无产阶级革命家、共产党人和革命志士，在抗日战争及解放战争初期风雨如磐的斗争岁月中锤炼形成的革命精神。这种精神冠名“红岩”是因为南方局的驻地叫“红岩村”。

红岩精神的产生，与中国共产党所处的历史方位和抗日民族统一战线直接相连，与中共中央南方局所处的特殊环境、所进行的特殊斗争紧密相关。

红岩精神包括崇高思想境界、坚定理想信念、巨大人格力量和浩然革命正气四个方面，其实质是共产主义的世界观、人生观、价值观，这体现了中国共产党精神风范中最基本、最本质的东西。在这一层面上，红岩精神同井冈山精神、长征精神、延安精神同具共性，因此，“都是中国共产党人和中华民族的宝贵精神财富”。同时，与井冈山精神、长征精神、延安精神一样，红岩精神也独具个性。

红岩精神的个性包括：(一)高举抗日民族统一战线旗帜，为争取抗战胜利和为新中国奠定政治基础的时代使命；(二)刚柔相济，锲而不舍的政治智慧；(三)“出淤泥不染，同流不合污”的政治品格；(四)以诚相待，团结多数的宽广胸怀；(五)善处逆境，宁难不苟的英雄气概。

红岩精神具有重要的历史地位和重大的历史意义。

——红岩精神是中国共产党优良传统与作风，特别是延安精神在特定历史环境中的继承和发扬。延安精神是马克思列宁主义与中国革命具体实践相结合的产物，是中华民族优秀传统文化的高度升华，是中国工农红军长征精神的继承和发扬，是中国共产党人全新精神风貌和崇高思想境界在那一时期的集中体现。红岩精神则是中国共产党在曲折发展中走向成熟的时代产物，是党以全国性的政党公开走向以重庆为中心的国统区的政治舞台的重要表现，是中国共产党从“山沟”走向世界政治大格局的开端。红岩精神与延安精神具有同一性和继承性。

——红岩精神是中华民族精神的充分展示和伟大升华。中华民族精神是优秀历史传统精神、革命传统精神和新时期精神的有机统一。其中的革命传统精神，主要是“五四”以来，在马克思主义的指导下，中国共产党领导中国人民在革命斗争中培育的时代精神、民族精神，是对中华民族优秀历史传统精神的继承与发展，充实和升华，红岩精神就是它的重要内容。在中华民族的传统精神中，有“天下兴亡，匹夫有责”的历史使命感，有“富贵不能淫，贫贱不能移，威武不能屈”的伟大气节，有“见利不亏其义，见死不更其守”的人生态度，有“出淤泥不染”的高尚品格，以及吃苦耐劳、艰苦奋斗、注重修身等传统美德，这些都体现在南方局的重大决策之中，表现在周恩来为代表的共产党人和革命志士的言行之中，并被凝聚到红岩精神的科学内涵中，为中华民族精神增添了新的内涵和光彩。

——红岩精神是中国共产党精神宝库中独具风采的璀璨明珠。中国共产党波澜壮阔的历史孕育过一系列伟大的革命精神，在井冈山时期，我们党创建了第一个农村革命根据地，成功地探索出“农村包围城市，武装夺取政权”的新民主主义革命道路，奉献了井冈山精神——从实际出发，敢闯新路，努力探索中国革命道路的政治勇气；在长征路上，我们党确立了毛泽东同志在全党的领导地位，克服了千难万险，实现了战略转移，奉献出长征精神——不畏艰险，不怕牺牲，敢于胜利的英雄气概；在延安时期，我们党实现了马克思主义中国化的第一次飞跃，确立了毛泽东思想作为全党的指导思想，奉献了延安精神——实事求是，独立自主，自力更生，艰苦奋斗的精神；在西柏坡，我们党完成了对国民党政权的战略决战，完成了全党工作重心从农村到城市的转移，奉献了西柏坡精神——“务必使同志们保持谦虚谨慎，不骄不躁的作风，务必使同志们保持艰苦朴素的作风”的执政境界，成为中国共产党执掌政权并不断探索执政规律长期执政的伟大起点。与这些辉煌胜利与伟大精神同样彪炳史册的，是以周恩来为代表的南方局在抗日战争时期的重庆，在极其险恶的环境里，奉献了伟大的实践和精神成就。

红岩精神就是在伟大抗日民族解放战争的洗礼中，在以周恩来为首的南方局创造性地贯彻执行党的抗日民族统一战线的伟大实践中，在大后方错综复杂的政治环境和尖锐对立的政治斗争中形成的。它是中国共产党在新民主主义理论与实践的探索中政治上走向成熟的产物。红岩精神是中华民族精神——抗战精神——的集中展示和伟大升华，也是中国共产党和中华民族宝贵的精神财富。

一、抗战全面爆发前重庆的政治形势

重庆的王家沱租界建于清朝末年，是中国内陆腹地唯一一处日租界。20世纪20年代末，重庆人民收回王家沱日租界的呼声越来越高。1928年，重庆群众组织了“反帝大同盟”，要求收回租界。1929年9月23日，由重庆市总工会、重庆记者协会等团体发起成立了“重庆国民废除不平等条约促进会”，继续开展废除不平等条约以及收回王家沱日租界的斗争。1931年9月24日，正是王家沱租界租期30年届满之时，这距离东北“九一八”事变发生不到一周。重庆各界民众组织了“四川各界民众自动收回王家沱日租界运动大会”。之后，工人罢工、教师罢教、学生罢课、商人罢市，形成了声势浩大的收回主权运动。除了各种形式的集会游行外，重庆市民还积极采取有力措施对日租界实施经济封锁。由于重庆人民的反日斗争浪潮不断高涨，日本开始考虑从重庆撤回侨民。1931年10月22日，慑于重庆民众的反日怒潮，日本驻渝领事清野长大郎率领侨商及日舰两艘撤离重庆。同年10月24日，重庆市政府接管了王家沱。

1932年1月，上海“一·二八”事变爆发后，重庆各界纷纷开展活动，声援十九路军。2月，重庆成立了四川各界民众督促川军出兵大会，强烈要求国民党当局以及四川各派军阀停止内战，开赴抗日前线。3月10日，重庆各界群众3万余人，举行了四川各界民众督促川军出兵救国请愿大会。在抗日情绪日益高涨，民众呼声日益强烈的背景下，川军爱国将领纷纷表示愿积极抗日，共赴国难。刘湘甚至亲自接见群众代表，宣称要调整军备，预备出川。

在“九一八”事变、“一·二八”事变爆发后，南京国民政府仍奉行“攘外必先安内”的政策，对中国共产党领导的工农红军实施围剿。1932年4月15日，中华苏维埃共和国临时中央政府发表对日战争宣言。1932年12月，红四方面军入川，并建立了川陕革命根据地。1933年1月和5月，中共中央两次发出声明，愿意在合作抗日等前提下与国民党军队停战，愿在“三个条件”①下与任何武装部队共同抗日。1933年12月，红三军入川，在酉阳、秀山、彭水、黔江一带活动；1934年6月，红三军主力进入酉阳南腰界境内，建立起四个游击大队，编入红三军川黔边独立团，建立湘鄂川黔革命根据地。川陕革命根据地与湘鄂川黔革命根据地两大苏区的建立，使四川革命形势发生很大变化。1934年7月15日，中华苏维埃共和国中央政府、中国工农红军革命军事委员会发出中国工农红军北上抗日宣言。1934年10月，中央红军开始长征，并于1935年1月到达遵义，随后进入渝黔边境。为了减轻川军对主力红军的压力，红四方面军、红三军、红六军团及川东游击队开展了一系列武装斗争。随后，与中央红军一样，辗转北上抗日。

1935年“一二·九”运动爆发，重庆学生运动此起彼伏。12月24日，重庆30多所中等以上学校的代表114人集会，正式成立重庆学生救国联合会，领导全市学生开展抗日爱国运动。不久，国民党重庆市党部解散了这一学生组织。1936年春，从苏区脱险返回重庆的中共党员漆鲁鱼广泛联系重庆进步人士，成立了重庆各界救国联合会及学生、职业青年、文化、妇女等界的专门救国联合团体。这些爱国团体广泛开展活动，不断揭露日寇的野蛮罪行，讴歌中华民族的反日斗争，号召捐款捐物积极支援抗日军队建设，为中国共产党组织在重庆的重建和抗战全面爆发后在重庆的进一步发展奠定了基础。

抗战全面爆发前相当长一段时间，重庆及其周边还处于地方军阀割据的局面，为国民党中央势力进驻四川提供了条件。1934年12月21日，南京国民政府命令改组四川省政府，任命刘湘为四川省政府主席，统一川政。1935年1月，贺国光率领国民政府军事委员会委员长行营参谋团抵达重庆。1935年

① “三个条件”指“停止进攻苏区与红军；给民众以初步的民主权利——言论，出版，集会，结社，罢工，示威的自由；立即武装民众与创立群众的反日义勇军，以保卫中国”。

10月，参谋团改组为国民政府军事委员会委员长重庆行营。

20世纪30年代，随着中国人民与日本军国主义矛盾的逐步加剧，南京国民政府开始谋划迁都。1932年1月28日，日军在上海挑衅酿造事端后，南京处于直接威胁范围。国民政府在经营西北后，逐步认识到四川乃至西南对于稳固统治具有更重要的战略地位，国民党中央势力很快进驻四川。1935年3月4日，蒋介石在重庆出席四川党务办事处扩大纪念周会议时指出："就四川地位而言，不仅是我们革命的一个重要地方，尤其是我们中华民族立国的根据地。"[①]紧接着，国民党中央逐步通过整顿川康军政、财政等方式，加强了对四川的管辖。这些都为后来国民政府迁都重庆创造了基础条件。

① 秦孝仪主编：《蒋委员长讲：四川应作复兴民族之根据地》，《中华民国重要史料初编·对日抗战时期》绪编（一），（台）中国国民党中央委员会党史委员会，1981年，第329页。

(一)收回王家沱日租界的斗争

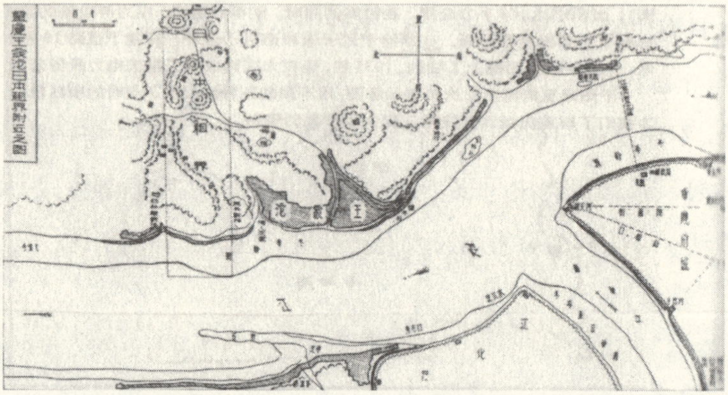

▲ 1895年，中日《马关条约》签订之后，日本在重庆小什字设立领事馆。1896年2—4月，日本驻上海总领事珍田舍己到重庆与川东道台张华奎谈判，达成在南岸王家沱设立日本租界的原则性协议。图为重庆王家沱日本租界及附近经界图。

▲ 1901年9月24日，清政府川东兵备道兼重庆关监督宝棻同日本驻重庆领事山崎桂正式签订《重庆日本商民专界约书二十二条》，划定重庆南岸王家沱为日本专管租界。根据《巴县志》重庆交涉署民国四年(1915年)档案记载：全界丈尺，深约400丈，宽约105.2丈，约合420亩，租期30年。尔后，日本修筑市街，设置巡捕，添造堆栈、码头，创办学校、工厂，并派遣兵船游弋江面，长驻保护。图为日本王家沱租界内的又新丝厂。

▲ 王家沱日租界海军俱乐部外景。

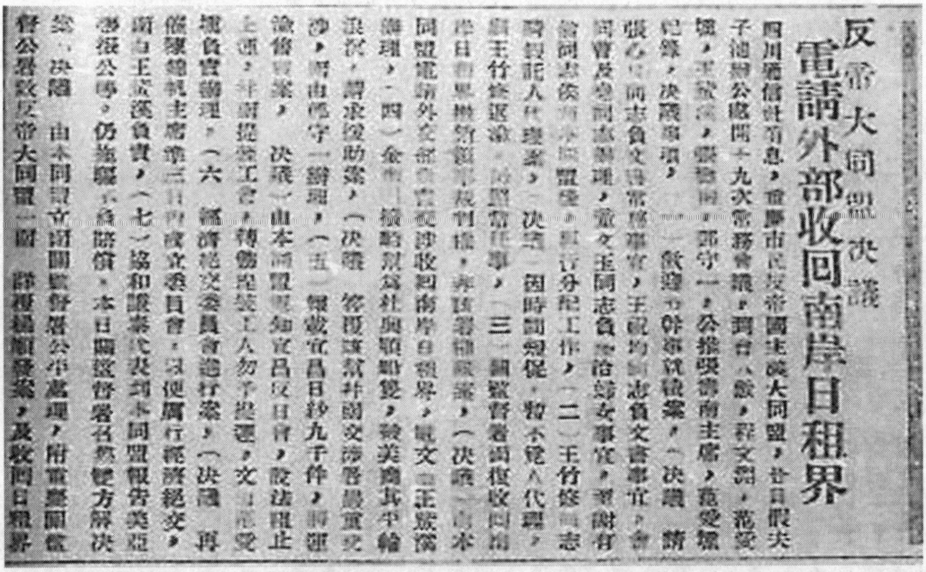

反帝大同盟決議

電請外部收回南岸日租界

▲ 王家沱日租界从一设立就遭到重庆民众的抵制和反对。20世纪20年代，收回九江汉口租界运动波及重庆。1928年，重庆民众组织“反帝大同盟”，1929年9月23日，重庆市总工会、重庆记者协会等团体发起成立了“重庆国民废除不平等条约促进会”，持续开展废除不平等条约以及收回王家沱日租界的斗争。图为反帝大同盟决议电请外交部收回南岸日租界。

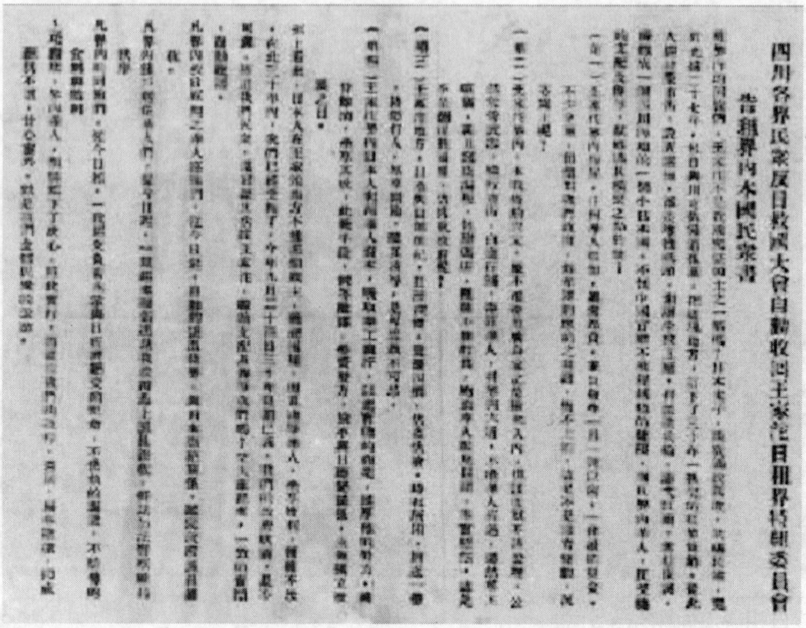
四川各界民衆反日救國大會自動收回王家沱日租界特組委員會
告租界内本國民衆書

▲ 1931年9月24日，是王家沱租界租期30年届满之时，成都、重庆各界民众组织了“四川各界民众自动收回王家沱日租界运动大会”。“四川各界民众自动收回王家沱日租界运动大会”和“四川各界民众反日救国大会”联合组成“四川各界民众反日救国大会自动收回王家沱租界特组委员会”，发布《告民众书》和《告租界内本国民众书》，要求收回王家沱租界。

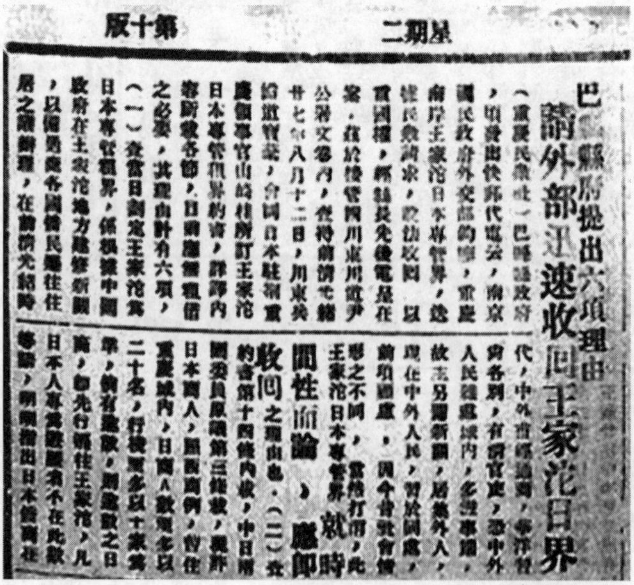
星期二　第十版
巴縣府提出六項理由
請外部迅速收回王家沱日界

◀ 1931年10月22日，日本驻渝领事清野长大郎率领侨商及日舰两艘撤离重庆。24日，重庆市政府派军警接管王家沱。图为巴县政府向外交部提出收回王家沱日租界的六项理由。

(二)红军经重庆辗转北上抗日

▶ 1931年11月，红四方面军在湖北黄安七里坪成立，1932年2月西进川北，开辟根据地。次年7月，红四方面军在粉碎川军三路围攻后，先后发起仪南、营渠、宣达战役，巩固发展了川陕革命根据地。1933年1月，红四方面军先后占领四川通江、南江、巴中诸城，2月7日成立川陕省苏维埃政府。图为红四方面军总指挥徐向前。

◀ 1933年11月，红四方面军将川东游击军改编为红军第33军。此后一年左右时间里，红四方面军先后取得反六路围攻胜利，并攻占城口县城，在大竹河(现属万源境)建立了城口县苏维埃政府，使其成为川陕革命根据地的重要组成部分。次年9月2日，中共城口县委正式成立。随后，在县委领导下，分别在大竹河、坪坝、庙坝、冉家坝等地建立区、乡苏维埃政权，并成立赤卫队、童子团，帮助红军歼灭城口境内的反动武装。中共城口县委、县苏维埃政府于1935年春结束工作，大部人员随红军参加长征。图为1991年建立的城口县苏维埃政权纪念碑。

▲ 1931年3月，红二军团改编为红三军，贺龙任军长。1932年底，贺龙率红三军入川。1934年4月，红三军在酉阳、秀山、黔江、彭水游击，威震川黔边境。1934年6月10日，贺龙把红三军司令部设立在南腰场上的余家桶子大院里。图为红三军军长贺龙。

► 1932年11月初，红三军在军长贺龙、政治委员关向应率领下，由大洪山出发，从随县以北翻越桐柏山，进入豫西南。尔后，沿鄂川边界南下，在巫山县大昌镇歼国民党川军一个营和保安团一部。接着，翻过巫山，抢渡长江，攻克巴东县城，继续南下。尔后，红三军转战渝东南，在整个战斗过程中，队伍规模有所减小，但在策应中央红军、推动川黔革命的发展上起到了重要的积极作用。图为红三军政委关向应。

▲ 1933年12月19日，湘鄂西中央分局湖北咸丰大村会议提出“创造湘鄂川黔边新苏区”口号和“占领酉、秀、黔、彭作为新的根据地”的策略路线。1934年5月8日，贺龙率领红三军攻占彭水县城，本拟按湘鄂西中央分局会议的决议，即在酉、秀、黔、彭一带游击，把鄂西和川东连成一片，但中央代表夏曦认为彭水背山面水，易攻难守，决定转入黔东，开辟黔东根据地。图为彭水县红三军司令部旧址。

▲ 1934年10月27日，任弼时、肖克、王震率领的中国工农红军第六军团转战到达川黔边区，与红三军共8000余人胜利会师。图为酉阳县南腰界红三军、红六军团司令部旧址。

◀ 1934年10月24日，红二军团和红六军团在贵州印水会师，自此开始统一行动。此时，贺龙任红二军团军团长，任弼时为政治委员，关向应为副政治委员。1935年11月19日，红二、六两个军团开始长征。1936年6月30日，全军与红四方面军在甘孜会师。图为红二军团政委任弼时。

▲ 红二军团经过重庆，是革命力量战略转移的一个重要内容，也是中国共产党领导的武装力量北上抗日的一个重要步骤。1936年7月2日，按照中央指令，红二军团与红六军团和红三十二军合编为红二方面军。图为红二方面军部分领导人合影。

▲ 为了使遵义会议顺利召开，红一军团红一师在政委刘亚楼指挥下，攻克娄山关，于1935年1月10日，攻占了贵州省桐梓县城。林彪、聂荣臻、左权等率领的先头部队继续向新站、松坎、綦江方向推进。1月15日，红一军一师二团在团长龙振文、刘瑞龙和政委邓华率领下，进驻素称“军事要地”的綦江县羊角乡。遵义会议后，红一军团直属队和一、二师共8000余人，在周恩来、董必武及军团参谋长左权、政治部主任朱瑞等率领下，于21日从贵州松坎出发，经綦江羊角乡、羊叉乡宿营石壕镇，并在綦江九龙山与国民党盐防军两次交战。红军在綦江撒播了革命火种，造成红军主力直逼重庆的态势。图为綦江县石壕镇。

▲ 1935年1月22日凌晨，红一军团从石壕出发经高石坎、梨园坝向贵州温水、良村、东隍等地进军赤水，实施战略转移。中央红军过綦江，保卫了遵义会议的胜利召开，制造了红军主力攻打重庆的阵势，堵截了川军，摆脱了川军尾追计划，为后来的四渡赤水，完成红军战略性转移，创造了宝贵战机。图为綦江县石壕镇红军烈士墓。

(三)重庆各界救国联合会

◄ 1936年春从苏区脱险返回重庆的共产党员漆鲁鱼(曾任中华苏维埃共和国卫生部保健局局长)与重庆进步青年取得联系,组建抗日救亡团体。1936年6月,在漆鲁鱼的寓所正式成立了重庆各界救国联合会(简称重庆救国会)。参加会议的有漆鲁鱼、侯野君、温嗣翔(温田丰)、陶敬之、饶友珊、陈和玉、李余等。会议推选漆鲁鱼任总干事,侯野君任组织干事,温嗣翔任宣传干事,陶敬之、饶友珊任干事。图为重庆救国会主要领导人漆鲁鱼。

► 在救国会成立之初,由中共上海中央局派往四川开展工作的张曙时(公开身份是《新蜀报》编辑,后任主笔)就与漆鲁鱼等取得了联系,对救国会在政治思想上加强了指导,要求重庆各界抗日救亡力量团结一致,发展统一战线,把公开和秘密、合法与非法的斗争结合起来开展活动。图为张曙时(中)在成都从事建党活动,与发展的党员周源江等人合影。

▲ 重庆救国会的活动和影响迅速扩大，先后成立了重庆学生界救国联合会、重庆职业青年救国联合会、重庆文化界救国联合会、重庆妇女界救国联合会四个组织。其中除“文救”是公开团体以外，其余都是秘密组织。此外，在他们周围还分别联系和团结了一些公开团体开展公开的救亡活动，这使得重庆救国会迅速成为了抗日救亡运动的领导核心。图为1937年部分重庆救国会成员合影。

▶ 重庆职业青年救国联合会成立于1936年7月19日，是由一批职业青年（主要是银行职员、练习生、商店店员、学徒等）组建起来的，对外名称是半公开的职业青年读书会。成立时，选举产生理事五人：翟廉为理事长，赵湘植负责总务，丁雪松负责宣传，李郁生负责教育，杨帆负责组织。图为重庆职业青年救国会干事陶敬之。

▲ 重庆学生界救国联合会(又称“秘密学联”)成立于1936年11月,由刘传茀任主席,温嗣懿负责组织,罗自镛负责宣传。“秘密学联”活动的方法是利用各学校的公开、合法组织,团结广大同学,开展救亡运动。当时“秘密学联”联系的公开团体有:二女师的学生自治会,高工校的暴风歌咏队,巴农校的耕余研究会,省女职校、巴男中、巴女中、治平中学、明诚中学等校的读书会,以及一些学校的同乡会、同学会、联谊会等。图为重庆学生界救国联合会街村演剧队在香国寺演出“张家店”。

◀ 1937年春天,重庆救国会“秘密学联”组织抗日救亡演讲会。

▲ 1937年夏天，全国学联来重庆检查工作，重庆“秘密学联”在江北县乡下举行抗日宣传活动。中间穿黑衬衫者为周永林。

▲ 重庆文化界救国联合会成立于1937年5月16日，由《商务日报·副刊》、《新蜀报·副刊》、《大江日报·副刊》、人力周刊社、春云社等报刊发起组织。成立大会选出金满成、漆鲁鱼、黄宇齐、肖崇素、陈彝荪、温嗣翔、李华飞、毛一波、侯野君、赵铭彝、李开先、陈风兮、许可经、刘稚德等人为理事，推选金满成为主席。同年11月23日，“重庆文化界救国联合会”改名为“重庆市文化界救亡协会”，在“文协”的推动下，重庆市文艺研究会于1937年8月22日成立。图为重庆市文艺研究会成立时合影。

（四）战前重庆战略地位的提升

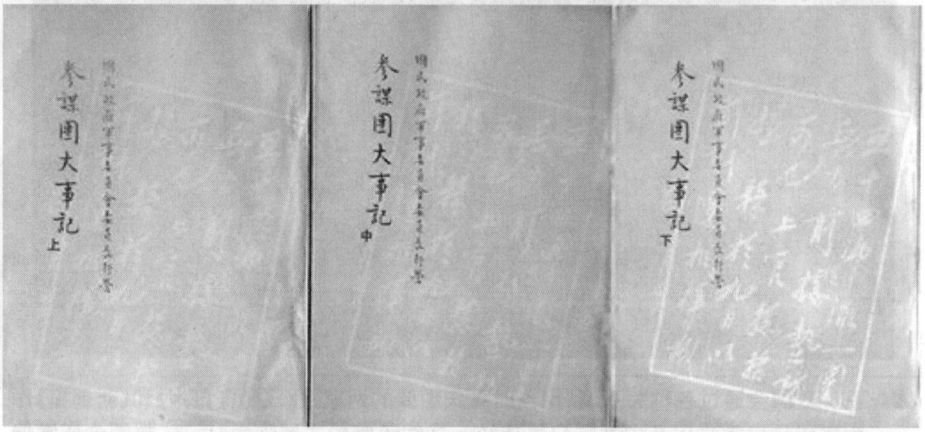

▲ 1934年12月，国民政府命令改组四川省政府，刘湘被任命为省主席，并负责“剿匪”事宜。四川政局由原来的军阀混战转向统一，四川的战略地位随之凸显。国民党中央充分利用“剿匪”之机加大对地方的渗透与控制。蒋介石于1935年1月组织军事委员会入川参谋团，由贺国光负责参谋团工作，指导川军抵抗红军。图为国民政府军事委员会委员长行营参谋团大事记。

◀ 国民党中央派遣参谋团和别动队入川，着重整顿川康军事与财政。1935年10月，国民政府撤销了军事委员会委员长武昌行营，新设立了重庆行营，顾祝同担任重庆行营主任，贺国光为参谋长，杨永泰为秘书长。图为重庆行营主任顾祝同。

▲ 国民政府军事委员会委员长重庆行营管理川、康、滇、黔四省的军事、政治、经济事务，统一指挥何健、刘建绪下辖的4个纵队以及龙云、薛岳所率的4个纵队。图为国民政府军事委员会委员长行营旧址。

◀ 早在1932年日军在上海挑衅酿造事端后，南京就处于直接威胁范围。当时国民政府拟定了移驻洛阳的计划，并力主大力开发西北。1935年，国民党中央逐步发现西南的战略要远高于西北。3月4日，蒋介石在重庆出席四川党务办事处扩大纪念周会议时说，四川是中华民族立国的根据地。同年10月，蒋介石在成都考察时又讲，要依托四川、踞守重庆来抵御侵略。图为1935年蒋介石宋美龄夫妇考察成都时合影。

▲ 至迟到20世纪30年代中期，四川在国民政府国家战略上的价值已被认识。川政统一后，经过两年经营，使重庆在抗战全面爆发前就成了西南的政治、经济中心，更为重庆成为中国战时首都创造了条件。图为抗战前夕从长江南岸远眺重庆半岛。

二、中国战时首都

1937年7月7日,卢沟桥事变爆发,抗日战争全面展开。由于没有充分的战争准备,加之实力对比悬殊,国民党军队在日军的进攻中节节败退。国民政府高层开始将迁都逐渐提上议事日程。1937年8月29日,蒋介石在日记中写道:"如迁都则应在重庆,大本营则在洛阳,行政院则在衡阳。"①1937年11月19日,国民党在南京举行国防最高军事会议,蒋介石指出:"国民政府迁移重庆,为三年前预定计划之实现,切愿党政军全体同志于迁渝以后更要积极振作,力求革新精进,造成蓬勃气象,一新国际观感,以安慰前方将士,激励全国国民,共同一致,恪尽本职,来争取抗战最后胜利。"②第二天,国民政府发布移驻重庆宣言,称:"国民政府兹为适应战况,统筹全面、长期抗战起见,本日移驻重庆。"③11月26日,国民政府主席林森和部分行政人员抵达重庆,重庆成为战时首都。

国民政府迁渝后,大批经济、文化及军事机构亦多迁至重庆,重庆立即成为大后方的政治、经济、文化中心。为此,1939年4月,国民政府行政院向国防最高委员会提议:"查重庆市向为西南重要商埠,现已蔚成政治文化中心,该市政府虽系援照直隶市组织,因事务日繁,其行政系统及政权,亟须明确规定,以资运用。兹为促进行政效率,适应实际需要,拟将该市改为直隶于行政

①《蒋介石日记》,斯坦福大学胡佛档案馆藏,档案号:39-14。据手抄稿整理。

② 蒋介石:《国府迁渝与抗战前途》,秦孝仪主编:《先总统蒋公思想言论总集》,第14卷,(台)国民党中央党史委员会,1984年,第652页。

③ 张旭光编译:《国民政府移驻重庆宣言》,《大战史料汇编》,第1集,江西文化出版社1943年版,第93页。

院之市。”[①]同年5月5日，国民政府升重庆为院辖市。1940年9月6日，国民政府发布命令确认重庆为陪都，称：“政府于抗战之始，首定大计，移驻办公。风雨绸缪，瞬经三载。川省人民，同仇敌忾，竭诚纾难，矢志不移，树抗战之基局，赞国家之大业。今行都形势，益臻巩固。战时蔚成军事、政治、经济之枢纽，此后自更为西南建设之中心。恢宏建置，民意佥同。兹特明定重庆为陪都，着由行政院督饬主管机关，参酌西京之体制，妥筹久远之规模，藉慰舆情而彰懋典。”[②]国民政府迁驻重庆并定重庆为陪都，这使重庆成为全国性的政治大舞台，大大提升了重庆的地位，对整个中国抗战有着重要的意义。

在国民政府迁驻重庆的同时，各外交使领馆及办事机构也纷纷迁驻重庆。1938年1月，苏联驻华大使奥莱斯基第一个在重庆向国民政府主席林森呈递国书，并设立使馆。之后，美国、英国、法国、波兰、巴西、土耳其、秘鲁、比利时、澳大利亚、挪威、加拿大、荷兰、丹麦、伊朗、印度、墨西哥、捷克、瑞典等国家在重庆设立了大使馆或公使馆。[③]这些国家在渝设立外交机构后，开展了广泛的交流与合作，构筑了国际反法西斯的东方外交战线，重庆成为战时重要的国际外交舞台。

1937年12月13日，国民政府军事委员会在武汉拟定了《军事委员会第三期作战计划》，决定以确保武汉为核心，持久抗战，争取最后胜利应以各战区为外廓，发动广大游击战，待敌深入，在新阵地与之决战。[④]1938年7月17日，国民政府军事委员会下令国民政府及国民党中央驻汉各机关，限五天内全部迁往重庆，各军事机关为发挥继续抵御侵略的作用先后迁往长沙、衡阳。1938年10月28日，武汉会战刚刚结束，在四川主持军政大计的张群、贺国光、王瓒绪、刘文辉、杨森等人便发电至蒋介石称：“粤汉阵地转移，四川实为南北枢纽，且人力物力，为西南各省之冠，复兴根据，责任重大。拟请钧座莅临驻节，以便统筹全局，对于发动全民力量，收效更迅。”[⑤]同年12月8日，蒋介石在

①《国民政府公报》，第151号，第140册，（台）成文出版社1972年版，第8页。

② 周开庆：《四川与对日抗战》，（台）商务印书馆1971年版，第68-69页。

③ 重庆市志办公室编著：《重庆志》，第2卷，西南师范大学出版社2004年版，第473页。

④ 军事科学院军事历史研究部著：《中国抗日战争史》（中），解放军出版社2005年版，第186页。

⑤ 周开庆：《民国川事纪要》下册，（台）四川文献研究社1972年版，第59页。

桂林主持召开完军事会议后，率军事委员会办公厅、委员长侍从室及其他军事高级将领和工作人员飞抵重庆。蒋介石住重庆黄山官邸，旋即迁往上清寺德安里办公；军事委员会各机构开始全面进入重庆工作时间。军事委员会迁驻重庆后，使得重庆成为国民政府正面战场的指挥中心。

作为战时首都，重庆的安全保障显得尤为突出。1939年2月21日，国民政府明令：特派刘峙为重庆卫戍总司令部总司令，负责筹组一切。3月16日，重庆卫戍总司令部正式成立。重庆卫戍总司令部的主要任务是“为达到拱卫行都安全之目的，除督饬辖区内各治安机关加紧防护外，并以所辖各部队分驻卫戍区内，负责警卫，务期发挥各机关、部门之机能，以确保行都之安全”①。在防空方面，重庆于1937年9月1日成立了市防空司令部，由重庆警备司令李根固兼任司令，其对空监视范围限于重庆市。国民政府移驻重庆后，为担负起战时首都的防空重任，1938年2月，重庆市防空司令部升格为重庆防空司令部，直隶航空委员会。1940年4月，军委会修正公布《重庆防空司令部组织大纲》，规定重庆防空司令部直隶于军事委员会，为军委会直属机关，并受航空委员会及重庆卫戍总司令部的指挥。除此之外，在抗战初期，苏联为中国提供了大量战略物资，派遣了志愿航空队援华。国民政府移驻重庆后，苏联援华航空队也随之西迁，成为保卫重庆和大后方的重要空中力量。苏联援华航空队与中国空军并肩作战，付出了巨大牺牲。

① 唐润明：《抗战时期重庆的军事》，重庆出版社1995年版，第48页。

▲ 1937年淞沪抗战结束后，日军继续进犯南京。11月中旬，第23集团军刘湘部共5个师、2个独立旅奉命从四川赶赴安徽广德、浙江泗安一线，参加南京保卫战。图为集结在广德、泗安间的川军健儿。

▲ 率川军第23军到达泗安的军长潘文华（左一）、旅长达凤冈（左二）、副官处长周瑞麟（左三）、参谋处长陆涤生（左四）在前线观测敌军阵地。

▲ 川军在山西作战。

► 尽管武器装备低劣，但川军在各次战斗中奋勇当先。1938年3月的台儿庄会战中，川军奉命死守滕县，第41军代军长王铭章等3000多将士以身殉国，国民政府追赠其为陆军上将。指挥台儿庄的第五战区司令长官李宗仁指出："若无滕县之苦守，焉有台儿庄之大捷?台儿庄之结果，实滕县先烈所造成也!滕县一战，川军以寡敌众，不惜牺牲，阻敌南下，完成战斗任务，写成了川军抗战史上最光荣之一页。"图为王铭章将军。

▲ 王铭章将军灵柩途经汉口时，某战地服务队的救亡宣传团在为王铭章将军送葬路上。

◀ 李家钰(1982—1944)，四川蒲江人。1944年4月，豫中会战爆发。同年5月21日，时任第36集团军总司令兼第47军军长的李家钰在陕县秦家坡遭日军围攻，与日寇激战，不幸以身殉国。李家钰是抗战中继张自忠之后为国捐躯的国民政府集团军总司令，被国民政府追赠为陆军上将。

◄ 饶国华(1894—1937),四川资阳人。1937年11月奉命率部赴武汉,后转赴安徽坚守广德。1937年11月30日,川军第145师师长饶国华与日军激战时,因寡不敌众,开枪自戕殉国。同年12月,饶国华被国民政府追赠为陆军上将。

► 孙震(1892—1985),生于四川绵竹,原籍浙江绍兴。"七七"事变发生后,孙震请缨出川杀敌,被委任为第22集团军副总司令兼41军军长。太原失陷后,任第22集团军总司令。1938年3月,孙震率部参加徐州会战,保证了台儿庄大捷。1939年5月,被授予陆军上将衔,之后参与了随枣会战、枣阳会战、鄂西会战等战役。抗战八年中,孙震一直在前线,蒋介石称赞他"抗日以来,建勋最多,辛劳最甚"。

▲ 据国民政府军政部长何应钦所著《八年抗战之经过》一书载：抗战八年，四川出川将士350多万，不完全统计，阵亡263991人，负伤356267人，失踪26025人，共计64万余人，居全国之冠，为抗日战争做出了巨大贡献，有“无川不成军之说”。为纪念在抗日战争中伤亡的川军将士，1944年，成都文化界和社会团体成立“造像筹委会”，邀请著名雕塑家刘开渠先生创作了“川军抗日阵亡将士纪念碑”。该纪念碑现位于四川省成都市人民公园。

(二)国民政府移驻重庆

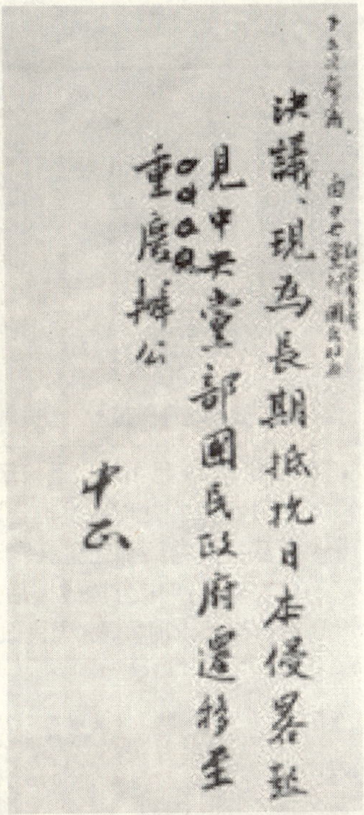

▶ 1937年11月11日，淞沪会战结束，日本占领上海。当日，蒋介石与林森再次商定迁都重庆。随后，日军向江阴、南京方向挺进。17日，国防最高委员会再次召开会议，决议：“为长期抵抗日本侵略，中央党部、国民政府迁至重庆办公。”图为蒋介石手书迁移重庆办公决议案。

◀ 1937年11月16日，国民政府主席林森率国民政府文官、参军、主计三处官员登上永绥号，自南京启碇西上，19日抵达汉口，22日抵达宜昌，23日换乘民生公司“民风轮”继续西行。26日，林森一行抵达重庆。图为国民政府主席林森。

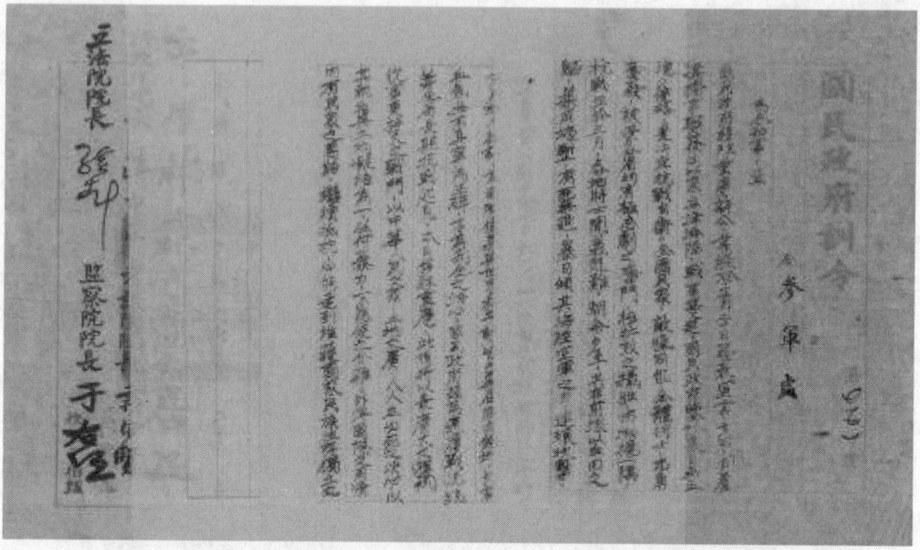
國民政府訓令
參軍處
立法院院長 孫科
監察院院長 于右任

▲ 1937年11月19日，蒋介石以国防最高会议议长身份在南京召集国防最高会议。代行国民党中央政治委员会职权的国家最高决策机关国防最高会议常会决定“国民政府及中央党部都迁重庆”。蒋介石在此次会议上发表《国府迁渝与抗战前途》的讲话，再次确定四川为抗战大后方，重庆为国民政府驻地。11月20日，国民党中央社在林森行至武汉时发表《国民政府移驻重庆办公宣言》。

國民公報
我們更應奮起
準備人力物力
支持長期抗戰
我爲統籌全局長期抗戰
國民政府移駐重慶
湘鄂黔皖四省改組明令發表
張治中主湘 何成濬主鄂 吳鼎昌主黔
蔣作賓主皖 何鍵任內長 實長程天固
國民政府移駐重慶宣言

▲ 1937年11月20日，重庆《国民公报》关于国民政府移驻重庆的报道。

▲ 1937年11月25日，重庆市政府工务科奉命将曾家岩重庆高级工科中学改建为国民政府府址。12月1日，国民政府开始在重庆办公。图为重庆国民政府大楼。

▲ 重庆歌乐山林森官邸。

▲ 重庆南泉林森别墅旧址。

▲ 1937年12月6日，国民党中央执行、监察两委在重庆召开联席会议，决定通告各级党部，于当日正式开始在重庆办公。图为国民党中央执行委员会旧址（现位于重庆渝中区人民路）。

▲ 国民党中央党部秘书长叶楚伧在重庆接见外宾。

▲ 国民党中央执行委员会调查统计局原为国民党中央组织部下设的一个调查科，后来该科归入国民政府军事委员会调查统计局，并在该局成立第一处。1938年，国民政府军事委员会调查统计局第一处独立出来，正式组成国民党中央执行委员会调查统计局。图为国民党中央执行委员会调查统计局重庆旧址（现位于重庆市渝中区中山二路）。

▲ 重庆国民政府外交部旧址。

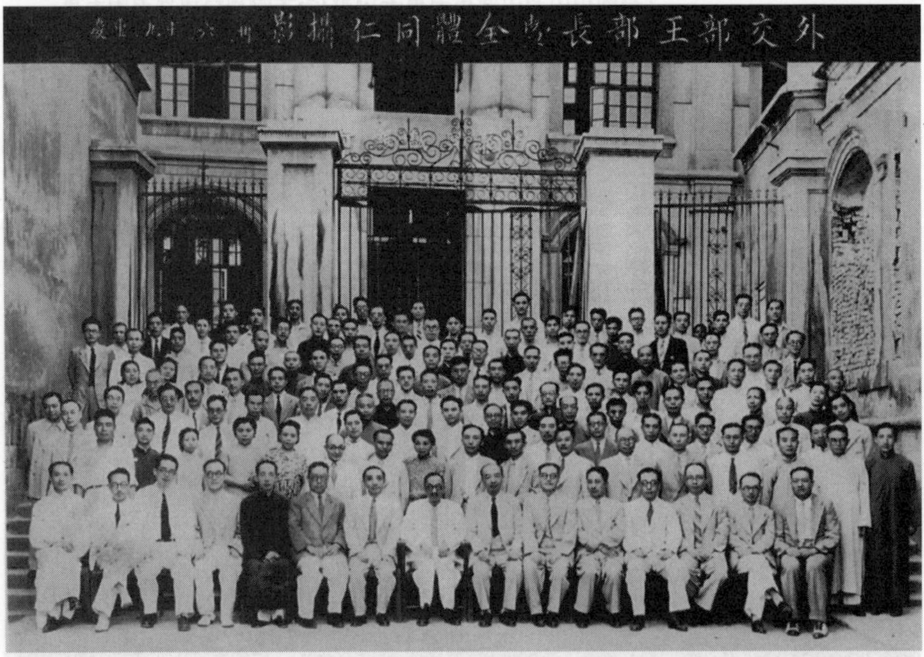

▲ 1941年6月19日，外交部长王宠惠和外交部全体人员在重庆外交部大楼（聚兴诚银行内办公点）前合影。

◄ 重庆国民政府经济部旧址(今位于渝中区新华路47号)。

► 抗战时期国民政府经济部部长翁文灏。

▲ 国民政府主计处负责全国岁计、会计、统计事务，直接对国民政府主席负责。图为主计处工作人员在重庆合影。

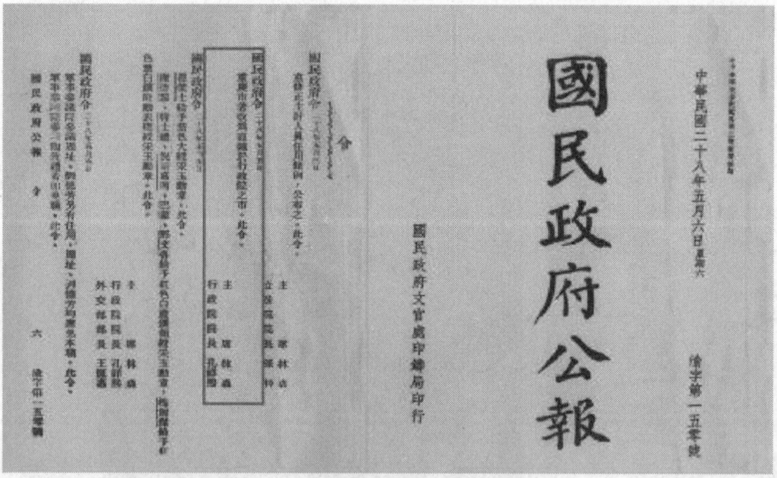

中華民國二十八年五月六日 星期六

國民政府公報

渝字第一五零號

國民政府文官處印鑄局印行

令

國民政府令

重慶市著改為直隸於行政院之市。此令。

主席 林森

行政院院長 孔祥熙

國民政府公報 令 六

▲ 1927年，重庆设市政厅，1929年设市。1938年9月，行政院决议批准重庆市组织机构“暂准援照直属市组织”，但同时又规定“该市仍隶属于四川省政府”。1939年4月，国民政府行政院向国防最高委员会提议：“查重庆市向为西南重要商埠，现已蔚成政治文化中心，该市政府虽系援照直隶市组织，因事务日繁，其行政系统及政权，亟须明确规定，以资运用。兹为促进行政效率，适应实际需要，拟将该市改为直隶于行政院之市。”1939年5月5日，国民政府行政院明令改重庆为院辖市。图为1939年5月6日《国民政府公报》上发布定重庆为院辖市的命令。

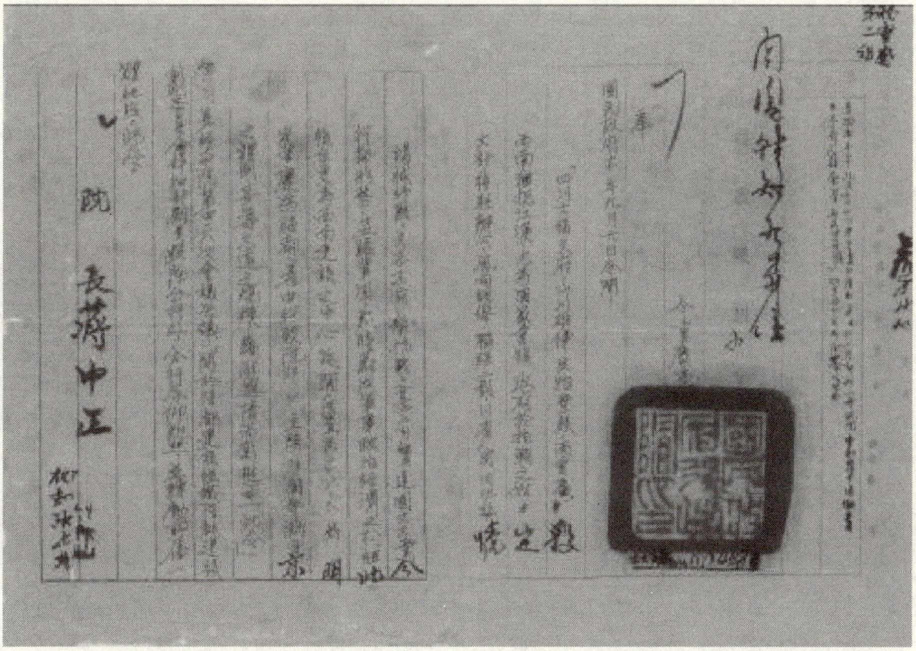

▲ 1940年5月9日，重庆临时参议会通过议案，呈请行政院转呈国民政府及国防最高会议："重庆为战时首都，成为军事政治经济文化之枢纽者，三载于兹；且今后抗战胜利，亦必预计其为西南建设之中心，并得在历史上成为千秋万世永值纪念之名城。因而建议政府明令，定重庆为中华民国永远之陪都。"几经筹议，国民政府行政院最终于1940年9月6日明定重庆为陪都。图为1940年9月6日国民政府行政院定重庆为陪都训令。

四川古称天府，山川雄伟，民物丰殷。而重庆绾毂西南，扼控江汉，尤为国家重镇。政府于抗战之始，首定大计，移驻办公。风雨绸缪，瞬经三载。川省人民，同仇敌忾，竭诚纾难，矢志不移，树抗战之基局，赞国家之大业。今行都形势，益臻巩固。战时蔚成军事、政治、经济之枢纽，此后更为西南建设之中心。恢宏建置，民意佥同。兹特明定重庆为陪都，着由行政院督饬主管机关，参酌西京之体制，妥筹久远之规模，借慰舆情，而彰懋典。

——《国民政府明定重庆为陪都令》

▲ 1940年10月1日，国民政府行政院通过《重庆陪都建设委员会组织规程》，确定成立陪都建设委员会，该会直隶于行政院，统筹规划和建设重庆。同日，重庆各界举行庆祝陪都建立大会，由市长吴国桢主持，参加各机关团体代表三万余人。10月5日，行政院举行会议，议定由孔祥熙任陪都建设委员会主任委员，周钟岳、杨庶堪为副主任委员。图为重庆各界举行庆祝陪都建立大会现场。

▲ 重庆各界在夫子池举行庆祝陪都成立大会。

（三）各国使节云集重庆

▲ 抗战全面爆发后，苏联是最早在外交上支持中国、谴责日本侵略的国家，也是从财政、物资、武器装备和人员方面援助中国抗战的主要国家。1938年1月19日，苏联驻华大使奥莱斯基偕塔斯社总社长罗果夫及秘书梅拉美德等由汉口飞抵重庆，开始在重庆办公。大使馆设在枇杷山西麓，这里原是川军师长曾子唯公馆。图为位于重庆枇杷山的苏联驻华大使馆旧址。

▲ 1938年10月20日，苏联驻华大使易人，卢干滋抵渝接任。1939年9月1日，苏联驻华大使再次易人，潘友新在重庆向国民政府主席林森呈递国书。1945年4月3日，彼得罗夫接替潘友新任苏联驻华大使。图为苏联大使潘友新旧居。

▲ 1942年蒋介石夫妇与苏联大使潘友新共庆《联合国家宣言》的签署。

▲ 抗战前夕，美国对东方战事总体上持中立态度。1936年9月，美国政府任命詹森为美国驻华（南京）首任大使。中国抗战全面爆发后，美国没有立即转变其孤立外交政策。国民政府迁驻重庆后，美国驻华使馆继续留在南京。1938年8月，詹森率美国驻华外交官员西迁重庆。美国大使馆选址在两路口一带，这里紧邻国民政府各主要机构，又通向市郊。图为重庆美国驻华大使馆旧址。

▲ 詹森自1929年便开始担任美国驻华大使，他在当时美国对华政策制定上起着重要作用。图为詹森等人与林森在重庆合影。

▲ 1941年5月26日，美国派遣深谙远东事务的高思接替詹森担任驻华大使。太平洋战争爆发后，美国直接加入到世界反法西斯战争阵营中。图为国民政府主席林森接受美国大使高思递交国书时合影。

▲ 1944年10月，由于史迪威与蒋介石矛盾的加剧，美国总统罗斯福决定召回高思，任命赫尔利为驻华大使。图为1944年美国驻华大使赫尔利在重庆向蒋介石呈递国书。

◀ 抗战爆发初期，英国在东方战事上采取绥靖政策。国民政府迁渝后，英国大使馆仍留南京，仅一部分官员使团移驻汉口办公。1938年1月，位于南京的英国大使馆频繁遭到日军侵犯。英国方面开始将大使馆的各项工作全面转移至重庆。图为位于重庆领事巷的英国大使馆旧址。

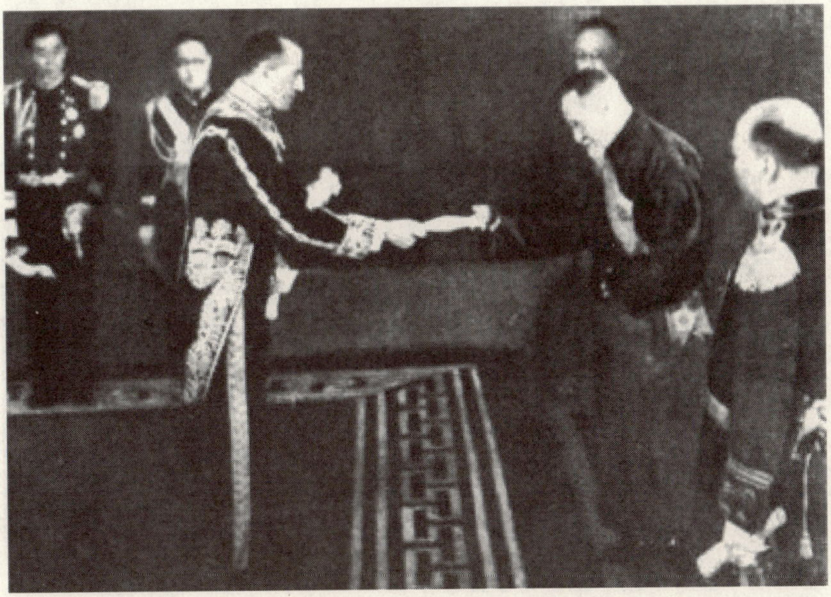

▲ 1938年4月8日，英国驻华大使阿希尔德·克拉克·卡尔爵士偕随从一行由汉口飞抵重庆，4月12日，英国驻华大使卡尔向国民政府主席林森呈递国书。

▲ 1939年5月，英国大使馆在日机的轰炸中化为废墟。此后，英国大使馆迁往重庆南郊文峰乡新力村，这里曾一度为德国大使馆馆址。图为位于重庆南岸的英国大使馆旧址。

▲ 1942年1月16日，薛穆继任英国驻华大使，直至国民政府还都南京。1942年6月14日，英国新任驻华大使薛穆在重庆发表广播演说：“自日本开始进侵中国，迄今已有五载。……中国仍屹立不移。足以象征中国不屈不挠意志与决心之重庆，乃成为全世界各地家喻户晓之一名词。为各自由民族而言，重庆乃联合国家所为振奋之精神之象征；为独裁者而言，重庆乃若干民众甘冒危险忍受痛苦不接受侵略者之束缚之象征”。图为1942年英国新任驻华大使薛穆递交国书仪式。

▲ 1936年1月，中法外交关系升格为大使级。抗战全面爆发后，法国在东方战事上执行绥靖政策。国民政府迁渝后，法国大使馆也逐步西迁。1938年8月6日，法国驻华大使在重庆领事巷开始正式办公。图为位于南纪门的法国大使馆旧址。

▲ 1939年3月，法国新任驻华大使戈思默来渝履职。不久，法国大使馆遭日机轰炸，迁至南纪门凤凰台街，后又迁至南岸南山，同时也在原法国水师兵营内办公。1943年，法国维希政权承认汪伪政权，与国民政府断绝关系，戈思默离渝赴宁。图为法国大使亨利·戈思默在中国要员的接待茶会上发表谈话。

▲ 位于南岸植物园的法国大使馆旧址。

▲ 法国水师兵营是1902年开始修建并于次年竣工的，供法国军舰士兵和军官居住的营房、储存食物的仓库、修理车间和物资补给站。法国水师兵营是晚清重庆开埠后西方列强在重庆建立半殖民地性质势力范围的写照。抗战时期曾一度被法国用来作为使馆用房。图为法国水师兵营旧址。

抗战时期，除了苏、美、英、法等国使节随大使馆迁至重庆外，还有其他一些国家，如荷兰、巴西、比利时、土耳其、澳大利亚等国也纷纷将大使馆或公使馆移驻重庆。这些国家在重庆开设使领馆、派驻使节的时间不尽一致，原因也各不相同，但目标却大体一致，其中不包括德国、意大利。抗战时期在渝各使领馆实际上在东方构筑了一条外交领域的反法西斯阵线。

抗战时期荷兰等18国驻重庆使领馆情况

国别与机构	开馆时间	外交官			馆址	备注
		姓名	职务	到任时间		
荷兰驻华大使馆	1938.8.6	博斯	秘书、大使	1938.8.6	南岸汪山、两路口新村	1946年初迁返南京
		白鲁格	大使	1938.10.8		
		洛克分	大使	1941.12		

续表

国别与机构	开馆时间	外交官			馆址	备注
		姓名	职务	到任时间		
巴西驻华大使馆	1938.8.10	赖谷	公使	1938.8.10	嘉陵宾馆	1946年初迁返南京
		贾德渥	代办			
		游兰略	大使			
德国驻华大使馆	1938.8.12	费斯	代办	1938.8.12	南岸	1941年7月关闭
意大利驻华大使馆	1938.8.14	亚力山	参事	1938.8.14	龙门浩	1941年7月关闭
比利时驻华大使馆	1938.10.8	纪佑穆	大使	1938.10.8	龙门浩	1946年初迁返南京
		劳德山	代办	1939.5		
		薛嘉德	代办	1943.11		
		戴尔福	大使	1945.1		
丹麦驻华公使馆	1938.10.8	欧斯浩德	公使	1938.10.8	嘉陵宾馆	1946年初迁返南京
		高霖	公使	1940.6		
土耳其驻华公使馆	1938.12.27	史帕希	公使	1938.12.27	鹅岭	1946年初迁返南京
		戴伯伦	代办	1942.3		
		杜凯	公使	1944		
加拿大驻华公使馆	1941	克伦斯	三秘	1941	陕西街等	1943年升格为大使馆
		欧德伦	公(大)使	1943.4.30		
澳大利亚驻华大使馆	1941.10.28	艾格斯顿	公使	1941.10.28	鹅岭	1946年初迁返南京
捷克斯洛伐克驻华公使馆	1942	米诺夫斯基	公使	1942	南岸清水街	1946年初迁返南京
(英属)印度专员公署	1942.5	萨梅莱	总代表	1942.5	沧白路	1946年初迁返南京
		梅农	专员	1943.9		
波兰驻华大使馆	1942.7.28	特罗和斯基	代办	1942.7.28	两浮支路	1946年初迁返南京
		勃宁斯基	大使	1943.3		
挪威驻华公使馆	1942.12.23	赫塞尔	公使	1942.12.23	嘉陵宾馆	1946年初迁返南京

续表

国别与机构	开馆时间	外交官			馆址	备注
		姓名	职务	到任时间		
墨西哥驻华公使馆	不详	卡斯托瓦尔	代办	不详	嘉陵宾馆	1943年升格为大使馆
		叶斯加兰特	大使	1945.7		
秘鲁驻华大使馆	1944.10	贝多雅	大使	1944.10	不详	1946年初迁返南京
伊朗驻华公使馆	1944.10	纳塞尔	公使	1944.10	不详	1946年初迁返南京
瑞典驻华公使馆	1945.1	亚革力	公使	1945.1	不详	1946年初迁返南京
阿根廷驻华大使馆	不详	薛嘉德	代办	不详	不详	1946年初迁返南京
		安尔斯	大使	1945.11	不详	1946年初迁返南京

▲ 荷兰新任驻华公使白鲁格男爵进入国民政府递交国书时的情形。

▲ 位于鹅岭的澳大利亚驻华大使馆。

▲ 位于鹅岭的土耳其驻华公使馆。

▲ 印度专员公署旧址。

▲ 1940年9月，大韩民国临时政府由綦江迁重庆市区办公。1941年12月9日，大韩民国临时政府对日宣战，并发表声明：1. 韩国全体人民愿参加反侵略阵线共同抗日；2. 为完全驱逐倭寇侵略势力于中国、韩国之外及太平洋上，血战至最后胜利；3. 誓不承认东北及南京之傀儡政权。1942年10月11日，在中韩两国政府的支持下，中韩文化协会在重庆成立。图为位于重庆市渝中区七星岗的大韩民国临时政府旧址。

▲ 1942年10月25日，韩国第34届议会在重庆召开，会议决定由洪震担任议长，由金九担任国务委员会主席。1945年9月3日，毛泽东在桂园接见了大韩临时政府主要成员。10月25日，国民党中央党部在重庆上清寺花园设宴庆祝韩国光复，欢送临时政府成员返国。图为1945年11月韩国临时政府主要成员离渝前合影。

（四）国民政府军事委员会迁重庆

▲　1938年10月，随着中日正面战场形势的发展，国民政府军事力量进一步后撤。11月初，第九战区司令部在长沙举行高级军事会议，检讨武汉会战的得失。会后，军事重心很快移到衡阳。11月25日至28日，南岳军事会议召开。军委会及第三、第九战区主要将领200余人出席会议。南岳军事会议后，国民政府军事委员会暂迁至新设立的桂林行营。12月8日，蒋介石率军委会从桂林飞抵重庆。至此，国民政府军事委员会完成了从南京西迁至重庆的全过程。图为国民政府军事委员会礼堂旧址（现位于渝中区解放西路66号）。

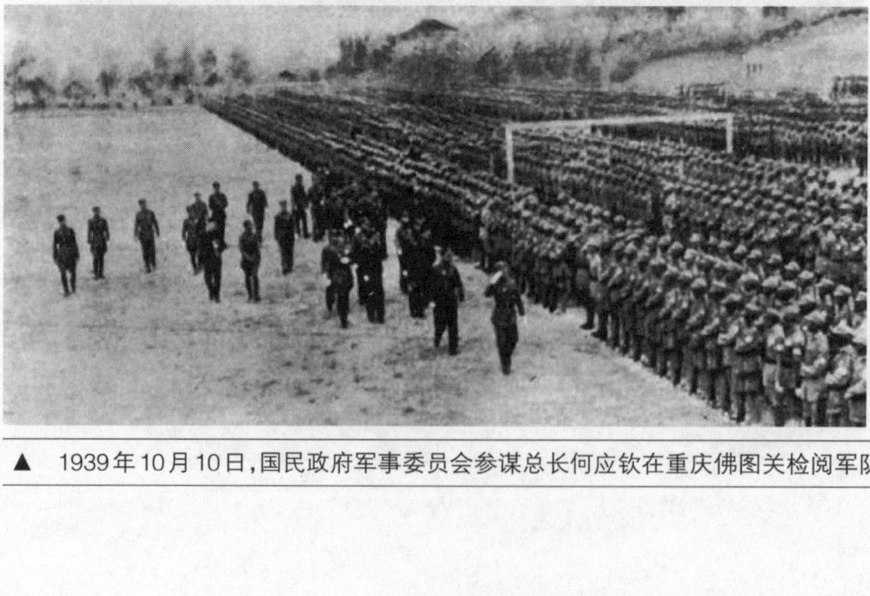

▲　1939年10月10日，国民政府军事委员会参谋总长何应钦在重庆佛图关检阅军队。

▲ 德安里是国民政府迁驻重庆后党政机关分布比较密集的地区。图为德安里103号蒋介石官邸(今中山三路市委大院内)。

▲ 德安里101号军事委员会委员长办公楼及侍从室尧庐旧址。

▲ 1940年，军事委员会侍从室第二处人员合影于重庆。右起第四人为侍从室第二处主任陈布雷，第三人为第二处第四组组长陈方，第一人为侍从室少将侍从秘书肖自诚，第八人为蒋介石的英文秘书汪日章，第十人为侍从室第二处第五组秘书李惟果，第十一人为秘书俞国华。

▲ 军事参议院是国民政府军事委员会下设机构，是最高军事咨议建议机关。抗战时期，陈调元、李济深先后担任军事参议院院长。图为修缮后的国民政府军事参议院旧址(现位于李子坝抗战遗址公园内)。

▲ 国民政府军事委员会政治部是在第二次国共合作的影响下，于1938年初在武汉成立的。陈诚任部长，周恩来、黄琪翔任副部长。图为国民政府军事委员会政治部旧址（现位于沙坪坝区土主镇三圣宫）。

军事委员会各机构迁至重庆初期驻扎情况表

序号	单位名称	地址	序号	单位名称	地址
1	军事委员会	金紫门原重庆行营旧址	10	后方勤务部	高滩岩
2	委员长侍从室	德安里尧庐	11	防空总监部	复兴关
3	军令部	夫子池文庙	12	调查统计局	罗家塆
4	军政部	凯旋路	13	战地党政委员会	巴中校街
5	政治部	两路口	14	军法司	土桥申家沟
6	文化工作委员会	两路口	15	军需署	金汤街
7	铨叙厅	巴中校街	16	兵役署	夫子池二女师
8	军法执行总监	桂花园	17	兵工署	观音岩勤居
9	海军总司令部	山洞	18	军医署	新桥

续表

序号	单位名称	地址	序号	单位名称	地址
19	军训部	国府路	32	军需学校	蔡家汤
20	参事室	油市街	33	通信学校	小温泉
21	政训室	武库街	34	陆军测量学校	北碚三花石
22	国际宣传处	巴中校街	35	宪兵学校	江北萧曹庙
23	外事局	老街	36	警官学校	南岸弹子石
24	战干团	綦江枣园	37	陆军总医院	相国寺
25	战史编纂委员会	学田湾	38	空军医院	李子坝
26	防空司令部	左营街	39	钢迁会	大渡口
27	空五军司令部	大溪别墅	40	第三十兵工厂	郭家沱
28	宪兵司令部	临江顺城街	41	第二十一兵工厂	刘家台
29	宪兵24团	临江顺城街	42	第二十四兵工厂	磁器口
30	宪兵3团	陕西路	43	鹅公岩兵工厂	杨家坪
31	陆军大学	山洞	44	重庆卫戍司令部	观音岩

▲ 国民政府军事委员会迁至重庆后，各战区、集团军纷纷在渝设立办事处、通讯处，以便战时联络。特别是1939年1月，八路军驻重庆办事处成立，使得重庆成为抗战时期国共双方开展广泛政治交流、军事合作的重要舞台。1940年3月4日，国民政府军事委员会在重庆召开第二次参谋长会议，中共代表叶剑英作了《作战与摩擦问题》的长篇发言。图为国民政府军事委员会第二次参谋长会议开幕后合影。

▲ 1945年1月1日，在蒋介石检阅完部队后，陪阅官参谋总长何应钦及两位副参谋总长程潜、白崇禧合影。

▲ 1939年12月至1940年3月，中国军队对日军发起冬季攻势，取得昆仑关大捷。图为向昆仑关进发的中国军队。

◀ 1941年12月至1942年1月，日军调集10万兵力进攻长沙，发动了第三次长沙会战。中国军队奋起抗击，于1942年1月在长沙以北将日军击败。图为中国军队阻击窜入长沙城内的日军。

▲ 1940年5月，日军为了控制长江交通、切断通往重庆的运输线，集结30万大军发动枣宜会战。图为1940年5月16日，中国军队收复枣阳。

▶ 1940年5月16日，第33集团军总司令张自忠在枣宜会战中英勇殉国。国民政府在重庆为张自忠举行国葬，并追晋为陆军二级上将。

◀ 张自忠将军灵柩从水路运回陪都重庆后葬于北碚梅花山。

▲ 1943年5月，日军为打通宜昌至汉口的长江航线，以10余万兵力分路向鄂西进攻，中国第六战区守军顽强抗击。此次会战从5月4日开始，6月14日结束，历时一个多月。战线东起湘北滨湖之华容，西止长江西陵峡口之石碑，绵亘千里。中国军队浴血奋战，毙伤日军2万余人，使不可一世的侵华日军惨败，被迫撤回长江以北。鄂西会战结束，双方恢复了会战开始前的态势。图为鄂西会战中中国军队在长江三峡各要隘驻守，阻击日军西进，拱卫重庆。

（五）重庆卫戍与防空司令部

▶ 1939年2月21日，国民政府明令：特派刘峙为重庆卫戍总司令部总司令，负责筹组一切。3月16日，重庆卫戍总司令部正式成立。3月27日，刘峙在国民政府大礼堂举行隆重的宣誓就职典礼，国民政府主席林森亲自授印。重庆卫戍总司令部的主要任务是："为达到拱卫行都安全之目的，除督饬辖区内各治安机关加紧防护外，并以所辖各部队分驻卫戍区内，负责警卫，务期发挥各机关、部门之机能，以确保行都之安全。"图为1939年2月至1945年2月任重庆卫戍司令部总司令的刘峙。

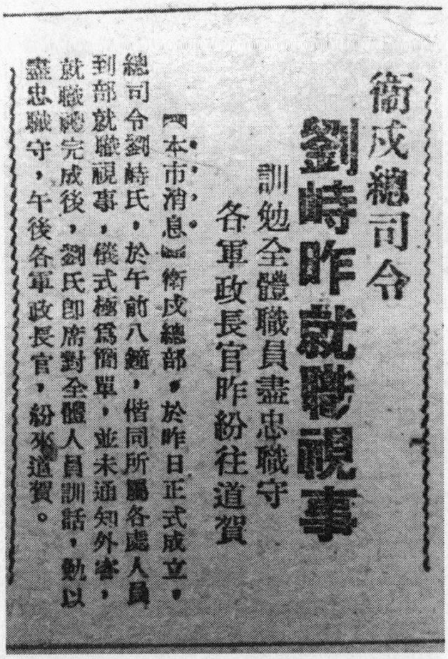

衛戍總司令
劉峙昨就職視事
訓勉全體職員盡忠職守
各軍政長官昨紛往道賀

【本市消息】衛戍總部，於昨日正式成立，總司令劉峙氏，於午前八鐘，偕同所屬各處人員到部就職視事，儀式極爲簡單，並未通知外客，就職禮完成後，劉氏即席對全體人員訓話，勉以盡忠職守，午後各軍政長官，紛來道賀。

◀ 重庆卫戍总司令部的卫戍区域在成立之初只包括重庆市及周边的江北、巴县、长寿、綦江、江津、合川、铜梁、璧山、永川及嘉陵江三峡乡村建设实验区等11个市县。1940年10月，增划垫江、涪陵、邻水、南川、丰都5县为重庆卫戍总司令部卫戍区域。1945年，又将武隆、武胜和潼南3县划归重庆卫戍总司令部管辖。至此，重庆卫戍总司令部辖区增加到19个县市。图为1939年3月17日《新蜀报》关于重庆卫戍总司令部总司令刘峙到部就职的报道。

◀ 1945年2月，国民政府军事委员会为加强反攻力量，对各战区的人事机构进行了调整，刘峙被任命为第5战区司令长官，原第9战区副司令长官王缵绪接任重庆卫戍司令部总司令一职。1946年6月，重庆卫戍总司令部改组为重庆警备司令部。图为重庆卫戍总司令部总司令王缵绪。

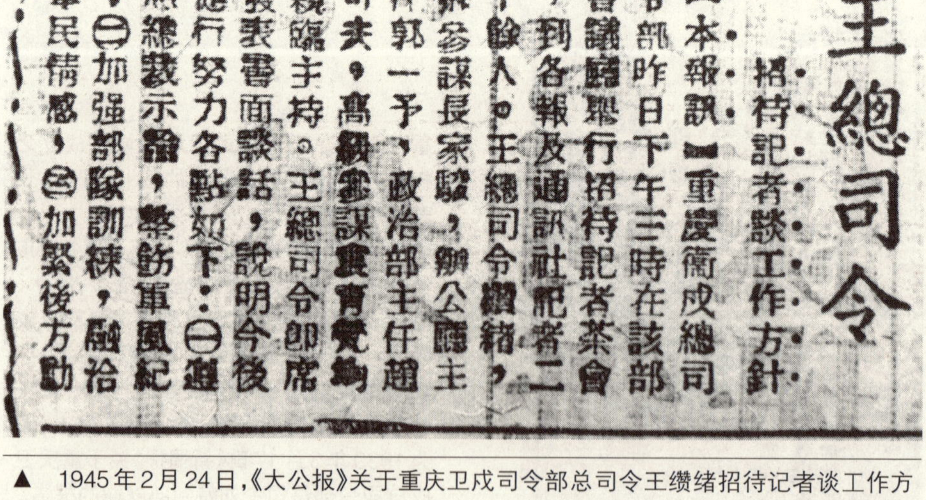

王總司令

招待記者談工作方針

【本報訊】重慶衛戍總司令部昨日下午三時在該部會議廳舉行招待記者茶會，到各報及通訊社記者二十餘人。王總司令纘緒，副參謀長家驥，辦公廳主任郭一予，政治部主任趙可夫，高級參謀吳育鶚親臨主持。王總司令即席發表書面談話，說明今後施行努力各點如下：㊀遵照總裁示諭，整飭軍風紀：㊁加强部隊訓練，融洽軍民情感，㊂加緊後方勤

▲ 1945年2月24日，《大公报》关于重庆卫戍司令部总司令王缵绪招待记者谈工作方针的报道。

▶ 为防敌机空袭，维护国家和人民生命财产安全，1937年8月19日，国民政府正式颁布《防空法》。9月1日，根据《防空法》和《重庆防空计划实施大纲》的有关规定，经军事委员会重庆行营决定，正式成立重庆市防空司令部，由重庆警备司令李根固兼任司令，其对空监视范围限于重庆市。图为李根固。

▲ 李根固旧居（现位于重庆市渝中区李子坝正街61号）。

▲ 1939年春，刘峙接替李根固任防空司令。图为1941年5月10日，刘峙在李子坝、牛角沱一带视察被日机轰炸后的灾区。

◀ 1938年2月，国民政府、军委会重庆行营对重庆市防空司令部进行了调整，升格为重庆防空司令部，直隶航空委员会，不再隶属四川省防空司令部。防空司令部的对空监视范围也相应扩展到重庆周围的32个县。司令部各部门的主要负责人多为国民党的高级将领，均由国民政府军事委员会直接委任。图为防空司令部作战人员研究重庆防空战术。

▲ 1941年2月,重庆防空司令部在市郊架设防空探照灯。

▲ 重庆防空监视哨的中国士兵用电话向防空司令部通报敌情。

◀ 防空司令部举办的防空教育展览。

▲ 防空司令部组织的防空防毒演习。

(六)苏联援华空军在重庆

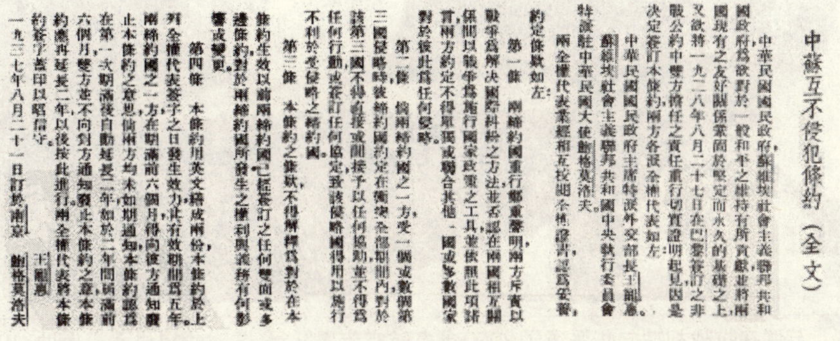

中蘇互不侵犯條約（全文）

中華民國國民政府，蘇維埃社會主義聯邦共和國政府，為欲對於一般和平之維持有所貢獻，並將兩國現有之友好關係，置於堅定而永久的基礎之上，又欲將一九二八年八月二十七日在巴黎簽訂之非戰公約中雙方擔任之責任，重行切實證明起見，因是決定簽訂本條約，兩方各派全權代表如左：

中華民國國民政府主席特派外交部長王寵惠。

蘇維埃社會主義聯邦共和國中央執行委員會特派駐中華民國大使鮑格莫洛夫。

兩全權代表業經相互校閱各該證書，認為妥善，約定條款如左：

第一條　兩締約國重行鄭重聲明，兩方斥責以戰爭為解決國際糾紛之方法，並否認在兩國相互關係間以戰爭為施行國家政策之工具，並依照此項諾言，兩方約定不得單獨或聯合其他一國或多數國家對於彼此為任何侵略。

第二條　倘兩締約國之一方，受一個或數個第三國侵略時，彼締約國約定在衝突全部期間內，對於該第三國不得直接或間接予以任何協助，並不得為任何行動或簽訂任何協定，致該侵略國得用以施行不利於受侵略之締約國。

第三條　本條約之條款，不得解釋為對於在本條約生效以前兩締約國已經簽訂之任何雙面或多邊條約，對於兩締約國所發生之權利與義務有何影響或變更。

第四條　本條約用英文繕成兩份，本條約於上列全權代表簽字之日發生效力，其有效期間為五年。兩締約國之一方，在期滿前六個月，得向彼方通知廢止本條約之意思，倘兩方均未如期通知，本條約認為在第一次期滿後自動延長二年，如於二年期滿前六個月，雙方並不向對方通知廢止本條約之意，本條約應再延長二年，以後按此進行。兩全權代表將本條約簽字蓋印以昭信守。

一九三七年八月二十一日訂於南京

王寵惠　鮑格莫洛夫

▲ 卢沟桥事变发生后，7月8日，蒋介石在庐山召见立法院院长孙科和外交部长王宠惠，指出：如果事态扩大，爆发全面战争，那么“最关键的因素”就是与苏联达成协议，由苏联供应军事装备并缔结中苏互助条约。1937年8月21日，中苏两国签订《中苏互不侵犯条约》，8月30日正式公布条约。《中苏互不侵犯条约》签订后，在中国政府的请求下，苏联作出了派遣空军志愿队的回应。图为《中苏互不侵犯条约》全文。

► 1937年11月，第一批苏联援华空军志愿队抵达南京，立刻投入到南京保卫战中。南京沦陷后，苏联援华空军志愿队退守南昌和武汉。在据守南昌和武汉期间，苏联援华空军多次参与国民党正面战场的战役，还实施了对日占区机场、军舰和兵器制造厂的空袭。图为抗战初期中国空军顾问、苏联空军援华志愿队领队日加列夫。

▲ 苏联在抗战初期向华派遣了2000多名航空志愿队员，并对华提供飞机援助。1938年2月23日，由波雷宁大尉率队，28架轰炸机从武汉远征台湾，轰炸日军占领的松山机场，击毁日机40架，烧毁了可供该基地3年使用的航空汽油。1938年6月，武汉会战打响前，苏联提供了大批援华军事物资。苏联援华空军志愿队更是直接参战，对中国地面部队给予有力支援。图为1937年底，飞抵中国的苏联И-15歼击机，机尾“P-7180”为中国空军飞机编号。

▲ 中国空军驾驶苏式И-15战斗机迎战。

▶ 1938年10月，武汉、广州沦陷后，中苏空军的中心基地从南昌、武汉西移成都、重庆、梁山等地。苏联援华空军在大后方帮助培训中国空军人员，创办空军学校，阻击日机入侵西南领空，并适时派出飞机轰炸敌占区的军事设施。图为1940年，空中鸟瞰重庆白市驿机场。

◀ 1939年6月11日，苏联空军派遣志愿航空队4个大队来华支援，由库里申科和科兹洛夫各率领一个由20架重型轰炸机组成的轰炸机大队进驻四川省成都，由苏普伦和柯基那基各率领一个由И－15和И－16驱逐机组成的驱逐机大队进驻重庆。这大大增强了中国空军抗击日寇的实力。图为库里申科。

▲ 由于轰炸大后方的日机多驻汉口，位于成都的苏联重型轰炸机大队肩负着空中奔袭汉口的重任。1939年8月14日，库里申科率领机群奔袭日军汉口机场。在武汉上空与敌机相遇。在击落5架敌机后，库里申科的飞机左发动机被击中，返航途中飞机失去平衡，迫降于四川万县长江水面。机组的领航员、报务员和轰炸员获救。库里申科因筋疲力尽，未能爬出机舱。20天后，人们在下游猫儿沱发现了他的遗体，把他安葬在景色壮美的万县太白岩。图为1958年7月，万县人民政府在西山公园内修建的库里申科烈士墓。

◀ 苏联援华飞行员卡特诺夫上校和司托尔夫上校因在对日空战中受重伤，分别于1940年11月15日和1941年5月11日牺牲在重庆，他们的遗体曾先后葬于袁家岗、江北杨家坟花园。1959年9月，重庆市政府将两烈士迁葬鹅岭公园。图为卡特诺夫与司托尔夫之墓，市民常称作重庆苏军烈士墓。

▲ 1940年12月，日本已侵占了大半个中国，并在北上进攻苏联和南下同英美开战之间举棋不定。在这种情况下，熟悉中国情况并在中国工作过的崔可夫再一次被派到中国，任驻中国武官和军事总顾问。1941年苏德战争爆发，1942年3月，崔可夫奉召回国。图为1941年11月，苏联代表团与蒋介石等人合影，第二排居中者为崔可夫。

三、抗日民族统一战线的政治舞台

中国共产党提出的抗日民族统一战线策略和政策的贯彻执行，广泛地团结了中华民族一切可能团结的抗日力量，铸成了全民族抗战的坚固长城，使全国团结抗战的局面得以坚持和发展，直至取得全民族抗战胜利。概括地讲，以国共合作为基础的抗日民族统一战线是抗战胜利的决定性因素。

1931年，日本军队发动“九一八”事变，侵占中国东北，中日民族矛盾逐渐上升为中国社会的主要矛盾。对此，中国共产党发表了一系列宣言，号召全国民众团结起来，与日本帝国主义作战；与此同时，中国共产党在东北积极组织开展了抗日游击战争，支援和鼓舞了全国抗日救亡运动。华北事变发生后，中国民族危机日益加深，1935年8月1日，中共驻共产国际代表团根据当时的形势以及共产国际七大精神发布了《为抗日救国告全体同胞书》（即《八一宣言》），提出了抗日救国十大纲领，呼吁全国各党派、各军队、各界同胞“都应有‘兄弟阋于墙外御其侮’的真诚觉悟”，强调建立包括上层在内的统一战线，扩大抗日民族统一战线的范围。1935年12月，中共中央召开瓦窑堡会议，通过了《关于目前政治形势与党的任务的决议》，正式确立了抗日民族统一战线的新策略。

1936年12月12日，张学良、杨虎城以民族大义为重，发动了震惊中外的西安事变，通电全国，提出“停止内战、共同抗日”等八项抗日救国主张。在中共中央和周恩来同志的主导下，西安事变最终以蒋介石接受“停止内战，联共抗日”的主张而和平解决，这为国共两党再次合作奠定了政治基础。为了尽快促成国共两党合作和抗日民族统一战线形成，中国共产党从1937年2月到9月，同国民党在西安、杭州、南京、庐山等地进行了多次协商和谈判。在中国共产党的努力下，1937年8月，国民政府决定将中国工农红军改编为国民革命军第八路军，10月，将南方八省红军游击队改编为国民革命军陆军新编第四军。1937年9月22日，国民党中央通讯社发表《中国共产党为公布国共合作宣言》。次日，蒋介石发表《对中国共产党宣言的谈话》，实际上承认了中国共产党的合法地位。至此，第二次国共合作和抗日民族统一战线正式形成。

武汉沦陷后，重庆成为抗日民族统一战线的重要政治舞台。为适应抗战相持阶段到来后的新形势，中共中央六届六中全会决定撤销位于武汉的中共中央长江局，在重庆成立中共中央南方局。1939年1月16日，以周恩来为书记的中共中央南方局在重庆秘密成立，与八路军驻重庆办事处合署办公，领导南方国民党统治地区和部分沦陷区的中共党组织。南方局创造性地执行中共中央的路线、方针、政策，积极维护和巩固第二次国共合作，“坚持抗战，反对投降；坚持团结，反对分裂；坚持进步，反对倒退”，对顽固派和反对势力进行了“有理、有利、有节”的斗争，努力发展和扩大了抗日民族统一战线。

在抗日民族统一战线旗帜下，全体中华儿女万众一心、众志成城，各党派、各民族、各阶级、各阶层、各团体同仇敌忾，共赴国难。抗战时期的重庆人民，不仅指长期居住、生活和工作在重庆的本地人，还包括抗战期间，从国内外、从四面八方为了抗战来到重庆的人。他们汇聚成了一支强大的抗日力量，从人力、物力、财力上支持抗战直至取得胜利。

“为集思广益，团结全国力量”[①]，1938年7月，国民参政会在武汉成立。它作为第二次国共合作的产物，是抗战时期由国民政府成立的，包括国民党、共产党及其他抗日党派和无党派人士代表的全国最高咨询机关。在抗日民族统一战线旗帜下，国民参政会在重庆召开了11次会议，经历了中华民族反抗日本帝国主义侵略并取得最后胜利的过程。

抗日战争时期是中国民主发展史上一个极为独特又极为重要的时期。

①《国民政府公布国民参政会组织条例训令(1938年4月12日)》，中国第二历史档案馆编：《中华民国史档案资料汇编·政治(一)》，第五辑，第二编，江苏古籍出版社1997年版，第869-870页。

在中国共产党的努力和推动下，各民主力量掀起了宪政运动，一批新的进步的党派和政治团体在重庆成立。随着抗日民主运动的发展，成立民主联合政府成为抗战后期社会各界的共同呼声。

(一)第二次国共合作

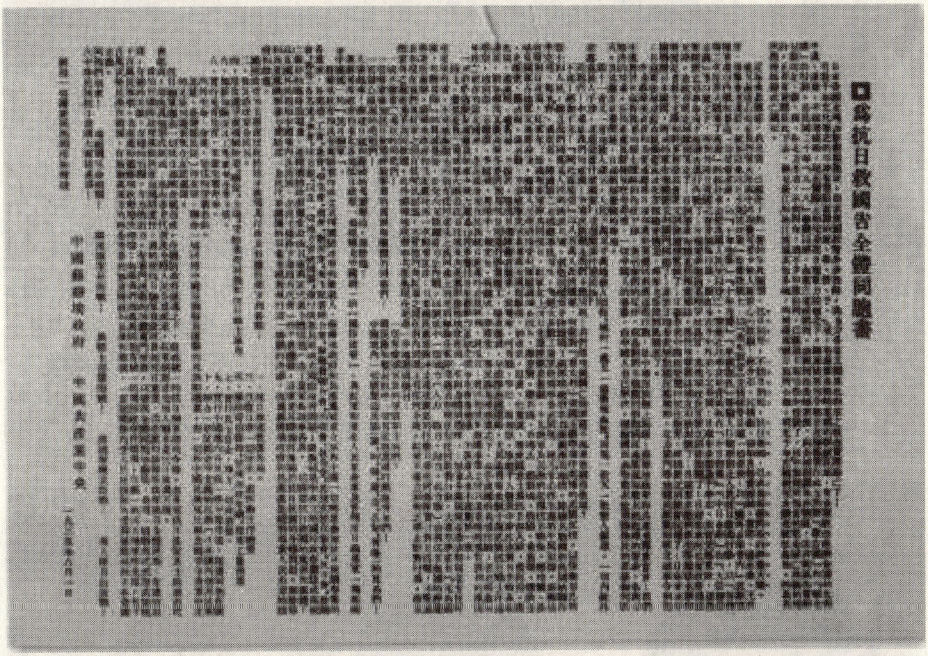
為抗日救國告全體同胞書

中國蘇維埃政府　中國共產黨中央

一九三五年八月一日

▲ 1931年9月18日，日军发动蓄谋已久的“九一八”事变。不久，东北沦陷。面对危局，中国共产党率先举起抗日武装的旗帜，发表了一系列反对日本侵略、呼吁团结抗战的宣言。1935年8月1日，中共中央发表《中国共产党为抗日救国告全体同胞书》，即著名的《八一宣言》，明确提出“抗日则生，不抗日则死，抗日救国，已成为每个同胞的神圣天职”，呼吁全国各党派各军队和各界同胞停止内战，集中力量一致抗日，并建议组成统一的国防政府和在国防政府领导下的抗日联军。《八一宣言》的发表，标志中国共产党建立抗日民族统一战线的策略基本形成。

▲ 1935年下半年，日本帝国主义在华北不断制造一系列事端，策动华北五省（河北、察哈尔、绥远、山西、山东）两市（北平、天津）“防共自治运动”制造傀儡政权，史称华北事变。面对亡国灭种的危机，12月9日，在中国共产党领导下，北平爱国学生数千人高呼“停止内战，一致对外”、“打倒日本帝国主义”等口号，举行了声势浩大的示威游行，掀起中国人民抗日救亡民主运动的新高潮。图为“一二·九”运动中的北平学生游行队伍。

▲ 1935年12月，中共中央在陕北瓦窑堡召开了政治局扩大会议，确立了建立抗日民族统一战线的方针，通过了《目前政治形势与党的任务决议》。图为瓦窑堡会议旧址。

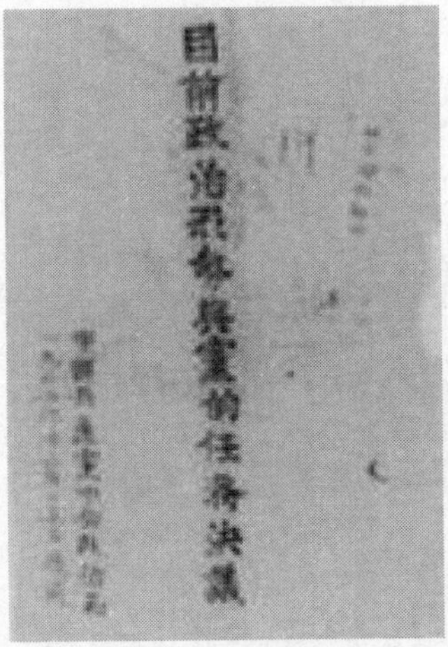

▲《目前政治形势与党的任务决议》。

▲ 1935年12月27日，毛泽东根据瓦窑堡会议精神，在党的活动分子会议上作了《论反对日本帝国主义的策略》的报告，号召全党为建立抗日民族统一战线而努力。

▲ 1936年5月31日，宋庆龄、沈钧儒、邹韬奋、陶行知等发起成立了全国各界救国联合会，主张停止内战，一致抗日。图为救国会部分领导人在上海参加示威游行。

西北文化日報
中華民國二十五年十二月十三日
全國民衆迫切要求
爭取中華民族生存
張楊昨發動對蔣兵諫
通電全國發表救國主張八項
改組南京政府容納各黨各派
卅萬民衆歡躍鼓舞擁護民族解放運動
救亡領袖
救亡領袖
▲張楊等通電全國發表救國主張

◀ 1936年12月12日，在全国人民抗日救亡运动影响下，国民党爱国将领张学良、杨虎城共同发动了震惊世界的西安事变，要求蒋介石停止内战，共同抗日。图为1936年12月13日《西北文化日报》发表西安事变的报道。

▲ 西安事变发生后，张学良邀请中国共产党派代表赴西安参加谈判。中国共产党从民族大义出发，力促西安事变和平解决。西安事变的和平解决宣告了十年内战的结束，抗日民族统一战线初步形成。图为赴西安谈判的中共代表，右起：周恩来、叶剑英、秦邦宪（博古）。

▲ 为了推动国民党政策的彻底转变，尽快促成国共两党实质性的合作和抗日民族统一战线的正式形成，1937年2—9月，中国共产党派出周恩来、叶剑英等先后在西安、杭州、南京、庐山等地同蒋介石、顾祝同、张冲等就国共两党合作问题进行了一系列谈判。图为周恩来同国民党代表张冲在杭州合影。

▲ 1937年7月7日，日本发动卢沟桥事变，全面侵华战争由此展开，中华民族到了最危险的时候。图为日军通过卢沟桥。

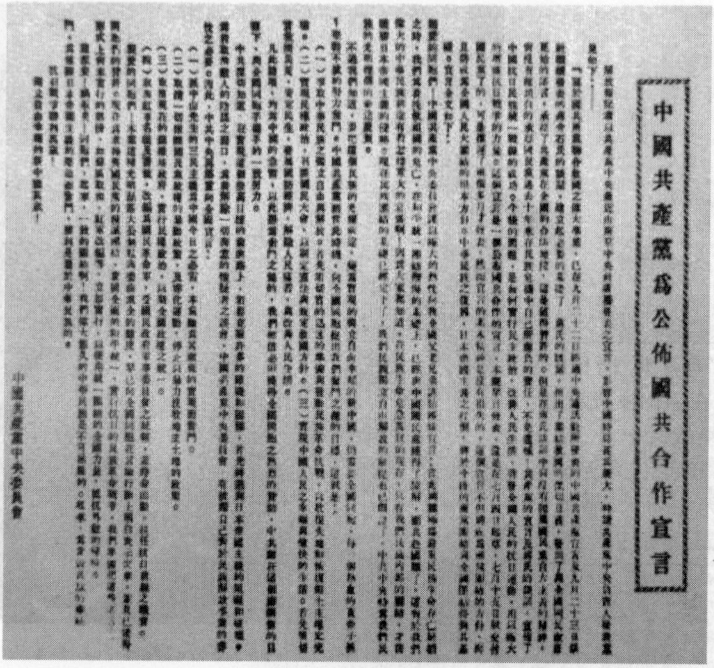

中國共產黨為公佈國共合作宣言

中國共產黨中央委員會

▲ 1937年9月22日，国民党中央通讯社发表了《中国共产党为公布国共合作宣言》。23日，蒋介石发表了实际承认中国共产党合法地位和两党合作的讲话。以国共合作为基础的抗日民族统一战线正式形成。

▲ 根据国共两党达成的协议，在北方的主力红军和南方红军游击队分别改编为国民革命军第八路军(9月又改称第十八集团军)和国民革命军陆军新编第四军，并开赴抗战前线对日作战。图为在延安召开的红军改编誓师大会。

◀ 国民革命军第八路军总指挥朱德（左）与副总指挥彭德怀（右）合影。

▶ 国民革命军新编陆军第四军军长叶挺。

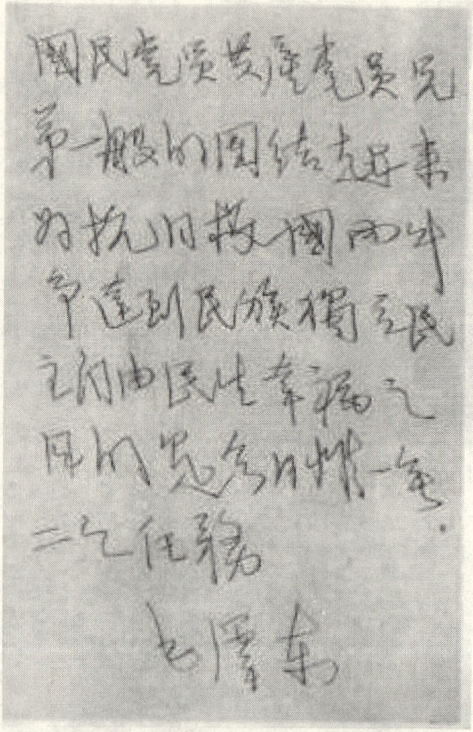

◀ 毛泽东题词手迹:“国民党员、共产党员兄弟一般的团结起来,为抗日救国而斗争,达到民族独立、民主自由、民生幸福之目的是今日唯一无二之任务。”

(二)八路军驻重庆办事处暨中共中央南方局

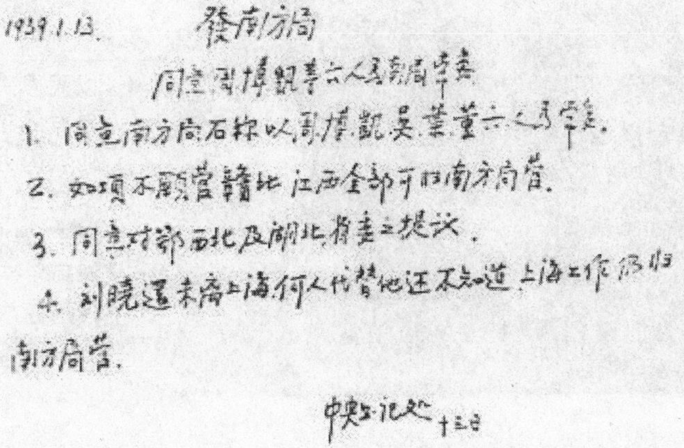

1939.1.13. 發南方局

同意周博凯董六人為南局常委

1. 同意南方局名称以周博凯吴叶董六人为常委.

2. 如項不願管轄北江西全部可归南方局管.

3. 同意对鄂西北及湖北省委之提议.

4. 刘曉還未南上海何人代替他还不知道.上海工作仍归南方局管.

中央书记处 十三日

▲ 根据国共两党达成的协议，中共领导的八路军、新四军在奔赴前线的同时，于1938年12月，在武汉设立了由王明、周恩来、项英、秦邦宪、叶剑英、董必武、林伯渠等7人组成的中共中央长江局和中共代表团。武汉沦陷后，武汉八办的中共机构迁往重庆，在重庆设立办事处。为了巩固和发展抗日民族统一战线，中共中央决定撤销设在武汉的中共中央长江局，成立以周恩来为书记的中共中央南方局，统一领导南方地区中国共产党的组织和抗日民族统一战线工作。图为1939年1月13日，中共中央书记处批准周恩来等六人组成南方局常委的电报。

► 中共中央南方局书记周恩来。

◄ 以周恩来名义租赁的南方局和八路军办事处城内办公地——曾家岩50号周公馆，周恩来、董必武、叶剑英、邓颖超等常在此工作，接见各方面人士。

▲ 南方局领导人（后排右起：周恩来、秦邦宪、叶剑英，前排左起：董必武、徐特立）与来重庆工作的中共中央代表林伯渠合影。

▲ 1939年春，南方局主要负责人在重庆机房街八路军办事处驻地合影。左起：王炳南、董必武、叶剑英、钱之光、凯丰、吴克坚。

▲ 由于日机的不断轰炸，八路军驻重庆办事处机房街毁损严重。1939年5月，办事处迁往城郊的红岩嘴13号大有农场（至1941年1月，兼新四军驻重庆办事处）。图为八路军驻重庆办事处暨中共中央南方局旧址——红岩嘴13号。

◄ 八路军驻重庆办事处处长钱之光。

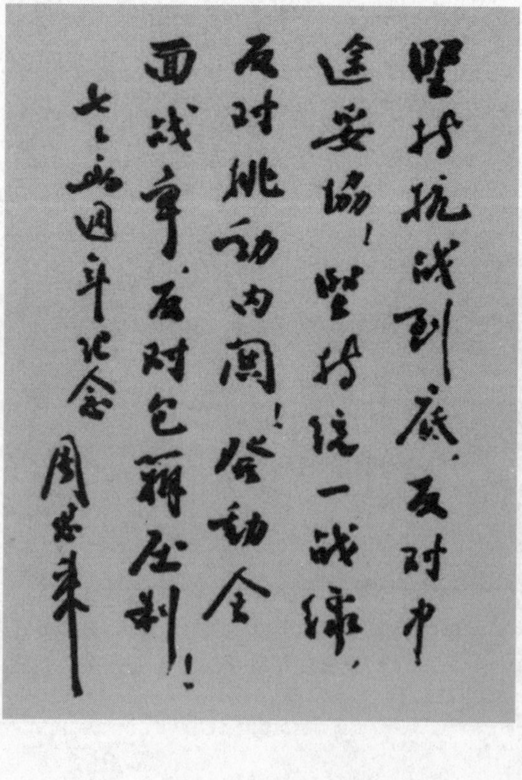

◄ 1939年6月25日，周恩来为纪念抗战两周年题词，以明确态度坚持抗战到底，反对国民党反共投降政策。7月6日，中共中央发表《为抗战两周年对时局宣言》，提出“坚持抗战，反对投降；坚持团结，反对分裂；坚持进步，反对倒退”的政治口号，成为南方局的工作指导方针。

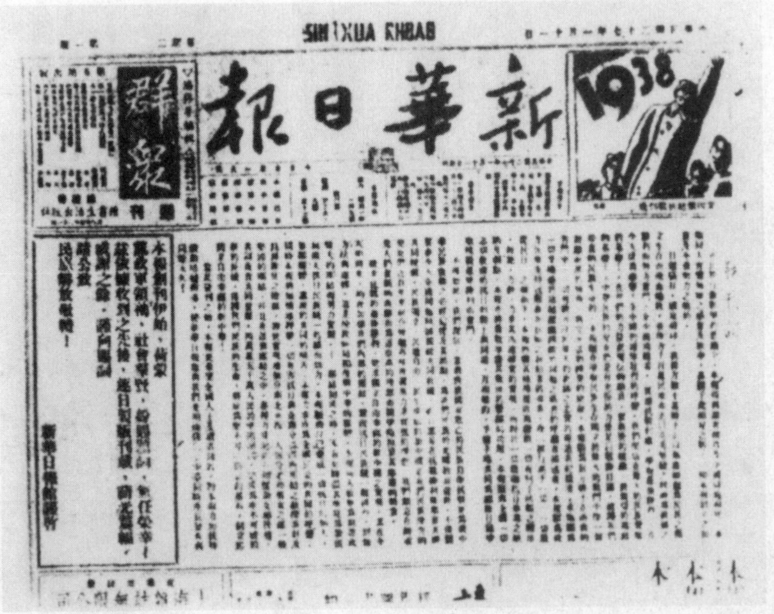

▲《新华日报》和《群众》周刊是抗日战争时期中国共产党在国统区公开出版发行的、唯一的大型党中央机关报和政治理论刊物，是中国共产党宣传抗战民主的重要舆论阵地。在南方局的直接领导下，《新华日报》和《群众》周刊为宣传中国共产党的抗日主张、推动和发展爱国民主运动、传播先进思想文化、巩固和壮大抗日民族统一战线，做出了卓越贡献，被毛泽东誉为“新华方面军”。图为《新华日报》创刊号。

▲《群众》周刊创刊号。

▲ 新华日报社总经理熊瑾玎(左)、社长潘梓年(中)、总编辑吴克坚(右)。

周恩來同志講

國際形勢與中國抗戰

帝國主義戰爭正益趨持久擴大

堅持抗戰勿對美日衝突存幻想

祇要團結到底勝利一定屬我們

▲ 1940年9月29日，周恩来在重庆巴蜀学校发表《国际形势与中国抗战》的演讲，全面分析了国际国内的抗战形势，批判了妥协投降论调，廓清了抗战迷雾，对坚定大后方各界民众的抗战信心起了极大的鼓舞作用。图为《新华日报》刊载的演讲摘要。

▲ 第二次国共合作是抗日民族统一战线的基础。1939年，国共两党决定合作开办南岳游击干部训练班，学习推广八路军的游击战战略战术。南方局军事组组长、第十八集团军参谋长叶剑英担任该班副教育长，李涛、边章五等参加教学工作。图为叶剑英（前排左四）与中共教官合影。

◀ 南方局在重庆期间广交朋友，与民主党派人士结下了深厚的友谊。周恩来等领导人经常到民主人士鲜英（字特生）的公馆（特园）与民主人士聚会，积极争取民主力量团结抗战。图为被誉为“民主之家”的鲜英公馆（特园）。

▲ 民主人士、社会活动家张澜（左三）、李公朴（左一）、鲜英（左二）、沈钧儒（左四）在民主之家。

◀ 南方局非常重视与民族工商界的联系与合作。周恩来多次会见民族工商界著名人士，倾听他们的意见和要求，并希望他们联合起来，抵制官僚资本的掠夺，支援抗战，有利民生。图为周恩来、董必武等南方局领导人常与工商界人士谈话的北温泉数帆楼。

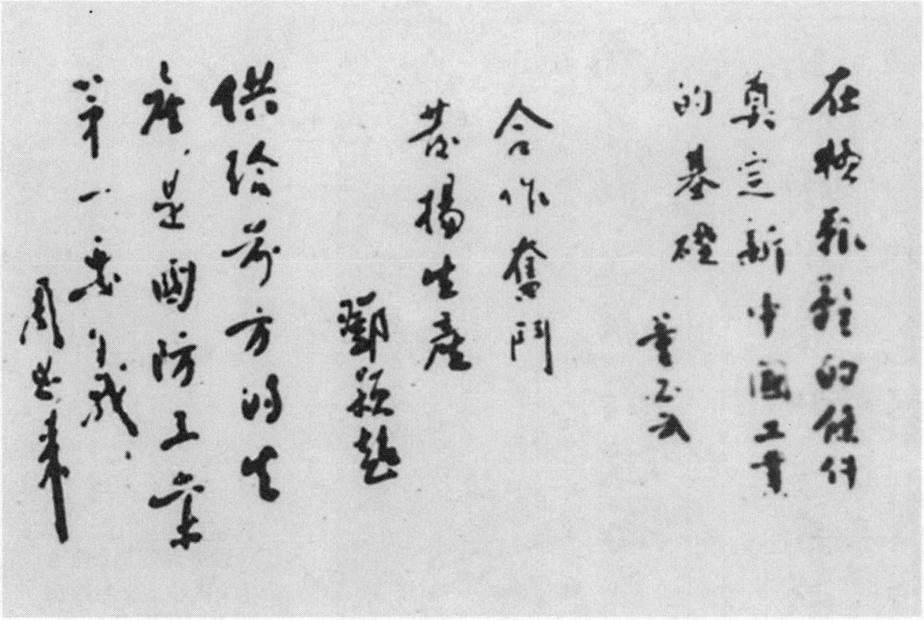

▲ 从左至右依次是周恩来、邓颖超、董必武参观胡厥文创办的合作五金厂后的题词。

► 南方局积极动员华侨支援抗战。1940年3月，南洋华侨筹赈祖国难民总会（简称“南侨总会”）主席陈嘉庚率领南洋华侨同胞慰劳考察团回国，林伯渠、董必武、叶剑英等前去拜望，并促成了陈嘉庚访问延安之行。图为1940年，陈嘉庚应邀访问延安，在延安欢迎大会上致辞。

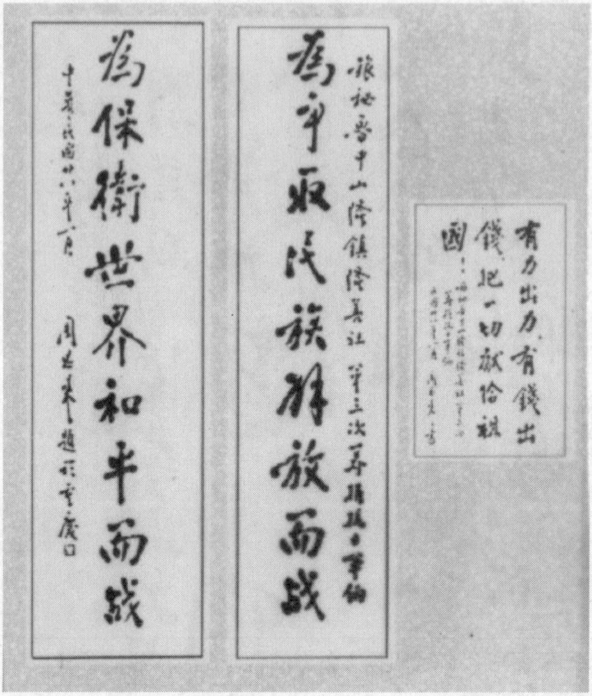

◀ 周恩来为旅居秘鲁的华侨支援抗战义举题词。

▲ 为广泛争取国际友人同情与支持中国的抗战，南方局开展广泛、灵活、深入的国际统战工作。图为周恩来和南方局外事组人员与外国记者在一起。

▲ 南方局积极领导大后方进步文化人开展抗战文化活动。1941年至1944年，在南方局文委的推动下，重庆进步文化界发起组织了长达四年的“雾季公演”活动，以进步话剧为突破口，以“雾季戏剧节”为标志的重庆进步文化运动蓬勃开展，极大地鼓舞了大后方人民的抗战信心，推动了大后方救亡运动的发展。图为1941年，南方局文委领导人周恩来、郭沫若、阳翰笙在重庆。

▲ 国民政府军事委员会政治部第三厅（以下简称“三厅”）是抗日战争时期国民党和中国共产党第二次合作的产物，于1938年4月1日在武汉成立，郭沫若任厅长，阳翰笙为主任秘书。武汉沦陷后，“三厅”辗转迁重庆。1940年11月1日，“三厅”改组为文化工作委员会。图为1940年7月27日“三厅”成员在赖家桥永兴场驻地聚会合影。

（三）全民抗战

◀ 随着国民政府西迁，中华民族解放行动委员会（中国农工民主党前身，当时简称“第三党”）、全国各界救国联合会、中国国家社会党、中国青年党、中华职业教育社、乡村建设派等全国性的抗日救亡团体纷纷迁至重庆。他们团结在抗日民族统一战线的旗帜下，开展了积极的抗日救亡运动。图为全国各界救国联合会领导人史良在重庆妇女集会上高呼团结口号。

▲ 1938年10月至1946年5月，中华民族解放行动委员会中央机关迁至重庆，在重庆半山新村3号（今渝中区嘉陵新路55号）设立了中央办事处。图为1939年，第三党负责人庄明远（右一）、王深林（右四）等在半山新村3号的1号楼前接待来访的新四军军长叶挺（左四）。

▶ 国民党爱国将领冯玉祥在重庆生活8年，积极开展抗日救国运动。图为1940年，冯玉祥与二女儿在重庆康庄寓所合影。

▲ 冯玉祥夔门题记——踏出夔巫打走倭寇。

▲ 周恩来和"一·二八"上海抗战的19路军总指挥蒋光鼐在重庆曾家岩渔村合影。

▲ 1937年下半年，上海、南京沦陷后，宋庆龄移居香港。为争取世界人民支援中国抗日战争，宋庆龄发起组织保卫中国同盟(简称保盟)。1938年6月14日，保盟在香港正式成立并发表《保卫中国同盟成立宣言》，宣告其目标有二："一、在现阶段抗日战争中，鼓励全世界所有爱好和平民主的人士进一步努力以医药、救济物资供应中国；二、集中精力，密切配合，以加强此种努力所获得的效果。"图为1938年保卫中国同盟中央委员会部分成员在香港合影。左起：爱泼斯坦、邓文钊、廖梦醒、宋庆龄、克拉克、法朗斯、廖承志。

▲ 1941年太平洋战争爆发，香港沦陷，宋庆龄来到重庆。1942年8月，保卫中国同盟在重庆重组，仍致力于战时的医疗救济和儿童保育工作。图为保卫中国同盟总部旧址暨重庆宋庆龄旧居（现位于渝中区两路口新村5号）。

▲ 保盟编辑出版的《保卫中国同盟通讯》，向世界各国人民和华侨介绍中国人民的抗日战争的情况，宋庆龄经常为该刊撰稿。图为《保卫中国同盟通讯》中、英文版。

▲ 宋庆龄在重庆慰劳抗日将士。

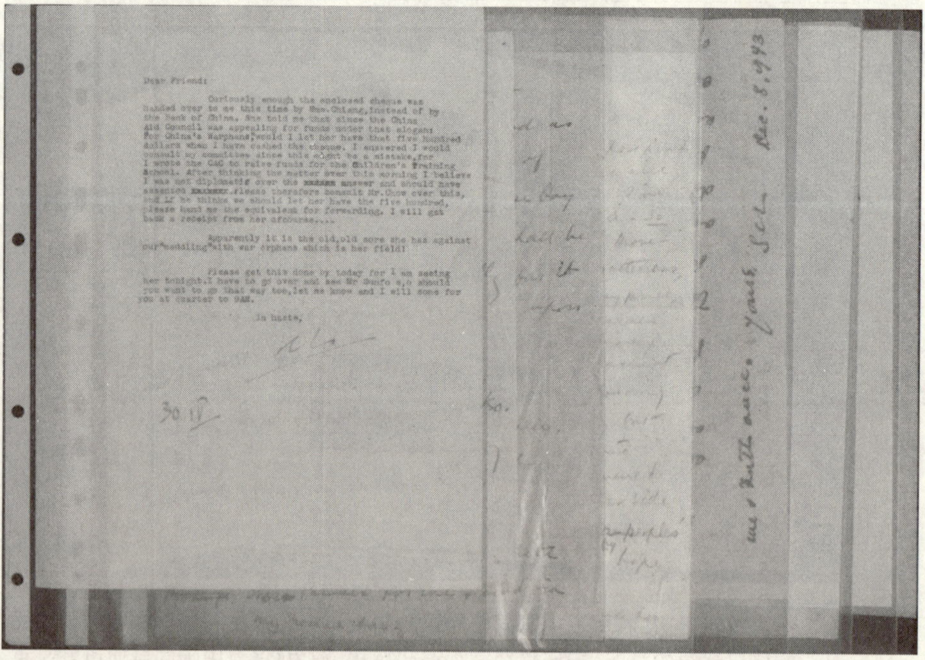

Dear Friend:

Curiously enough the enclosed cheque was handed over to me this time by Mme.Chiang,instead of by the Bank of China. She told me that since the China Aid Council was appealing for funds under that slogan: "For China's Warphans",would I let her have that five hundred dollars when I have cashed the cheque. I answered I would consult my committee since this might be a mistake,for I wrote the CAC to raise funds for the Children's Training School. After thinking the matter over this morning I believe I was not diplomatic over the xxxxxx answer and should have xxxxxxx.Please therefore consult Mr.Chow over this, and if he thinks we should let her have the five hundred, please hand me the equivalent for forwarding. I will get back a receipt from her ofcourse....

Apparently it is the old,old sore she has against our "meddling" with war orphans which is her field!

Please get this done by today for I am seeing her tonight.I have to go over and see Mr Soong so should you want to go that way too,let me know and I will come for you at quarter to 9AM.

In haste,

▲ 宋庆龄给保盟成员王安娜的信。

▲ 1944年，宋庆龄争取到史迪威的支持和帮助，用美军军用飞机将南洋华侨捐赠的大型X光机运往延安国际和平医院。为此，史迪威还下令改装飞机舱门以搬运体积庞大的X光机。此为当时延安国际和平医院第一台也是唯一一台X光机。图为1944年，宋庆龄与史迪威将军在重庆。

▲ “七七”事变发生后，海外华侨迅速组织起来，以各种形式支援和参加祖国抗战，对抗日战争的胜利做出了不可磨灭的贡献。在陈嘉庚、司徒美堂等爱国华侨领袖的带领下，侨胞们在居住国普遍开展了各种形式的抗日斗争，他们为祖国抗战捐款捐物、出人出力，认购国民政府发行的抗战公债，抵制日货，日本企业中的华侨工人还积极开展了罢工活动。图为1940年3月，陈嘉庚（前排左三）率领南洋华侨同胞慰劳考察团回国抵渝时受到热烈欢迎。

▲ 全面抗战爆发后，司徒美堂与爱国旅美华侨发起成立了纽约全体华侨抗日救国筹饷总会，积极发动华侨捐款支援祖国抗战。1941年，他被推选为国民参政员，从美国回国出席国民参政会。途经香港时，正逢太平洋战争爆发，香港沦陷，司徒美堂拒绝了日本特务的威逼利诱，化装冒险离开香港，辗转抵达重庆。图为1941年，周恩来、董必武、邓颖超在红岩嘴13号接待司徒美堂（左三）和黄兴夫人徐宗汉（右二）。

▲ 抗战八年，华侨捐赠了大量款物，仅当时国民政府财政部统计资料显示的华侨捐款就约达13亿多元，广大华侨还向国内无偿捐献大批战需物资，如飞机、坦克、汽车、衣物、药品等，对支援抗战起到了重要作用。新加坡华侨领袖胡文虎捐赠大批物资支援祖国抗战，并捐款建立了抗战残废军人疗养院和阵亡将士遗孤教养院。图为胡文虎（左）在重庆留影。

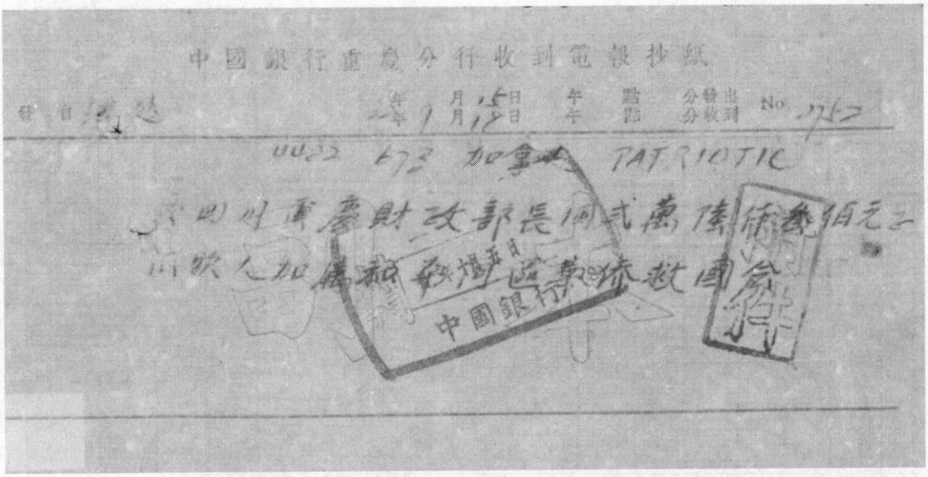
中國銀行重慶分行收到電報抄紙

PATRIOTIC

中國銀行

▲ 1943年，中国银行重庆分行收加拿大和平河区华侨救国会给财政部长汇款的电报抄纸。

► 抗战爆发后，华侨组织了青年战时服务团和各种工作团，回国与祖国人民风雨同舟，并肩战斗。1938年，国民政府正式宣布征募海外华侨参军。消息传出后，各地华侨群起响应，积极参军入伍，许多华侨青年在抗日战场上，献出了宝贵的生命。南洋华侨总会曾先后组织了3200多名技术工人回国，从事抗战需要的技术工作。图为南洋华侨机工团回国服务团荣誉纪念章。

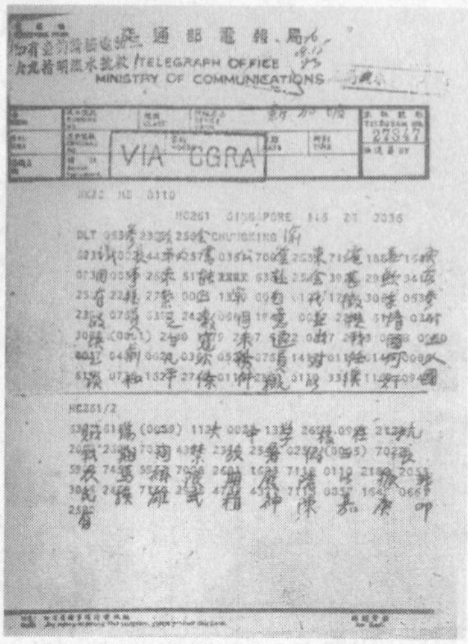
交通部電報局
TELEGRAPH OFFICE
MINISTRY OF COMMUNICATIONS
VIA CGRA

▲ 1938年10月，广州、武汉相继沦陷，抗战进入紧急关头。身为国民党副总裁和国民参政会议长的汪精卫却大谈“和谈”，引起了国内人民和海外侨胞的强烈愤慨。1938年10月，参政员陈嘉庚给正在重庆召开的一届二次国民参政会发去电报提案，强烈谴责汪精卫等人的卖国言论。依会章规定，提案须20位议员联署才成立。这份提案由大会秘书处拿到会场征求意见，结果联名签署者十分踊跃，签名人数很快就超过了20位。左图为1938年10月，陈嘉庚的电报提案，右图为陈嘉庚。

▲ 1938年12月，国民党副总裁汪精卫由重庆逃往河内，公开发表致蒋介石等人的“和平建议”电报，史称“艳电”，公开向日本投降。1940年3月，汪精卫在南京成立伪国民政府。图为汪精卫（中坐者）与伪国民政府官员合影。

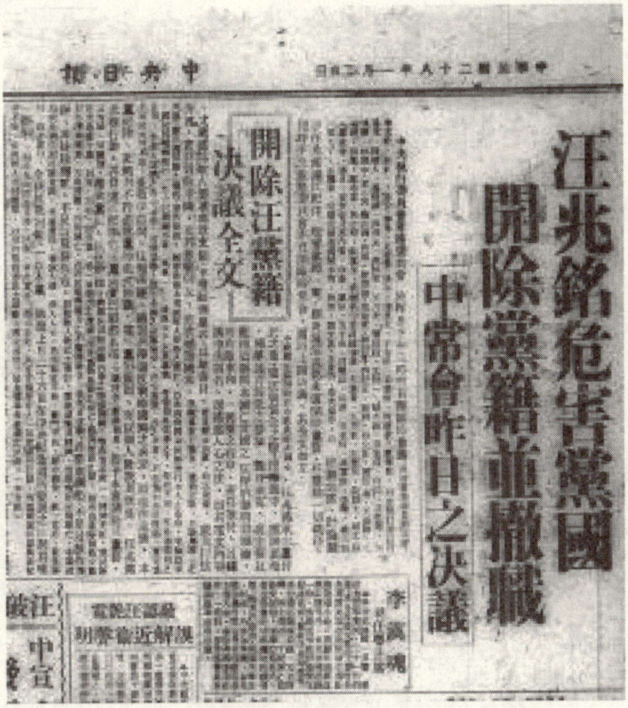
中央日報

汪兆銘危害黨國 開除黨籍並撤職

中常會昨日之決議

開除汪黨籍決議全文

▶ 汪伪集团的叛国投敌，激起了全国人民的无比愤怒，声势浩大的讨汪反投降运动迅速掀起。图为1939年1月2日，《中央日报》登载报道国民党中常会通过开除汪兆铭（即汪精卫）党籍及撤销其一切职务的决定。

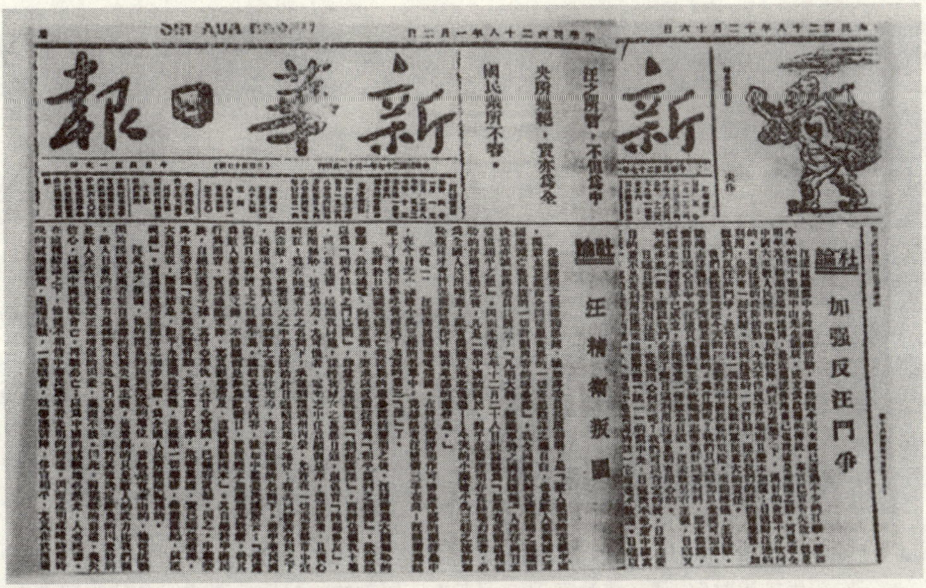
新華日報

社論 加强反汪鬥爭

新華日報

社論 汪精衛叛國

▲ 重庆《新华日报》发表多篇讨汪社论，有力地支持了讨汪运动。

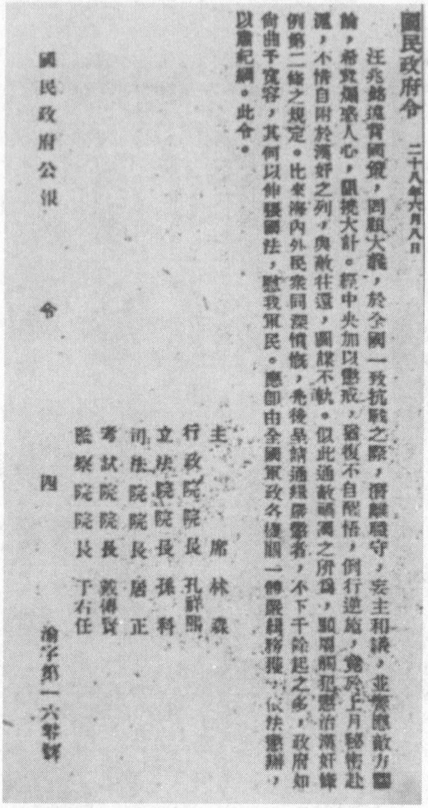

國民政府令　二十八年六月八日

汪兆銘違背國策，罔顧大義，於全國一致抗戰之際，擅離職守，妄主和議，並響應敵方謬論，希冀煽惑人心，阻撓大計。經中央加以懲戒，猶復不自悛悟，倒行逆施，竟於上月腼顏赴滬，不惜自附於漢奸之列，與敵往還，圖謀不軌。似此通敵禍國之所爲，顯屬觸犯懲治漢奸條例第二條之規定。比來海內外民衆同深憤慨，先後呈請通緝屏懲者，不下千餘起之多，政府如尙曲予寬容，其何以伸張國法，慰我軍民。應飭由全國軍政各機關一體嚴緝務獲，依法懲辦，以肅紀綱。此令。

主　　席　林森
行政院院長　孔祥熙
立法院院長　孫科
司法院院長　居正
考試院院長　戴傳賢
監察院院長　于右任

國民政府公報　令　四　渝字第一六零號

◀ 1939年6月8日，国民政府发布《国民政府令》，通缉汉奸汪精卫。

▲ 1940年初，重庆各界人民发起建造“抗战无名英雄墓及铸造汪逆夫妇长跪像”的运动。图为抗战时期，著名雕塑家王临乙在重庆雕刻的抗战无名英雄纪念碑暨汪逆夫妇长跪像。

▲ 1939年1月，朱德在晋东南各界反汪拥蒋大会上讲话。

▲ 各地华侨报纸揭露汪精卫叛国的报道。

▲ 抗战期间，重庆人民节衣缩食，积极参加政府和民间的各项募捐、义卖和捐献活动。重庆的献金运动始于1937年秋，以后每年按期举行，从不间断。1937年秋，重庆市政府及市新生活运动委员会倡导了一日一分捐钱运动。图为1938年12月28日，《新华日报》在重庆中央公园举行的“义卖献金”活动。

▲ 1940年，重庆各界掀起了劳军献礼活动，以捐献为主。1941年1月，全国慰劳总会发起了第二次劳军献金活动，从2月至3月底为止，重庆金融、交通、党政、妇女、文化、农工各界各业及个人的自由捐款就达3588420余元。1944年初，以冯玉祥为首再次发起了节约献金运动，仅1月2日上午，重庆各界举行献金大会，2小时内各界献金达600万元以上。图为重庆市民为开展抗日献金活动搭建的“献金台”。

▲ 重庆人力车夫向春礼劳军运动捐款。

► 日本对战时首都重庆进行的狂轰滥炸，让重庆人民意识到了加强空军力量以减少生命财产损失的必要性。1939年3月，中国空军出版社建议，将义卖献金捐款用作购买“义卖号”飞机，以充实国防力量。由此，以重庆为中心的大后方献机运动拉开了帷幕。1940年12月初，在“民国第一侠女”施剑翘的倡导下，合川发起了献机运动，共募得捐款45万元。图为施剑翘女士。

▲ 1941年7月7日，中国航空建设协会总会为纪念抗战4周年，发起了“一元献机运动”。8月14日，重庆一元献机运动拉开序幕。到1941年10月止，重庆各界共募得献机捐款150万元。重庆妇女从1943年3月8日发起募献“妇女号”飞机起，至9月止共募款260余万元，献飞机13架。重庆开展的献机运动有力地支援了抗日军事力量的建设。1942年，宋氏三姐妹出席重庆市民献机报国仪式。

（四）国民参政会

▲ 1938年7月国民参政会在武汉正式成立。国民政府公布的《国民参政会组织条例》，规定国民参政会为咨询机关，有听取国民政府施政报告、询问、建议之权，同时公布二百名参政员名单。7月，第一届第一次参政会在汉口召开，通过了《拥护抗战建国纲领案》等[①]项决议案。一届一次会议后，国民参政会在武汉沦陷前迁往重庆，开始了参政会历史上武汉、重庆、南京三个活动时期中时间最长、作用最大的时期——重庆时期。图为1938年7月于右任（前排左三）、吴铁城（前排左五）、王宠惠（前排左七）出席国民参政会第一届一次大会后合影。

▲ 国民参政会是第二次国共合作的产物和历史见证。图为国民参政会旧址（现位于重庆市渝中区中华路174号）。

①《国民参政会纪实》（上），重庆出版社1985年版，第192页。

▲ 为防止敌机轰炸，国民参政会在红岩村大有农场内修建的郊外办公场所。

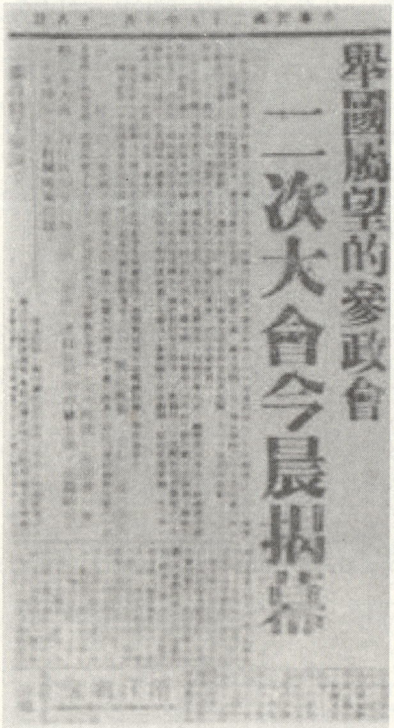

舉國屬望的參政會
二次大會今晨揭幕

◀ 1938年10月28日—11月6日，国民参政会迁渝后，第一届第二次会议在重庆国民政府军事委员会礼堂召开。大会抨击了汪精卫亲日派的妥协和谈逆流，通过了拥蒋抗战决议，向中外宣告：国民参政会拥护蒋介石所宣示的全面抗战、持久抗战的“既定方针”，号召全民“坚决抗战，绝不屈服，共守弗渝”。图为《新华日报》对国民参政会一届二次会议的报道。

▲ 第一届第二次国民参政会会场情形。

新華日報

國民參政會第三次大會
蔣議長致開會詞
林主席致訓胡代表獻詞
新階段中表現民意精神

► 1939年2月20日，国民参政会第一届第三次会议在重庆开幕。图为1939年2月20日重庆《新华日报》刊载的报道。

▲ 1939年9月，国民参政会第一届第四次会议在重庆召开。大会坚持中国共产党提出的“抗战、团结、进步”三大政治口号，第一次公开声讨汪精卫汉奸集团，坚持抗战到底，反对妥协投降。在这次大会上，中共参政员董必武、陈绍禹等提出《请政府明令保障各抗日党派合法地位案》，以此为开端，各中间党派先后向大会提出议案，最终通过了《召集国民大会实行宪政决议案》。图为出席国民参政会第一届第四次会议的参政员在会场前合影。第一排左边第九位起：于右任、孔祥熙、蒋介石、张伯苓。

▲ 国民党五届六中全会以后，国共之间的摩擦与反摩擦逐日升级而形成了第一次反共高潮。国民参政会第一届第五次会议于1940年4月1日上午在重庆开幕。图为1940年3月，出席一届五次参政会的中共参政员秦邦宪、林伯渠、邓颖超由延安飞重庆合影。

▲ 1940年4月，国民参政会一届五次会议开幕时，(第一排左起第五位始)戴季陶、吴稚晖、孔祥熙、蒋介石、张伯苓、于右任、鲜英、何应钦等与会代表合影。

▲ 1941年3月1日至3月10日，国民参政会二届一次会议在重庆举行，由于国民党发起了第二次反共高潮，制造了震惊中外的“皖南事变”，且不接受中共先后提出的两个“十二条”解决办法，中共参政员拒绝出席本次大会。图为国民参政会二届一次会议会场。

▲ 出席二届一次国民参政会的参政员在聆听报告。

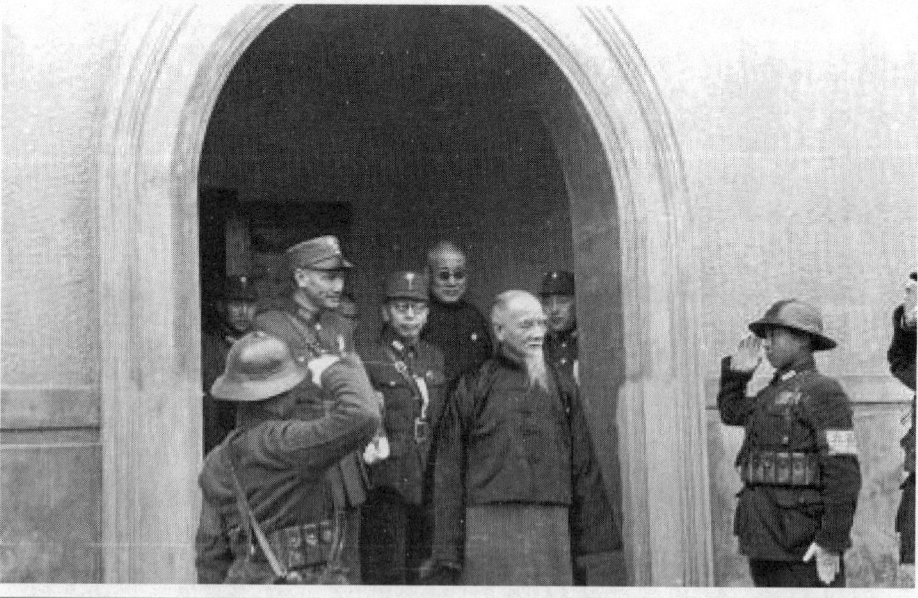

▲ 1941年3月，国民参政会二届一次大会结束后，蒋介石、林森、张伯苓等离开会场。

▲ 1941年11月，国民政府在重庆召开国民参政会二届二次会议会场。

▲ 1941年11月，出席国民参政会二届二次会议的参政员在军事委员会礼堂前合影。

▲ 出席国民参政会二届二次会议的蒋介石(左一)、张伯苓(右一)正入席与代表合影。

▲ 1942年11月,国民参政会三届一次大会在重庆召开。图为大会会场外。

▲ 国民参政会三届一次会议会场。

▲ 1943年9月，三届二次国民参政会在重庆召开，大会通过了污蔑共产党“破坏抗战、危害国家”的反共决议。中共参政员董必武退席抗议。图为出席国民参政会三届二次大会的代表们。

▲ 1944年9月5—18日，国民参政会三届三次大会在重庆召开，国共谈判内容首次在参政会上公开，反响强烈。中共参政员林伯渠提出“联合政府”主张，赢得中间党派和无党派人士的拥护，由此掀起了第二次宪政运动的高潮。图为1944年9月，中共参政员林伯渠与国民参政会秘书长王世杰等合影。

◀ 1946年3月，国民参政会四届二次大会召开，这也是在重庆召开的最后一届参政会，因国民党推行独裁和内战政策，中共参政员拒绝出席。

▲ 1947年5月，国民政府离渝还都南京后，国民参政会四届三次大会即最后一次参政会在南京召开。

► 参政员经常聚首“民主之家”特园，交流政见，讨论国事，起草文件。图为参政员张澜、沈钧儒、史良等在特园合影。

◀ 冯玉祥在重庆出席国民参政会。

▲ 副参议长张伯苓与邵力子等参政员出席国民参政会后合影。

▲ 1938年10月26日，重庆妇女界在社交会堂聚会欢迎女参政员，邀请邓颖超、史良、刘蘅静三参政员演讲，到会500余人。邓颖超在演讲中说：“我们当前的任务是要坚持抗战，克服困难，战胜困难，抗战到底。”

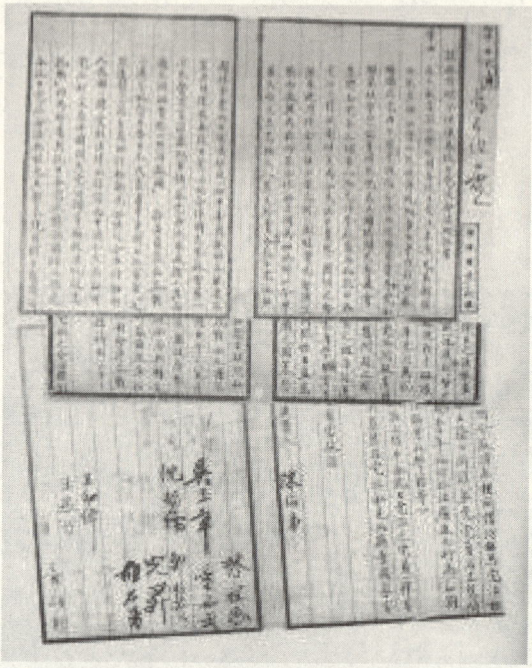

◀ 1939年9月，陈绍禹、吴玉章、董必武、沈钧儒等26人在一届四次参政会上的提案《请政府明令保障各抗日党派合法地位案》。

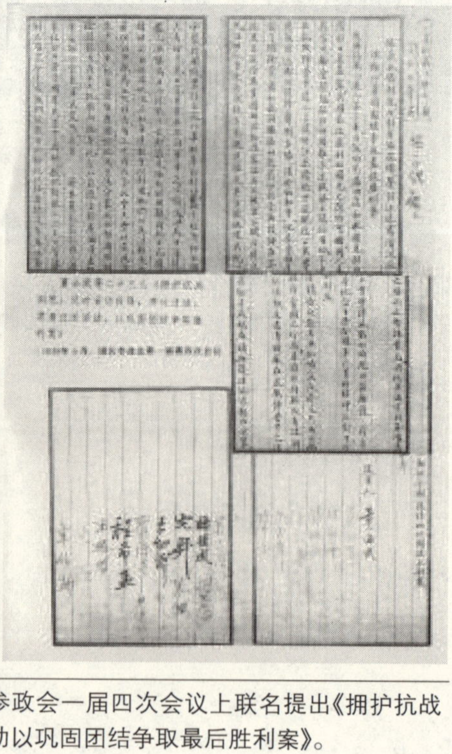

▲ 1939年9月，参政员中共代表董必武在参政会一届四次会议上联名提出《拥护抗战到底反对妥协投降声讨汪逆肃清汪派活动以巩固团结争取最后胜利案》。

◀ 参政员中共代表林伯渠等，在参政会上提出《拥护蒋委员长严斥近卫声明并以此作为今后抗战国策之唯一标准案》。

▶ 参政员中共代表吴玉章等在参政会上提出《请政府设法从速救济河北水灾以安民生以慰民心以利抗战案》。

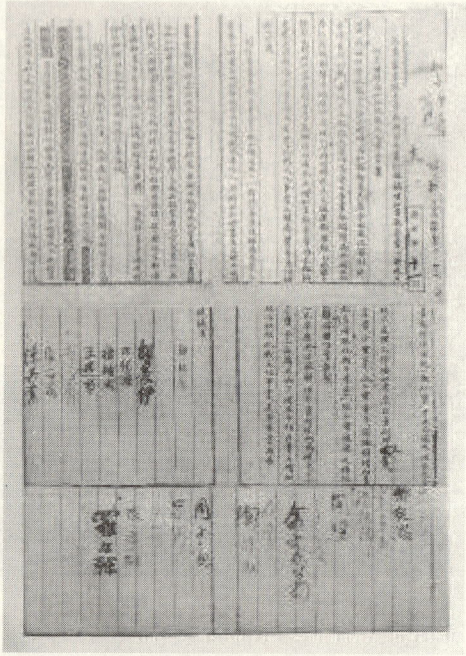

▲ 1939年9月，参政员邹韬奋等提出《改善审查搜查书报办法及实行撤销增加书报寄费，以解救出版界困难而加强抗战文化事业案》。

► 参政员黄炎培等提出《协助改善兵役建议案》。

◀ 参政员许德珩等提出《对于平抑物价问题之基本建议案》。

▶ 参政员张澜等提出《抗战建国之后方政治必须选任人才案》。

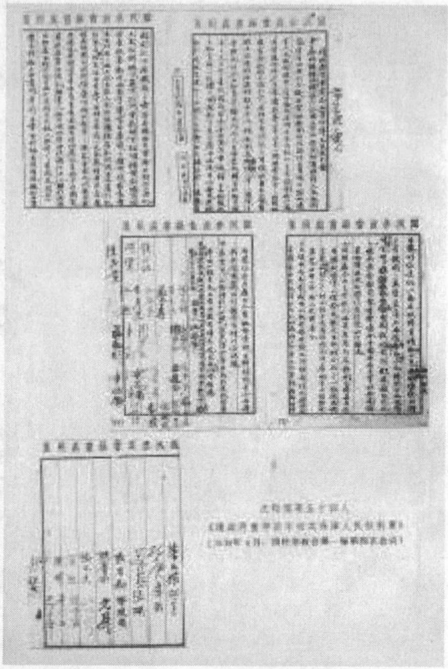

▲ 1939年9月，参政会沈钧儒等提出《请政府重申前令切实保障人民权利案》。

► 参政员史良等提出《请政府从速发展农村工业以应抗战建国之需要案》。

▶ 参政员王造时提出《改善保甲制度案》。

◀ 国民参政会副议长张伯苓提出《请明令确定数位以万万为亿案》。

(五)抗日民主运动

▲ 抗日战争时期是中国民主发展史上一个极为独特又极为重要的时期。随着国民政府西迁,围绕抗战和建国问题,大后方先后掀起了两次民主宪政运动。第一次民主宪政运动发端于1939年9月举行的一届四次国民参政会上提出的七个改良国内政治的提案。本次会议通过的《召集国民大会实行宪政决议案》影响深远,促使宪政运动在全国范围内开展起来。迫于压力,1939年11月,国民党五届六中全会表示接受国民参政会的决议。图为国民党五届六中全会现场。

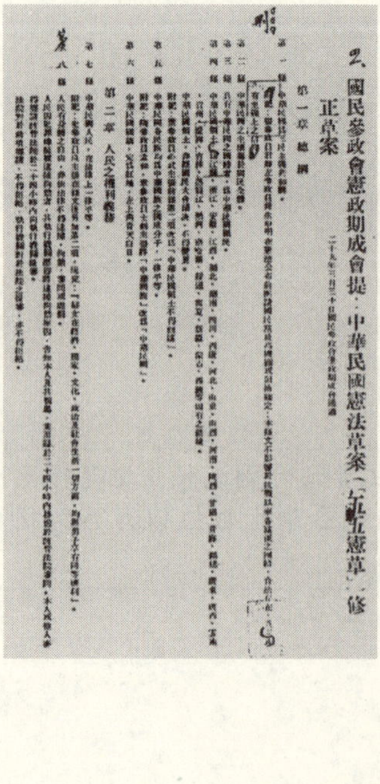

國民參政會憲政期成會提:中華民國憲法草案(五五憲草)修正草案

第一章 總綱

第二章 人民之權利義務

◀ 1939年10月至1940年4月,张澜、沈钧儒等参政员在重庆召开了8次宪政座谈会,共产党员参政员董必武、秦邦宪也参与其中。1939年12月5日,重庆各界宪政促进会正式成立。1940年3月起,国民参政会在广泛听取社会各界意见的基础上,提出了《中华民国宪法草案(五五宪草)修正草案》,并于当年4月,提交一届五次国民参政会讨论。1940年9月,国民政府以交通不便为由宣布国民大会召开时间另行通知。至此,第一次民主宪政运动暂告一段落。图为《五五宪草》修正草案。

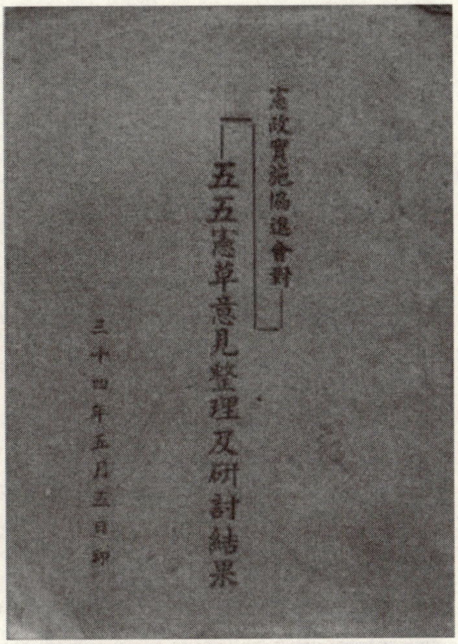

▶ 1943年9月，在国民党五届十一中全会上宣布通过了“战争结束后一年内即召开国民大会，颁布宪法，实行宪政”。10月20日，国民党政府国防最高委员会决定设置宪政实施协进会。11月12日，包括各党派重要成员和无党派人士在内的由54人组成的“宪政实施协进会”在重庆成立。第二次民主宪政运动兴起。图为1945年5月5日，《宪政实施协进会对〈五五宪草〉意见整理及研讨结果》。

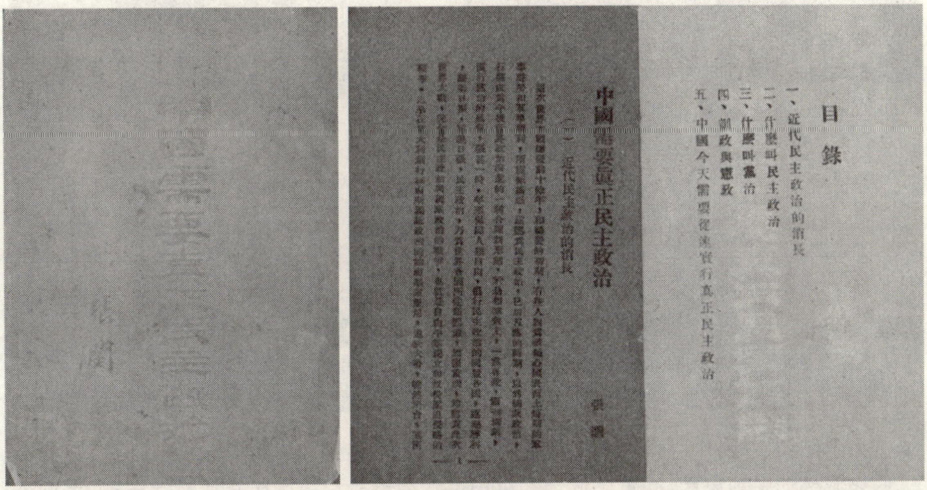

▲ 1943年9月，张澜发表了《中国需要真正民主政治》，积极推动了宪政运动的重新兴起。1944年元旦，黄炎培等人创办的《宪政》月刊在重庆正式创刊，立刻轰动大后方，成为宣传宪政运动的重要舆论阵地。此外，民主党派还创办了《民宪》等宣传宪政的刊物，组织了各种形式的宪政座谈会，剖析和研讨《五五宪草》。图为张澜所著《中国需要真正民主政治》。

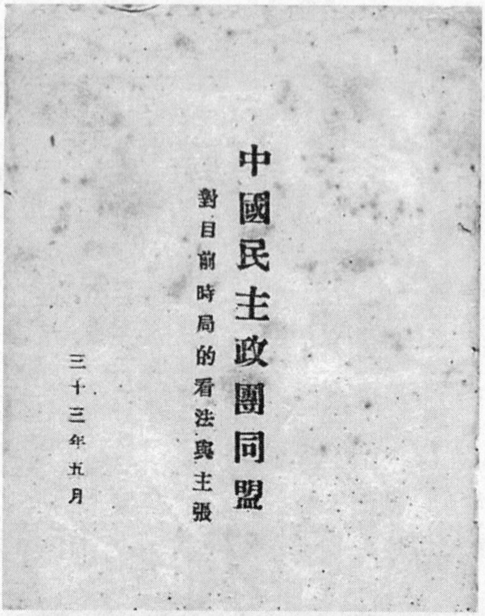
中國民主政團同盟
對目前時局的看法與主張
三十三年五月

◄ 1944年5月，中国民主政团同盟发表《对目前时局的看法与主张》，指出实行民主为当务之急，并提出了实施宪政的起码条件，对国统区宪政运动的发展起了积极的推动作用。除了重庆，各党各派在大后方的成都、昆明等地也纷纷掀起了宪政运动，青年学生和民族工商业家纷纷参与其中。中国共产党在1944年9月进一步提出组织民主联合政府和召开党派会议的主张，大后方宪政运动发展到了更高的阶段。图为中国民主政团同盟发表的《对目前时局的看法与主张》。

▲ 为了团结抗战，中共中央决定同国民党当局重开谈判。1944年5月至11月，中共中央派林伯渠到重庆，和董必武一起以中共代表的身份与国民党代表张治中、王世杰等先后在西安、重庆举行多次会谈。共产党要求国民党当局承认抗日根据地的民主权利，扩编中共领导的军队，给人民以民主和自由，给民主党派以公开合法的地位。1944年9月，林伯渠在三届三次国民参政会上正式提出了建立民主联合政府的主张。图为(左起)钱之光、林伯渠、董必武、王若飞在红岩村八路军驻重庆办事处前合影。

解放日報

關於國共談判

林祖涵同志報告全文

必須立即結束一黨統治，

組織各抗日黨派聯合政府

▶ 1944年9月，《解放日报》刊载《关于国共谈判林祖涵同志报告全文》。

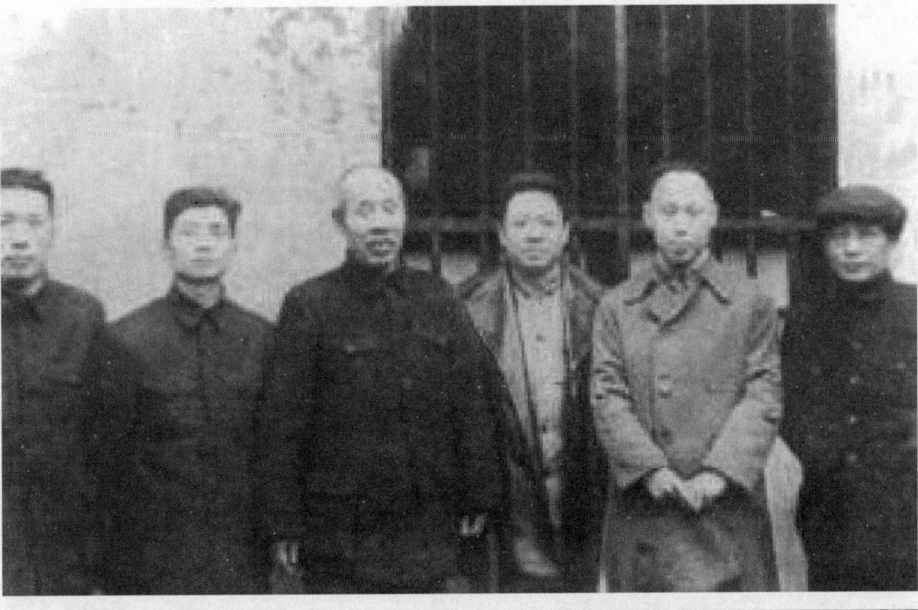

▲ 林伯渠返回延安后，董必武、王若飞继续留在重庆就联合政府问题与国民党谈判。图为(左三起)董必武、王若飞、王炳南、刘少文等在曾家岩50号合影。

▲ 中共关于建立联合政府的主张得到盟国(特别是美国)的支持。早在1943年开罗会议期间,美国总统罗斯福与蒋介石交谈时就表示希望中国各派政治力量能够联合起来反抗日本,要求蒋介石在战争尚在继续时,与共产党等党派建立一个联合政府。1944年9月,罗斯福派总统特使赫尔利来华斡旋,力促国共两党谈判。图为1944年11月,毛泽东在延安会见赫尔利。

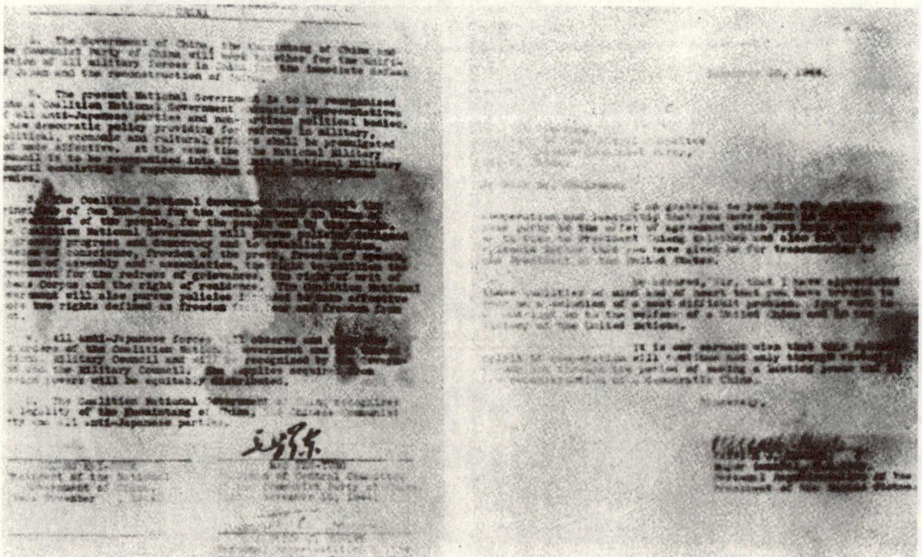

▲ 毛泽东与赫尔利签署的五点协议的英文稿。

▲ 中国共产党联合政府主张的提出在国内外引起了强烈反响，得到了各民主党派、人民团体、海外侨胞等的积极赞同和支持，有力推动了国统区民主运动的发展。图为1944年12月25日昆明文化界举行云南护国起义29周年大会，提出政治民主、组织联合政府的要求。

中華民國三十四年二月二十二日 新華日報 星期四 第二版

文化界發表對時局進言
要求召開臨時緊急會議
商討戰時政治綱領，組織戰時全國一致政府。

▲ 1945年2月22日，《新华日报》刊载由郭沫若起草的“文化界对时局进言”，要求召开临时紧急会议，组织联合政府。

▲ 1941年2—3月，各中间党派利用调停国共关系的机会多次秘密召开筹备会议改组统一建国同志会。1941年3月，中国民主政团同盟在重庆特园成立。1942年春，民主政团同盟吸收沈钧儒及其领导的救国会派，成为“三党三派”(第三党、青年党、国社党、救国会派、职教社派、乡建派)联合的较大的政治力量。1944年9月19日，中国民主政团同盟改组为中国民主同盟，简称民盟。图为民盟的主要领导人合影：(左起)罗隆基、沈钧儒、张澜、左舜生、史良、章伯钧。

▲ 1945年10月，中国民主同盟第一次全国代表大会在重庆召开。图为民盟第一次全体代表合影。

▲ 中国民主革命同盟是中国共产党的一个外围组织，是在国统区成立秘密组织的一个革命政治工作团体。1941年夏，在周恩来、董必武和王若飞的直接领导下，经王昆仑、许宝驹和王炳南等人的酝酿，中国民主革命同盟在重庆成立，初名中国民主大众同盟，一年后改名中国民主革命同盟，习惯简称为“小民革”。它在中国共产党的领导下，由一部分共产党员、爱国民主人士、国民党左派以及在国民政府担任较高幕僚职位的革命人士组成，具有统一战线性质。图为中国民主革命同盟旧址（现位于渝中区领事巷14号）。

► 中国民主建国会（简称“民建”）是由黄炎培、胡厥文、章乃器等人发起组建的，主要代表民族工商业界及其知识分子的一个民主党派。1945年12月16日，民主建国会成立大会在重庆白象街西南实业大厦召开。93人出席成立大会。大会公推黄炎培、胡厥文、黄墨涵组成主席团，通过了《民主建国会成立宣言》《民主建国会章程》《民主建国会政纲》《民主建国会组织原则》等重要文件，选举了中央领导机关。图为1945年12月17日，《新华日报》关于民主建国会成立的报道。

民主建國會
昨日舉行成立大會

平民週刊

民主建國會成立紀念專刊

本會籌備工作

民主建國會組織原則

◀《平民》周刊设立民主建国会成立纪念专刊。

▲ 1943年2月，在中共中央南方局的支持下，谭平山、王昆仑、陈铭枢等人在重庆发起组织民主同志座谈会，以座谈时事的形式，联系和团结国民党上层人士，筹组一个正式组织。1944年，定名为三民主义同志联合会并开始秘密吸收会员。图为三民主义同志联合会主要成员，前排左起许宝驹、郭春涛、谭平山、陈铭枢、王昆仑；后排左起吴茂荪、萧隽英、李世璋、谭惕吾、于振瀛、田竺僧。

▲ 1945年10月28日，三民主义同志联合会在重庆特园秘密召开第一次全体会员大会，正式宣告了国民党民主派第一个政团组织的成立。图为三民主义同志联合会会章。

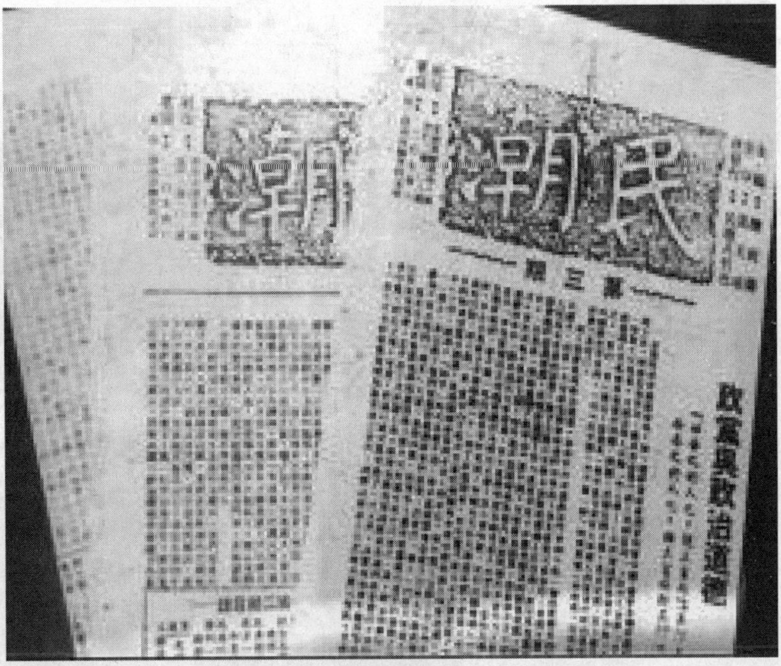

民潮

政黨與政治道德

▲《三民主义同志联合会临时组织总章》。

▲ 1939年春，在周恩来和新华日报社社长潘梓年的领导下，组织成立了自然科学座谈会。1944年冬，自然科学座谈会的部分成员和许德珩、税西恒等共同发起组织了民主科学座谈会。1945年9月3日，为纪念抗日战争和世界反法西斯战争的伟大胜利，民主科学座谈会改名九三学社。重庆谈判期间，毛泽东建议许德珩等将座谈会办成一个永久性的政治组织。1946年5月4日，九三学社在重庆正式成立。图为九三学社第一次代表大会旧址重庆青年大厦。

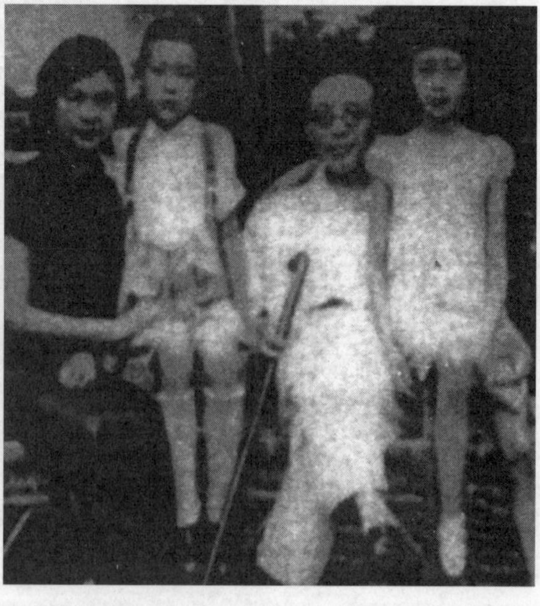

► 九三学社创始人之一许德珩与夫人劳君展一家在重庆合影。

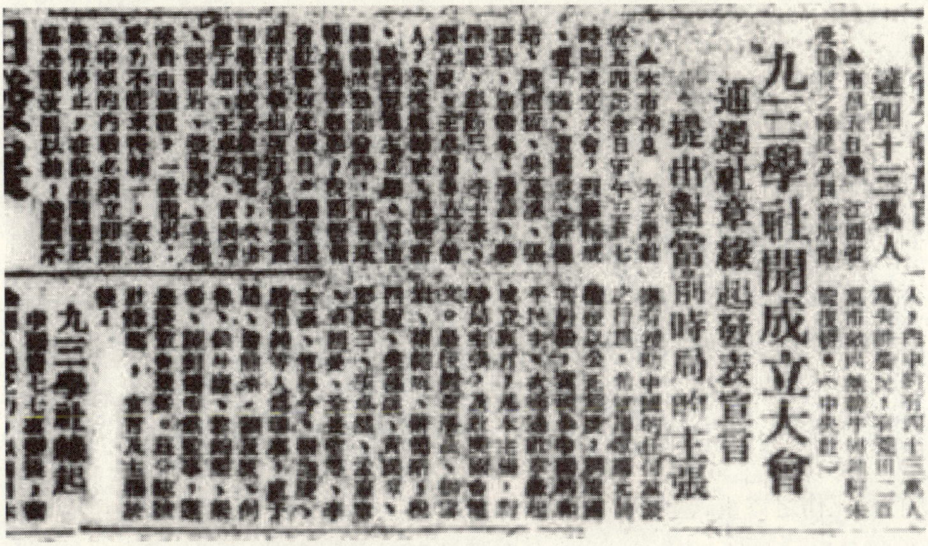

九三學社開成立大會

通過社章緣起發表宣言

提出對當前時局的主張

九三學社緣起

▲ 有关九三学社成立的新闻报道。

四、日军对重庆的无差别轰炸

从1938年2月到1944年12月，日本陆海军航空部队联合对重庆进行了长达近七年的狂轰滥炸，史称“重庆大轰炸”。在多次外围轰炸后，1939年5月3日、4日，日机第一次大规模轰炸了不设防的重庆市区（史称“五三”、“五四”大轰炸），造成了极其重大的人员伤亡和财产损失。1940年5月13日，日本侵华派遣军总司令部和日本海军中国方面舰队司令部达成轰炸中国内地的《陆海军中央协定》，代号为“101号作战”，作战时间预定自5月中旬起为期3个月。从5月18日到9月初共110天内，日机先后对重庆市区和梁平、北碚、巴县、江北、合川、铜梁、璧山、江津、綦江等地进行轰炸，地域之广泛、轰炸之频繁、死伤之惨重，罄竹难书。1941年，为了尽快结束中国战事，集中兵力南进，日本大本营发出“大陆命第925号命令”，命令侵华日军“迅速处理中国事变”。侵华派遣军总司令部决定以全力投入夏秋之战，发挥空中和地面的综合战力展开全面攻势，“以期彻底摧毁敌人继续战斗的企图”。从5月起，日本对敌后抗日根据地进行残酷扫荡，在正面战场发动长沙会战，企图围歼中国军队主力。为了配合地面进攻，制定了《第五次内地空中作战计划》，对中国内地实行大规模轰炸，并再次把重庆作为战略轰炸的重点，轰炸目标包括居民区、商业区、军政机关、工厂、学校、外国使领馆等，对重庆的摧毁达到空前惨烈的程度，美国、苏联大使馆和停泊在长江上的美国军舰“图图拉号”也未能幸免。6月，日机轰炸更加频繁，并采取“疲劳轰炸”战术，于6月5日制造了震惊中外的“六五”大隧道惨案，伤亡惨重，难以计数。

“重庆大轰炸”是人类历史上的浩劫，是日本法西斯对中国平民采取无差别空中屠杀的有力罪证。据不完全统计，从1938年2月到1944年12月近7年时间里，由于日机轰炸造成的重庆全市直接伤亡32829人，间接伤亡6651人，灾民达172786人。[①]除此之外，日机轰炸还导致了大量房屋倒塌与财产损失，重庆城市建筑与街道几乎成为废墟。事实上，日机轰炸重庆所造成的灾难远不止于此，一些幸存者此后数十年都被轰炸所造成的梦魇困扰，生活苦不堪言。

面对日本法西斯的空中屠杀，英勇的重庆人民进行了顽强的抵抗。在处于明显劣势的情况下，中国空军仍然表现出了英勇不屈的斗志。在地面防空上，重庆部署了多处高射炮与高射机枪火力点，对来犯日机以最大还击。1940年9月13日，在璧山空战中，中国空军第4大队大队长郑少愚率34架战机与日机顽强搏斗，我方被敌机击毁13架，击伤11架，伤亡将士18人。璧山空战是自抗战爆发后中国空军对日空战损失最大的一次。[②]1940年、1941年是中国空军最为艰辛的两年，飞机数量因战斗损毁不断减少，大批飞行员牺牲。直到太平洋战争爆发后，中美空军联合作战，才逐渐夺回大后方的制空权。

由于日机轰炸造成了大量人口伤亡，导致不少人流离失所，但重庆人民没有被这种恐怖吓倒，反而同仇敌忾，积极参与空袭救护和救助。“每当敌机盘空之际，空袭服务人员奔走弹雨之下，驰骋火窟之中，出生入死，救死恤难。于维持秩序，则指导必周；于扶老携幼，则将护备至。人民灾害，赖以减少，后方元气，多所保全。赴义之英勇，应变之神速，不惟全市男女老幼之同胞，胥致敬爱，且使敌人图以轰炸屈我同胞之妄想，粉碎无遗。诸同志如此奋不顾身之贡献，盖与前线武装杀敌之将士无殊。”[③]将后方的反空袭与前方的战场杀敌同论，足以显示当时反空袭斗争之艰难与重要。空袭救护与救助的

---

① 重庆抗战调研课题组：《重庆市抗战时期人口伤亡和财产损失》，中共党史出版社2011年版，第8－10页。

② 重庆市政协学习及文史委员会、西南师范大学重庆大轰炸研究中心编著：《重庆大轰炸》，西南师范大学出版社2002年版，第374页。

③ 周开庆：《四川与对日抗战》，（台）商务印书馆1970年版，第80页。

形式十分多样，如献金运动、义卖运动、寒衣运动、节约建国储蓄运动、一元献金运动、购买战时公债运动、精神总动员运动、春礼劳军运动、伤兵之友运动、慰问出征军人家属运动等，这都是大轰炸下重庆人民从容生活与必胜信心的体现，是中华民族抗战精神的重要内容。他们英勇不屈、团结一致，最终粉碎了日本侵略者对重庆进行“政略”轰炸和“战略”轰炸的阴谋，赢得了国际社会的广泛赞誉。

“重庆不死”，[①]中华民族不死！

① “重庆不死”源于1942年奥斯卡纪录片特别奖《苦干》中的独白。——编者注

（一）日军对重庆的狂轰滥炸

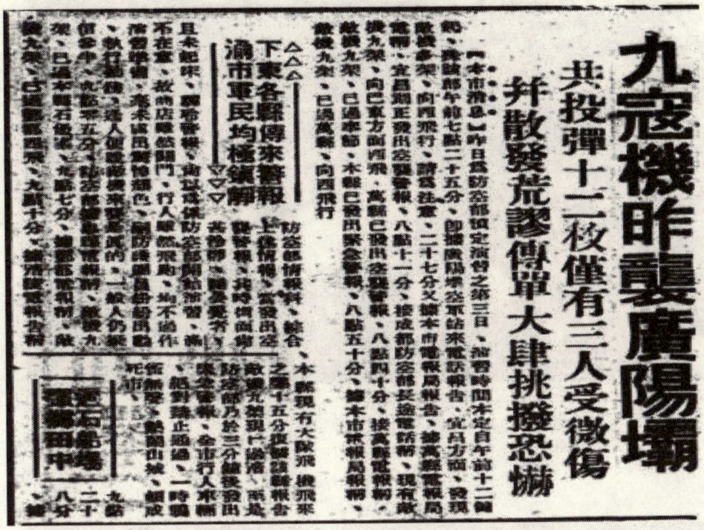

九寇機昨襲廣陽壩

共投彈十二枚僅有三人受微傷

并散發荒謬傳單大肆挑撥恐嚇

下東各縣傳來警報

渝市軍民均極鎮靜

▲ 1938年2月18日，日机9架空袭重庆，这是侵华日军对战时首都重庆实施战略轰炸的开始。图为《新蜀报》关于日机首次袭渝的报道。

▲ 1938年6月，武汉会战开始，日本竭力将占领武汉作为首要军事目标，试图以武汉为基地对大后方实施下一步侵略。1938年10月武汉沦陷后，日军在武汉设立战略轰炸机场，向武汉派驻航空兵。此后，抗日战争进入相持阶段。图为驻扎在武汉机场的日本航空兵。

▲ 日军在武汉空军基地中堆放的燃料和炸弹。

▲ 1938年10月4日，日机首次空袭重庆市区，具体中弹地点有牛角沱、菜园坝、天星桥、南坪、三峰山、广阳坝等10处。同日，日机28架轰炸梁山，共投爆炸弹212枚，造成2人死亡，10人受伤，民房损毁16间。此后日机对重庆的偷袭时有发生。1938年12月，日本召开大本营御前会议，批准了对重庆进行大规模战略轰炸的《陆海军中央航空协定》。图为日本大本营御前会议召开时的场景。

▲ 1938年12月26日，日军遵照《陆海军中央航空协定》，将城市街道定为直接的攻击目标对重庆实施了轰炸，这是日本1938年的最后一次空袭。日本共出动22架重型轰炸机，但因重庆浓云迷雾，日机有12架未能确认目标，放弃攻击；另外10架则只能进行推测性投弹，并无受损报告。目前，从各方面的研究来看，日机1938年对重庆及其周边地区袭扰和轰炸共计14次，其中重庆市区发布空袭警报12次。尽管这一年，日本对重庆的轰炸并不密集，但其在多次空袭中积累了经验，这为发动规模更大、威慑更强的空袭奠定了基础。图为日本侵略者的飞机肆虐于重庆上空。

▲ 进入1939年后，日本在中国中部地区发动了多次大规模会战。为了配合这些会战，日本决定总结1938年轰炸的经验，加大对重庆的空中打击力度。1939年1月15日，日机36架空袭重庆市区，这是日机大规模轰炸重庆市区的开始。图为遇难者遗体。

▲ 在充分获取重庆地区地形与气象情报后，日本于1939年5月3日出动45架飞机，由汉口起飞轰炸重庆市区。此次轰炸的目标主要集中在以朝天门、陕西街、望龙门、太平门、储奇门一带为中心的下半城。这是当时重庆住宅比较集中，人口密度较大的区域。日机在这次轰炸中使用了燃烧弹，使下半城的住宅、商业建筑顿时成为火海，近20条街道成为废墟，伤亡和财产损失惨重。图为1939年5月3日、4日日机对重庆市中心轮番轰炸，使城市被炸成一片火海，数日不息。

◀ "五三"、"五四"大轰炸中，位于重庆机房街的八路军办事处被炸毁。1939年5月，八路军办事处迁至红岩村。图为被炸毁的机房街八路军办事处。

▶ 重庆城区两江汇合处的朝天门到中央公园两侧约两公里的街道被炸成一片废墟。图为朝天门被炸后的情景。

▲ 由于不少战机在前一日空袭重庆的过程中受损，1939年5月4日，空袭重庆的日本飞机减少至27架。尽管如此，日机此次对重庆的轰炸力度并没有减弱。当天傍晚，日机携带大量燃烧弹、爆炸弹，集中轰炸了重庆商业中心上半城，致使这一区域几近焚毁。国泰电影院中正在观看演出的200多名观众不幸中弹伤亡，罗汉寺500尊罗汉连同周围居民一起消失在空袭中，不少驻渝外国使领馆和教堂也惨遭摧毁，全城惨不忍睹。据重庆防空司令部的调查报告，“五四”轰炸造成3318人死亡，1973人受伤。“五四”轰炸死伤超过5000人，这创造了人类空袭史上单次造成死伤人数的纪录。图为“五三”、“五四”大轰炸后，重庆建筑受损情况。

◀ 被炸毁的重庆天主教堂若瑟堂。

◀ 法国教会人员从瓦砾中扶起头部被炸毁的耶稣神像。

“五三与五四，寇机连日来。渝城遭惨炸，死者如山堆。中见一尸骸，一母与二孩。一儿横腹下，一儿抱在怀。骨肉成焦炭，凝结难分开。呜呼慈母心，万古不能灰！”

——郭沫若《惨目吟》

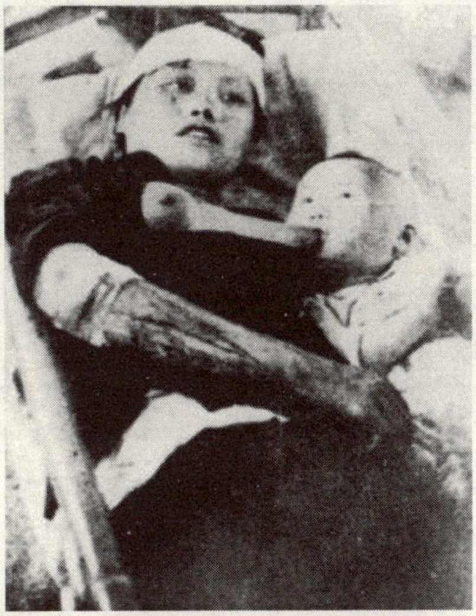

▶ 被炸伤的母亲仍坚持给孩子喂奶。

▲ “五三”、“五四”大轰炸之后，日本变本加厉，对重庆及其周边地区进行不断空袭。据学者统计，从5月7日到12月19日，日机共空袭重庆及其周边地区36次。其中，最为惨烈的一次是当年6月28日日机轰炸奉节，造成死伤2000多人，奉节城几乎被夷为平地。然而，1939年的轰炸只是日本对重庆实施密集性猛烈轰炸的开始，重庆人民还要接受更加残酷的考验。图为重庆人民面对亲人同胞惨遭轰炸悲愤难抑。

▲ 1940年，日本对重庆仍然采取空中威慑的手段，但具体方针和策略有所变化。1940年5月13日，日本第三飞行集团长陆军少将木下敏和联合空袭部队指挥官山口多闻达成了《陆海军关于101号作战协定》，明确指出空袭的作战方针是："首先压制敌之军事、政治中心的航空势力，然后摧毁其重要设施。"作战时间是"自5月中旬起约3个月时间"。这样，一个以重庆为主要进攻目标、规模更庞大的空中屠杀计划正式出台。图为轰炸重庆江北嘴的"九七"式日机。

▲ 被摧毁的街道。

▲ 被炸得浓烟滚滚的重庆城。

▲ 1940年5月18日，日本出动海军第2联合航空队、第13航空队的20多架飞机袭击了梁山、成都等地机场。19日，日本再次空袭梁山机场。20—22日，日本将主要空袭目标转移至重庆的白市驿、广阳坝。国民政府机场设施在这几次连续的空袭中受损严重。此后，日本把轰炸的范围扩大，包括上清寺、化龙桥、磁器口等聚居地以及市郊的大量工厂和学校均遭到惨烈轰炸。6月11日，日机117架分批轰炸重庆市区，数百间房屋受损，苏联大使馆和其他一些外国新闻机构均遭到袭击。1940年，日本单次轰炸重庆市区的飞机架次明显增多。图为被炸毁的上清寺一带。

▲ 1940年，日本对重庆周边城市的轰炸明显增强。1940年7月22日，日海军120余架飞机分4批轰炸合川、綦江两地，日机投弹约500枚。图为被炸毁的合川县城。

▲ 1940年5月26—29日，日机140余架先后4次狂炸北碚，投弹500余枚，炸死炸伤400余人。图为被炸毁的北碚城。

► 德国官员在德国大使馆外摊开巨大的纳粹标志“卐”字旗，警示日本飞机，防止被炸。

▲ 在1940年日机对重庆的轰炸中，以8月19日、20日两日最为猛烈，史称“八一九”、“八二〇”大轰炸。这两天，日机出动飞机近300架次，对重庆市区狂轰滥炸。规模巨大的轰炸编队，加上日本新型研制的零式战斗机护航，使得中国空军作出了保存实力、避而不战的决定。图为日本零式战斗机。

▲ 制空权丧失后，重庆被完全暴露于日本轰炸机下，各主要街道被烧成焦土。在“八一九”、“八二〇”轰炸中，重庆就有超过6000间房屋被毁。图为“八一九”、“八二〇”大轰炸致使浓烟弥漫，熊熊大火烧遍全城。

◀ 1940年9月，中共中央南方局书记周恩来和夫人邓颖超在被日机轰炸后的八路军驻重庆办事处大楼前的合影。

▶ 进入10月以后，日本对重庆的轰炸频率有所减小，但至12月的两月间仍有10多次。显然，1940年的轰炸比1939年更为残酷与血腥，但日本并没有就此终止野蛮的屠杀，反而在酝酿新的轰炸计划。图为1940年10月，日机轰炸重庆。

▲ 1941年，日本拟定了“102号作战”计划。这一计划改变了以往的轰炸战略，将先前大规模的、密集的轰炸战术，改为小规模的、多批次的疲劳轰炸战术，其轰炸时间也在白天与晚上不定时地交叉轮番进行。图为大轰炸中被日机轰炸时浓烟滚滚的重庆城。

▲ 1941年5月3日，日本轰炸重庆后市中心观音岩居民区留下的直径为14米的巨型弹坑。

▲ 在1941年5月3日的轰炸中，陪都空袭救护委员会办公楼受损严重。

▶ 1941年5月前的空袭较少，且多在重庆郊外。从5月开始，日本对重庆的轰炸力度明显增强。5月9日、10日，日本共有5批轰炸机进入重庆领空投弹，不仅各大金融机构、商业街道遭受打击，而且教会学校，医院，英、法大使馆等均再次被炸弹炸毁。1941年6月1日、2日，日军出动54架飞机连续轰炸重庆市区，投弹近500枚。图为空袭后的陪都空袭救护委员会医护委员会第一重伤医院。

▶ 1941年6月5日傍晚，日本飞机分3批袭击重庆，轰炸时间超过5个小时。由于长时间轰炸，空袭警报不停鸣响，市民只能一直待在防空洞内。在较场口大隧道处，数千人因为隧道内空气不流通窒息和慌乱踩踏而死亡。这便是震惊中外的“重庆大隧道惨案”。惨案发生后，国民政府组织了救援，但尸体过多，堆积在街边，不少都面目全非，无人认领。大量尸体通过重庆卫戍司令部的货车托运至朝天门，又经货船沿长江而运至10公里外的江北黑石子掩埋。图为大隧道惨案后较场口十八梯入口的惨状。

▲ 从大隧道洞中拖出的遇难者尸体在十八梯堆积如山，其中尤以城市平民为多。

◀ 大隧道惨案发生后，国民政府派人进入现场，抢救幸存者。

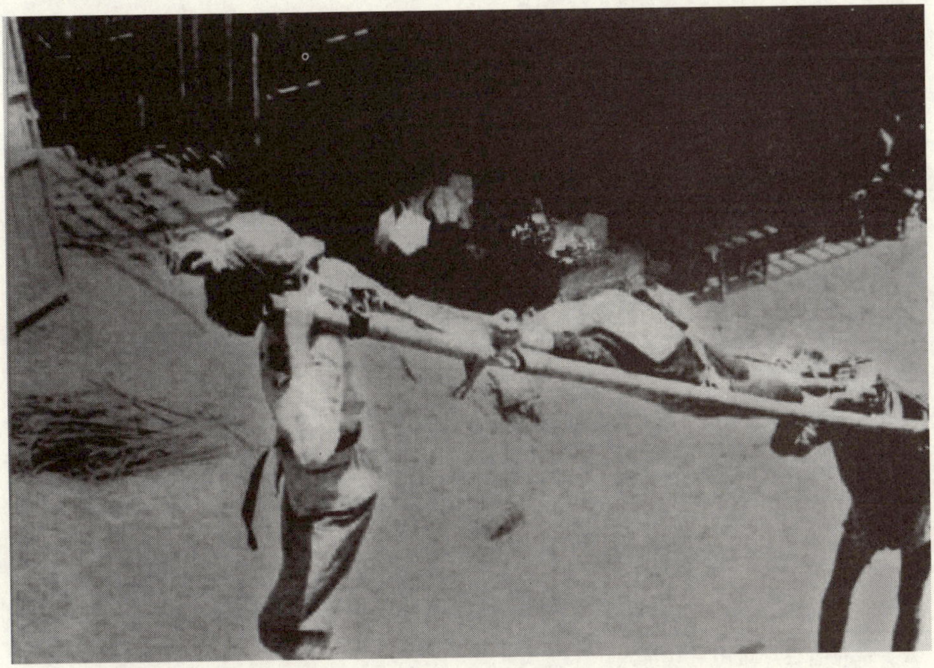

▲ 从大隧道洞口抬出的幸存者。

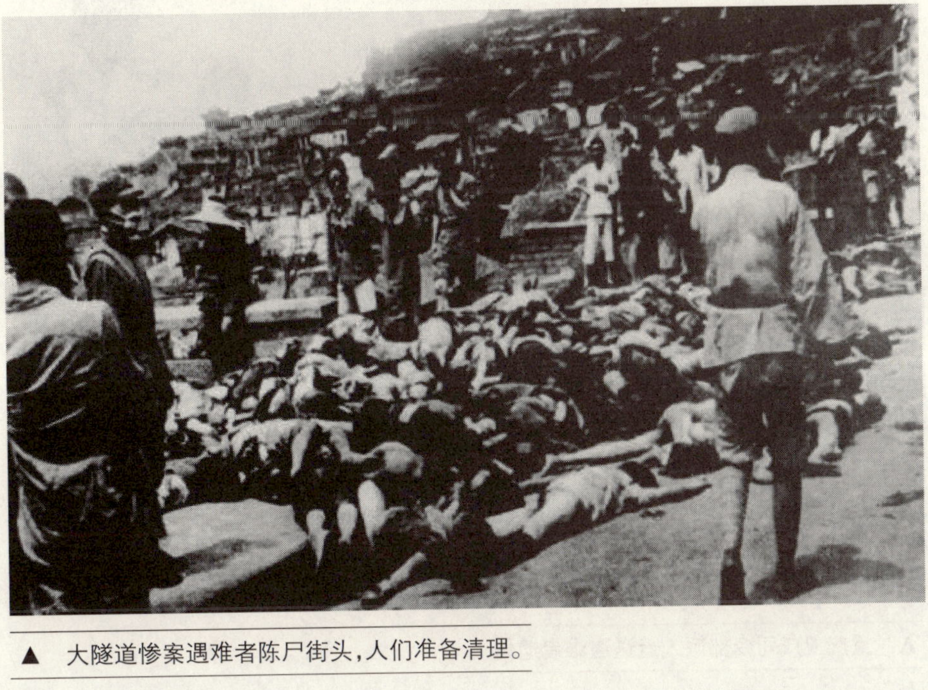

▲ 大隧道惨案遇难者陈尸街头，人们准备清理。

▲ 幸存者在尸堆中寻找亲人。

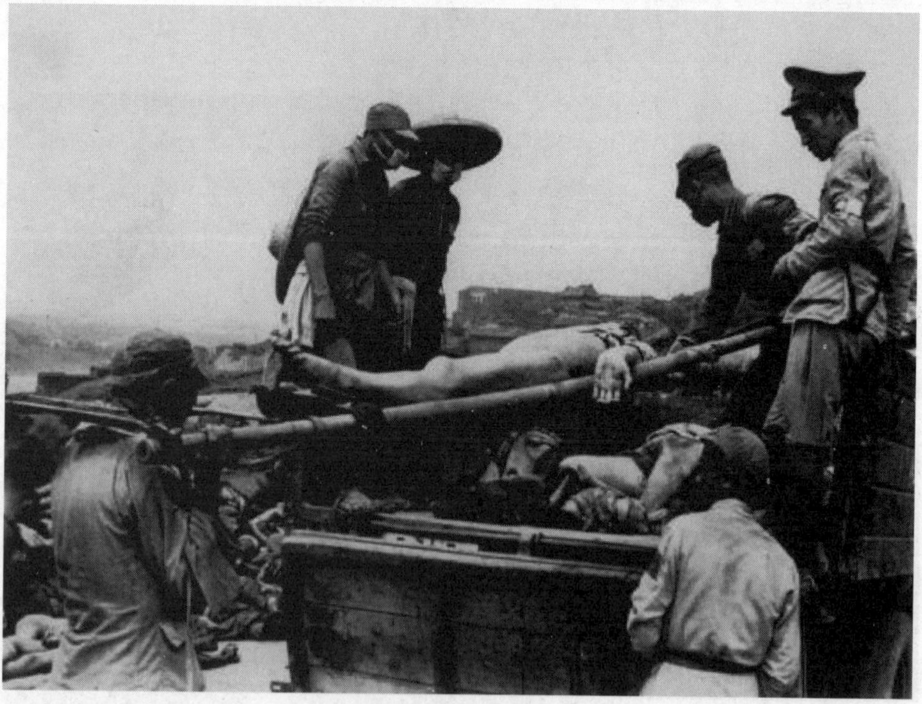

▲ 重庆卫戍司令部派人运送遇难者遗体。

▲ 遇难者的尸体从朝天门码头运往下游的江北黑石子掩埋。

▲ 1941年6月5日，空袭中被炸毁的抗建堂。

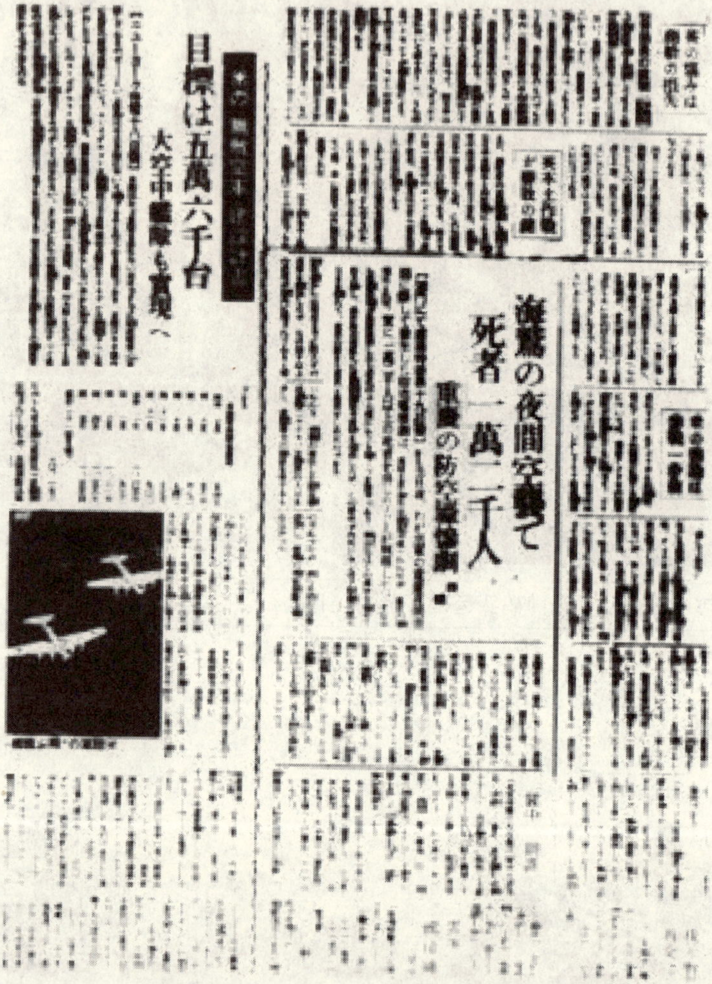

海鷲の夜間空襲で
死者一萬二千人
重慶の防空壕惨劇

目標は五萬六千台
大空中艦隊も實現へ

▲ 日本《朝日新闻》关于重庆大隧道惨案的报道。

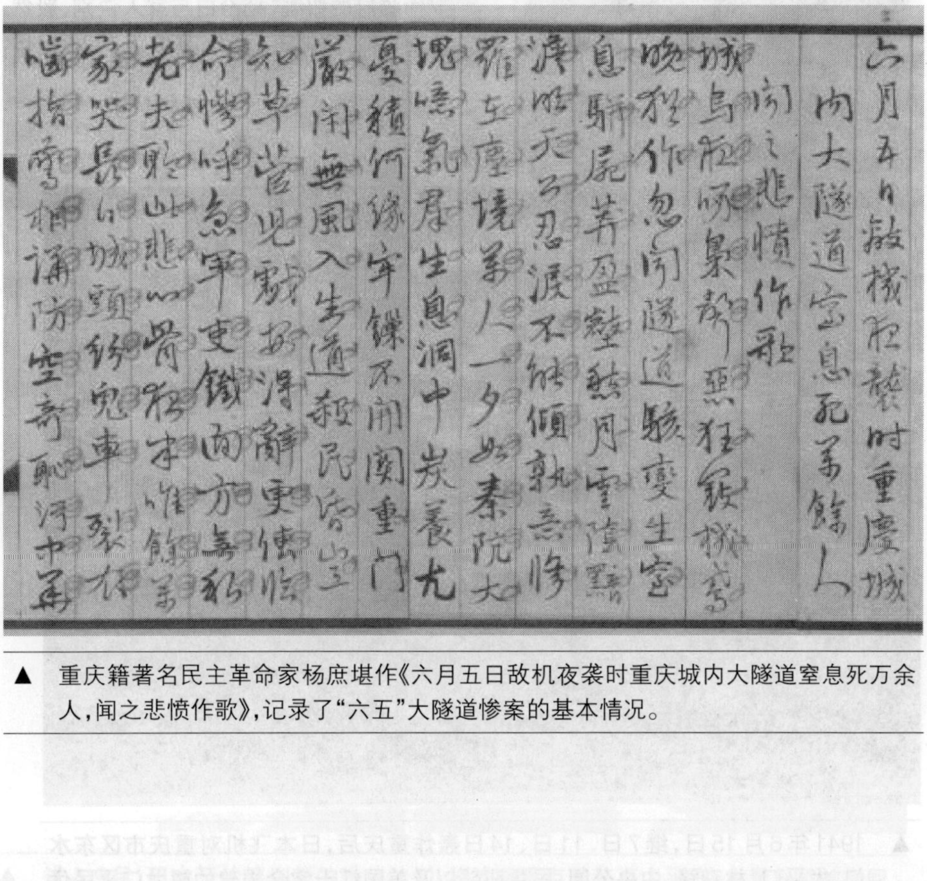

▲ 重庆籍著名民主革命家杨庶堪作《六月五日敌机夜袭时重庆城内大隧道窒息死万余人，闻之悲愤作歌》，记录了“六五”大隧道惨案的基本情况。

(二)重庆人民的反轰炸斗争

▲ 为了抵御日机空袭,国民政府在重庆周边部署了不少空军力量,来拱卫战时首都。当日机由武汉等地起飞奔袭而来时,三峡一带的城市会发出防空警报信息传递给重庆,负责重庆防空任务的空军便起飞迎战。这种防空作战往往被视作积极的反空袭斗争。以1939年5月3日为例,当天中午日机45架从武汉起飞,对重庆市区进行轰炸。国民政府空军第4大队25架战斗机起飞迎战,第5大队12架战斗机也从成都赶来增援。图为待命起飞的中国空军。

▲ 中国空军第4航空大队第21中队全体队员合影。

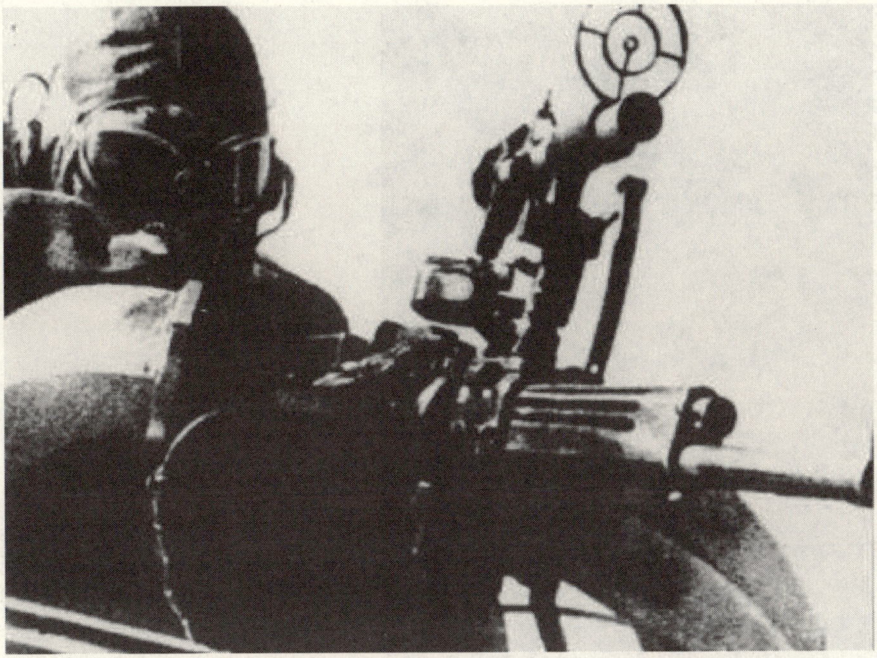

▲ 中国空军机枪手在空中射击敌机。

▲ 1940年3月，在重庆近郊被中国空军击落的日机侦察机。

◄ 1940年9月13日，中日空军在璧山上空激战，由于日军大规模使用了最新研发的零式战斗机，中国空军遭受了抗战时期最严重的一次损失。

◄ 率队于璧山抗击日军的中国空军第4大队队长郑少愚。

▲ 1940年、1941年是中国空军最为艰辛的两年，飞机数量因战斗损毁不断减少，大批飞行员也逐渐牺牲。尽管如此，驻扎在重庆的空军，仍以极为坚毅的勇气和顽强的斗志与日机展开周旋。1941年3月14日，日机袭击成都，中国空军奋起迎敌，双方在西南方向的崇庆(今崇州)和双流县上空展开激战。最终，日机被击落6架。然而，中国空军也付出了十分惨重的代价，其程度“仅次于‘九一三’璧山空战”，“至此，中国空军的主力飞行员85%以上已经损失”。太平洋战争爆发后，日机空袭力度减小，中国空军防空作战的任务也大大减轻。图为被击落的日机残骸。

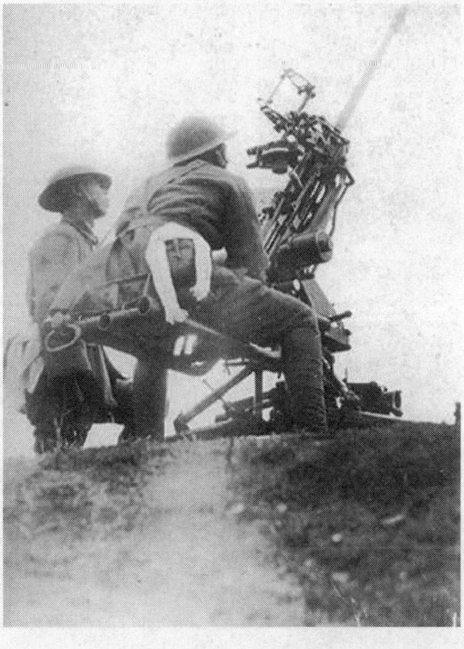

► 抗战时期，由于日本空军具有较大优势，重庆反空袭的另一个重要方式是增强地面防空力量。地面防空包括高射炮、高射机枪阵地建设和防空情报、警报网建设等。图为中国军队用高射机枪反击来犯日机。

◄ 在高射炮、高射机枪阵地建设上，国民政府部署了包括炮兵41团和45团的9个连队，以及兵工署第二十、第二十一和第二十四厂的警卫队，分布驻防佛图关、遗爱祠、磁器口、陈家湾、小龙坎、海棠溪、小屋基、野猫溪、铜元局、万峰寺、簸箕石、花墩桥等地。高射炮、高射机枪阵地的部署可以给予日机有力的打击。据不完全统计，仅1938—1941年，通过高射炮、高射机枪击落击伤的日机达到100余架。同时，高射炮、高射机枪阵地的部署，使得日机不敢低飞，影响其投弹准确性。图为日机来袭，地面高射炮部队严阵以待。

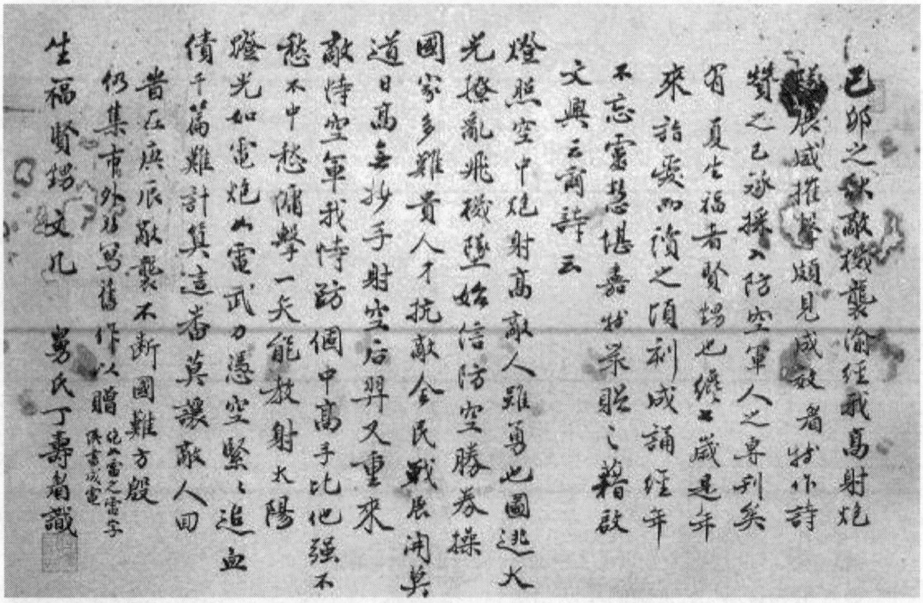

己卯之秋敵機襲渝經我高射炮
隊[illegible]咸推擊頗見成效爰特作詩
贊之已詠揚入防空軍人之專刊矣
有夏生福者賢婿也總[illegible]歲逐年
來詣愛而讀之頗利成誦經年
不忘靈慧堪嘉特錄贈之藉啟
文興云爾詩云
燈照空中炮射高敵人難筭也圖逃大
光燦亂飛機墜始信防空勝券操
國家多難責人才抗敵全民戰展閧英
道日高妙手射空后羿又重來
敵恃空軍我恃防個中高手比他強不
愁不中愁偏擊一矢能教射太陽
燈光如電炮如雷武力憑空緊緊追血
債千萬難計算這番莫讓敵人回
昔在庚辰敵襲不斷國難方殷
仍集市外另寫舊作以贈 化如雷之雷字係書成電
生福賢婿文几 岳氏丁壽眉識

▲ 1939年8月，时任重庆盐纱商会主席的丁寿眉作诗歌颂高射炮部队与敌机战斗的英勇事迹。

▲ 1937年9月，重庆开始建立防空情报监视网，监视区东起石柱、梁山，西通璧山、合川，南经南川、綦江，北抵南江、通江。在重庆周围的合川、武胜、仪陇、巴中、黔江、忠县等28个县设立了监视队26个，监视哨所112所。到1939年，重庆监视区的范围进一步扩大，包括周围32个县。在警报网建设方面，重庆于1938年3月开始在纯阳洞、龙门浩、泜阳观、大溪沟、双溪沟等处修建报警台。到1941年，重庆建有报警台23座。当报警台悬挂红色球1个时，为预警，表示情报检测已探明日机从武汉起飞，有空袭重庆的动向，市民应预先准备或疏散；当报警台悬挂红色球2个时，为空袭警报，表示敌机已飞抵宜昌并继续西飞，1小时内将空袭重庆，市民应立即进入防空洞或向郊外疏散。解除报警则挂绿色球1个。图为用挂灯笼的方式拉响防空警报。

“没有哭啼，没有叫骂，火光在后，大家静静地奔向公园。偶然有声音叫，是服务队的‘快步走’，偶然有阵铃响，是救火车的疾驰。火光中，避难男女静静的走，救火车飞也似的奔驰，救护队服务队摇着白旗疾走；没有抢劫，没有怨骂，这是散漫惯了的，没有秩序的中国吗？像日本人所认识的中国吗？这是纪律，这是团结，这是勇敢——这是五千年的文化教养，在火与血中表现出它的无所侮的力量与气度！”

——老舍《五四之夜》

▲ 由于受器械、人员等多方面的限制，空军空中作战、高射炮高射机枪阵地建设和防空情报、警报网建设等积极防空措施在重庆人民的反空袭斗争中不占主要地位。国民政府更主要的是采取了挖掘防空洞、沟、壕、室，大规模地疏散人口以及在空袭后展开空袭救护等消极防空措施，以躲避轰炸，减少损失。图为日机来袭，市民向郊外疏散。

▲ 战时重庆人口膨胀，大轰炸极易造成大面积人员伤亡。为了应对日机的轰炸，国民政府于1939年3月1日批准了《重庆市紧急疏散人口办法》。重庆市社会局发布《告公众书》，宣布3月10日前为自动疏散，11日起强迫疏散。同时，召集交通运输机关开会，统筹运输。次年重庆市警察局制定《紧急时期户口编查暨移动登记办法》，加强人口迁移和疏散管理。除此之外，重庆还在市郊划定迁建区，将大量人口和机关迁入，一方面有助于躲避日机轰炸，另一方面为后来城市空间的扩大奠定了基础。图为机关车辆免费护送难民下乡躲避轰炸。

“在空袭警报网及防空洞方面，重庆直可与世界上任何城市比较而无愧色，重庆之应成为世界理想中之一项事物，实无足异。”

——英国驻华大使薛穆

“人道吴牛能喘月，国人此日吴牛。天晴翻教众生愁。但逢明月夜，轰炸未曾休。漫道中华国界广，任它轰炸何尤。今宵又见月当头。起来天似水，摇出一江秋。”

——著名剧作家吴祖光

▲ 为了躲避日机的轰炸，重庆人民充分利用了地形特点，开凿防空洞。重庆的防空洞一般分为三类：一是政府和国民党高官、金融财政界人士的个人专用；二是机关、公司等单位的专用防空洞；三是一般市民用的公共防空洞。公共防空洞不分对象、不定人数、设备不齐，内部条件较差，环境恶劣。当市区防空警报拉响后，人们纷纷按片区躲进防空洞，也有大量市民迁往郊外。由于政府、单位和个人都积极行动起来，重庆大大小小的防空洞很快建成。抗战后期，重庆的防空洞容量是抗战前期的60倍。图为重庆居民在防空洞中避难。

◀ 不少市民直接将重要的生活用品搬进防空洞，或将防空洞用来作为食品、布料的储存库。而一些工厂在内迁时，就选择了依山作掩体的地形，顺势开凿了防空洞；工人们将生产设备搬进防空洞，抓紧生产，以供战时军需民用。图为为躲避轰炸，工人正在防空洞内坚持生产。

◀ 工人在防空洞排版印刷。

▲ 在重庆受到日机狂轰滥炸之际，人们并没有屈服，专业医疗队伍和社会各界都行动起来，积极参与空袭救护和救助。在空袭医疗救护方面，重庆各地建立的服务组织和机构较多，常见的有医护委员会、防护团救护大队、卫生局和医院救护队、红十字会等，同时还有社会团体和国际友人组成的民间医疗救护队。图为救护人员抬送伤员。

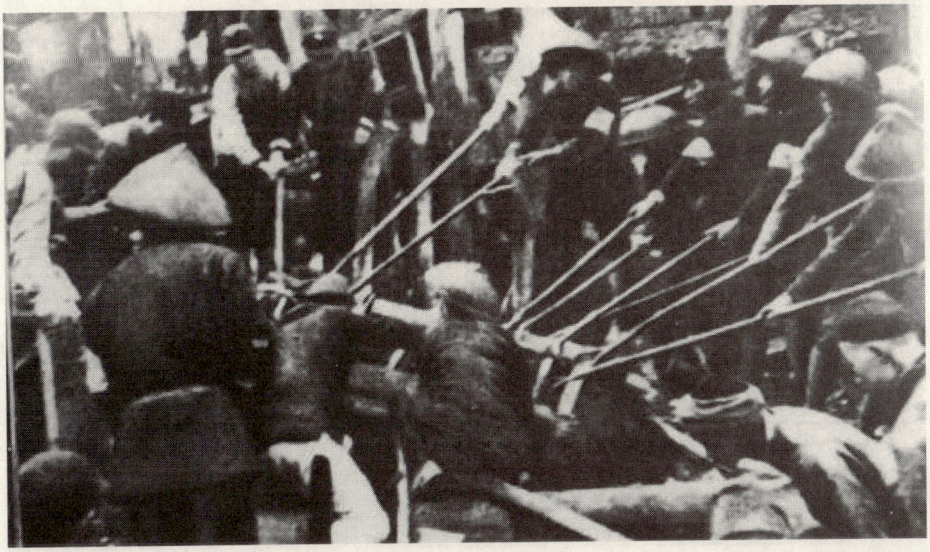

▲ 重庆防护队员抢救废墟中的幸存者。

▲ 消防人员扑灭轰炸后城区的大火。

▲ 消防人员在闹市区灭火。

▶ 1947年，重庆各界为纪念在大轰炸中牺牲的消防人员，修建了“重庆市消防人员殉职纪念碑”（现位于重庆市渝中区人民公园内）。

▲ 大轰炸造成了大量市民流离失所，一些政府机构和社会团体纷纷组织施救。图为合川军校特训班设粥厂救济难民。

▲ 尽管条件十分艰苦，但重庆人民始终都保持了顽强的斗志和乐观的精神。他们在防空洞中坚持生产、生活，在弹雨中抢修受损的房屋，通过举办各种活动来相互鼓舞、激励。悲伤虽未散，但重庆市民对抗日的胜利充满信心。图为重庆街头竖立大幅标语："在废墟上创造新中国！"表达出顽强不屈的抗日意志。

▲ 1941年12月30日落成的"精神堡垒"位于邹容路、民族路、民权路交会处，是重庆各界举行集会和宣传的重要场所，也是全民族抗战的象征。图为"精神堡垒"。

▲ 日军发言人狂称:要将重庆像伦敦一样夷为平地。可是,重庆在日机的狂轰滥炸中巍然屹立。图为1942年重庆夜景。

"兹代表美利坚合众国人民,敬致此卷轴于重庆市民,以表示吾人对贵市勇毅的男女老幼人民之赞颂。远在世界一般人士了解空袭恐怖之前,贵市人民迭次在猛烈空中轰炸之下,坚毅镇定,屹立不挠。此种光荣之态度,足证坚强拥护自由的人民之精神,绝非暴力主义所能损害于毫末。君等拥护自由之忠诚,将使后代人民衷心感谢而永垂不朽也。"

——美国总统罗斯福

致重庆市民书信

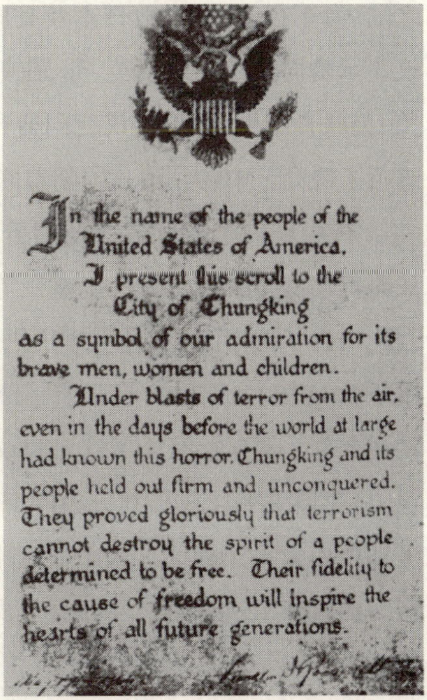
In the name of the people of the United States of America, I present this scroll to the City of Chungking as a symbol of our admiration for its brave men, women and children.

Under blasts of terror from the air, even in the days before the world at large had known this horror, Chungking and its people held out firm and unconquered. They proved gloriously that terrorism cannot destroy the spirit of a people determined to be free. Their fidelity to the cause of freedom will inspire the hearts of all future generations.

▲ 1944年5月17日,美国总统罗斯福致重庆市民书信,对重庆市民在反空袭中的坚毅精神给予高度评价。

五、中国战区统帅部

1941年12月8日，太平洋战争爆发，蒋介石分别召见苏、美、英驻华大使，决定向日本宣战。他还向各大使分别面交建议书，建议成立军事同盟。蒋介石的建议得到美国积极回应。罗斯福总统于14日致电蒋介石，建议最迟于12月17日，美、英、中、苏在重庆召集联合军事会议，并讨论在东南亚最有效之陆、海军行动，以击败日本及其同盟国。丘吉尔对召开联合军事会议的提议表示赞同。经中、美、英、苏、荷等国多方磋商，12月23日在重庆召开了中、美、英联合军事会议，会议就同盟国对华援助问题和保卫缅甸及滇缅路问题进行了磋商。中、美、英三国朝着联合作战迈出了一大步。

中美英三国，除了在重庆召开会议协商军事合作、互派军事代表团协调战略行动外，还在新加坡、华盛顿等地召开会议，共谋在亚洲太平洋上的战略合作。为了把中国的战争与盟国军事行动结合起来，美国陆军参谋总长马歇尔于1941年12月29日起草了一份备忘录，建议在中国成立一个盟国作战行动司令部。罗斯福接受了这一建议，并征得了丘吉尔的同意。罗斯福总统提议，将亚洲太平洋战场划分为四个战区，即中国战区、东南亚战区、太平洋战区和西南太平洋战区。四个战区中，就其战略地位而言，最重要的是中国战区。1941年12月31日，罗斯福正式电告蒋介石，建议由蒋组织成立盟国中国战区。

1942年1月1日，在华盛顿26国联合宣言签字仪式上，罗斯福公开宣布了“建立中国战区”的决定。1月3日下午，白宫公告，兹经英美两国参谋总长之建议及向罗斯福总统与丘吉尔首相之条陈,并经荷兰政府与各有关自治领导政府之同意,……蒋介石上将已承允任中国战区最高统帅之职,指挥现在及将来在该区作战之陆空军,所辖区域包括越南、泰国及将来可为同盟国所控制之区域在内。其统帅部之设计部分,将有英美代表参加。[①]这被认为“系西方人士对于任何亚洲人物从来未有之最高尊崇及最深信任,且此举适在二十六国发表共同宣言表示对轴心国联合作战及不单独媾和以后,尤富有政治的重要性”。[②]蒋介石也得意地认为:“出任中国战区最高统帅之后,越南、泰国亦划入本区内。国家之声誉及地位,实为有史以来空前未有之提高。”[③]为加强联络,蒋特请罗斯福委派一位熟知中国情况的将领来华担任中国战区统帅部参谋长。宋子文在华盛顿也奉命向罗斯福、马歇尔频频提出这一要求。罗斯福、马歇尔经过慎重考虑,决定派曾经四次赴华的史迪威任中国战区参谋长。1942年3月4日,史迪威飞抵重庆,正式就任中国战区参谋长。中国战区的建立和同盟国东方战场指挥中心设立在重庆,大大地提升了重庆在世界反法西斯战争中的地位,重庆由此跻身世界反法西斯名城的行列。

盟国中国战区成立后,中美英开展了更为广泛的军事合作,以联合抗击日本法西斯的侵略。首先是美国改编了飞虎队,并扩大了其规模。飞虎队成为抗战中后期对日作战的主要空中力量。其次是中美两国通过协商开辟了驼峰航线,以解决日本沿海封锁造成的中国战略物资匮乏的问题。再者,中国远征军入缅作战极大地配合、支援了东南亚战区的战争。另外,中美还在重庆设立了中美技术合作研究所,广泛开展情报侦探工作,为盟国提供军事情报信息。最后,中美空军混合大队在抗战后期,实施了直接远程轰炸日占区和日本本土的计划,对加快战争进程,取得战争最后胜利,均有其重要作用。

①重庆《中央日报》1942年1月5日。

②重庆《中央日报》1942年1月5日。

③引自《蒋介石生平》,吉林人民出版社1988年版,第425页。

(一)中国战区统帅部成立

▲ 1941年12月7日，日本海军联合舰队偷袭了美国在太平洋的主要海军基地珍珠港，太平洋战争爆发。图为日军偷袭珍珠港时美国军舰被炸沉的惨状。

▲ 1941年12月8日，日本轰炸珍珠港后，罗斯福总统在华盛顿白宫签署对日宣战书。

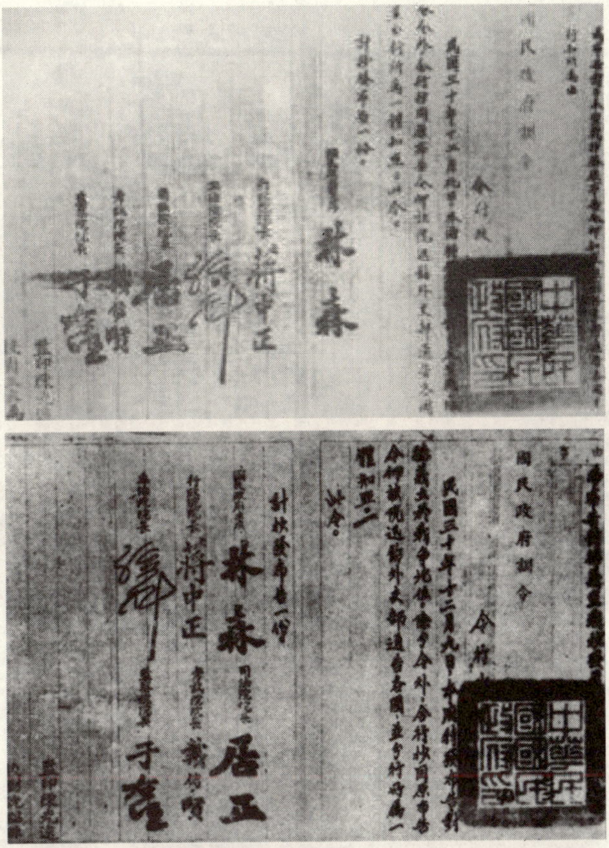

▲ 1941年12月9日，国民政府正式对日宣战，同时对德、意宣战。图为中国对日、德、意战书。

◀ 重庆市民在两路口观看中央通讯社号外刊印的中国政府宣战消息。

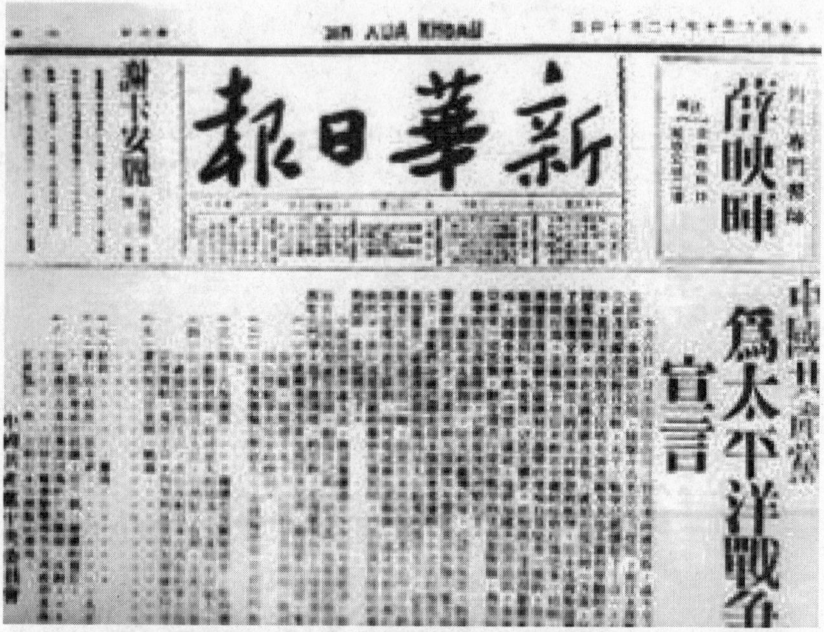

新華日報

中國共產黨為太平洋戰爭宣言

▲ 1941年12月14日，《新华日报》发表了《中国共产党为太平洋战争宣言》。

▲ 中国对日宣战以后，蒋介石提出制定联合作战计划，得到了美、英、苏等国的响应。1941年12月23日，在重庆黄山蒋介石官邸举行东亚军事会议（中、美、英联合军事会议），共商远东作战问题。会议缔结了《中英共同防御滇缅路协定》，正式结成三国军事同盟。图为与会人员合影。

▲ 1942年1月，26个国家的代表在华盛顿举行《联合国家宣言》签字仪式。其中，坐者左二为罗斯福，站者右十二为中国外交部长宋子文。

▲ 1942年6月14日，重庆各界庆祝“联合国日”纪念大会。

“二十六国共同宣言发表后，中、美、英、苏四国已成为反侵略之中心，于是我国遂列为四强之一；再自我允任中国战区最高统帅之后，越南、泰国亦划入本区内。国家之声誉及地位，实为有史以来空前未有之提高。”

——1942年1月31日《蒋介石日记》

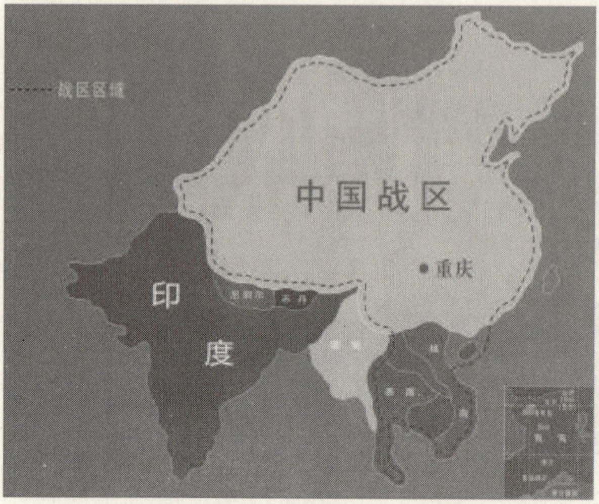

▲ 中国对日德意宣战后，蒋介石除了在重庆频频活动外，还电示驻美代表宋子文，要求转达美国当局，制定中、美、英、荷四国联合作战的整体计划及成立联合指挥与军事同盟的协定。此后，经罗斯福同意，并与丘吉尔沟通，各方一致认同在重庆组织联合军事会议十分必要。1941年12月23日，中、美、英、澳等国军事会议在重庆召开。12月29日，美国陆军参谋总长马歇尔起草了一份建议在中国成立一个盟国作战行动司令部的备忘录。罗斯福接受了这一提议，并告知丘吉尔。12月31日，罗斯福正式电告蒋介石，建议由蒋组织成立中国战区。图为中国战区区域示意图。

► 1942年1月2日，中国战区统帅部成立，蒋介石担任中国战区最高统帅，美国史迪威将军经马歇尔向罗斯福推荐，任中国战区统帅部参谋长。图为蒋介石、史迪威合影。

▲ 1942年1月5日，蒋介石在重庆宣布就任中国战区最高统帅。

▲ 重庆南岸蒋介石黄山官邸云岫楼——中国战区最重要的军事指挥中心之一。

▶ 1943年2月6—7日，在重庆蒋介石黄山官邸举行了中、美、英军事代表会议，涉及实施反攻缅甸计划，加强中国战区空军问题。图为美国总统代表安诺德空军总司令、英国首相丘吉尔代表狄尔元帅自北非抵重庆赴黄山参加会议途中。

▲ 1943年10月17日至20日，在重庆蒋介石黄山官邸举行了中、美、英军事代表会议，达成了收复缅北联合作战的协议。图为蒋介石夫妇与东南亚盟军总司令蒙巴顿勋爵、史迪威、美国总统特使萨姆维尔准将合影。

▲ 1944年10月，魏德迈被任命为盟军中国战区参谋长，开始接替史迪威的工作。图为魏德迈（左四）在重庆参加中美联合参谋部军事会议。

▲ 1945年3月，东南亚盟军总司令蒙巴顿第二次抵达重庆，与中国战区最高统帅部商讨反攻事宜。图为蒙巴顿抵达重庆时的场景。

（二）中美英军事合作

► 抗战爆发初期，美英出于自身利益考虑，并没有在中美、中英军事合作上迈出实质性步伐。然而，在民间和其他层面，美英对中国的援助依然是存在的。1937年，美国退役上尉陈纳德应邀来到中国，为国民政府建设空军。1941年8月，在美国政府支持下，陈纳德组建中国空军美国志愿航空队，即飞虎队。图为援华空军飞虎队队长陈纳德。

▲ 抗战时期位于云南昆明西郊的飞虎队总部大楼。

▲ 1942年7月4日，美国陆军部将美国航空志愿队解散，一部分改组为美国陆军第10航空队驻华航空特遣队，另一部分参与驼峰航线运输任务。1943年3月10日，美国驻华航空特遣队扩编为美国第14航空队。图为部分美国志愿航空队队员在昆明合影。

▲ 1942年，美国志愿航空队“地狱天使”中队队员们在他们的P-40飞机前合影，飞机上贴有5面日本国旗，表明他们已经击落了5架日本战机。

▲ 美军飞行员贴在背后的汉字说明被称为“血符”，它便于救援因战斗而坠落负伤的飞行员。

▲ 1942年5月，日军切断滇缅公路，封锁了中国最重要的国际交通运输线。同年7月，中美两国在印度阿萨姆邦和中国云南昆明之间开辟了一条转运战略物资的空中通道——驼峰航线。该航线开通后，即成为中国战场国际援助的“生命之路”。图为经驼峰航线运往中国供B-29远程轰炸机使用的燃油。

▲ 驼峰航线是世界航空史和军事史上的最为艰险的一条运输线，被称为“死亡航线”。据美国官方统计，美国空军在1942年4月到1945年8月的援华空运中，为中国空运各类战争物资65万吨。美国空军在驼峰航线上共有超过500架飞机坠毁（包括C-46及C-47），468个美国和46个中国机组牺牲，共计超过1500人。图为载有援华物资、军事技术人员及外交人员的飞机飞越驼峰航线。

▲ 1941年12月23日，中英在重庆签署《中英共同防御滇缅路协定》，中英军事同盟形成，中国为支援英军在缅甸（时为英属地）抗击日本法西斯，并为保卫中国西南大后方，组建了中国远征军。这是中国与盟国直接进行军事合作的代表事件，也是甲午战争以来中国军队首次出国作战并立下赫赫战功。从中国军队入缅算起，中缅印大战历时3年零3个月，中国投入兵力总计40万人，伤亡接近20万人。图为远征军从重庆出发，市民在国泰电影院前夹道欢送。

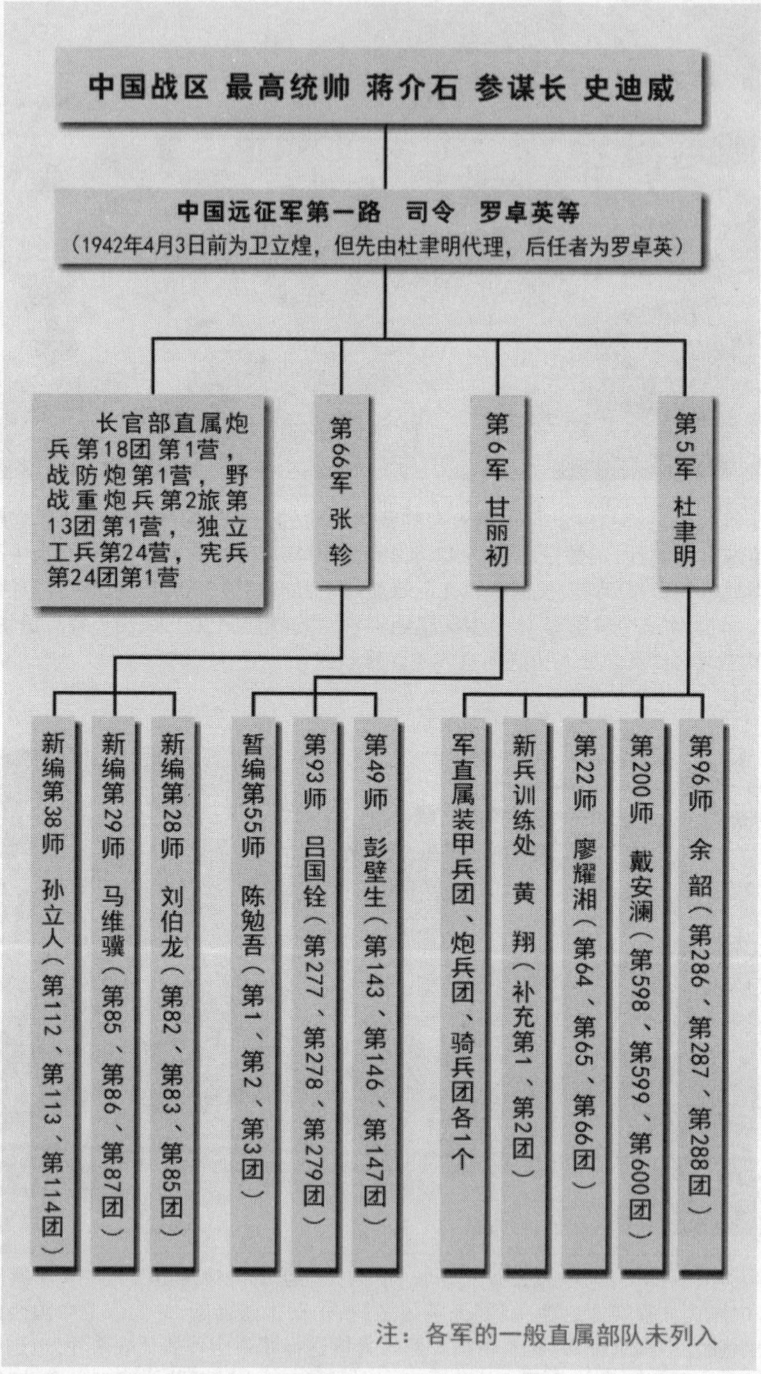

▲ 中国远征军入缅时作战序列。

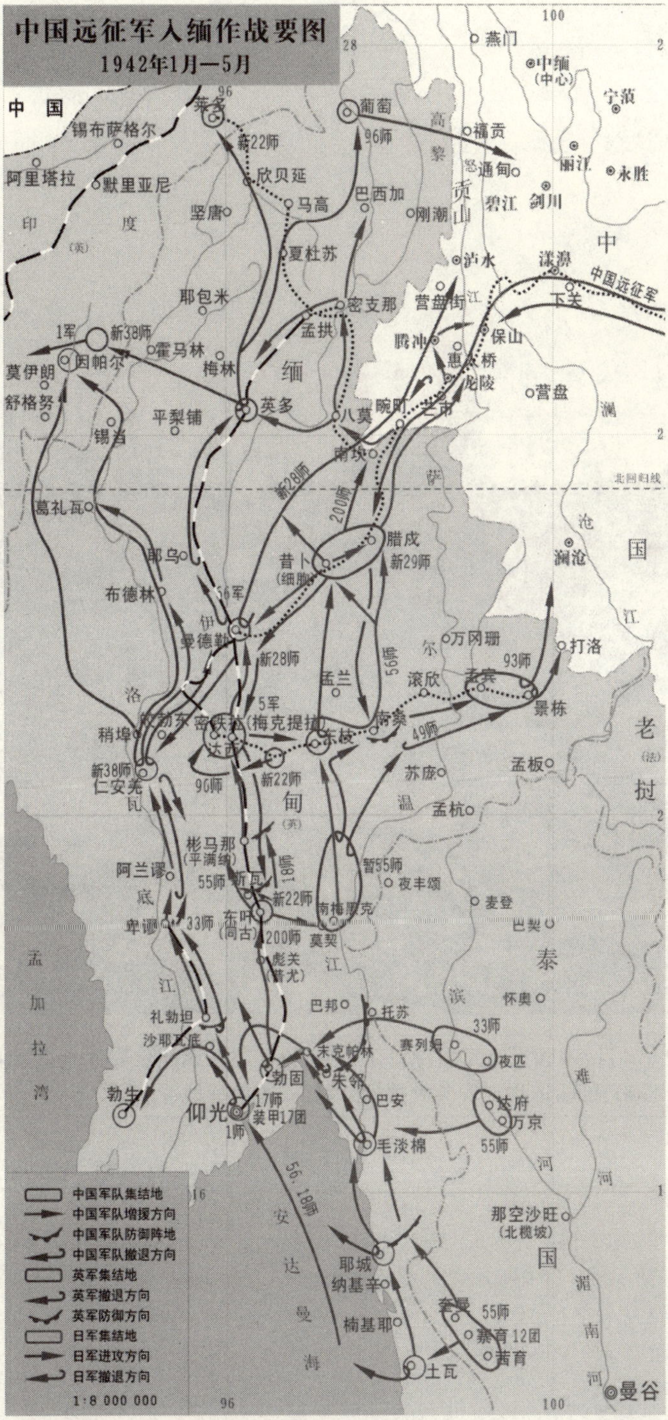

▲ 中国远征军入缅作战要图。

▲ 1942年4月，中国远征军新编第38师刘放吾团在缅西仁安羌地区营救出被包围的英军7000余人，取得仁安羌大捷。图为仁安羌大捷战役现场。

▶ 1942年5月18日，中国远征军第5军第200师师长戴安澜在缅甸朗科地区指挥突围战斗中负重伤，同月26日在缅甸茅邦牺牲。1942年10月16日，国民政府追赠戴安澜为陆军中将。29日，美国国会授权罗斯福总统追授戴安澜一枚“懋功勋章”。

▲ 为了打通中印陆路交通线，经中、美、英三国协商，于1942年12月10日起正式修筑中印公路（又称“史迪威公路”）。图为1945年1月28日，在中缅边境畹町举行的中印公路通车典礼。

▲ 缅北、滇西大会战历时一年半，中国驻印军、中国远征军挺进2400多公里，收复城镇50多座，解放缅甸领土13万平方公里，恢复滇西失地8.3万平方公里。图为1945年2月5日，在新1军军长孙立人和远征军副司令黄琪翔中将的陪同下，印缅战区司令、中国驻印军总指挥丹·索尔登中将和中国远征军司令卫立煌在木司检阅胜利会师的中国远征军和中国驻印军。

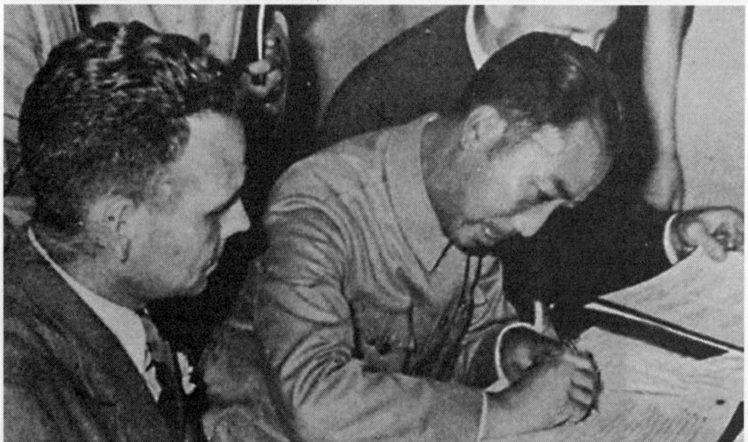

▲ 中美特种技术合作所，是第二次世界大战时期中国和美国合作建立的战时跨国情报机构。1942年5月，美国海军上校梅乐斯奉命来到中国，主要任务是“搜集情报和骚扰日本”。在中国驻美武官萧信如的帮助下，梅乐斯与国民政府军事委员会调查统计局（简称“军统”）局长戴笠取得了联系，并就合作事宜进行了磋商。1943年初，中美双方共同拟定了一份名为《中美合作所协定》的条约。中美合作所直接隶属于中美两国最高军事统帅部，总部设在中国重庆西北郊的歌乐山下杨家山。图为戴笠在中美合作所成立文件上签字。

▲ 中美合作所由戴笠、梅乐斯分任主任。中美合作所主要有情报组、气象组、心理组、军事组和秘密行动组等部门组成。图为中美合作所创始人戴笠与梅乐斯。

▲ 按照成立时的约定，中美合作所的主要任务是：扩大搜集与交换情报，分呈两国最高统帅部参考；严密布置东南沿海的敌后情报网，准备策应美军登陆；布置中国全国气象网，制定气象预报，提供美国海、空军参考；侦译敌方电讯、研究敌人动态；加强情报通讯、争取情报的时效，使能制敌先机；扩大警特训练，以达成防奸防谍，维护治安的任务；开展心理作战；加强秘密破坏工作，摧毁敌人的军事设施及军用物资。图为中美合作所美方驻地。

▲ 位于重庆歌乐山的中美合作所气象台。

◀ 轰炸日本本土是中国反法西斯侵略的一个军事策略。战争初期，日本在制空权上有绝对优势，中国空军抵达日本领空的机会较少，多是通过试探和投掷传单的形式来表达对日本军民心理上的影响。抗战中后期，美国军事援华加强后，中美两国联合制定了较为详尽的轰炸日本本土战略计划。该计划主要由中美空军混合大队完成，队长由陈纳德担任，副队长由中方将领徐焕升担任。1943年11月3日，由部分第14航空队队员和其他受过严格训练的中国空军队员组成的中美空军混合大队成立，司令部设在桂林。图为徐焕升驾机归来。

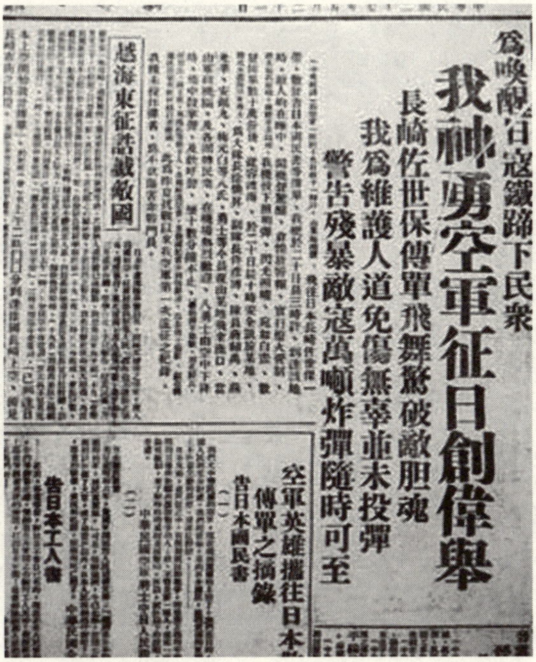
爲喚醒日寇鐵蹄下民衆
我神勇空軍征日創偉舉
長崎佐世保傳單飛舞驚破敵胆魂
我爲維護人道免傷無辜並未投彈
警告殘暴敵寇萬噸炸彈隨時可至

空軍英雄攜往日本
傳單之摘錄
告日本國民書
告日本工人書

▶ 1938年5月20日，徐焕升首次驾机飞往日本本土，投撒揭露日本帝国主义侵华罪行《告日本人民书》。图为《新华日报》对此事的报道。

▲ 飞行员在成都空军基地的B-29远程轰炸机前合影。

▲ 1944年6月，中美联合空军第20航空队63架B-29型“超级空中堡垒”远程轰炸机满载600多吨重磅炸弹和凝固汽油弹首次从成都机场起飞，直扑日本九州，正式对日本本土进行大规模战略轰炸。图为B-29在日本上空投弹。

▲ 东京被轰炸时浓烟滚滚的场景。

六、战时重庆外交活动

1938年4月,国民党临时全国代表大会制定并通过的《抗战建国纲领》将"外交"内容放在了首位,并确立了国民政府抗战时期的外交政策:"本独立自主之精神,联合世界上同情于我之国家及民族,为世界之和平与正义共同奋斗;对于国际和平机构及保障国际和平之公约,尽力维护,并充实其权威;联合一切反对日本帝国主义侵略之势力,制止日本侵略,树立并保障东亚之永久和平;对于世界各国现存之友谊,当益求增进,以扩大对我之同情;否认及取消日本在中国领土内以武力造成之一切伪政治组织,及其对内对外之行为。"[①]据此,国民政府一方面吁请国际联盟及各友好国家,考虑采取共同制裁日本侵略暴行的具体行动;一方面加强外交活动,积极争取友邻的援助与合作。抗战初期,美、英为了自身的利益,对中日战争持"中立"态度,对日本采取绥靖政策。太平洋战争爆发后,随着世界战争格局的变化,国际势力开始重视中国的抗日作用。国民政府也调整了外交政策和方法,不再局限于促使各国制日援华,更加重视促成盟国间军事、经济等方面的合作,为此展开了以美国为重点,加强英国、苏联、荷兰、加拿大、澳大利亚、印度等国的多层次外交。重庆的外交活动空前活跃起来。

面对新的形势,中国共产党也进行了一系列卓有成效的外事工作。中共中央南方局专门成立外事组,以便宣传、交友以及了解国际形势,特别是了解美英对华政策、各国在华人士的政治态度和动向,以此影响这些国家的对华

① 中国第二历史档案馆编:《国民政府通饬遵照抗战建国纲领训令(1938年7月2日)》,《中华民国史档案资料汇编·政治(一)》,第五辑,第二编,江苏古籍出版社1997年版,第150-151页。

政策，扩大国际抗日统一战线，并制定了“宣传出去，争取过来”的外事工作方针，开展了广泛、灵活、深入的工作，开拓了外事工作的新局面。众所周知，南方局在抗战大后方开展外事工作面临着十分错综复杂的矛盾和局面。为打开外事工作局面，周恩来等中共领导人利用各种机会，广泛接触各国使节和国际人士，与美国副总统华莱士、美国总统行政助理居里、美国总统特使威尔基、美国顾问拉铁摩尔、中印缅战区美军司令史迪威、美国驻华大使赫尔利、英国驻华大使卡尔·薛穆、英国驻华大使馆秘书赫戈登、苏联驻华大使潘友新、苏联驻华武官崔可夫、法国驻华大使贝志高、加拿大驻华大使欧德伦等等都有过会晤，建立了联系；也与美国著名作家斯特朗、盖尔荷恩、海明威，美国报业巨子亨利等有亲密交往和紧密联系。通过这些会晤和交往，向他们阐明中共坚持团结抗战的方针，介绍敌后解放区战场坚持抗战的真实情况，揭露国民党消极抗日，积极反共的行径，争取他们对中国抗战和抗日根据地的同情和支持。南方局的外事工作，是中国共产党倡导建立抗日民族统一战线的重要内容，是对世界反法西斯力量的团结。

随着战局的发展，废除不平等条约的时机日益成熟。首先是通过正式对德、意、日宣战，中国宣布了“所有一切条约协定合同”，有涉及中德、中意或中日间之关系者“一律废止”，从而取消了与德、意、日等国的不平等条约。与此同时，美英出于战争进程及中国地位等综合因素的考虑，于1942年10月10日提出立即放弃在华的不平等条约。1943年1月11日，中美、中英关于取消在华治外法权及处理有关问题条约与换文，分别在华盛顿和重庆签署。中美、中英新约签订后，中国又与其他有关同盟国家签订了类似条约，中国的国家主权总体上得到尊重，国际地位进一步提升。

抗战后期，中国参与了不少世界重要政治、军事会议的决策，特别是有关战后国际秩序的安排，中国发挥了重要作用，确立了中国的大国地位。1943年10月，莫斯科《四国宣言》的发表，使中国正式加入了四大国的行列。同年11月，《开罗宣言》对战后远东秩序作了规定，强调日本所窃取之中国领土必须归还中国；1944年6月，中国参与了布雷顿森林会议，战后金融秩序得到确定；1945年4—6月，中国以发起国身份参加了首届联合国大会。联合国成立后，中国被确认为联合国安全理事会的常任理事国，使得中国的国际地位从法理上得到了肯定。从“东亚病夫”一跃而为世界四强之一，这是一个巨大的历史进步，是中国人民浴血抗战为国家民族争取到的应有地位，也是百年近代史上中国人民奋发努力的结果。

(一)国民政府的外交互访

◀ 1941年1月,由于美国《租借法案》的出台,罗斯福在对外援助方面拥有了广泛的权力。《租借法案》最初是为对德作战的英国而制订的军事援助计划,但这也使对日抗战的中国看到了希望。蒋介石立刻通过中国驻华盛顿首席代表宋子文敦促罗斯福派一位总统特使到重庆作经济考察,以使中国能从中获益。总统经济顾问劳克林·居里被罗斯福选中作为其私人代表对华进行经济考察。图为1941年2月7日,居里飞抵重庆,步下飞机旋梯。

▲ 重庆各界代表在机场迎接居里。

▲ 居里在华期间和蒋介石进行了12次会谈，累计达27个多小时，并与政府军政、外交、交通、经济、财政各部门负责人以及外国在华人员见面晤谈。1941年2月14日，周恩来会见了居里，向居里阐明了中国共产党全面抗战的策略。除了官方活动外，居里还参加了一些社会活动，并去成都作了短暂访问。图为居里与宋美龄在一起。

▲ 1941年1月23日美国白宫向新闻界发表居里来华的声明，称其重庆之行的目的“系就地搜集中国一般经济现状之参考资料，并与中国政府商讨有关此项现状之各项问题”。图为居里在重庆考察经济现状的情形。

▲ 居里此次在华逗留了21天，于2月27日离渝回国。作为抗战期间首位访华的美国总统特使，居里此行不仅为中国的抗日事业争取了美国新的援助，也为日后美国对华提供租借物资奠定了基础。此外，居里在访问中还直接了解和介入了国共两党的矛盾和斗争，对抗战时期中国政治的发展有了一定了解。图为居里参观裕华纱厂。

▲ 欧文·拉铁摩尔，是美国著名的中国问题专家，其一生富有传奇色彩。1900年，拉铁摩尔出生在华盛顿，不满周岁即随父来华，后又去欧洲度过了青少年时代，19岁时重返中国。他曾周游新疆、内蒙古和东北各地，还曾于1937年访问过延安，对中国历史尤其是边疆史有比较深入的研究。居里1941年访华后，认为为了监督“租借物资”用于抗日，应该在蒋介石的总部安插一位美国的政治顾问，遂将拉铁摩尔推荐给了罗斯福。图为拉铁摩尔(中)与蒋介石(右)、陈纳德(左)在重庆。

▲ 1941年7月19日，拉铁摩尔飞抵重庆，次日，拉铁摩尔谒见蒋介石，面递了罗斯福总统的介绍信，还回答了德军入侵苏联之前途等问题。蒋介石派立法院编译处处长谢保樵担任拉铁摩尔的秘书兼陪同，并给他配备了轿车和仆人。拉铁摩尔在重庆担任政治顾问时间不长，最终于1942年11月辞职返美就任战时新闻局亚洲司司长。图为宋美龄与拉铁摩尔在重庆。

▲ 1942年9月29日，为进一步了解中国情况，加强中美合作，美国总统罗斯福派副国务卿温戴尔·路·威尔基为特使，命其在访问苏联之后访问中国。次日，威尔基由迪化(今乌鲁木齐)飞抵兰州。10月1日，由兰州飞往成都访问。2日下午，威尔基专机抵达重庆，受到了热烈欢迎。图为威尔基抵达重庆时在机场与国民政府接机官员的合影。

▲ 国民政府举行宴会欢迎威尔基访华。图为威尔基(右四)、宋美龄、孔祥熙在欢迎宴会上。

▲ 在重庆期间,威尔基分别和蒋介石、林森、周恩来等人会面,参观了中央训练团、天原电化厂、中央造纸厂、歌乐山儿童保育院、中国妇女运动指导委员会、学校和军事工厂。此外,他还接见了陈纳德,接受其关于美国空军在中国战区改进事项的备忘录。威尔基回国后,将此备忘录交到了罗斯福手中。威尔基此次访华,为中国争取了大量的美援物资。威尔基访华的另一项成就,是代表美国总统向中国表示要废除近代以来的一切不平等条约。图为国民政府主席林森(前排右四)在重庆接见美国特使威尔基(前排左四)当日的合影。

▲ 抗战后期，国民政府政治经济危机不断加重，国共两党关系时有摩擦。美国担心这会使日本有机可乘，影响美国取得太平洋战争的胜利，必须注意与中国建立合作和援助的战略关系。在这种背景下，1944年6月，美国副总统亨利·华莱士访问中国。6月20日，华莱士一行由迪化（今乌鲁木齐）飞抵重庆，蒋介石亲自前往机场迎接并发表欢迎词。图为华莱士抵达重庆时的情景。

▲ 华莱士在华期间，与蒋介石举行了5次会谈，双方就中美合作、国共问题、中苏关系等各项问题交换了意见。华莱士访华最为显著的一项成果是促成蒋介石批准了美军观察组赴延安，这是中美战时军事合作中特殊的一幕，是美国扶蒋联共政策的重要表现。华莱士访华是抗日战争时期中美关系史上具有重要意义的事件，是中美作为战时盟友的有力证明，开启了中美两国高层访问的历史，具有重要的政治意义和历史地位。图为1944年6月，蒋介石、宋美龄在重庆举行宴会欢迎华莱士。

▲ 美国总统罗斯福特使威尔基访华时，曾建议宋美龄到美国进行一次亲善访问。1942年8月22日和9月16日，罗斯福也两次邀请宋美龄访美。同时，蒋介石为说服美国政府增加对华援助，并通过加强与盟国的外交活动来提高中国的国际声望，也赞成宋美龄访美。11月17日，宋美龄以私人身份从重庆赴美，名为就医疗养，实际是作为蒋介石的特使去美国从事对政府和民间的外交工作。11月27日，宋美龄抵达纽约。图为华侨热烈欢迎宋美龄访美。

▲ 在宋美龄住进医院疗养的第二天，罗斯福总统夫人埃莉诺·罗斯福就代表罗斯福去医院看望她，希望就战后问题多交换意见。1943年2月，宋美龄出院后，作为总统夫妇的贵宾，在纽约郊外海德公园的总统别墅小住了6天。2月17日，在罗斯福夫妇的陪伴下，宋美龄访问了白宫。图为1943年2月，宋美龄访美期间在白宫草坪与埃莉诺·罗斯福合影。

▶ 1943年2月18日，宋美龄在罗斯福夫人的陪同下，先后在美国参议院和众议院做了15分钟和33分钟的演讲。宋美龄是第一个在美国国会发表演说的中国人，她在美国国会发表的演说，为争取美国援助、加强中美同盟关系发挥了积极作用。图为宋美龄在美国众议院发表演说。

▲ 国会演说之后，宋美龄展开了为期6周的全美巡回演说，穿越东西海岸，包括纽约、芝加哥、洛杉矶等重要城市。她在这些演讲中介绍中国人民英勇抗战的艰难历程，呼吁重视太平洋战场，加强中美合作等。宋美龄的巡回演说在全美形成了一个对华救济捐款的热潮，并对加强援华和废除《排华法》等起到了一定的促进作用。图为1943年4月，宋美龄在好莱坞露天剧场面对美国3万名观众进行演讲，呼吁美国民众支持中国抗战。

▲ 宋美龄在美期间，应加拿大总理麦肯尊·金的邀请，于1943年6月14日至17日赴加拿大访问，并在加拿大国会大厦发表了演说，颂扬了中国人民的抗日斗志，博得两院议员的赞赏和支持。此外，宋美龄与加拿大总理进行了会谈，出席了加拿大援华基金会等3个团体所举行的献金仪式，接受其献金，并于6月15日在渥太华会见了正在加拿大访问的荷兰女王，突显了中荷两国的友好邦交。6月28日，宋美龄结束访美，乘机回国，于7月4日返抵重庆。图为加拿大总理在国会门前欢迎宋美龄。

▲ 宋美龄在加拿大国会演说后，步出国会大厦，向欢迎群众挥手致意。

參加同盟國軍事會議

我決派代表團赴美

一行由熊式輝將軍率領前往

史蒂威爾任中國戰區參謀長

仰光失陷後

◀ 在太平洋战争爆发，世界形成反法西斯同盟的情况下，1942年3月，国民政府决定派遣一个军事代表团赴华盛顿，由熊式辉率领，参加同盟国联合军事会议，以便共同制定抵抗法西斯国家的战略，并加强中美两国的军事交流。4月，熊式辉一行飞抵美国。图为1942年3月11日，《大公报》关于国民政府决定派熊式辉率领代表团赴美参加同盟国军事会议的报道。

▲ 熊式辉在美期间积极争取中国在同盟国中的地位。1942年5月26日，他代表中国出席太平洋军事会议第一次会议，又于7月26日出席太平洋联合国家军事代表第二次会议，于8月28日出席太平洋联合国家军事代表会议，于11月20日出席第五次太平洋军事代表会议。中国作为弱国能够被接纳参与如此高层次的盟军军事会议，是中国外交上的巨大成功，有利于中国国家地位的提高。其间，熊式辉先后会见了美国财政部长摩根索、美国作战厅长艾森豪威尔、美国陆军参谋长马歇尔等，指出美国的援助对中国坚持抗战的重要性。他的努力使美国对华的物资援助有所增加。图为熊式辉与美国陆军参谋长马歇尔握手合影。

◀ 在美国，熊式辉主要考察了文化教育和重工业的建设。他先后考察了华纳兄弟电影公司、哈佛大学、哥伦比亚大学、答克拉斯飞机工厂、加利福尼亚制造厂、美孚公司炼油厂及炼钢厂等，为战后建设计划的制定奠定了基础。图为1948年，商务印书馆发行的由熊式辉主编的《美国之重工业》。

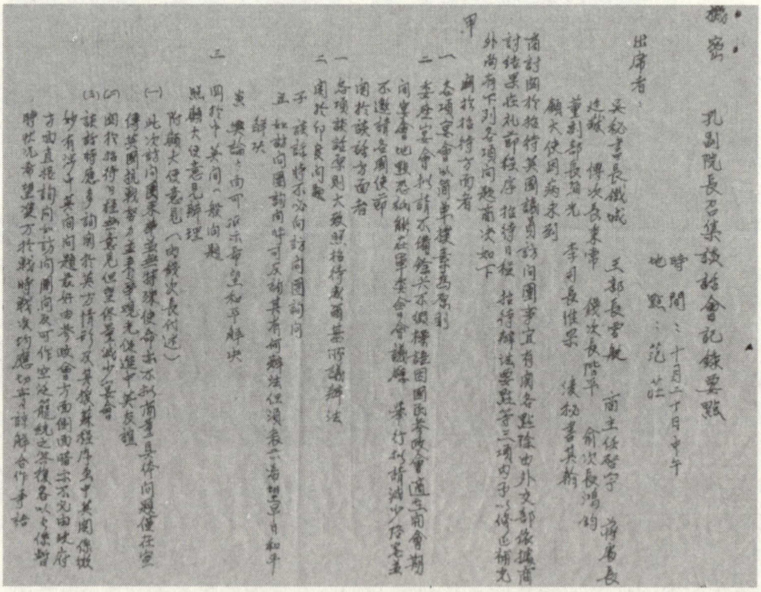

機密

孔副院長召集談話會記錄要點

時間：十月二十日中午

地點：范莊

出席者：吴秘書長鐵城 王部長雪艇 商主任啓予 蔣處長廷黻 傅次長秉常 錢次長階平 俞次長鴻鈞 董副部長顯光 李司長惟果 徐秘書[illegible] 顧大使因病未到

商討關於招待英國議員訪問團事宜，有商各點，除由外交部依據商討結果，在禮節程序、招待日程、招待辦法要點等三項內予以修正補充外，尚有下列各項問題，決定如下：

甲 關於招待方面者

一 各項宴會以簡單樸素為原則

二 委座宴會擬請不備餘興，不掛標語 [illegible]

[illegible]

▲ 太平洋战争爆发后，应国民政府邀请，英国议会于1942年11月派遣访华团来华，代表英国三大政党，对中国进行为期一个月的访问。图为1942年10月20日，国民政府行政院副院长孔祥熙召集商谈接待英国议会访华团有关事宜的会议记录。

▲ 1942年11月10日，英国议会访华团一行5人在艾尔文爵士的率领下，抵达重庆。在华期间，访华团足迹遍及了中国的西南、西北，所到之处，受到热烈欢迎。他们拜访和会见了在中国的各界要人，参观了学校、工厂、合作社、新闻传播出版界、医院、卫生院、保育院、军政机构、前线防地、水利工程、煤矿、画展、体育比赛，出席了各种茶会和欢迎宴。图为英国议会访华团抵达重庆时合影。

▲ 1942年12月10日，英国议会访华团圆满结束了对中国的访问，离开中国。返回英国后，访华团成员分别在议会上下两院作了此次访华的报告，这些报告成为以后英国制定调整对华政策的重要依据之一。鉴于当时的国际形势和中英两国关系的状况，此次访问团访华促进了中英两国人民的相互了解，缓和了中英矛盾，对中英两国的团结抗战起到了一定作用。图为蒋介石在黄山官邸接待代表团成员。

◀ 1944年3月，为促进中美谅解与合作，争取美国扩大对华军事援助，建立中美特殊军事关系，商震被任命为中国驻美国军事代表团团长。5月17日，商震一行抵达华盛顿。在美期间，商震与美国政要就加强对华军事援助进行了交涉。图为商震。

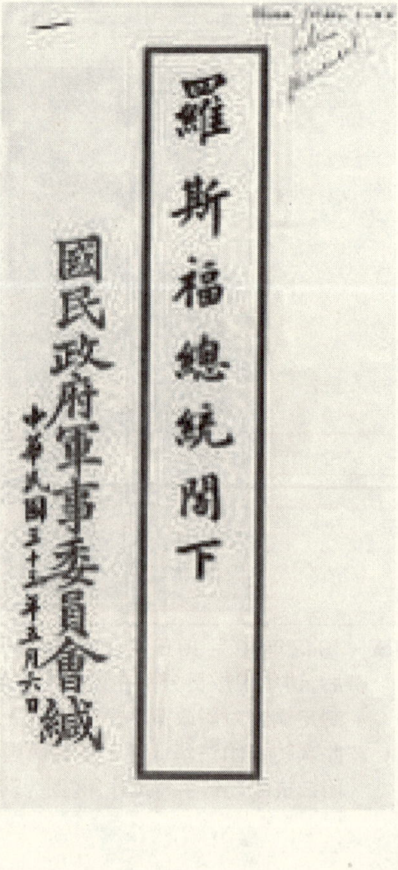

▶ 1944年5月6日，蒋介石写给罗斯福一封信。“罗斯福总统阁下：兹派遣商震将军前来贵国充任中国军事代表团团长，特命其持函晋谒致敬。商将军为余倚畀深切之同僚，亦为随余参加开罗会议之一员。彼对于中国抗战具有丰富之经验与知识，对中国与联合国共同作战之经过有透彻之了解，尤其彼曾任外事局长，与贵国及联合国军事人员接触最多，使彼担任此项新职特为适宜。敬请阁下惠予信任，时加指导，俾得达成其任务，不胜感幸。谨祝健康。”图为该信信封。

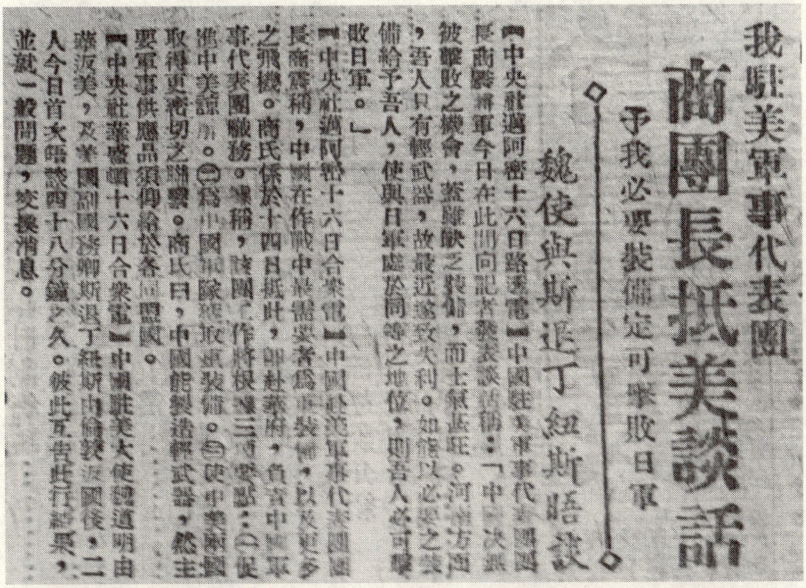

我駐美軍事代表團
商團長抵美談話
予我必要裝備定可擊敗日軍
魏使與斯退丁紐斯晤談

【中央社邁阿密十六日路透電】中國駐美軍事代表團團長商震將軍今日在此間向記者發表談話稱：「中國決無被擊敗之機會，蓋雖缺乏裝備，而士氣甚旺。河南方面，吾人只有輕武器，故最近遂致失利。如能以必要之裝備給予吾人，使與日軍處於同等之地位，則吾人必可擊敗日軍。」

【中央社邁阿密十六日合衆電】中國赴美軍事代表團團長商震稱，中國在作戰中最需要者為重裝備，以及更多之飛機。商氏係於十四日抵此，即赴華府，負責中國軍事代表團職務。據稱，該團工作將根據三項要點：㈠促進中美諒解。㈡為中國部隊獲取重裝備。㈢使中美兩國取得更密切之聯繫。商氏曰，中國能製造輕武器，然主要軍事供應品須仰給於各同盟國。

【中央社華盛頓十六日合衆電】中國駐美大使魏道明由華返美，及美國副國務卿斯退丁紐斯由倫敦返國後，二人今日首次晤談四十八分鐘之久。彼此互告此行結果，並就一般問題，交換消息。

▲ 1944年5月18日，《大公报》关于中国驻美军事代表团抵美，商震发表谈话的报道。

▲ 抗日战争爆发后，印度国民大会党领袖尼赫鲁对中国人民的处境一直非常同情，对中国人民的顽强斗争精神深为敬佩。他在1939年7月11日写给毛泽东的信中说："如果国际局势许可，我可能八月底九月初访问中国。若果成行，我非常盼望与您会见，并亲自表达对八路军将士的敬意。"8月23日，尼赫鲁抵达重庆，开始对战时中国进行访问。然而，由于种种原因，尼赫鲁此行未能赴延安与毛泽东会面。图为尼赫鲁（戴白帽者）抵渝后，与欢迎代表邵力子、陈铭枢等合影。

▲ 尼赫鲁在欢迎会上发表演讲。

▲ 尼赫鲁在重庆期间，多次和蒋介石等国民政府要员会晤，商讨中印合作等问题。同时，他还会见了共产党的高级干部，并就中国的抗战形势、国共合作及各党派合作情形等问题交换了意见。图为尼赫鲁与蒋介石在重庆合影。

▲ 1942年2月，蒋介石夫妇应英国驻印总督林里资哥勋爵的邀请对印度作友好访问。这是蒋介石首次以四强领袖、亚洲盟国领袖身份出访海外。2月4日，蒋介石、宋美龄由国防最高委员会秘书长王宠惠、国民党中央政治学校副校长张道藩、中央宣传部副部长董显光以及英国驻华大使卡尔等人陪同，乘飞机离开重庆，于次日抵达加尔各答，并在此访问了2天，并同孟加拉省长赫伯特爵士多次会谈。8日，蒋介石由加尔各答乘火车并于9日抵达新德里。抵达新德里后，蒋介石检阅了军队，出席了林里资哥为他举行的盛大宴会，与英军司令魏菲尔将军举行了一系列军事会谈。图为蒋介石夫妇与印度总督等合影。

▲ 在印度期间，蒋介石还视察了印度西北边境的开伯尔山口要塞，会晤了圣雄甘地，国大党领袖尼赫鲁，未来的巴基斯坦国父、穆斯林联盟主席真纳，妇女界领袖奈都夫人等。会谈的中心包括英国对印度政策、印度各派对独立的看法，如何协调英印和印度各派之间的关系，英印与中国联合抗战等问题。图为蒋介石访印期间偕夫人会见印度国大党领袖甘地的情景。

▲ 蒋介石、宋美龄与尼赫鲁及其妻女会见的情景。

▲ 1942年2月21日，蒋介石访印结束。在离开印度前，他发表了《告印度人民书》，号召印度人民参加国际反法西斯战线，同时敦促英国政府“不待人民任何之要求，而能从速赋予印度国民以政治上之实权，俾更能发挥精神与物质无限之伟力”，并强调“此乃大不列颠帝国的有益无损且为最贤明之政策也”。图为1942年2月21日，宋美龄在印度广播蒋介石《告印度人民书》英文稿的情景。

▲ 根据美、英、苏三国于1945年2月达成的《雅尔塔协定》，1945年6月27日，国民政府行政院长兼外交部长宋子文为首的中国代表团由重庆前往苏联首都莫斯科，与苏共领导人斯大林进行有关中苏缔约的谈判。谈判是围绕《雅尔塔协定》的内容展开的，主要集中在外蒙、港口和铁路等三个问题上，双方经过激烈的辩论，进行了9轮谈判，8月14日，国民政府外交部长王世杰（宋子文已辞去外交部长职务）和苏联政府外交部长莫洛托夫在莫斯科正式签订了《中苏友好同盟条约》及《关于中国长春铁路之协定》《关于大连之协定》《关于旅顺口之协定》《关于中苏此次共同对日作战苏联军队进入东三省后苏联军总司令与中国行政当局关系之协定》等附件，并互换了关于外蒙古问题的照会等。图为1945年6月30日，宋子文抵达莫斯科，在机场致辞。

▲ 国民政府外交部长王世杰（右）与苏联外长莫洛托夫握手。

▲ 1945年，国民政府代表王世杰在莫斯科签署《中苏友好同盟条约》。

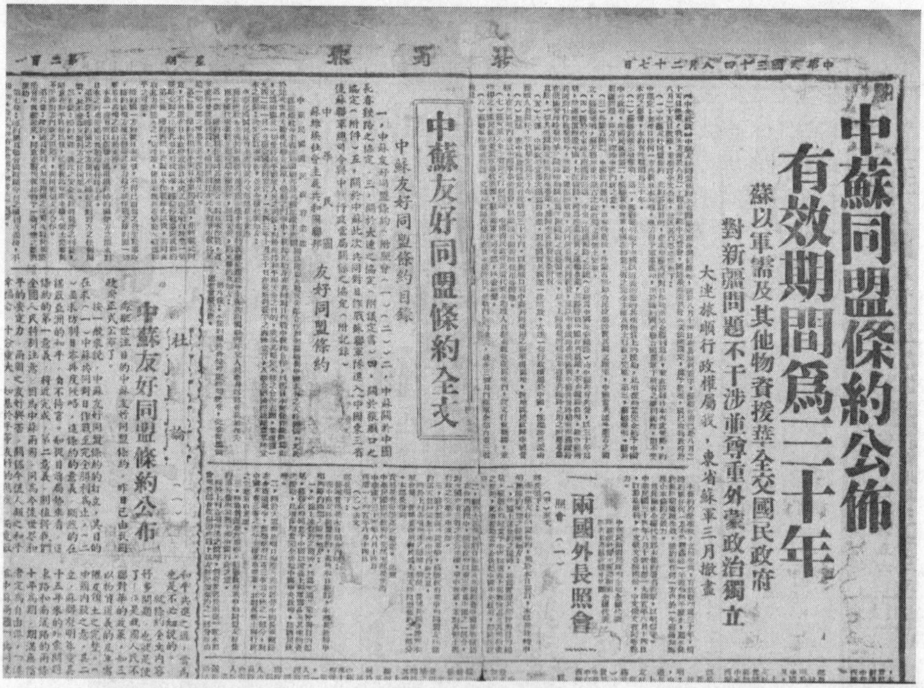

新蜀報

中華民國三十四年八月二十三日

中蘇同盟條約公佈 有效期間爲三十年

蘇以軍需及其他物資援華全交國民政府

對新疆問題不干涉並尊重外蒙政治獨立

大連旅順行政權屬我，東省蘇軍三月撤盡

中蘇友好同盟條約全文

兩國外長照會

社論 中蘇友好同盟條約公佈

▲ 《中苏友好同盟条约》的签订一方面为加强中苏善邻合作、共同抗击日本；一方面，它是以雅尔塔协议为基础中苏进行谈判的结果，体现出苏联对华政策中的大国沙文主义和民族利己主义，损害了中国利益。图为1945年8月23日，《新蜀报》关于《中苏友好同盟条约》的报道。

(二)中共的外事统战工作

▲ 中共中央南方局为争取国际社会对中共和中国抗战的支持，采取“宣传出去，争取过来”的方针，积极开展外事统战工作。对云集重庆的30多个反法西斯国家的使领馆、40余家外交代表机构、30多个中外文化协会、数十家外国通讯报刊机构以及频繁往来的各国使者、知名人士、作家、群众团体、新闻记者展开了卓有成效的工作，以大量事实和文字资料说明共产党在抗战中的贡献，揭露国民党顽固派反共内战的阴谋，努力扩大和发展国际反法西斯统一战线。南方局的外事统战工作获得了国际友人广泛的同情和支持，推动了国际反法西斯统一战线，促进了中国的抗战与民主，让世界了解真实的中国，打开了中国共产党走向世界的大门。图为周恩来在红岩防空洞口前的席棚下接待外国记者。

► 周恩来接受美国国际皮货皮革工人向延安和平医院的赠款。

◀ 1939年初，印度援华医生柯棣华在重庆受到周恩来的接见，随后柯棣华由重庆赴抗日根据地。图为柯棣华大夫。

▲ 周恩来（左二）与支援抗日的国际友人路易·艾黎（左一）、史沫特莱（左三）、卡尔逊（左四）等人合影。

▲ 尼赫鲁访渝期间，叶剑英与尼赫鲁等人合影。

▲ 周恩来和南方局外事组人员与外国记者在一起。

◀ 1940年，周恩来与董必武、钱之光、王炳南等在红岩村接待印度社会活动家查达帕·达伊亚夫人。

▲ 董必武、何凯丰、李克农、陈家康与国际友人在重庆合影。

▲ 1944年，王若飞与王炳南、张晓梅、刘光、龚澎、徐冰等在周公馆接见外国记者。

▲ 1944年，章汉夫与王安娜、李公朴、茅盾、爱泼斯坦等在重庆。

▲ 中国共产党在抗日战争中的作用，愈来愈引起美国政府的重视。为了考察中共领导的抗日根据地，搜集日本在华北、东北的情报和研究将来在中国大陆作战的各种可能，1944年7月，美国政府派军事观察组前往延安。1944年7月22日，美国总统罗斯福派出的军事观察组——"迪克西使团"的第一批成员在组长D.包瑞德上校率领下来到延安。他们受到中共领导人的热烈欢迎，从此揭开了中国共产党与美国官方正式交往的序幕。图为毛泽东前往参加欢迎美军观察组大会。

◀ 1944年8月7日，在南方局的长期努力下，促成了美国派遣18人组成的军事观察组驻延安，受到中共中央的高度重视，国民党一党垄断的外交局面被打破。图为周恩来、叶剑英、杨尚昆等与美军观察员在延安合影。

▲ 美军观察组两批共18人，先后在延安地区留住两年多。在延安期间，中共中央、边区政府和八路军、新四军等党政军负责人先后多次会见和宴请了观察组成员，积极对他们开展工作，介绍中国共产党的各项方针政策和抗日根据地的政治、经济、文化建设及敌后战场的作战情况，解答他们提出的各种问题。观察组成员分别在延安、晋察冀、晋绥根据地展开调查，写了不少调查报告，比较客观地向美国政府反映了抗日根据地和中国共产党的情况。报告建议美国政府重视中共及其武装力量在抗战中的地位并给予援助。图为毛泽东、朱德、周恩来、叶剑英等中共领导人在延安与美军观察组成员合影。

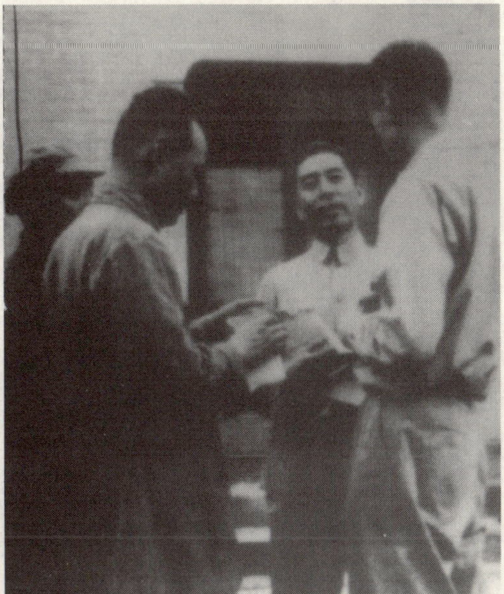

► 1944年8月，周恩来同叶剑英、杨尚昆在延安同美军观察组成员谢伟思（右一）交谈。

▲ 1944年，美军观察组成员参加修筑延安机场的义务劳动。

▲ 朱德、叶剑英陪同美军观察组在南泥湾考察八路军训练情况。

▲ 1945年10月毛泽东、朱德、周恩来出席美军驻延安观察组包瑞德授勋仪式。

▲ 由于国民党政府的反对和国际反法西斯战争局势的发展,美国政府出于自身利益的考虑,未接纳美军观察组的建议。从1944年11月起,美军观察组的骨干成员先后被调离。1946年,美军观察组离开延安。美军观察组的延安之行,虽然没能改变美国政府对中国共产党的基本政策,但是这次行动毕竟冲破了国民党的封锁,在很大程度上向世人揭示了中国共产党和它领导下的根据地的真实情况。图为美军观察组离开延安前,谢伟思赠予中方锦旗时与叶剑英合影。

▲ 1943年初，美、英、苏等盟国记者向重庆国民政府提出要到延安等根据地采访的要求。1944年夏，迫于国内外各方面的压力，国民政府第一次允许中外记者前往延安等地采访，并将此次活动取名为“中外记者西北参观团”。记者团成员有美联社、合众社、路透社、塔斯社等外国新闻社的六名驻华记者，《大公报》《中央日报》《扫荡报》《新民晚报》等国统区新闻单位的十多名中国记者及国民党官员、翻译等共20余人。1944年5月17日，中外记者西北参观团从重庆出发，于6月9日抵达延安。该团在延安参观访问1个月左右，中共领导人多次和这批中外记者会见交谈，介绍国共谈判、中共的希望和工作、中共抗战情况。图为1944年6月，毛泽东设宴招待中外记者参观团。

▲ 1944年美国记者哈里森·福尔曼在延安与毛泽东谈笑风生的情景。

▲ 参观团的中外记者深入到延安的各个方面，与延安军民进行了进一步的接触，从而加深了对中国共产党和解放区的了解。图为参观团访问延安期间，参加在延安文化沟2万多军民集会，共同庆祝欧洲开辟第二战场。

▲ 1944年7月12日清晨，参观团中国记者告别延安回重庆，外国记者留下到晋绥等根据地继续参观采访。1944年的中外记者西北参观团访问延安，是抗战时期外国记者对边区根据地仅有的一次集中、大规模的采访活动。中外记者团采访延安的意义重大，正如毛泽东1945年4月在《论联合政府》一文所说，“在国民党统治区、在国外，由于国民党政府的封锁政策，很多人被蒙住了眼睛。在1944年中外新闻记者参观团来到中国解放区之前，那里的许多人对于解放区几乎是什么也不知道的。”图为毛泽东、朱德、周恩来同记者斯坦因、爱泼斯坦、福尔曼、赵超构等在延安合影。

▲ 周恩来及南方局的外事工作，让世界了解真实的中国，认识了中共，使他们几乎一致地得出结论："中国共产党代表中国的未来。"南方局在重庆的外事工作，无疑成为新中国外交活动的预演。图为周恩来与美国特使马歇尔在重庆。

(三)废除不平等条约,签订平等新约

▲ 随着世界反法西斯战争局势的发展,中国废除近代以来一系列不平等条约的条件日益成熟。1942年5月,罗斯福向蒋介石表示:愿意废除近百年来与历届中国政府签订的一系列不平等条约。1942年10月10日上午,美国副国务卿威尔基向中国驻美大使魏道明宣读取消在华领事裁判权及有关特权的文告。1942年12月31日,宋子文与美国代表在重庆谈判新约,1943年1月11日,中美平等新约在华盛顿签字,大大鼓舞了中国人民的抗日斗志。图为中国驻美大使魏道明和美国国务卿赫尔代表两国政府在华盛顿签订《中美关于取消美国在华治外法权及处理有关问题条约》(又称《中美平等新约》)。

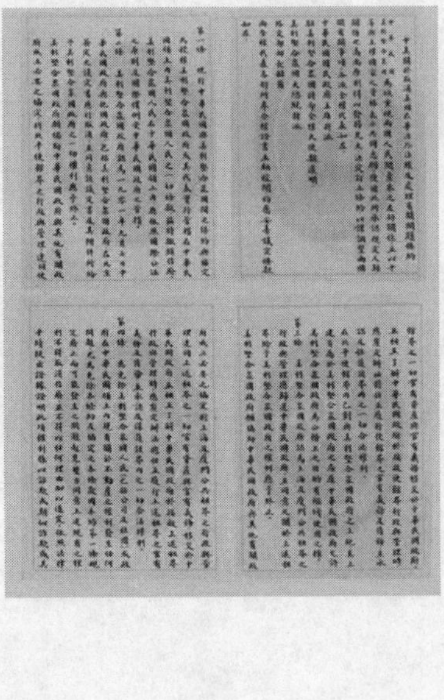

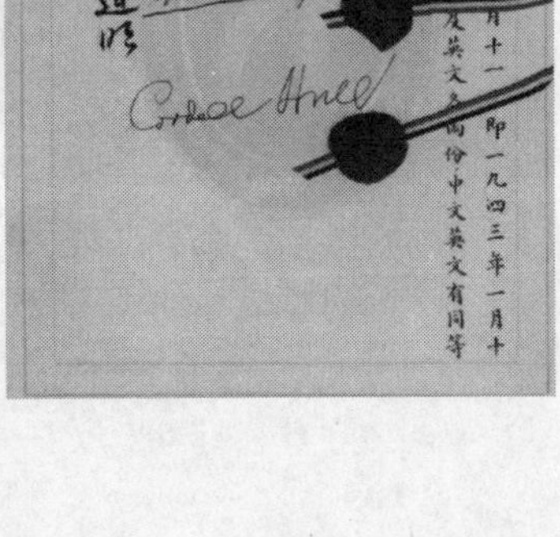

本約於中華民國三十二年一月十一日即一九四三年一月十一日在華盛頓簽字蓋印中文及英文各兩份中文英文有同等之效力。

Signed and sealed in the Chinese and English languages, both equally authentic, in duplicate, at Washington, this eleventh day of the first month of the thirty-second year of the Republic of China, corresponding to the eleventh day of January, one thousand nine hundred forty-three.

魏道明

Cordell Hull

► 《中美关于取消美国在华治外法权及处理有关问题条约》中文条约共9页,此为其中5页。

▲ 随着欧洲战事扩大，英国政府于1939年1月24日、1940年7月16日、1941年6月11日三次公开声明：一俟远东敌对行为结束，英国即和中国谈判取消在华领事裁判权和其他特权。并于1941年10月9日在伦敦约见中国大使顾维钧，告诉美英会商取消在华领事裁判权的经过。1942年10月10日，英国宣布取消在华领事裁判权及其他特权，12月31日，宋子文在重庆与英国代表谈判新约，1943年1月11日，中英平等新约在重庆签字。但条约中未涉及香港、九龙问题，英国坚持战后讨论解决。图为国民政府外交部长宋子文（中）、英国驻华大使薛穆（左）和英属印度政府驻华专员公署一等秘书黎吉生（右）代表两国政府在重庆外交部新厦签订《中英为废除英国在中国治外法权及处理有关事件条约》（又称《中英平等新约》）。

▲ 《中英平等新约》签订后双方部分官员合影。前排从左至右分别为：中国驻英大使顾维钧、英国驻华大使薛穆、国民政府外交部长宋子文、英属印度政府驻华专员一等秘书代理署务黎吉生、国民政府外交部政务次长吴国桢。

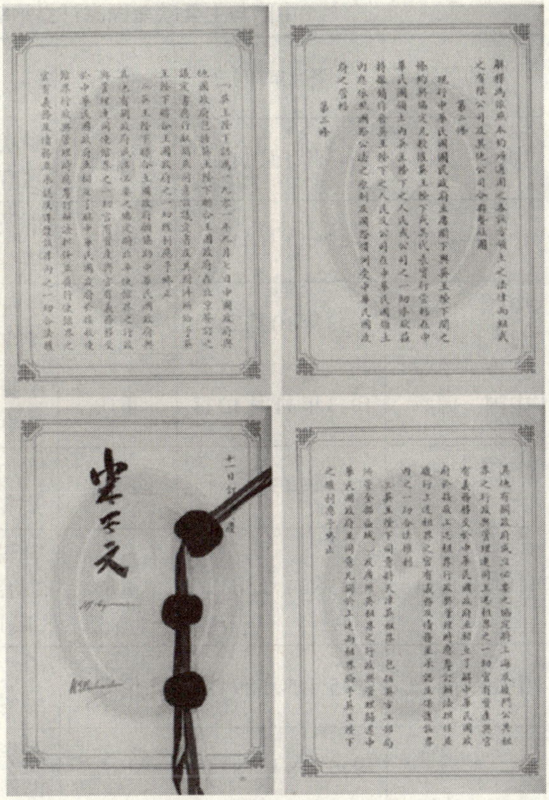

▶《中英为废除英国在中国治外法权及处理有关事件条约》中文条约共38页，此为其中4页。

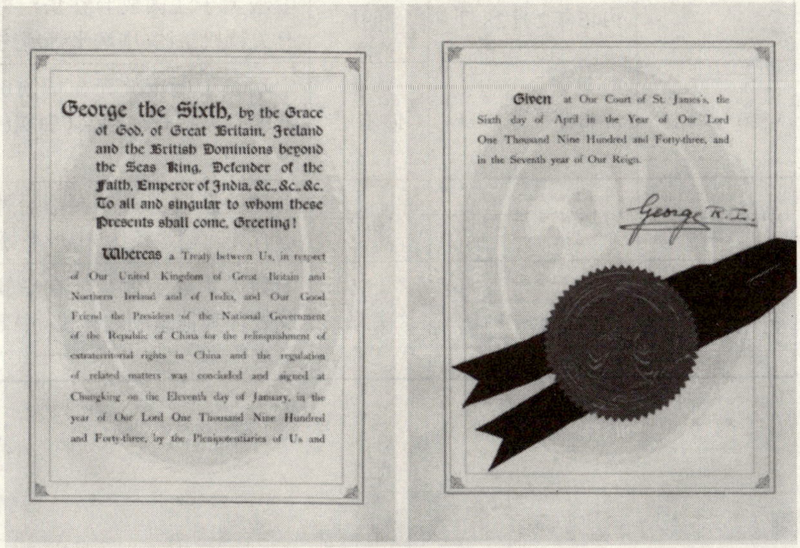

George the Sixth, by the Grace of God, of Great Britain, Ireland and the British Dominions beyond the Seas King, Defender of the Faith, Emperor of India, &c., &c., &c. To all and singular to whom these Presents shall come, Greeting!

Whereas a Treaty between Us, in respect of Our United Kingdom of Great Britain and Northern Ireland and of India, and Our Good Friend the President of the National Government of the Republic of China for the relinquishment of extraterritorial rights in China and the regulation of related matters was concluded and signed at Chungking on the Eleventh day of January, in the year of Our Lord One Thousand Nine Hundred and Forty-three, by the Plenipotentiaries of Us and

Given at Our Court of St. James's, the Sixth day of April in the Year of Our Lord One Thousand Nine Hundred and Forty-three, and in the Seventh year of Our Reign.

George R. I.

▲《中英为废除英国在中国治外法权及处理有关事件条约》英国批准文本首页及签名页。

中国与主要欧美国家订立平等新约一览表

签约国别	签约时间	签约地点	新约名称
中国—美国	1943年1月11日	华盛顿	中美关于取消美国在华治外法权及处理有关问题条约(中美平等新约)
中国—英国	1943年1月11日	重庆	中英为废除英国在中国治外法权及处理有关事件条约(中英平等新约)
中国—比利时	1943年10月20日	重庆	中比为废除在中国治外法权及处理有关事件条约(中比平等新约)
中国—挪威	1943年11月10日	重庆	中挪为废除在中国治外法权及处理有关事件条约(中挪平等新约)
中国—加拿大	1944年4月14日	渥太华	中加为废除在中国治外法权及处理有关事件条约(中加平等新约)
中国—瑞典	1945年4月5日	重庆	中瑞关于瑞典王国政府放弃其在中国之治外法权及其有关特权之条约(中瑞〔典〕平等新约)
中国—荷兰	1945年5月29日	伦敦	中荷为废除在华治外法权及其有关特权条约(中荷平等新约)
中国—法国	1945年8月18日	重庆	中华民国与法国临时政府交收广州湾租界地专约
	1946年2月28日	重庆	中法关于法国放弃在华治外法权及其有关特权条约(中法平等新约)
中国—瑞士	1946年3月13日	伯尔尼	中瑞关于瑞士放弃在华领事裁判权及其他有关特权之换文(中瑞〔士〕平等新约)
中国—丹麦	1946年5月20日	南京	中丹关于取消丹麦在华治外法权及处理有关问题之条约(中丹平等新约)
中国—葡萄牙	1947年4月1日	南京	中葡关于取消葡萄牙在华领事裁判权及处理其他事项之换文(中葡平等新约换文)

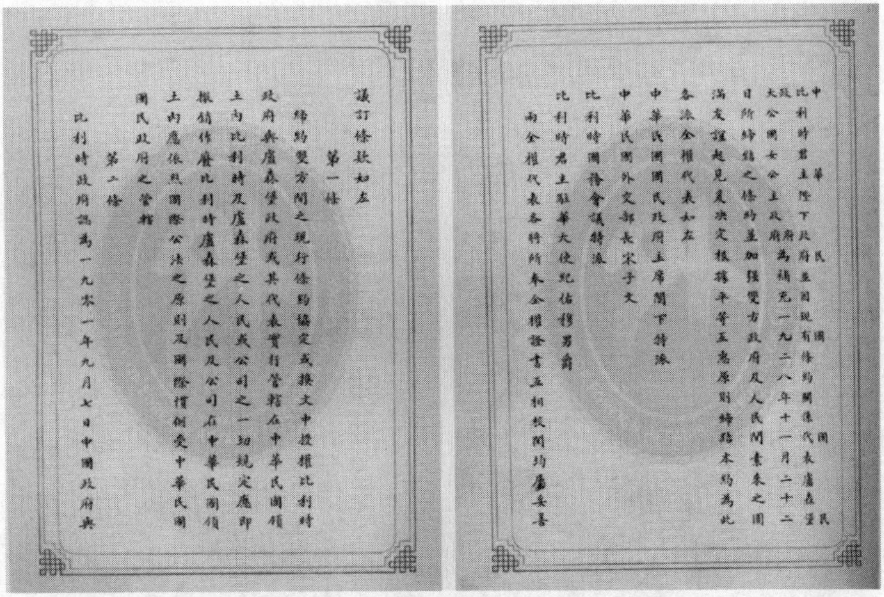
中華民國國民政府
比利時君主陛下政府並因現有條約關係代表盧森堡
大公國女公主政府為補充一九二八年十一月二十二
日所締結之條約並加強雙方政府及人民間素來之圓
滿友誼起見爰決定根據平等互惠原則締結本約為此
各派全權代表如左
中華民國國民政府主席閣下特派
中華民國外交部長宋子文
比利時國務會議特派
比利時君主駐華大使紀佑穆男爵
兩全權代表各將所奉全權證書互相校閱均屬妥善

議訂條款如左
第一條
締約雙方間之現行條約協定或換文中授權比利時
政府與盧森堡政府或其代表實行管轄在中華民國領
土內比利時及盧森堡之人民或公司之一切規定應即
撤銷作廢比利時盧森堡之人民及公司在中華民國領
土內應依照國際公法之原則及國際慣例受中華民國
國民政府之管轄
第二條
比利時政府認為一九零一年九月七日中國政府與

▲ 1943年10月20日,《中比为废除在中国治外法权及处理有关事件条约》在重庆签订,中文条约共16页,此为前两页。

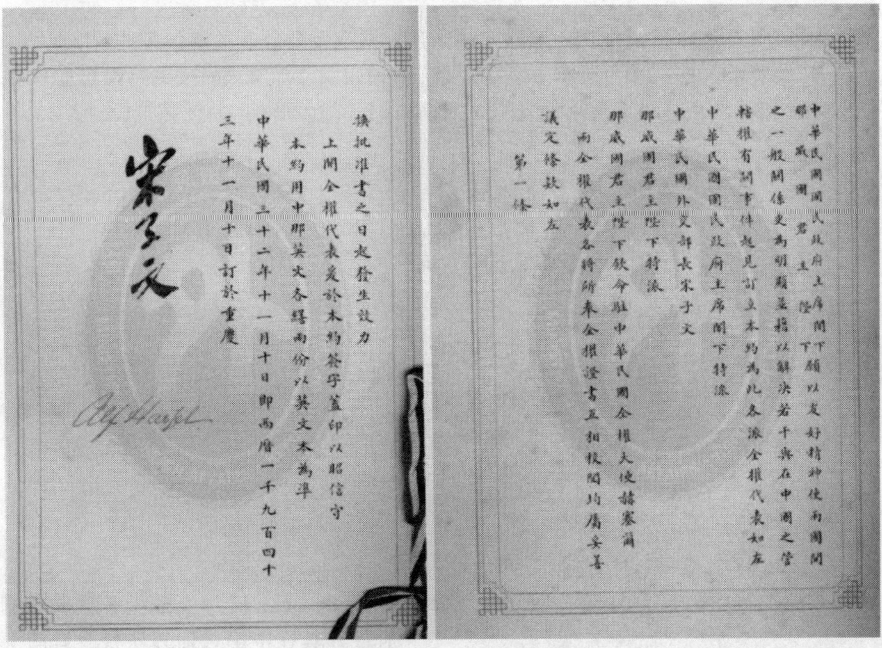
中華民國國民政府主席閣下 那威國君主陛下願以友好精神使兩國間
之一般關係更為明顯並藉以解決若干與在中國之管
轄權有關事件起見訂立本約為此各派全權代表如左
中華民國國民政府主席閣下特派
中華民國外交部長宋子文
那威國君主陛下特派
那威國君主陛下欽命駐中華民國全權大使韓塞爾
兩全權代表各將所奉全權證書互相校閱均屬妥善
議定條款如左
第一條

換批准書之日起發生效力
上開全權代表爰於本約簽字蓋印以昭信守
本約用中那英文各繕兩份以英文本為準
中華民國三十二年十一月十日即西曆一千九百四十
三年十一月十日訂於重慶

▲ 1943年11月10日,《中挪为废除在中国治外法权及处理有关事件条约》在重庆签订,此为中文本首页及外交部部长宋子文与挪威驻华公使赫塞尔(Alf Hassel)签名页。

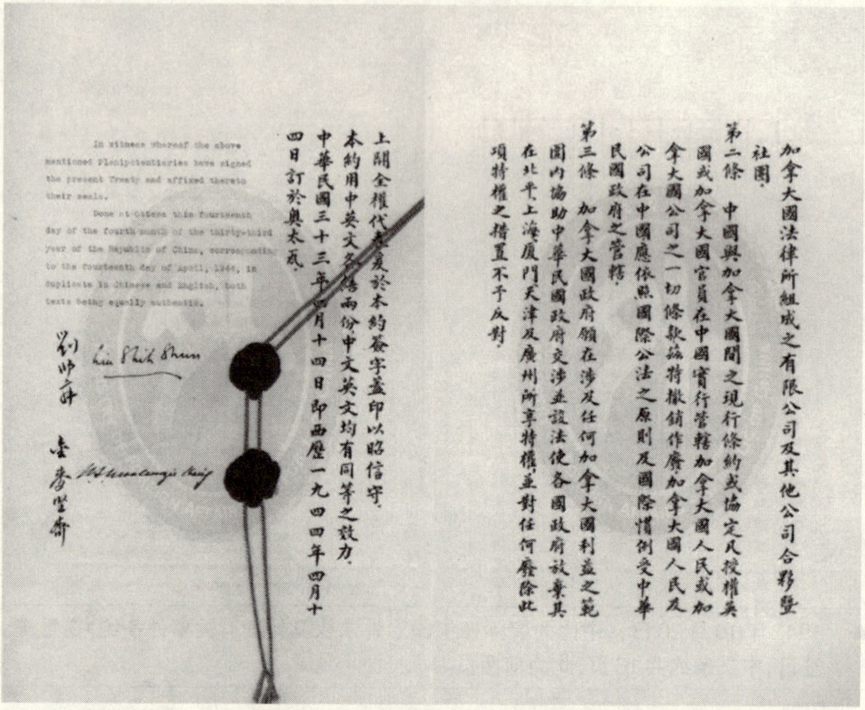

加拿大國法律所組成之有限公司及其他公司合夥暨社團.

第二條 中國與加拿大國間之現行條約或協定凡授權與國或加拿大國官員在中國實行管轄加拿大國人民或加拿大國公司之一切條款茲特撤銷作廢加拿大國人民及公司在中國應依照國際公法之原則及國際慣例受中華民國政府之管轄.

第三條 加拿大國政府願在涉及任何加拿大國利益之範圍內協助中華民國政府交涉並設法使各國政府放棄其在北平上海廈門天津及廣州所享特權並對任何廢除此項特權之措置不予反對.

上開全權代表爰於本約簽字蓋印以昭信守.

本約用中英文各繕兩份中文英文均有同等之效力.

中華民國三十三年四月十四日即西歷一九四四年四月十四日訂於奧太瓦.

In witness whereof the above mentioned Plenipotentiaries have signed the present Treaty and affixed thereto their seals.

Done at Ottawa this fourteenth day of the fourth month of the thirty-third year of the Republic of China, corresponding to the fourteenth day of April, 1944, in duplicate in Chinese and English, both texts being equally authentic.

▲ 1944年4月14日,《中加为废除在中国治外法权及处理有关事件条约》在渥太华签订,此为中英文合璧本中文约文第2页(右)及驻加拿大大使刘师舜与加拿大总理兼外交部部长麦坚齐(William Lyon Mackenzie King)签名页(左)。

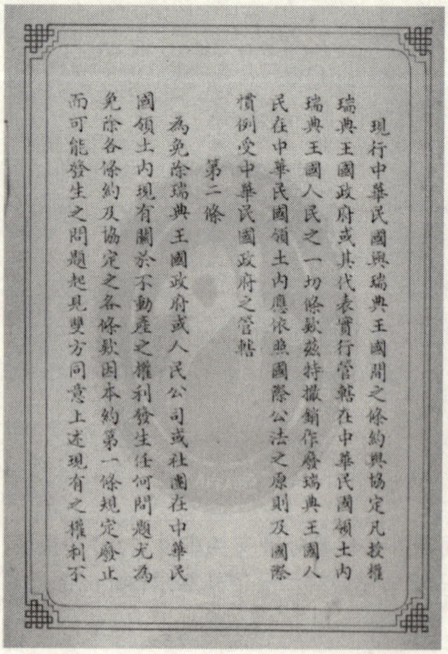

現行中華民國與瑞典王國間之條約與協定凡授權瑞典王國政府或其代表實行管轄在中華民國領土內瑞典王國人民之一切條款茲特撤銷作廢瑞典王國人民在中華民國領土內應依照國際公法之原則及國際慣例受中華民國政府之管轄

第二條

為免除瑞典王國政府或人民公司或社團在中華民國領土內現有關於不動產之權利發生任何問題尤為免除各條約及協定之各條款因本約第一條規定廢止而可能發生之問題起見雙方同意上述現有之權利不

◀ 1945年4月5日,《中瑞关于瑞典王国政府放弃其在中国之治外法权及其有关特权之条约》在重庆签订,此为中文本第一条部分内容。

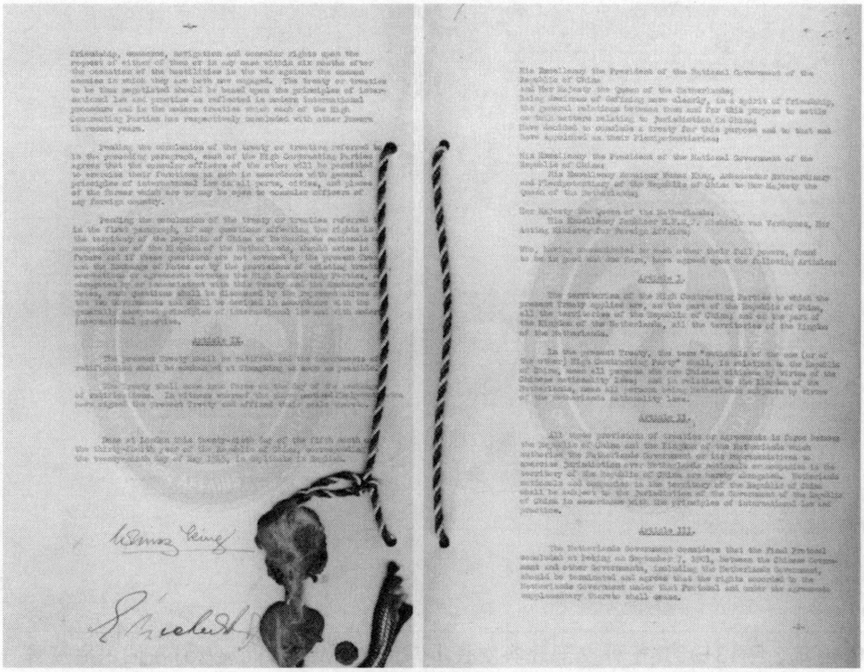

▲ 1945年5月29日,《中荷为废除在华治外法权及其有关特权条约》在伦敦签订,此为英文本首页及驻荷兰大使金问泗与荷兰外交部代理部长魏尔杜南(Edgar Frederik Marie Justin Michiels van Verduynen)签名页。

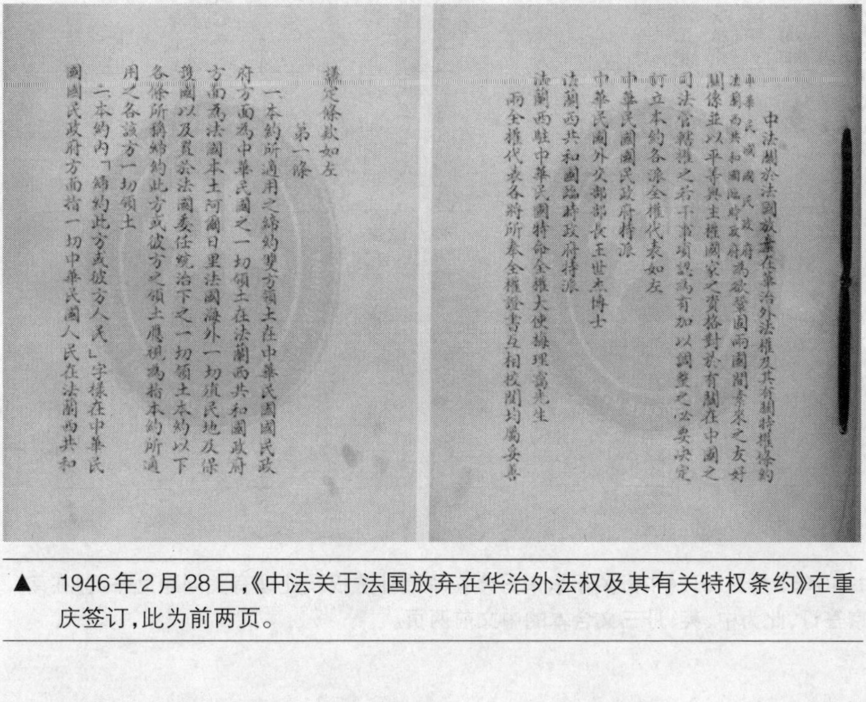

中法關於法國放棄在華治外法權及其有關特權條約

中華民國國民政府、法蘭西共和國臨時政府為欲鞏固兩國間素來之友好關係並以平等與主權國家之資格對於有關在中國之司法管轄權之若干事項認為有加以調整之必要決定訂立本約各派全權代表如左

中華民國國民政府特派

中華民國外交部部長王世杰博士

法蘭西共和國臨時政府特派

法蘭西駐中華民國特命全權大使梅理靄先生

兩全權代表各將所奉全權證書互相校閱均屬妥善議定條款如左

第一條

一本約所適用之締約雙方領土在中華民國國民政府方面為中華民國之一切領土在法蘭西共和國政府方面為法蘭西本土阿爾日里法國海外一切殖民地及保護國以及置於法國委任統治下之一切領土本約以下各條所稱締約此方或彼方之領土應視為指本約所適用之各該方一切領土

二本約內「締約此方或彼方人民」字樣在中華民國國民政府方面指一切中華民國人民在法蘭西共和

▲ 1946年2月28日,《中法关于法国放弃在华治外法权及其有关特权条约》在重庆签订,此为前两页。

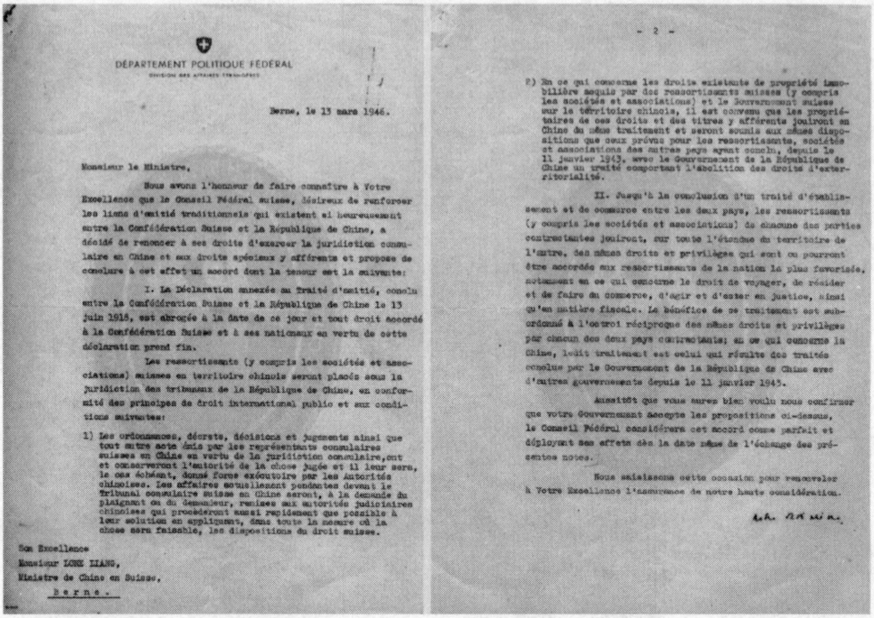

DÉPARTEMENT POLITIQUE FÉDÉRAL

Berne, le 13 mars 1946.

Monsieur le Ministre,

Nous avons l'honneur de faire connaître à Votre Excellence que le Conseil Fédéral suisse, désireux de renforcer les liens d'amitié traditionnels qui existent si heureusement entre la Confédération Suisse et la République de Chine, a décidé de renoncer à ses droits d'exercer la juridiction consulaire en Chine et aux droits spéciaux y afférents et propose de conclure à cet effet un accord dont la teneur est la suivante:

I. La Déclaration annexée au Traité d'amitié, conclu entre la Confédération Suisse et la République de Chine le 13 juin 1918, est abrogée à la date de ce jour et tout droit accordé à la Confédération Suisse et à ses nationaux en vertu de cette déclaration prend fin.

Les ressortissants (y compris les sociétés et associations) suisses en territoire chinois seront placés sous la juridiction des tribunaux de la République de Chine, en conformité des principes de droit international public et aux conditions suivantes:

1) Les ordonnances, décrets, décisions et jugements ainsi que tout autre acte émis par les représentants consulaires suisses en Chine en vertu de la juridiction consulaire, ont et conserveront l'autorité de la chose jugée et il leur sera, le cas échéant, donné force exécutoire par les Autorités chinoises. Les affaires actuellement pendantes devant le Tribunal consulaire suisse en Chine seront, à la demande du plaignant ou du demandeur, remises aux autorités judiciaires chinoises qui procéderont aussi rapidement que possible à leur solution en appliquant, dans toute la mesure où la chose sera faisable, les dispositions du droit suisse.

Son Excellence
Monsieur LONE LIANG,
Ministre de Chine en Suisse,
Berne.

- 2 -

2) En ce qui concerne les droits existants de propriété immobilière acquis par des ressortissants suisses (y compris les sociétés et associations) et le Gouvernement suisse sur le territoire chinois, il est convenu que les propriétaires de ces droits et des titres y afférents jouiront en Chine du même traitement et seront soumis aux mêmes dispositions que ceux prévus pour les ressortissants, sociétés et associations des autres pays ayant conclu, depuis le 11 janvier 1943, avec le Gouvernement de la République de Chine un traité comportant l'abolition des droits d'exterritorialité.

II. Jusqu'à la conclusion d'un traité d'établissement et de commerce entre les deux pays, les ressortissants (y compris les sociétés et associations) de chacune des parties contractantes jouiront, sur toute l'étendue du territoire de l'autre, des mêmes droits et privilèges qui sont ou pourront être accordés aux ressortissants de la nation la plus favorisée, notamment en ce qui concerne le droit de voyager, de résider et de faire du commerce, d'agir et d'ester en justice, ainsi qu'en matière fiscale. Le bénéfice de ce traitement est subordonné à l'octroi réciproque des mêmes droits et privilèges par chacun des deux pays contractants; en ce qui concerne la Chine, ledit traitement est celui qui résulte des traités conclus par le Gouvernement de la République de Chine avec d'autres gouvernements depuis le 11 janvier 1943.

Aussitôt que vous aurez bien voulu nous confirmer que votre Gouvernement accepte les propositions ci-dessus, le Conseil Fédéral considérera cet accord comme parfait et déployant ses effets dès la date même de l'échange des présentes notes.

Nous saisissons cette occasion pour renouveler à Votre Excellence l'assurance de notre haute considération.

▲ 1946年3月13日，瑞士外交部政务次长卜蒂爱尔(Max Petipierre)在伯尔尼签署《中瑞关于瑞士放弃在华领事裁判权及其他有关特权之换文》，此为法文照会全文。

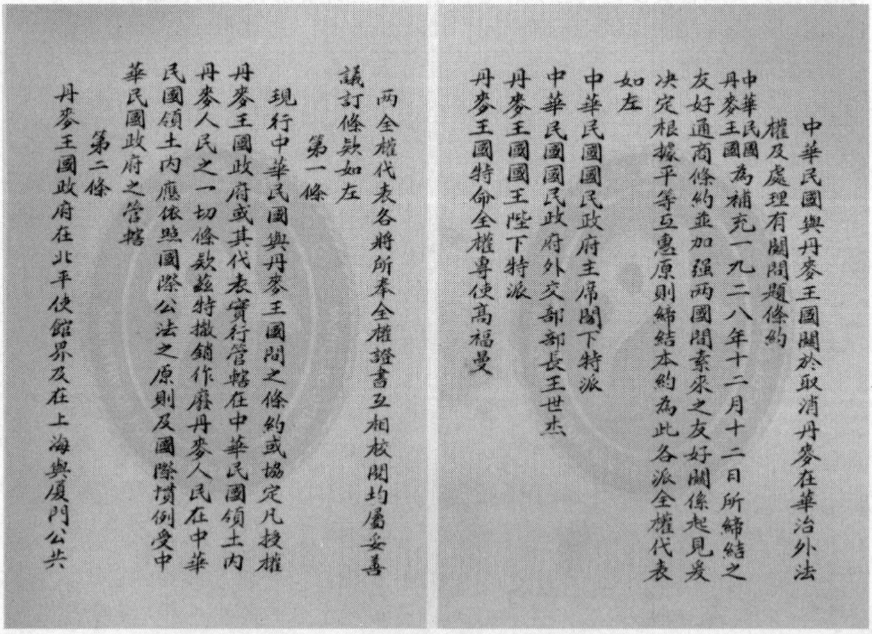

中華民國與丹麥王國關於取消丹麥在華治外法權及處理有關問題條約

中華民國
丹麥王國 為補充一九二八年十二月十二日所締結之友好通商條約並加强兩國間素來之友好關係起見爰決定根據平等互惠原則締結本約為此各派全權代表如左

中華民國國民政府主席閣下特派
中華民國國民政府外交部部長王世杰
丹麥王國國王陛下特派
丹麥王國特命全權專使高福曼

兩全權代表各將所奉全權證書互相校閱均屬妥善議訂條款如左

第一條

現行中華民國與丹麥王國間之條約或協定凡授權丹麥王國政府或其代表實行管轄在中華民國領土內丹麥人民之一切條款茲特撤銷作廢丹麥人民在中華民國領土內應依照國際公法之原則及國際慣例受中華民國政府之管轄

第二條

丹麥王國政府在北平使館界及在上海與廈門公共

▲ 1946年5月20日，《中丹关于取消丹麦在华治外法权及处理有关问题之条约》在南京签订，此为中、英、丹三文合本的中文前两页。

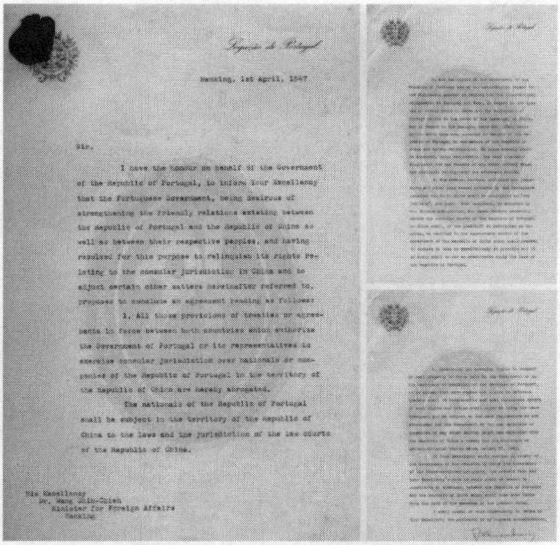

Legação de Portugal

Nanking, 1st April, 1947

Sir,

I have the honour on behalf of the Government of the Republic of Portugal, to inform Your Excellency that the Portuguese Government, being desirous of strengthening the friendly relations existing between the Republic of Portugal and the Republic of China as well as between their respective peoples, and having resolved for this purpose to relinquish its rights relating to the consular jurisdiction in China and to adjust certain other matters hereinafter referred to, proposes to conclude an agreement reading as follows:

1. All those provisions of treaties or agreements in force between both countries which authorize the Government of Portugal or its representatives to exercise consular jurisdiction over nationals or companies of the Republic of Portugal in the territory of the Republic of China are hereby abrogated.

The nationals of the Republic of Portugal shall be subject in the territory of the Republic of China to the laws and the jurisdiction of the law courts of the Republic of China.

His Excellency
Dr. Wang Shih-Chieh
Minister for Foreign Affairs
Nanking

▶ 1947年4月1日，葡萄牙驻华公使鄂赛嘉(João de Barros Ferreira da Fonseca)在南京签署《中葡关于取消葡萄牙在华领事裁判权及处理其他事项之换文》，此为英文照会，共3页。

▶ 中美、中英不平等条约的废除及平等新约的签订，是反法西斯阵营和中国对外关系史上的大事件。它使中国结束了近百年的屈辱外交，基本恢复了中国作为一个主权国家应有的平等与独立的法律地位，改善了中国的国际形象，显示了反法西斯同盟的团结，鼓舞了中国军民抗战的斗志。中国人民对此反响强烈，给予了热烈欢迎和高度赞扬。中共机关报《解放日报》也连续发表了大量的报道、谈话和评论文章，庆祝废约成功。国民政府为庆祝新约签订，特于1月29日通令各机关团体，自2月5日至7日放假三天，悬旗志庆。2月5日，下午2时至4时，党政军机关、工商妇女各界2万多人，在夫子池新运模范广场举行了200余个团体5万余名市民参加的庆祝大会，大会通电四则，盼中美、中英切实互助，加强团结。图为盛况空前的庆祝大会。

▲ 重庆各界2月5日在夫子池举行庆祝大会后，于下午4时开始庆祝中美中英平等新约大游行，群众自动加入队伍，人数达到7万，到两路口后游行队伍才解散。

▲ 人们在庆祝中美中英新约订立的游车上张挂了孙中山像、三国国旗、“自由平等”标语等。

▲ 在这三天之中，重庆家家户户都悬旗结彩，喜气洋洋。各文艺团体在主要街道及广场，举办庆祝演出，观者如潮；街道两旁，广设高音喇叭，使庆祝活动有声有色。入夜，各团体、机关、学校举办化装演讲，艺术宣传，提灯游行。灯具上均写庆祝新约，同盟胜利，独立自主，自由平等，立己立人等口号。图为游行队伍沿途敲锣打鼓吹唢呐，表演龙灯狮子，道旁观众不可胜数。

聯合畫報

中美中英簽訂平等新約

建立永久的友誼

► 重庆《联合画报》报道中美中英签订平等新约是“建立永久的友谊”。

▲ 1945年7月7日，中华民国邮政总局为庆祝新约签订发行“平等新约纪念邮票”六枚一套。主图为中国地图、蒋介石像及中、美、英三国国旗。

（四）中国跻身四强

▲ 抗日战争爆发后，中华民族表现出了百年来前所未有的团结意识和不可战胜的民族力量。尤其是太平洋战争爆发后，中国在世界反法西斯战场发挥的重要作用，让以罗斯福为代表的盟国领导人对中国在国际上的地位不得不给予相当的重视。1942年元旦，26国联合发表《联合国家宣言》，中国与英、美、苏一起作为四大领衔国签署了该宣言。这是中国第一次以战时四大国之一的身份出现在国际舞台上。1943年10月30日，中、苏、美、英四国政府代表（中国驻苏联大使傅秉常、苏联外长莫洛托夫、美国国务卿赫尔和英国外交大臣艾登）正式签署了《四国宣言》。图为《四国宣言》签订现场。

莫斯科會議偉大成就
美英蘇中聯合宣言
團結作戰迅速實現共同勝利
密切合作建立廣泛國際組織

► 《四国宣言》的发表，使中国正式跻身四大国的行列，中国在国际上的地位与作用得到再次确认。《四国宣言》首次提出关于“建立一个普遍性的国际组织”的精神，成为联合国建立的蓝本。《四国宣言》也使同盟国家在反法西斯战争中更为紧密地团结起来。图为1943年11月2日，《大公报》关于签订《四国宣言》的报道。

"四国宣言在莫斯科签字，辱承赐电，不胜感激，联合国正在努力为世界筹建以自由及正义为根据之国际和平制度，此宣言将为其基石，余与阁下具有同感。中国在此宣言中署名，不独加重其分量，且使其成效更一得保证。在莫斯科之四国代表能有此成功，使四国打击地球上各处侵略者之共同决心重新一表现，余殊为欣慰也。"

——《四国宣言》正式发表后，蒋介石于11月3日致电斯大林、罗斯福、丘吉尔表示祝贺。此为1943年11月10日，丘吉尔给蒋介石的电文。

▲ 1943年11月22日至26日，中、美、英三国首脑在埃及首都开罗举行会议，商讨联合对日作战计划及战后处置日本等问题。会上，中国提出建立普遍性国际组织的具体设想。11月27日，三国发表《开罗宣言》，并于12月3日同时在重庆、华盛顿、伦敦公布。图为蒋介石夫妇、罗斯福、丘吉尔等人在开罗会议期间的合影。

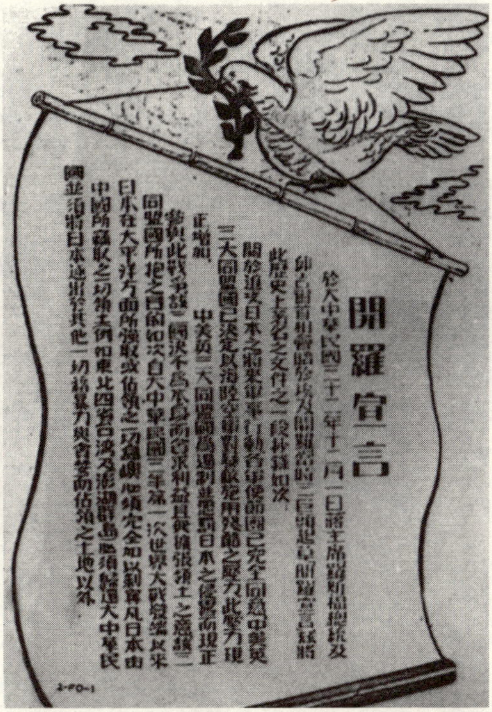

開羅宣言

於大中華民國三十二年十二月一日蔣主席羅斯福總統及邱吉爾首相會晤於埃及開羅會時曾發表宣言茲將此歷史上有名之文件之一段抄錄如次：

關於進攻日本之將來軍事行動各軍使節團已完全同意中美英三大同盟國已決定以海陸空軍對野蠻敵人施用無情之壓力此壓力現正增加。

中美英三大同盟國為遏制並懲罰日本之侵略而參與此戰爭該三國決不為本身而貪求利益且無擴張領土之意圖三同盟國所抱之目的如次自大中華民國三年第一次世界大戰以來日本在太平洋方面所強取或佔領之一切島嶼必須完全加以剝奪凡日本由中國所竊取之一切領土例如東北四省台灣及澎湖群島必須歸還大中華民國並須將日本逐出於其他一切以暴力與貪欲而佔領之土地以外

2-PO-1

▶《开罗宣言》宣告：这次战争要剥夺日本自1914年第一次世界大战开始以后在太平洋所夺得或占领之一切岛屿，在使日本所窃取于中国之领土，例如，满洲、台湾、澎湖群岛等归还中国；必将日本逐出日本以武力或贪欲所攫取之一切土地；承诺朝鲜战后将自由独立。中国领导人参与世界强国会晤，表明中国获得大国地位。通过开罗会议，中国在抗日战争胜利后收回东北、台湾和澎湖列岛，获得了国际保证。图为盟军飞机在台湾上空投掷的《开罗宣言》公报传单。

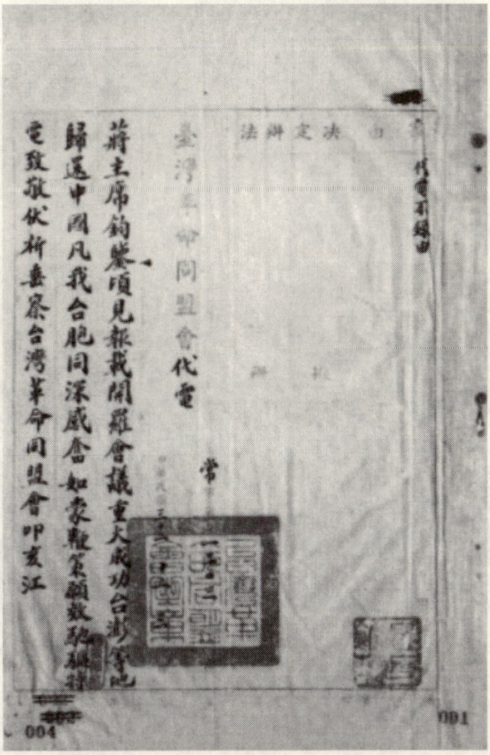

臺灣革命同盟會代電

蔣主席鈞鑒頃見報載開羅會議重大成功台澎等地歸還中國凡我台胞同深感奮如蒙[illegible]電致敬伏祈垂察台灣革命同盟會叩支江

004

001

▶ 1943年12月3日，台湾革命同盟会获悉“开罗会议重大成功，台澎等地归还中国”后，给蒋介石的致敬电。

◄ 1943 年 11 月，继开罗会议后，重庆举办了介绍中、美、苏、英四强的展览会。图为市民参观展览会时的情景。

▲ 为建立国际货币新秩序，奠定战后重建和经济复苏的基础，1944年7月，44个国家的代表在美国新罕布什尔州的布雷顿森林举行“联合国国际货币金融会议”，商讨建立战后的世界贸易和货币格局。图为布雷顿森林会议召开地点：美国华盛顿山饭店。

▲ 1944年6月，国民政府派孔祥熙率团参加在美国布雷顿森林召开的国际货币基金会议，与之同时，蒋介石责成他和美国政府商讨有关援助中国抗战的一切事宜。孔祥熙率团到达美国后，经过一番艰苦的努力，最终为中国争得了在国际货币基金会议中的第四席位，并使中国成为国际开发银行12董事国之一。图为布雷顿森林会议召开期间，孔祥熙（右一）和美国财政部长摩根索（右二）一起会见中外记者。

▲ 布雷顿森林会议起草并签署了《国际货币基金协定》和《国际复兴开发银行协定》，总称《布雷顿森林协定》。1945年12月，参加布雷顿森林会议中的22国代表在《布雷顿森林协定》上签字，正式成立国际货币基金组织和世界银行，从此确立了以美元为中心的布雷顿森林体系。图为布雷顿森林会议会场。

▲ 1944年8月21日至10月7日，苏、英、美三国和中、英、美三国先后在美国华盛顿附近的敦巴顿橡树园举行会谈，讨论并拟订了战后建立国际组织的建议案，并发表声明：决定成立联合国。图为1944年8月，美国华盛顿敦巴顿橡树园会场。

▲ 1945年2月，苏、美、英在雅尔塔举行会议，就安全理事会的五大国一致原则达成协议，决定召开联合国宪章制宪会议。中、美、英、苏四国以发起国地位，于1945年3月5日，向之前参加《联合国家宣言》签字的国家发出邀请。1945年4月25日，有50个国家参加的联合国制宪会议在旧金山大歌剧院如期举行，会议的正式名称是“联合国家国际组织会议”。图为旧金山联合国制宪会议开幕时中、美、英、苏四国首席代表在一起交谈。

► 1945年6月，国民政府代表顾维钧出席旧金山会议，参加《联合国宪章》起草工作。

▲ 1945年6月26日，《联合国宪章》签字仪式在旧金山退伍军人大厦隆重举行，中国因最早抵抗侵略，获得在宪章上首先签字的殊荣。图为中国代表顾维钧第一个在《联合国宪章》上签字。

▲ 除国民党外，旧金山会议中国代表团还包括了中共代表、青年党代表、民社党代表等不同党派和无党派人士的代表。图为中共代表董必武在《联合国宪章》上签字。

◀ 1945年8月24日，蒋介石在重庆签署《联合国宪章》。

▲ 德国法西斯无条件投降后，日本法西斯也即将崩溃，为安排战后格局，1945年7月17日至8月2日，苏、美、英三国首脑斯大林、杜鲁门、丘吉尔在柏林西南的波茨坦举行会议。图为斯大林（右）、杜鲁门（中）和丘吉尔（左）在波茨坦会议期间合影。

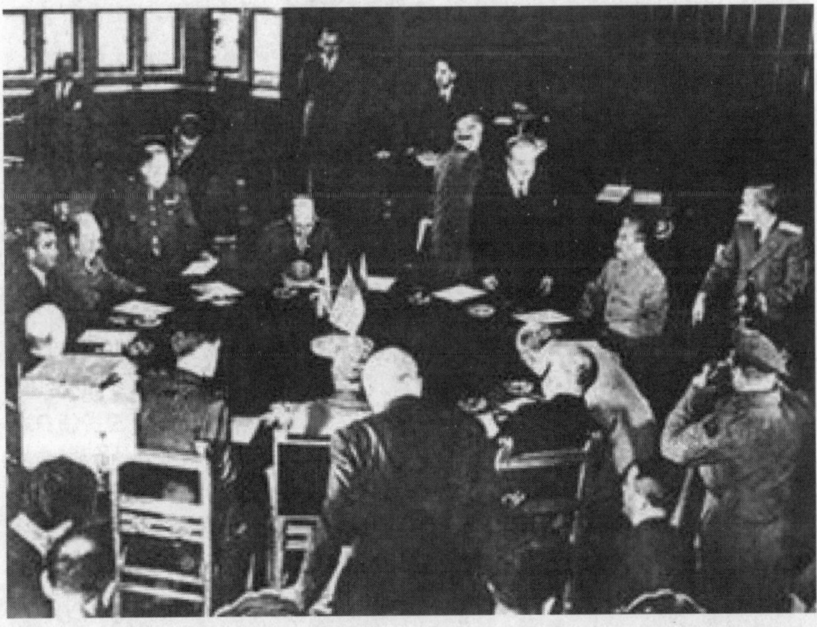

▲ 波茨坦会议期间，苏、美、英三国首脑讨论了结束对日作战的条件和有关日本的战后处置方针，并通过了一项决议，即《波茨坦公告》。图为美、英、苏三国商定《波茨坦公告》现场。

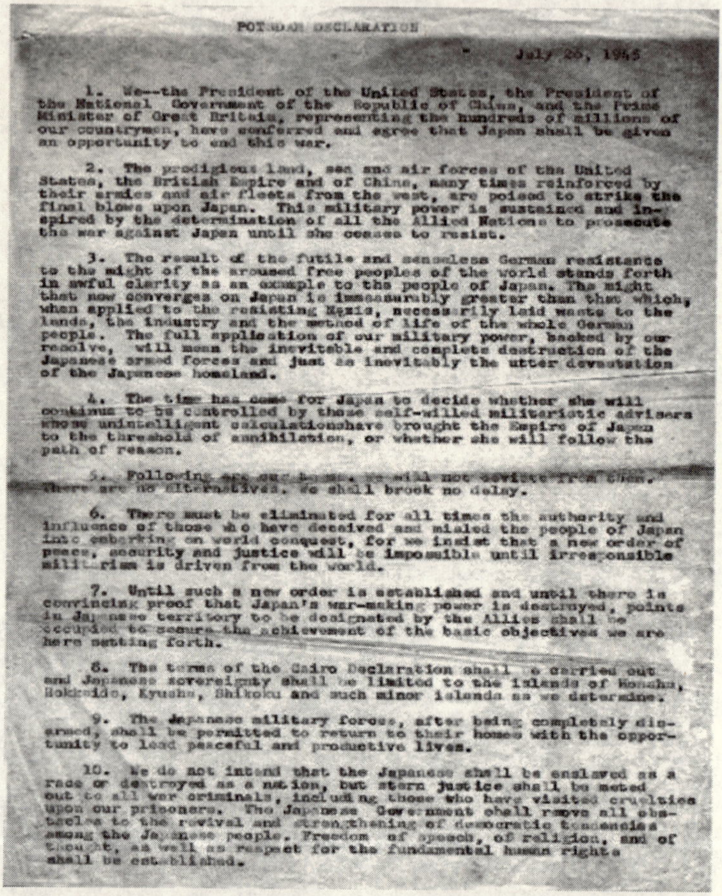

POTSDAM DECLARATION

July 26, 1945

1. We--the President of the United States, the President of the National Government of the Republic of China, and the Prime Minister of Great Britain, representing the hundreds of millions of our countrymen, have conferred and agree that Japan shall be given an opportunity to end this war.

2. The prodigious land, sea and air forces of the United States, the British Empire and of China, many times reinforced by their armies and air fleets from the west, are poised to strike the final blows upon Japan. This military power is sustained and inspired by the determination of all the Allied Nations to prosecute the war against Japan until she ceases to resist.

3. The result of the futile and senseless German resistance to the might of the aroused free peoples of the world stands forth in awful clarity as an example to the people of Japan. The might that now converges on Japan is immeasurably greater than that which, when applied to the resisting Nazis, necessarily laid waste to the lands, the industry and the method of life of the whole German people. The full application of our military power, backed by our resolve, will mean the inevitable and complete destruction of the Japanese armed forces and just as inevitably the utter devastation of the Japanese homeland.

4. The time has come for Japan to decide whether she will continue to be controlled by those self-willed militaristic advisers whose unintelligent calculationshave brought the Empire of Japan to the threshold of annihilation, or whether she will follow the path of reason.

5. Following are our terms. We will not deviate from them. There are no alternatives. We shall brook no delay.

6. There must be eliminated for all times the authority and influence of those who have deceived and misled the people of Japan into embarking on world conquest, for we insist that a new order of peace, security and justice will be impossible until irresponsible militarism is driven from the world.

7. Until such a new order is established and until there is convincing proof that Japan's war-making power is destroyed, points in Japanese territory to be designated by the Allies shall be occupied to secure the achievement of the basic objectives we are here setting forth.

8. The terms of the Cairo Declaration shall be carried out and Japanese sovereignty shall be limited to the islands of Honshu, Hokkaido, Kyushu, Shikoku and such minor islands as we determine.

9. The Japanese military forces, after being completely disarmed, shall be permitted to return to their homes with the opportunity to lead peaceful and productive lives.

10. We do not intend that the Japanese shall be enslaved as a race or destroyed as a nation, but stern justice shall be meted out to all war criminals, including those who have visited cruelties upon our prisoners. The Japanese Government shall remove all obstacles to the revival and strengthening of democratic tendencies among the Japanese people. Freedom of speech, of religion, and of thought, as well as respect for the fundamental human rights shall be established.

▲ 由于苏联当时还未对日宣战，故公告最初由中、美、英三国发表。苏联于1945年8月8日对日宣战后加入该公告，所以公告最后成为四国的对日共同宣言。《波茨坦公告》敦促日本立即无条件投降，重申《开罗宣言》的条件必须实施，同时宣布盟国占领日本后，将实施非军事化和民主化等基本原则。它具有极大的进步的历史意义，实际上是反法西斯同盟国对日本法西斯发出的一份敦促投降书，沉重地打击了日本法西斯。图为英文版《波茨坦公告》。

七、迎来抗战胜利

1945年8月10日，日本外务省通过中立国瑞士、瑞典政府，将日本接受《波茨坦公告》照会转交中、美、英、苏四国政府。8月14日，日本政府正式照会中、美、英、苏四国政府，表示接受《波茨坦公告》。8月15日，日本天皇裕仁以广播“终战诏书”形式正式宣布日本无条件投降。一个百年来屡遭列强蹂躏的中华民族第一次取得了反抗外来入侵的完全胜利。1945年9月2日，参加对日作战的同盟国代表接受日本投降签字仪式在停泊于日本东京湾的美军军舰“密苏里”号上举行。日本代表在无条件投降书上签字，中、美、英、苏等9国代表相继签字。第二次世界大战正式宣告结束。1945年9月9日，中国战区的日本投降仪式在南京举行，日本中国派遣军总司令冈村宁次在对华投降书上签字。

经过艰苦卓绝、顽强不屈的斗争，胜利最终向正义一方倾斜。在战争中，重庆人民经历了血与火的考验，产生了无数英雄人物与可歌可泣的英雄故事。在听到胜利消息的一刹那，重庆人民欢腾了。1945年9月3日，毛泽东在《新华日报》上发表题词“庆祝抗日胜利　中华民族解放万岁”。

抗战胜利使得被强占了半个世纪的台湾得以回归祖国怀抱。1945年10月1日，国民政府空军第一路军司令张廷孟奉命，携国旗一面乘机由重庆飞抵台北，与驻台日军第十方面军司令安藤利吉交涉，要求驻台日军放下武器，并降下台北“日本台湾总督府”的日本国旗，升起中国国旗。5日，在重庆培训组织成立的“台湾行政长官公署”在台北前进指挥所正式办公。

抗战胜利后,国内阶级矛盾开始凸显。1945年8月14日、20日、23日,蒋介石连续3次电邀毛泽东赴重庆进行谈判。为了实现战后真正的和平,毛泽东于8月28日抵达重庆。重庆谈判自8月29日开始,到10月10日结束。国共双方签订了《政府与中共代表会谈纪要》(即《双十协定》)。此后,国共双方代表围绕"停止内战"、召开政协会议等一系列问题,在重庆进行了后续谈判。1946年5月5日,国民政府还都南京,重庆完成了作为战时首都的神圣使命,以英雄之城、胜利之都的业绩而永载史册。

(一)胜利之都

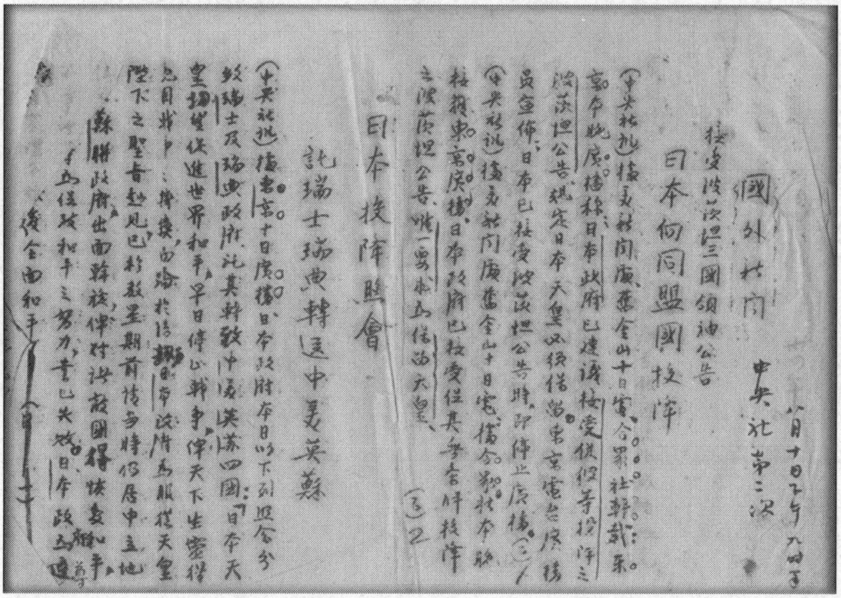

八月十日下午九時半
中央社第二次
國外社內
接受波茨坦三國領袖公告
日本向同盟國投降
(中央社訊)據美新聞處舊金山十日電：合眾社新聞東京今晚廣播稱：日本政府已建議接受依照等投降之波茨坦公告，規定日本天皇以獨裁者資格東京電台廣播員宣佈：日本已接受波茨坦公告時，即停止廣播。(二)
(中央社訊)據美新聞處舊金山十日電：倫敦訊：據本社播發東京廣播：日本政府已接受但其無含條件投降之波茨坦公告，唯一要求為保留天皇。
(三)之

日本投降照會
託瑞士瑞典轉送中美英蘇
(中央社訊)據東京十日廣播：日本政府本日以下列照會分致瑞士及瑞典政府，託其轉致中美英蘇四國：「日本天皇渴望促進世界和平，早日停止戰事，俾天下生靈得免目前之……於此日本政府為服從天皇陛下之聖旨起見，已於數星期前請求當時仍居中立地位之蘇聯政府出面斡旋，俾對敵國恢復和平，……為促致和平之努力，業已失敗。日本政府為遵……復全面和平……

▲ 1945年8月10日，日本已接受《波茨坦公告》，准备投降。消息首先传至重庆，国民党中央社于当晚连发三次号外，以告知各大媒体。图为国民党中央社1945年8月10日晚上9时半发出的第二次号外。

► 1945年8月14日，日本天皇裕仁在国会以诏书形式宣布无条件投降。

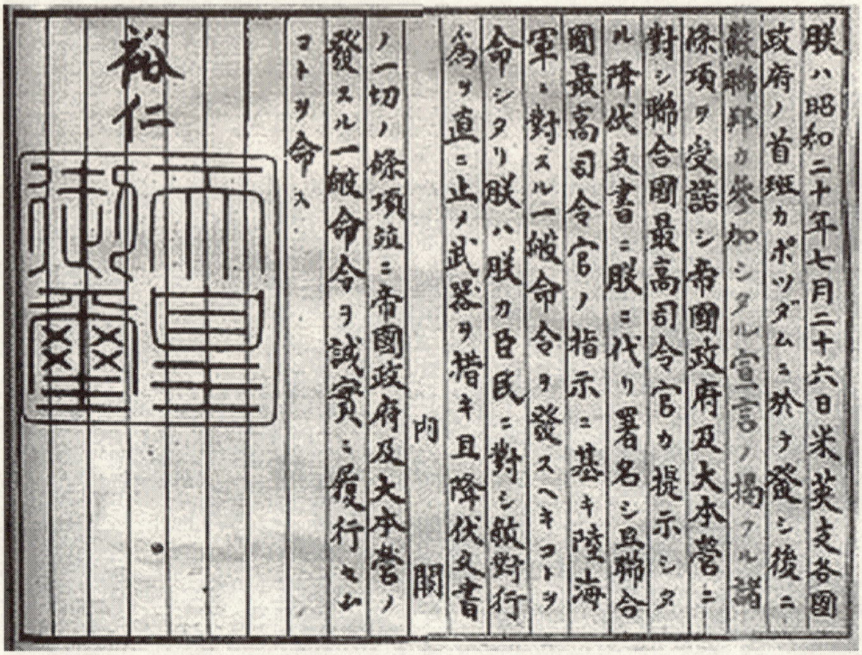

朕ハ昭和二十年七月二十六日米英支各國政府ノ首班カポツダムニ於テ發シ後ニ蘇聯邦カ參加シタル宣言ノ揭クル諸條項ヲ受諾シ帝國政府及大本營ニ對シ聯合國最高司令官カ提示シタル降伏文書ニ朕ニ代リ署名シ且聯合國最高司令官ノ指示ニ基キ陸海軍ニ對スル一般命令ヲ發スヘキコトヲ命シタリ朕ハ朕カ臣民ニ對シ敵對行為ヲ直ニ止メ武器ヲ措キ且降伏文書ノ一切ノ條項並ニ帝國政府及大本營ノ發スル一般命令ヲ誠實ニ履行セムコトヲ命ス

内閣

裕仁

天皇御璽

▲ 日本投降书日文本中的一页。

新民報

新民報

重慶

最新電機設備

震華洗染廠

開幕已業！

戰事結束天下太平

四強接

日皇

東京

▲ 1945年8月12日，《新民报》以“战事结束天下太平”为题报道日本接受投降。

申報

非常措置收拾時局

日皇頒和平詔書

命政府接受中美英蘇共同宣言

▶ 1945 年 8 月 16 日，上海《申报》报道日本颁布和平诏书。

日本投降矣！

答覆四國接受規定條款

今晨七時四國首都同時正式宣佈

日本答覆係昨晚提出

昨日東京

▶ 1945 年 8 月 15 日，《大公报》大版报道“日本投降”。

▲ 1945年9月2日，同盟国代表接受日本无条件投降的签字仪式在日本东京湾的美国战列舰“密苏里”号上举行。

▲ “密苏里”号上的签字仪式首先由日本外相重光葵、参谋总长梅津美治郎签字，继由麦克阿瑟及美代表尼米兹、中国代表徐永昌、英代表福拉塞与苏、澳、加、法、荷、纽西兰依次签字。日本表示：一、接受波茨坦宣言中之条款；二、所有日本军队无条件投降；三、天皇及日本政府受制于盟军最高统帅。图为国民政府军令部长徐永昌代表中国政府在日本降书上签字。

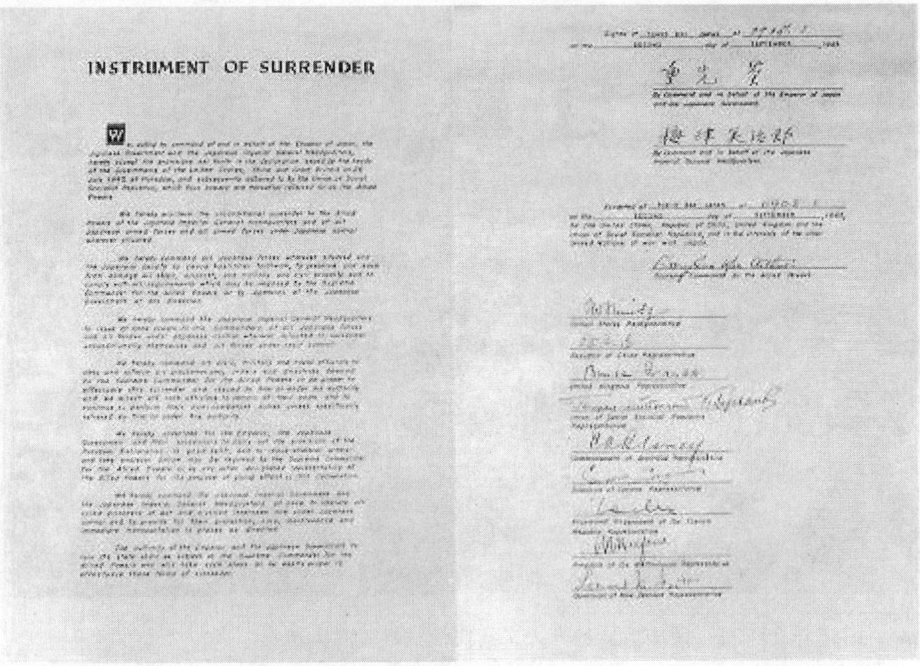
INSTRUMENT OF SURRENDER

▲ 日本战败投降书(现藏于西点军校博物馆)外封。

► 1945年9月3日,毛泽东在新华日报上发表题词:“庆祝抗日胜利　中华民族解放万岁”。

▲ 1945年9月3日，重庆各界数万人举行庆祝抗战胜利大游行。

▲ 重庆街头搭建起“庆祝胜利”牌坊。

▲ 重庆数十万市民涌上街头庆祝胜利。

▲ 1945年9月4日，国民政府在重庆举办庆祝抗战胜利茶会。英国外交官霍勒斯·西摩爵士和妻子，苏联外交官A.阿波罗·彼得罗夫和妻子，美国驻华大使赫尔利将军等外国使节也应邀参加茶会。

▲ 1944年12月，中央训练团在重庆举办台湾行政干部训练班，为接管台湾培养干部。图为中央训练团台湾行政干部训练班民政组全体同学留影。

▲ 1945年9月1日，国民政府在重庆颁令宣布成立“台湾行政长官公署”和“台湾警备司令部”，正式任命陈仪为行政长官兼警备司令。台湾省行政长官公署与警备司令部为顺利进行接收，组成前进指挥所。图为1945年10月6日，台湾省行政长官公署与警备司令部将第一、二号受降备忘录交付给日本第十方面军参谋长谏山春树。

▲ 1945年10月17日，中国军队大规模地在台湾登陆。上午11时，国民政府陆军第70军，携长官公署、警备总部、国民党中央驻台机关要员212人，分乘30多艘军舰，首批抵达基隆港。同时，国军陆军第六十三军亦在台湾登陆；国军海军第二舰队和美国海军第七舰队进驻台湾各重要港口；美国驻台陆军部队随同国军一起在台湾登陆。图为日本台湾总督安藤利吉在受降仪式上签字受领第一号命令。

▲ 1945年10月25日，中国战区台湾省受降典礼于上午10时在台北公会堂(今中山堂)举行。图为陈仪(走在最前排者)前往会场接受投降的情景。他的左右紧跟着台湾警备副总司令陈孔达、司令部参谋长柯远芬、行政长官公署秘书长葛敬恩、陆军第七十军军长陈颐鼎、空军第一路军司令张廷孟、海军第二舰队司令李世甲。日方投降代表安藤利吉等5人，则早已奉命到达，在一边等候，听从传唤。

▲ 中国战区台湾省受降典礼在台北市公会堂举行时会场内的情形。

◀ 台湾省受降典礼后，国民政府主要军政官员在公会堂门楼前合影。

▲ 受降典礼当日，台北各界及民众齐聚公会堂外，并以游行活动庆祝台湾光复。

▲ 参加庆祝台湾光复游行的学生队伍。

（三）为“和平、民主、团结”而奋斗

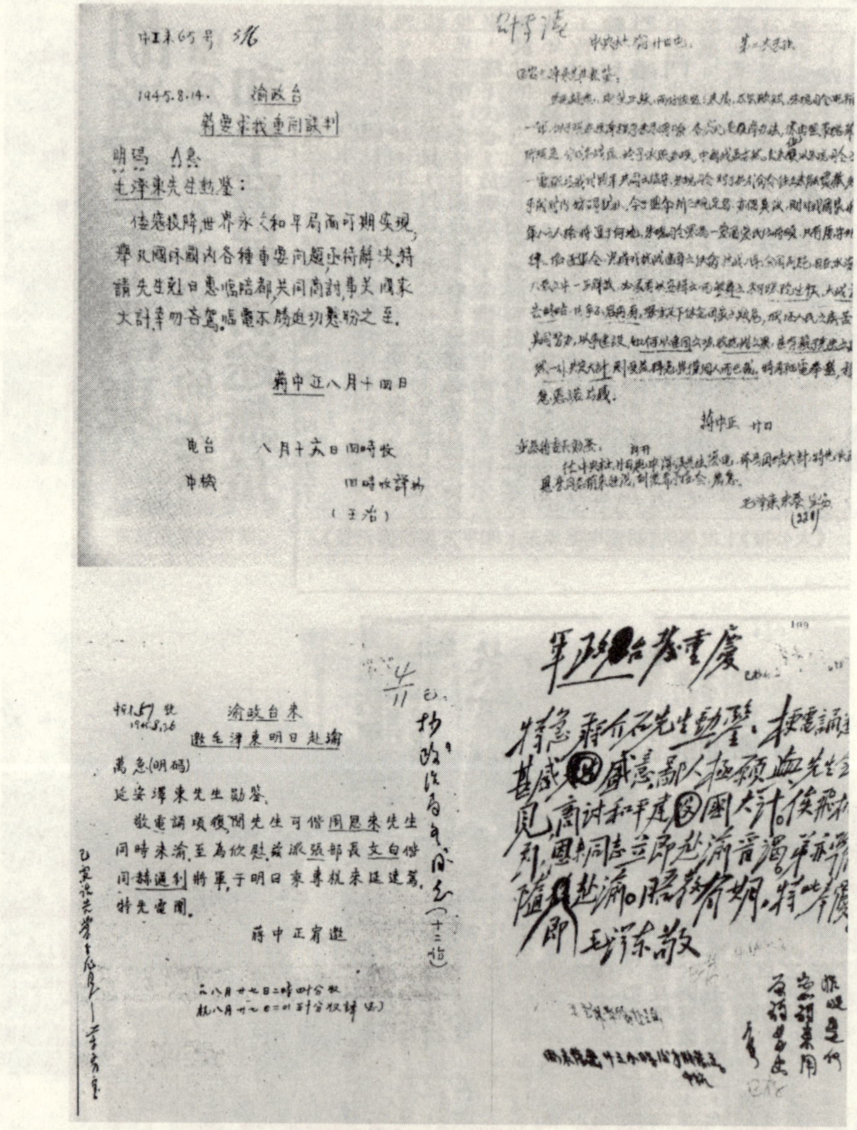

1945.8.14. 渝政台

蒋要求我重开谈判

明码 万急

毛泽东先生勋鉴：

倭寇投降，世界永久和平局面可期实现，举凡国际国内各种重要问题，亟待解决，特请先生克日惠临陪都，共同商讨，事关国家大计，幸勿吝驾，临电不胜迫切悬盼之至。

蒋中正八月十四日

电台 八月十六日四时收

渝政台来

邀毛泽东明日赴渝

万急（明码）

延安泽东先生勋鉴：

敬电诵悉，顷获闻先生可偕周恩来先生同时来渝，至为欣慰，兹派张部长文白偕同赫尔利将军，于明日专机来延迎迓，特先电闻。

蒋中正宥邀

▲ 经过八年的艰苦抗战，中国人民取得抗日战争的伟大胜利。此时的人民渴望和平与安宁，对战后国家重建的前景充满憧憬和希望。但内战的阴影随之袭来，国共谈判再次提到了两党的面前。1945年8月14日、20日、23日，蒋介石迭电三通，急邀毛泽东莅渝“共商国是”。图为蒋介石与毛泽东相互往来的部分电报文献。

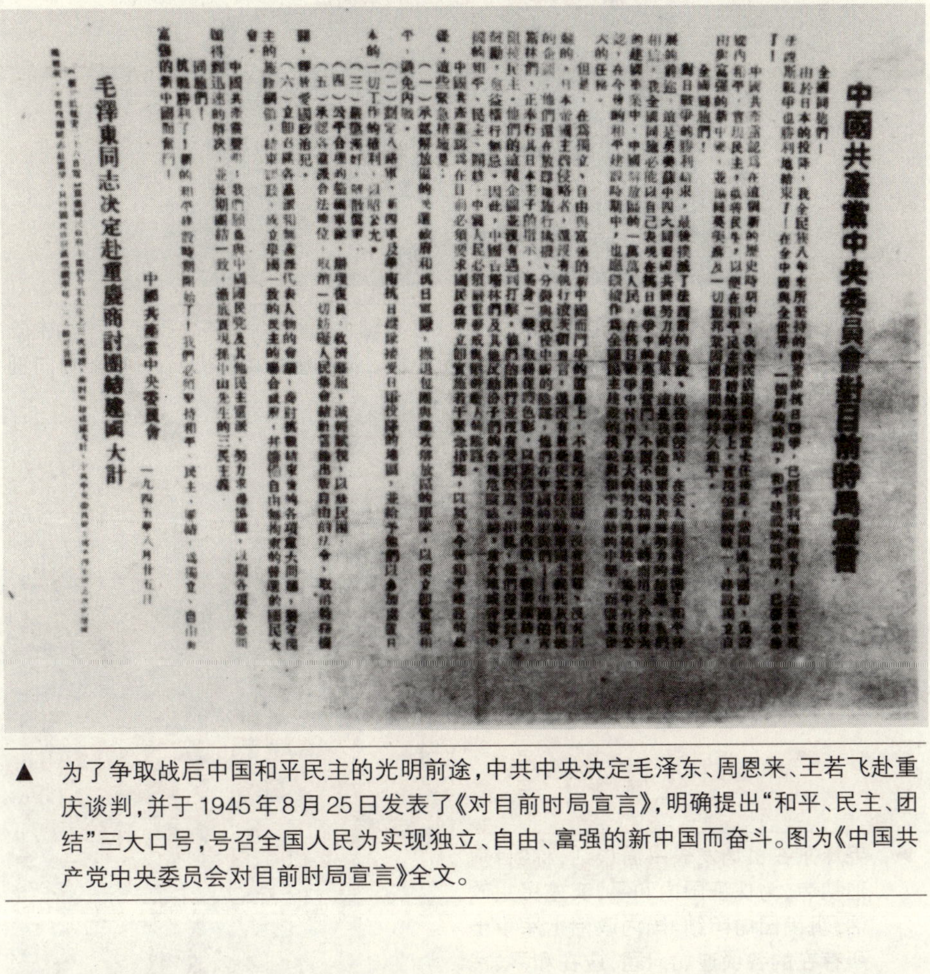

中國共產黨中央委員會對目前時局宣言

全國同胞們！

中國共產黨中央委員會

一九四五年八月廿五日

毛澤東同志決定赴重慶商討團結建國大計

▲ 为了争取战后中国和平民主的光明前途，中共中央决定毛泽东、周恩来、王若飞赴重庆谈判，并于1945年8月25日发表了《对目前时局宣言》，明确提出“和平、民主、团结”三大口号，号召全国人民为实现独立、自由、富强的新中国而奋斗。图为《中国共产党中央委员会对目前时局宣言》全文。

▲ 1945年8月28日，毛泽东、周恩来、王若飞在美国大使赫尔利、蒋介石代表张治中陪同下乘专机飞抵重庆九龙坡机场。图为毛泽东飞抵重庆九龙坡机场，在机舱口向迎接他的重庆各界人士挥手致敬。

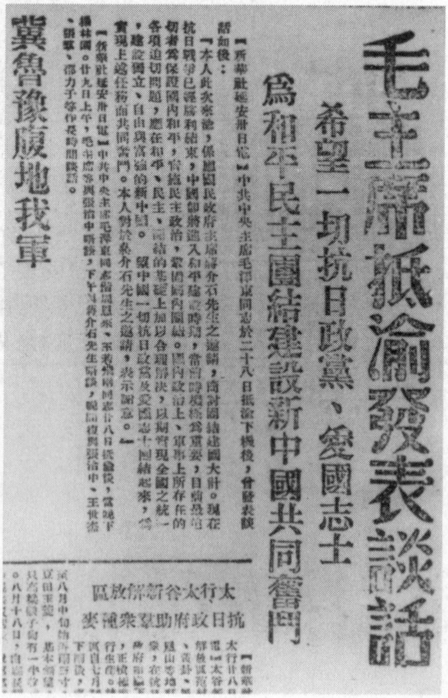

毛主席抵渝發表談話
希望一切抗日政黨、愛國志士
爲和平民主團結建設新中國共同奮鬥

【新華社延安廿九日電】中共中央主席毛澤東同志於二十八日抵渝下機後，曾發表談話如後：

「本人此次來渝，係應國民政府主席蔣介石先生之邀請，商討團結建國大計。現在抗日戰爭已經勝利結束，中國即將進入和平建設時期，當前時機極爲重要，目前最迫切者爲保證國內和平，實施民主政治，鞏固國內團結。國內政治上、軍事上所存在的各項迫切問題，應在和平、民主、團結的基礎上加以合理解決，以期實現全國之統一，建設獨立、自由與富強的新中國。希望中國一切抗日政黨及愛國志士團結起來，爲實現上述任務而共同奮鬥。本人對於蔣介石先生之邀請，表示謝意。」

【新華社延安廿九日電】中共中央主席毛澤東同志偕周恩來、王若飛兩同志廿八日抵渝後，當晚下榻林園。廿九日上午，毛主席等與張治中晤談，下午與蔣介石先生晤談，晚間復與張治中、王世杰、邵力子等作長時間談話。

冀魯豫腹地我軍

太行太谷新解放區
抗日政府助羣衆補麥

► 毛泽东在机场发表书面谈话，称“目前迫切者，为保证国内和平，实施民主政治，巩固国内团结。国内政治上军事上所存在的各项迫切问题，应在和平、民主、团结的基础上加以合理解决，以期实现全国统一，建设独立、自由与富强之新中国。希望中国一切抗日政党及爱国人士团结起来，为实现上述任务而共同奋斗”。图为《新华日报》报道毛泽东抵渝发表书面谈话。

▲ 重庆谈判从8月29日开始，到10月10日结束。在此期间，双方的谈判在两个层次进行：一是两党最高领导人毛泽东与蒋介石直接交换意见；二是谈判代表周恩来、王若飞与张群、王世杰、邵力子、张治中等人之间的磋商。图为重庆谈判期间，毛泽东在城内办公和休息的地方——中山四路张治中公馆桂园。部分谈判和《双十协定》签字仪式在这里举行。

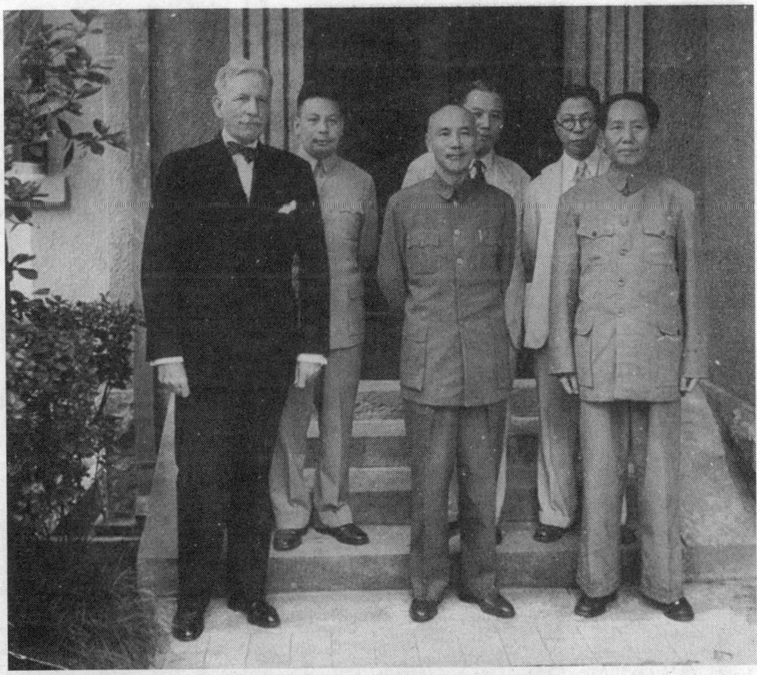

▲ 毛泽东、蒋介石、美国大使赫尔利等在谈判期间合影(后排右起依次为王世杰、张群、蒋经国)。

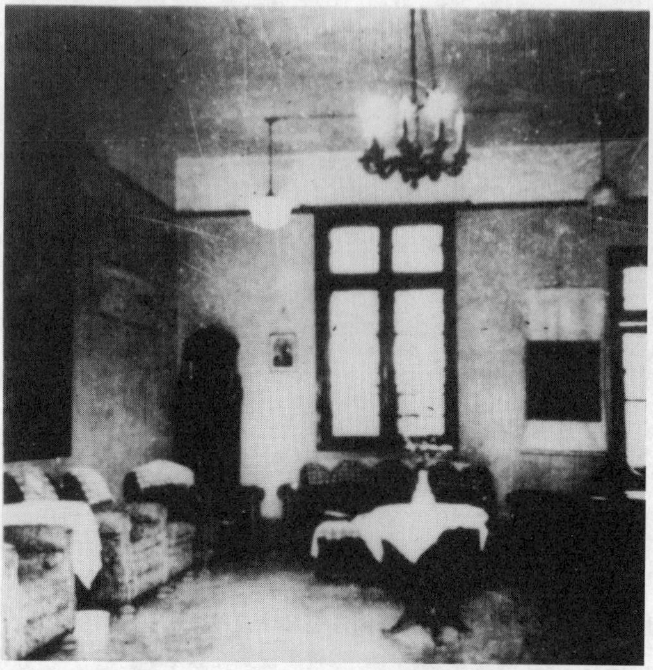

◀ 在重庆谈判期间，毛泽东广泛会见国内外人士，开展统一战线工作，使中共和平民主团结建国的政治主张深入人心，尤其是毛泽东四顾“民主之家”特园，一时传为佳话。图为毛泽东与民主党派交谈的特园客厅。

▶ 1945年1月16日下午，毛泽东在红岩村八路军办事处接见并宴请美国援华第14航空队总部的三位美国士兵。图为毛泽东与他们在办事处大楼外的芭蕉树下合影。

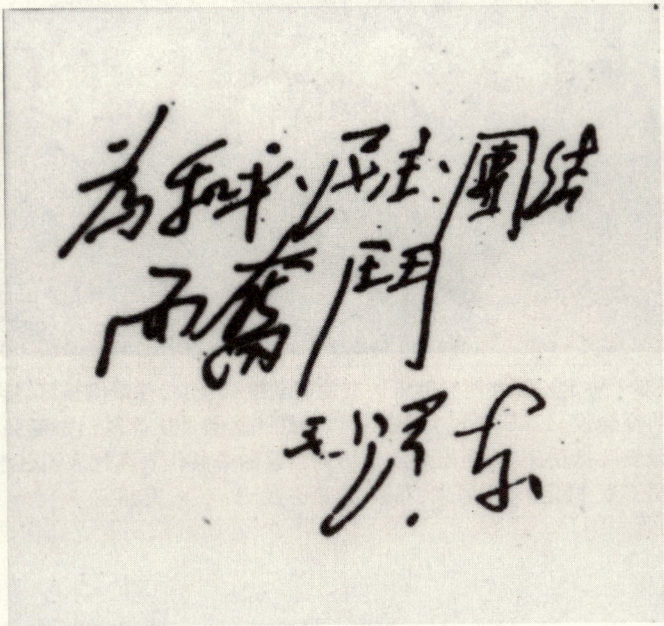

▲ 毛泽东题词："为和平、民主、团结而奋斗。"

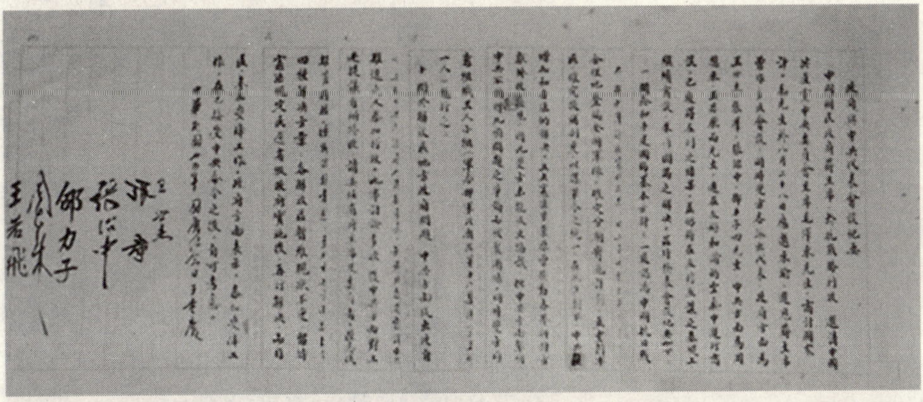

▲ 1945年10月10日，中共代表周恩来、王若飞同国民党代表王世杰、邵力子、张治中在桂园客厅签署了《政府与中共代表会谈纪要》，因当天是双十节，故又称《双十协定》。该协定确定了和平团结、民主建国的基本方针，承认了中共及各党派的合法地位，同意召开政治协商会议商讨国是。图为《双十协定》文本。

▲ 根据《双十协定》，国共两党就未达成的问题继续谈判，并最终签订《停战协定》，召开政治协商会议。1945年12月16日，以周恩来为首的出席政治协商会议的中共代表团从延安飞抵重庆。图为出席政治协商会议的中共代表在代表团驻地合影。左起依次为吴玉章、陆定一、周恩来、邓颖超、董必武、王若飞、秦邦宪。

► 重庆谈判期间，中共代表团在重庆的驻地——重庆中山三路263号。

▲ 1946年1月10日上午，政治协商会议在重庆国民政府礼堂开幕。到会代表38人。其中共产党代表为周恩来、董必武、王若飞、叶剑英、吴玉章、陆定一、邓颖超；国民党代表为孙科、吴铁城、陈布雷、陈立夫、张厉生、王世杰、邵力子、张群；民盟代表为张澜、罗隆基、张君劢、张东荪、沈钧儒、张申府、黄炎培、梁漱溟、章伯钧；青年党代表为曾琦、陈启天、杨永浚、余家菊、常燕生；无党派代表为莫德惠、邵从恩、王云五、傅斯年、胡霖、郭沫若、钱永铭、缪嘉铭、李烛尘。图为代表们步入会场的情形。

▲ 周恩来在政治协商会议开幕式上讲话。

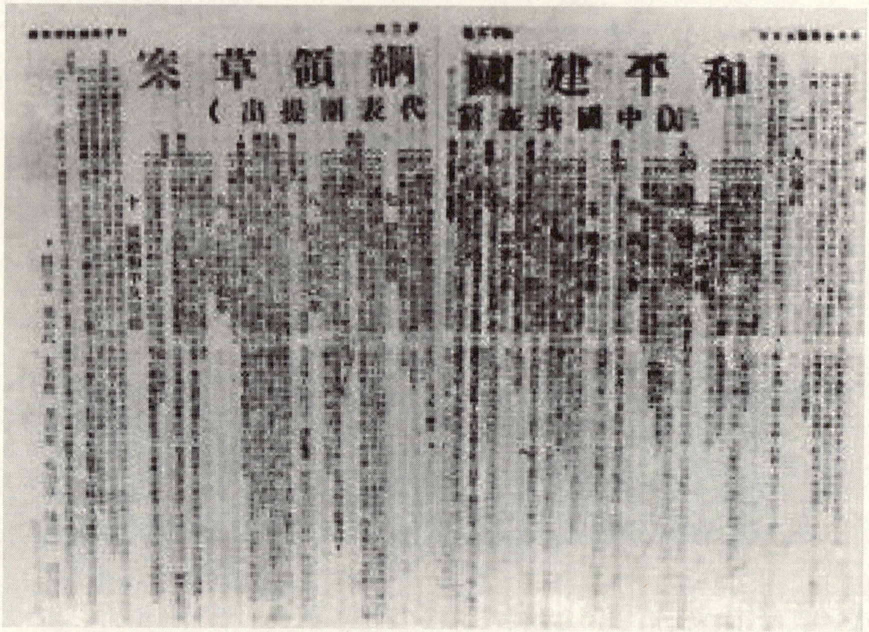
和平建國綱領草案
（中國共產黨代表團提出）

▲ 为了便于深入研讨各项重大议题，并形成草案，会议后来将全体代表分为改组政府、施政纲领、军事、国民大会、宪法草案五个组分别协商。中共代表与各民主党派代表本着求同存异的精神，在许多重大问题上共同商量，取得一致意见，在大小会议上，相互支持，并团结爱国人士结成反内战、争民主的联盟，在会议中同国民党展开了有理、有利、有节的斗争。图为中共代表团向政治协商会议提出的《和平建国纲领草案》。

▲ 政治协商会议的召开，得到了重庆人民的支持和拥护。1946年1月11日，也就是会议开幕的第二天，各界代表一致通过成立陪都各界政治协商会议协进会（次日改称“政治协商会议陪都各界协进会”），每日开展大会一次，邀请政协代表报告政协会议精神和进行情况，使广大群众能及时了解会中情形，及时对会议提出意见和要求。图为重庆民众在沧白堂听取代表作报告的情形。

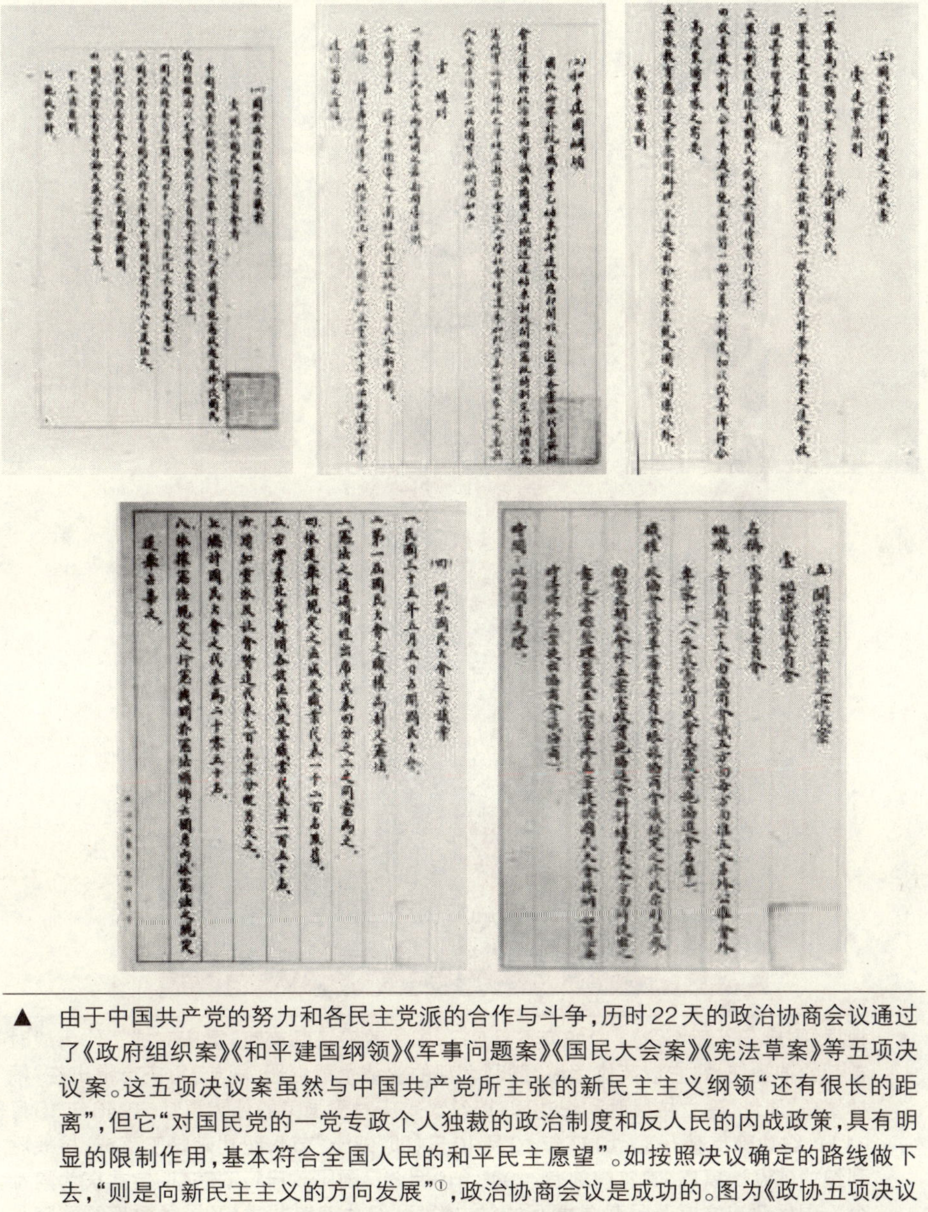

▲ 由于中国共产党的努力和各民主党派的合作与斗争，历时22天的政治协商会议通过了《政府组织案》《和平建国纲领》《军事问题案》《国民大会案》《宪法草案》等五项决议案。这五项决议案虽然与中国共产党所主张的新民主主义纲领“还有很长的距离”，但它“对国民党的一党专政个人独裁的政治制度和反人民的内战政策，具有明显的限制作用，基本符合全国人民的和平民主愿望”。如按照决议确定的路线做下去，“则是向新民主主义的方向发展”①，政治协商会议是成功的。图为《政协五项决议文本》内容。

① 周恩来：《一年来的谈判及前途》，《周恩来选集》（上卷），人民出版社1980年版，第256页。

▲ 根据《国府五五还都令》，1946年5月5日，国民政府还都南京，重庆完成了作为战时首都的神圣使命，它以英雄之城、胜利之都的业绩永载史册。同年，重庆市提出在“精神堡垒”原址，建立抗战胜利纪功碑，以纪念重庆对于国家的伟大贡献。1946年10月31日，纪功碑奠基开工，1947年10月10日(即“双十”节)，纪功碑竣工落成。抗战胜利纪功碑设计精巧，碑座镌刻有：1940年9月6日国民政府行政院《明定重庆为陪都令》，国民政府文官长吴鼎昌撰写的《抗战胜利纪功碑铭并序》及国民政府行政院长张群撰写的《抗战胜利纪功碑碑文》等。图为抗战胜利纪功碑。

经济篇

绪 论

70年过去了，当我们重新审视抗日战争这段峥嵘岁月的时候，我们会更加深刻地认识到，在抗战时期，重庆作为中国战时大后方的经济中心，见证了中国生产力布局的重大调整，构筑了战时中国的经济基础，支撑了抗战危局。抗日战争，不仅是中日两国军队在战场上的直接拼杀，更是两国经济力量及精神意志的一场较量，因此以重庆为中心的大后方，其经济建设的成就最终成为中国战胜日本，取得完全胜利的必要物质保证。因此，重庆对于抗日战争的历史贡献既在于政治上的国共合作，军事上的对日抗战，也在于重庆人民为支援抗战而贡献的人力、物力、财力，乃至热血与生命，还在于抗日战争造就了重庆城市经济的基础——大后方经济中心——重庆经济中心的完全形成。它从经济上支撑了抗战大业，实现了中国生产力的重新布局，形成了完全意义上的长江流域经济带，加快了重庆的城市化和近代化的进程，奠定了几十年来重庆努力建设长江上游经济中心的基础。

重庆在成为近代长江上游经济中心的道路上，经历了两个阶段。第一阶段是“初步形成”阶段(19世纪70年代—20世纪30年代初)。以《中英烟台条约》(1876年)及其《续增专条》(1890年)的签订和重庆开埠(1891年)为标志，重庆开始了它的近代历史。重庆首先成为了商业中心，继而形成主要为商业服务的金融中心，商业活动的频繁又刺激了交通中心的形成，最后是近代工业的产生和初步发展。重庆城市经济跨上了一个新的台阶。这种局面的出现，改变了重庆城市的功能，标志着重庆经济中心的初步形成。

第二阶段是“完全形成”阶段(1935—1945年)。“完全形成”主要是抗日战争时期,它以前期的发展为基础,同时又在新的历史机遇下得到跨越式发展。抗战时期,重庆不论是经济的总量,还是经济的结构,不论是经济的规模,还是经济的辐射力和凝聚力,都达到了那个时代的高峰,盛极一时。抗日战争使重庆经济中心的影响力和辐射力跨出了长江上游地区,达到了整个大后方,从而以“中国大后方经济中心”的姿态独步一时。战时重庆经济地位的形成是以民族危亡、全民抗战为背景的,也是以整个大后方为依托的。战时重庆经济的发展,对于增强大后方的经济基础,对于持久抗战,都有极为重要的战略保障意义。

工业中心

抗战时期,重庆的经济发展首先集中体现在大后方工业中心地位的形成上。抗战伊始,中国中东部厂矿陆续内迁。战时工业内迁主要分三个阶段进行:第一阶段从1937年8月开始至当年11月止,主要是将上海及沿海地区的工业向汉口迁移;第二阶段是从1937年11月至1938年10月,因为武汉面临失守,大量工厂西迁至宜昌;第三阶段是从1938年10月至1940年6月,工厂企业由宜昌经川江航运过三峡入川,其中大部分布局在了重庆。据统计,自抗战爆发至1940年底,内迁工厂639家,分布在四川的有254家[①],仅重庆就有243家[②],约占全部内迁工厂总数的38%,全部迁川工厂总数的95.7%。[③]大

① 中国第二历史档案馆编:《翁文灏撰战时工业法规之修订及后方工业之发展》,《中华民国史档案资料汇编·财政经济》,第5辑,第2编,江苏古籍出版社1997年版,第136页。

② 周勇:《重庆通史》,第3卷,重庆出版社2002年版,第1009页。

③ 由于各种统计存在误差,加之工厂存在民用与军用的复杂性,内迁工厂总数、迁川工厂总数、迁渝工厂总数都存在不同的统计数据。在翁文灏的一些记述中,迁川工厂总数均为254家。1945年中国工业经济研究所编的《工业统计资料提要》显示迁川工厂数量为254家。1947年出版的第20期《联合经济研究室通讯》中所附《内迁工厂节略》所示,四川内迁工厂254家。以上三种数据统一。2002年重庆档案馆公布的《迁川工厂联合会全体会员名录》(《档案史料与研究》,2002年第2期)中迁川工厂数量达到292家,其中迁渝工厂数量达到271家。

量工业厂矿的内迁，对重庆的工业建设起到了巨大的推动作用，在现代中国工业史上产生了重要影响。蒋介石在1943年4月30日，全国工业建设计划会议期间就称，工业内迁是“抗战中间最难得的一件事”[①]。

经两年的辗转迁移，以重庆为中心的工业生产在大后方逐步展开。1937年，重庆工业在全国仅占1.96%。经过抗战，中国在大后方重新建立了重庆、川中、广元、川东、桂林、昆明、贵阳、沅辰、西安等11个新的工业区。在这一地区里，重庆工厂占了大后方的31.7%，居第一位。[②]战时重庆的工业涵盖了兵工、钢铁、机械、船舶、纺织、化工、能源、水电等各门类，大后方没有一个城市、一个地区能达到重庆工业的整体水平。正是这样一个比较完整而足以支持抗战、维持人民基本生活的工业体系，成为重庆经济中心完全形成的主要标志。

抗战时期，重庆工业的发展首先突出地表现在兵器工业上。抗战全面爆发前，重庆原有兵器工业虽有一定基础，但无论从企业个数来看，还是从生产品种和数量来比，重庆战前原有兵器工业在全国兵器工业中所占的份额，都十分低。内迁结束时，直属兵工署的17个兵工厂（不包括此时已设立筹备处，准备新建的厂），有11家迁至重庆，占兵工署直属兵工厂总数的三分之二。这些兵工厂主要分布在临长江、嘉陵江的河谷地带。其所生产的产品包含了战时军需的绝大多数械弹品种。可以肯定，重庆战时兵器工业企业在武器装备的品种上、数量上，均在大后方占绝对主导地位，是抗战大后方当之无愧的兵工中心。

除了兵器工业外，战时重庆的钢铁、机械、纺织、能源、水电、船舶、化工等均获得了突飞猛进的发展。当时的人们描述说：“最近迁川的工厂，都先后建立起来，机器是日夜不停地转动，工人也不停地工作着，出品供不应求，后方的生产事业正表现得蓬勃的发展。”[③]另据有关研究显示，到1939年，内迁至

---

① 蒋介石：《中国工业建设的途径》，秦孝仪主编：《总统蒋公思想言论总集·讲演》，卷20，中国国民党党史委员会印，1984年，第160页。

② 周勇：《重庆抗战史》，重庆出版社2013年版，第12页。

③ 黄佩兰：《改善重庆纺织女工生活增加战时生产的一点意见》，《妇女新运》1939年第3期，第5页。

重庆的机械类工厂多数已开始复工，这些工厂每月可以生产车床、刨床、钻床等工作母机100台，蒸汽机、煤气机、柴油机、水轮机、小型发电机等动力机420部，轧花机、针织机、纺纱机、织布机、抽水机、造纸机等作业机1400部。到1942年时，重庆的机械工业得到进一步发展，厂家比1939年增加了5.32倍。[①]根据1938年年底的调查来看，重庆"全市共有机械、电气、搪瓷、建筑、化学、纺织、面粉、火柴、煤矿、造纸及印刷等45个部门，243个工厂。二十八年虽遭受敌机凶狠的轰炸，但是迁川之厂大半集中在此，新创设的工厂亦络绎不绝。……对着沦陷区中民族工业被敌人摧毁殆尽，重庆的确是中国的'工业之家'了"[②]。"遽然成一繁盛之工业城市，其工业区之范围，广达十数方英里。"[③]工矿调整处工业司司长吴承洛在谈到战时重庆及四川工业发展时说："七七抗战，厂矿内迁，见诸事实，多以重庆及其附近为集中地点，而沱江与岷江流域之工业，亦在勃然兴起，……而四川新工业之迅速发展，已居领导之地位。"[④]以1940年底国民政府经济部的统计来看，当时大后方共有工厂1350家，其中重庆有451家，约占33.4%。到1944年时，后方工厂有1300余家，其中重庆有451家，仍是大后方工厂分布最多的地区。这些工厂包括冶炼工业16家，机器五金工业210家，电工器材工业27家，化学工业108家，纺织及服装工业42家，饮食品工业17家，印刷文具工业17家，其他工业14家。[⑤]

金融中心

重庆是中国抗战时期大后方的金融中心，国家银行是这一中心的主体。国民政府迁渝后，为了控制和管理金融，明令中央银行、中国银行、交通银行、

① 韩渝辉主编：《抗战时期重庆的经济》，重庆出版社1995年版，第64页。

② 许涤新：《日在发展中的大后方经济》，载于《群众》1940年第10期，第264页。

③《工业之家的重庆》，载于《中外经济拔萃》1940年第1-2期合刊，第52页。

④ 吴承洛：《战后工业建设区位之研究》，载于《新经济》1942年第1期，第7页。

⑤ 袁梅因：《战时后方工业建设概况》，载于《经济汇报》1944年第9卷第5期，第86-87页。

农民银行四家银行的总行迁到重庆,并准许各省地方银行在重庆设立分支机构,中央信托局、邮政储金汇业局等也迁到重庆。1939年9月,为进一步控制金融以适应战时需要,改组并加强了原中中交农四行联合办事总处,总处设在重庆,负责办理政府战时金融政策,是控制全国金融的最高权力机关。以四联总处的改组和运行为重要标志,以重庆为中心的大后方金融业获得了空前发展。

抗战时期,从外地陆续迁到重庆的外地银行有两种。一种是财团银行和商业银行,如号称北四行的金城、盐业、中南、大陆银行,号称南四行中的上海商业储蓄、浙江兴业、新华信托银行,号称小四行的中国通商、中国实业、中国国货、四明银行,集中了中国主要的民族资本。另一种是各省的地方银行,如广东、广西、江苏、安徽、浙江等省银行,或将总行迁来重庆,或在重庆开设分行。更多的省和地方银行,如江西、贵州、陕西、西康、湖北、甘肃、福建、湖南、河北等省,四川的南充、遂宁、合川、垫江、忠县、隆昌、广安、富顺、丰都等县,则是在重庆开设银行办事处,既与中央保持联系,又同时经营银行业务[①]。与此同时,以重庆银行为中心的潘昌猷财团,以聚兴诚银行为中心的杨氏财团,以美丰银行为中心的康氏财团,以和成银行为中心的吴晋航财团,以川康、川盐两行为中心的刘航琛财团等重庆本地银行稳步发展。

据相关统计显示,到1941年12月时,总行设在重庆的银行就有中央银行、中国银行、交通银行、中国农民银行、四川省银行、美丰银行、重庆银行、山西裕华银行、亚西实业银行、聚兴诚银行、川盐银行、川康平民商业银行、通惠实业银行、长江实业银行、建国银行、开源银行、四川建设银行、和成银行等18家,而各分行、支行和办事处等银行机构则达到74家。[②]另有统计显示,截至1942年底,总部设在重庆市的银行有30家[③]在银号和钱庄方面,1942年《金融月刊》刊载的有关重庆银钱业的调查显示,当时重庆正在注册和已经完成注

① 傅润华等:《陪都工商年鉴》第7编,第16-18页;《全国金融机构分布一览表·四川省》,中央银行金融机构业务检查处编印,1945年8月。

② 郑洪泉、黄立人主编:《中华民国战时首都档案文献·战时金融》,第5卷,重庆出版社2008年版,第49-55页。

③ 郭荣生:《战时西南、西北金融网建设》,载于《财政学报》1943年第3期,第54-58页。

册的银号和钱庄共有谦泰银号、永成银号、复兴义记钱庄、仁裕钱庄等46家。[①]另外，到1943年为止，中中交农四行已与四川、云南、贵州、广西、江西、甘肃、陕西、湖南、上海、浙江、青海、湖北、香港等省市的35个城市建立了稳定的贴放款关系。重庆地方商业银行也与四川、云南、湖南、湖北、广西、广东、贵阳、上海、陕西的15个城市建立了稳定的业务联系，形成了以重庆为中心，以大后方为活动范围的新的金融市场和金融网络。到1945年8月抗日战争结束时，重庆一共有银行、钱庄、总行、分行、支行233个，成为中国抗战大后方名副其实的金融中心。

商贸中心

工业中心和金融中心的形成及大量人口迁渝，促使重庆在抗战时期商业极为繁荣，商业门类齐全，经营品种繁多，并形成以重庆为中心，辐射到四川及西南、西北各省的庞大商业网络，从而确立了重庆作为中国抗战时期大后方商贸中心的地位。

抗战全面爆发之初，国民政府以重庆为中心，控制着包括平汉、粤汉两铁路线以西的大部分地区，此时大后方的商业网络除覆盖西南、西北之主要区域外，可延伸至湖北、湖南、广东等地，与上海、香港等地的贸易往来虽受影响，但并未中断。然而，“自二十九年六月宜昌、沙市沦陷后，由重庆东运货物，显然减少”[②]。面对这种情形，西南、西北诸省内部商业联系不断增强，大后方作为一个相对独立的商业区域发展日趋成熟。而重庆凭借其既有的商业地位，以及战时政治影响，在大后方的商业网络中总体上处于最核心层级，“不愧为川省第一商埠，且为黔、滇、陕、甘等省货物之集散地”[③]。

抗战时期以重庆为中心大后方商业网络的形成和发展得益于西南通道

①《重庆市银行钱庄调查》，载于《金融月刊》1942年第1期，第18-24页。

②《海关中外贸易统计年刊·各项比较图表》，“附录”，上海总税务司署统计科编印，1946年第1期，第11页。

③ 薛绍铭著：《黔滇川旅行记》，中华书局1938年版，第164页。

的打开，陕西、川北、川西、川东等地的不少商品通过各种方式运至重庆，后经川南，以河运、驿运等方式入昆明，再由滇越、滇缅、滇印通道出境。西南通道的打开使得重庆与宜宾、昆明、腾冲、蒙自、龙州等城市的商业联系更加紧密，这在促进大后方内部市场发展的同时，也增强了重庆在这个商业网络中的地位。以桐油为例，从既有的史料记述来看，抗战之前，川省桐油最重要之集中地为万县、重庆两市，但万县的地位要高于重庆，而抗战爆发后，“桐油输出，改道西南，重庆桐油输出之地位，将更呈突飞猛进之势”①。“重庆下游各地桐油均送渝集中出口，而万县则为川东之桐油集中地。”②

抗战时期，除了西南方向的市场体系得到拓展外，重庆与西北方向的商业联系也有所加强。由于战时东路棉花供应紧缺，重庆的主要花纱布生产厂商裕华、申新、豫丰，均在西北产棉各地设机构购棉，“其数亦巨甚”③。猪鬃的收购也是如此，当时最大的加工企业四川畜产公司除在重庆设有总厂外，还分别在黔、滇、陕、甘、湘、鄂、豫等省广设收购和加工机构。④在毛纺织方面，西北地区的皮毛在抗战以前多通过西安至天津一线出口，而华北沦陷后，西北的皮毛出口改道，取道兰州经新疆被运往苏联。⑤除了出口外，西北的皮毛还大量内销至重庆和西南其他城市。其中一个重要原因便是抗战时期内迁的8家机器毛纺织厂有6家在川康地区，而重庆就拥有4家。“各厂所需原料大部运自陕甘。”⑥皮毛由西北内销至西南，促进了西北地区一些市镇的兴盛。例如，甘肃传统的主要皮毛集散市场有兰州、永登、张掖、酒泉、安西、固

---

① 秦孝仪主编：《抗战建国史料——农林建设（三）》，第104辑，（台）中央文物供应社1986年版，第334页。

② 严匡国：《四川桐油产销概况》，载于《四川经济季刊》1944年第2期，第125页。

③ 史显中：《重庆市之花纱布市场》，载于《农本》1941年第53期，第26页。

④ 古耕虞：《我经营猪鬃二十余年的回顾》，中国人民政治协商会议全国委员会文史资料研究委员会编：《文史资料选辑》，中国文史出版社1986年版，第13-14页。

⑤ 有关抗战时期西北皮毛贸易出口路线方面的研究已经被学界广为重视，不少专著或专论中均有提及。可参看谭刚：《抗战时期西北皮毛贸易与大后方经济变动》，《中国历史地理论丛》2012年第1期，第56-71页；亦见黄正林：《近代西北皮毛产地及流通市场研究》，载于《史学月刊》2007年第3期，第103-114页。

⑥ 陈真、姚洛合编：《中国近代工业史资料》，第4辑，三联书店1961年版，第349-350页。

原、西丰镇、永昌、张家川等①,而张家川因位于陕甘交界处在抗战时期的皮毛贸易中的地位得到进一步巩固。据史料载,1939年至1949年是近代张家川皮毛贸易最全盛的时期,其中抗战爆发东路贸易中断后,"张家川皮毛全部销往重庆、成都两地","四川商客善于经营羊皮,他们把生皮运到重庆加工成品,然后运往外地出售"②。由此不难看出,抗战对西北地区的商业线路产生了较大影响,以陕南为例,这一地区的货物以往多沿汉水运送至汉口与外界交易,"抗战爆发后,东南水运路线受到一定阻滞,陕南药材、山货的输出又以汉中为集散地,多走蓉渝滇黔这条通往大西南的道路,到国民党统治区的大后方。……甘肃的药材,沿古老的茶马贸易路线逆向而行,进入陕南,并经此线入川"。③毫无疑问,战时重庆及西南各城市需求量的增长,以及战时状态下西北贸易线路的变化加快了西北、西南两个商业市场的互动与融合,尤其是增强了甘肃、陕南与重庆、成都等西南城市之间的商业联系,这有助于增强重庆在大后方的商贸中心地位。

交通运输中心

交通的建设和发展,为经济建设的发展提供了基础,为工矿企业的发展提供了基础条件。同时,交通的发展也促进了重庆及其周边地区的商品和物资流通,有力推动了重庆地区经济的大发展。

早在抗战全面爆发前,成都经重庆到贵阳的成渝路、川黔路和川湘路、川鄂路渠万段(渠县至万县)、川青路绵江段(绵阳至江油)、川陕路成七段(成都至七盘关)、川康路成雅段(成都至雅安)均建成通车,加之川江航运业的迅速发展以及航空运输业的拓展,重庆已初步成为大后方交通运输的一个枢纽。抗战全面爆发后,为了适应战时需要,重庆的陆、水、空交通均得到更大发展,

①《甘肃皮毛运销集中点》,载于《甘肃贸易》1943年第2-3期合刊,第51页。

② 麻均、马辅臣:《张家川的皮毛业》,宁夏回族自治区政协文史资料委员会、陕西省政协文史资料委员会等合编:《西北回族与伊斯兰教》,宁夏人民出版社1994年版,第213页。

③ 王一成、韦苇编著:《陕西古近代对外经济贸易研究》,陕西人民出版社1990年版,第455页。

以重庆为中心的大后方交通运输网络完全形成。

战时大后方的陆路运输主要是公路运输。国民政府在交通部公路总管理处下设西南、西北公路运输管理局,进而统筹管理大后方公路运输。经过新修和改扩建,川黔、川湘、川鄂、川桂、川滇、川汉等公路干线均贯通,重庆成为连接西南、西北公路干线的交汇点。此外,国民政府还着重修筑了一大批公路支线,使重庆在干线基础上,与附近地区进一步联片成网。从1938—1944年,国民政府在大后方共新筑公路11675公里,改善道路88901公里①,成就相当显著,为重庆的发展和支持全国抗战起到了极大的作用。同时,为了解决国际运输,国民政府先后修筑了中越、中缅(滇缅)、中印等国际公路,加强了同英美等的军事物资联系。

在水路交通方面,重庆依托川江水系,承战时之需,成为大后方的船运中心。抗战全面爆发后,我国最大的轮船运输企业招商局、三北公司等相继退入川江,但因航道原因,多数轮船不能适应内河运输。于是,重庆的民生公司承担起战时船运的主要任务。包括内迁物资的紧急抢运、人口疏散以及部分川军出川的运输等,民生公司发挥了不可替代的巨大作用。抗战时期,川江航道缩短,民生公司在仅有的航道上,开辟了重庆至巴东、三斗坪的重点航线,直接为战争和前线服务。在重庆工业区建立以后,它们又开辟重庆及附近地区短途航线支持经济发展。此外,民生公司还在金沙江、嘉陵江上开辟和延伸新的航线,在水陆联运、水空联运等方面发挥了重要作用。在极端困难的条件下,民生公司轮船运输业仍有较大发展。1945年比1937年增加了82.6%,吨位增加了37.73%,马力比1938年增加16.69%,年客运量增加近1倍,货运增加1倍以上。②当然,为了保证战时水上运输的畅通,国民政府对包括金沙江、大渡河、酉水、赤水、綦江、涪江等在内的多处航道进行了整治。

在航空运输方面,重庆是抗战大后方的枢纽与中外联系的重要支点。1938年中国航空公司、欧亚航空公司先后迁渝,开辟了重庆到香港、成都、宜昌、乐山、西安、兰州、贵阳的国内航线,并通过香港再与美国泛美航空公司太

①《抗战时期迁都重庆之交通部》,重庆中国三峡博物馆馆藏。

② 隗瀛涛主编:《近代重庆城市史》,四川大学出版社1991年版,第370-371页。

平洋航线连接，陆续开通重庆到河内、仰光、阿拉木图、加尔各答等国际航线。战时重庆航空事业的大发展，与战局的演变有重要关系。特别是太平洋战争爆发后，日本对东南沿海实施了封锁，苏联无暇东顾，中国在西南方向开辟的通道，就具有极为重要的战略意义。总体而言，抗战时期，重庆作为大后方航空中心，航空运输业做出了巨大贡献。1937年至1944年上半年，飞行里程28913000公里，客运211000人次，货运量41469吨，货运量增长特别迅猛，从1937年的440吨猛增到1942年的19752吨。

抗战时期，以重庆为中心的大后方交通网络的形成还得益于水陆空联运的实施，它将不同交通方式的效用尽可能发挥出来，进而更好地满足战时大后方人员物资流通。

邮电中心

重庆作为战时首都，成为全国抗战大后方的政治、经济和军事指挥中心，必然要求、关注和促成邮政与电信事业的更大发展。经过数年建设，到抗战后期，以重庆为中心的大后方邮政与电信网络基本形成。

抗战全面爆发后，中国邮政总局由南京迁武汉；1938年又迁昆明；1941年在日本侵占缅甸后，又由昆明迁重庆。在中国邮政总局的部署下，以重庆为中心的大后方邮政事业得到迅速发展。据统计，1937年6月全国邮政局、支局、代办所共15019处，经过抗战初期的破坏后逐步恢复，到1940年年底有16335处，1944年年底则达到18812处。这比战前还多出3793处。[①]除了邮政服务机构的增设外，邮政线路也不断开辟。1938年以来，相继开通了重庆到贵州、成都、云南、宝鸡、湘、鄂、赣等国内邮路以及重庆到缅甸、香港、加尔各答等国际邮路，形成了飞机、轮船、汽车、板车等多种形式的邮政运输。与此同时，邮政运输量大幅度增加，从1937年的1500.87万件发展到1940年的8203.59万件。

①《战时之邮政》，载于《交通统计月报提要》1944年9月，第38页。

电信原为邮政的业务之一，含电话、电报两个方面。抗战时期，应战时通讯的需要，重庆电话、电报业务发展很快。以电话为例，1938年7月，国民政府交通部设立重庆电话局，初为三等电话局，到1942年升为一等电话局。事实上，重庆“为战时军政重心”，重庆电话局“执电话通讯总枢”，其重要性不言而喻。到1942年，重庆电话局已下设16个电话所，共架设电话线7179.74公里。[①]

为适应形势需要，1943年1月，交通部设立电信、邮政两总局，乃隶属交通部管辖。由此，抗战时期的电信业务从邮政中分离出来。“重庆为战时首都，故各种电信业务之繁忙，冠于全国。最近每月电报收发次数，约达四十五万余次，内有线电报约占百分之八十，无线电报约占百分之二十，每月接通之长途电话，来话去话及转话，约计五万八千次，市内电话用户约计二千四百五十户，内自助电话用户约占百分之七十七。”[②]邮政、电信事业的发展，使得重庆成为战时大后方的通讯交会点。

以经济发展为基础，抗战时期重庆的城市建设取得了较大进步，这是近代重庆城市化最快的一个阶段。抗战全面爆发，重庆成为中国战时首都，城市人口急剧增长。曾任重庆市市长的张笃伦说：“洎乎七七战起，枢府播迁，政治重心全部西移，所有政府机关，友邦使节，避地义民，内迁工厂，及其他文、教、工、商等事业团体，先后集中荟萃于兹。陪都人口遂于短短数年之内，骤增至百三十余万。”[③]显然，由于战争致使大批迁川厂矿、机关、学校等单位内迁和市区人口向郊外迁建区扩散，形成了一批以厂矿企业、机关学校聚集的卫星城镇，这使得重庆的城市规模显著扩大。城区扩大，郊区扩大，工业区与学校区、老城区与迁建区都有了长足的扩展，到1940年划定重庆市区水陆面积为328平方公里。市政设施也有了大的发展，公共图书馆、中国西部科学博物馆、公园、体育场、城区公路、公共汽车、剧院影院、跳伞塔、民众教育馆等公用设施应运而生，抗战时期重庆的城市建设奠定了今日重庆城市的基本

①《最近四年半来之重庆电话局概况》，载于《交通建设》1943年1月第3期，第137页。

② 黄如祖：《重庆电信概况》，载于《电讯（重庆）》1943年2月第6期，第4页。

③《陪都十年建设计划草案·序》，陪都建设计划委员会编印，1946年。

格局。

在城市基本格局形成的同时，城市基础设施建设与公共事业发展也取得了一定进步。抗战时期，随着重庆行政建制级别的不断提高，其在城市道路、公共交通、供水、排水、供电、医疗卫生等方面的建设亦逐步朝着与首都匹配的方向迈进。1940年，行政院决议组成陪都建设委员会，全面规划和建设重庆，由孔祥熙任主任委员，周钟岳、杨庶堪任副主任委员，直隶于行政院。重庆人民在极为艰苦的条件下，以吃苦耐劳的精神和坚忍不拔的毅力，通过积极规划与建设，使得重庆的城市面貌得到不少改善。

总之，抗战时期，重庆在工业、金融、商业、交通、邮电、市政建设等方面有了明显的发展与进步，形成了比较完备的近代经济体系，在整个国家经济中有着举足轻重的地位。作为大后方的经济中心，重庆的城市综合功能迅速扩大，对支持抗战发挥了巨大作用。尽管经受了近7年的大轰炸，但抗战时期重庆城市的近代化依然具有划时代的意义。

一、工业

抗战全面爆发后，工业资源比较集中的东部受到严重威胁，工业生产进入战时状态，市民生活受到较大影响。东部工业资源的西迁迫在眉睫。1937年7月14日，上海大鑫钢铁厂总经理余名钰率先致函国民党当局，要求协助内迁。紧接着，中华国货联合会代表300余家工厂上书国民政府，要求政府迅速组织工厂内迁。在民营工厂的呼吁下，军委会于1937年7月底筹议设立国家总动员设计委员会，决定立即实施粮食、资源、交通统制，开展民众组织与训练，筹划战时财政金融等。国家总动员设计委员会由秘书、粮食、资源、交通、民众指导、卫生和财政金融七个组组成。国家总动员设计委员会资源统制由资源委员会、实业部、军政部、财政部、经济委员会、交通部、铁道部等会同办理，资源委员会负责召集。7月24日，资源委员会召集各部委召开了全面抗战后的第一次协调会议，提出内迁沿海工业问题，决定分财务、矿冶、燃料、机器和化学、棉业、建筑材料、牲畜毛革、专门人才等8个小组分头开展内迁工作。此后，资源委员会成立由林继庸率领的专门工作组赴上海调研和督促迁厂事宜。至此，以上海为中心、由东至西的工业内迁全面展开。1937年9月23日，国民政府成立了工矿调整委员会，负责全国各地工厂迁移工作。

除了普通工业的内迁外，兵器工业也于1937年9月开始内迁。上海炼钢厂、济南兵工厂、金陵兵工厂之枪弹厂首先内迁，揭开了抗战时期中国兵器工业大规模内迁的序幕。这以后，随着战争的持续与战事的进一步扩大，国民政府先前认为安全的地区已不再安全，因而各兵工厂的迁建规模进一步扩大，并于1937年12月至1938年11月，出现了中国兵器工业内迁的高潮。位于江苏、河南、湖北、广东、广西等地的兵器工业纷纷内迁，到1940年10月，大规模的兵器工业内迁告一段落时，共有兵器工业及其分厂18家内迁。其中迁到重庆的有上海炼钢厂、济南兵工厂、巩县兵工厂、金陵兵工厂、汉阳兵工厂、汉阳火药厂、钢铁厂迁建委员会、广东第二兵工厂、广西第一兵工厂、炮兵技术研究处本部及炮弹厂、枪弹厂等11家，占整个内迁兵器工业总数的61%强。抗战时期重庆的兵器工业，不仅数量众多，规模庞大，技术力量强，而且设备先进，品种齐全，出产量大。重庆成为供给中国正面战场抗战各种常规武器的主要基地，为支撑抗战并赢得最终胜利，做出了巨大贡献，也对半个多世纪以来重庆的经济结构产生了重要影响。

无论是兵器工业，还是一般工业，其内迁都是在极为艰难的条件下进行的，不少民族企业家、管理者和工人都付出了巨大努力和牺牲。到1940年，选择内迁的绝大多数工业厂矿已复工生产。大量工业厂矿的内迁，对大后方的工业建设起到了巨大的推动作用，在现代中国工业史上产生了重要影响。必须承认，抗战时期的工业内迁实为中国工业史上的一次壮举，是经济西迁的实体内容。这些内迁的企业，分部在四川、湖南、云南、贵州、广西、陕西、西康等省份。其中，尤以四川以及战时首都重庆的工厂数量最多，不少工厂为与国家战略紧密相关的兵工、机械企业，这在很大程度上改变了近代中国的工业布局，建立起重庆的近代工业体系，成为中国抗战时期军工和民用物资的主要生产基地。战时重庆工业的发展改变了重庆经济的结构，使重庆由一座以商业性质为主的城市发展成为战时我国唯一的工业门类较齐全的综合性工业基地，为支援抗战做了重大贡献，为国民政府坚持长期抗战提供直接的物质保证，也为重庆工业化的发展奠定了基础。

(一)工业西迁

◀ 翁文灏是我国第一个地质学博士、现代地质学的奠基人。抗战军兴,翁文灏应蒋介石之邀,以书生从政,先后担任国防设计委员会(后改为资源委员会)秘书长、行政院秘书长等职。1937年,翁文灏出任经济部长,在抗战期间主管中国的战时工业生产及经济建设,领导并组织了工矿企业内迁的工作。

▶ 抗战全面爆发后,林继庸任上海工厂迁移监督委员会主任委员,在上海主持迁厂事宜。此外,他还被委任为军事委员会工矿调整委员会执行长兼化学组组长、厂矿迁移监督委员会执行组长、经济部工矿调查处业务组长等职务,领导组织内地民营工厂内迁,因此林继庸被称为"迁川工厂之父"。

▲ 迁川工厂联合会将迁川大厦礼堂命名为“继庸堂”，并在李家沱工业区内建有“继庸路”，以表彰其迁川的功绩。图为“继庸堂”揭幕典礼。

▲ 1937年以前，中国工业布局极不合理，沿海地区集中了全国80%以上的工厂，而内陆一些省份几乎没有现代化工厂。抗战全面爆发后，国民政府也加快了内地的开发和建设，国民政府确定“政府第一期的工业政策，其中心工作就是协助厂矿内迁”，由此拉开了中国近代工业史上规模空前的大迁徙的序幕。起初厂矿内迁的目的地并不是西南，而是武汉。10月，由于日军迅速向南京逼近，国民政府决定迁都重庆，已经迁到武汉的厂矿，在开工一段时间以后，于1938年6月再次拆迁，武汉本地的厂矿也加入了内迁的大军。在内迁的第二阶段，一些厂矿选择了广西、湖南、陕西、云南为目的地，但更多的选择了四川，特别是重庆。对于战前工业落后的大后方来说，内迁工厂的到来，奠定了战时大后方工业发展的新基础，促成了重庆这个中国西部近代最大的经济中心的形成。图为战时行驶在重庆长江上运送物资的各式轮船。

▲ 1938年10月武汉沦陷前夕，30万吨内迁物资和3万多难民滞留宜昌。紧急关头，爱国实业家卢作孚先生创办的民生公司全力投入抢运，在40天内，完成了大部分的积压物资和全部人员的内迁工作。这一壮举，被赞誉为“中国实业界的敦刻尔克”。图为民生公司的“民主轮”航行在青滩。

◀ 著名爱国实业家卢作孚先生。

▲ 从战区抢救出的机器设备，在汉口用木船辗转运到重庆。

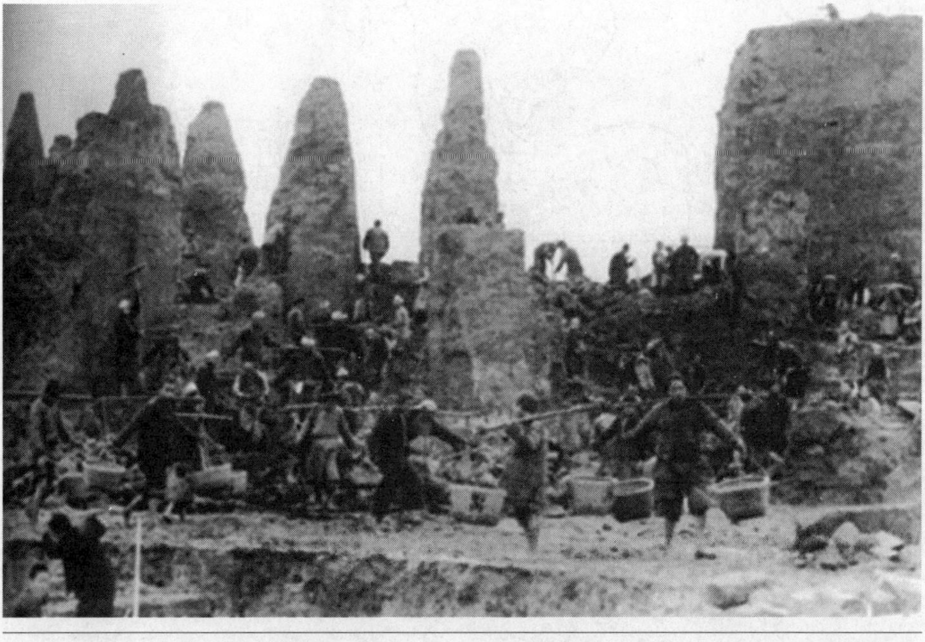

▲ 内迁工厂全力抓紧时机复工，如豫丰、裕华、大华等厂的厂址，原本都位于丘陵深谷，他们发动人力，铲山平谷，重新建厂。

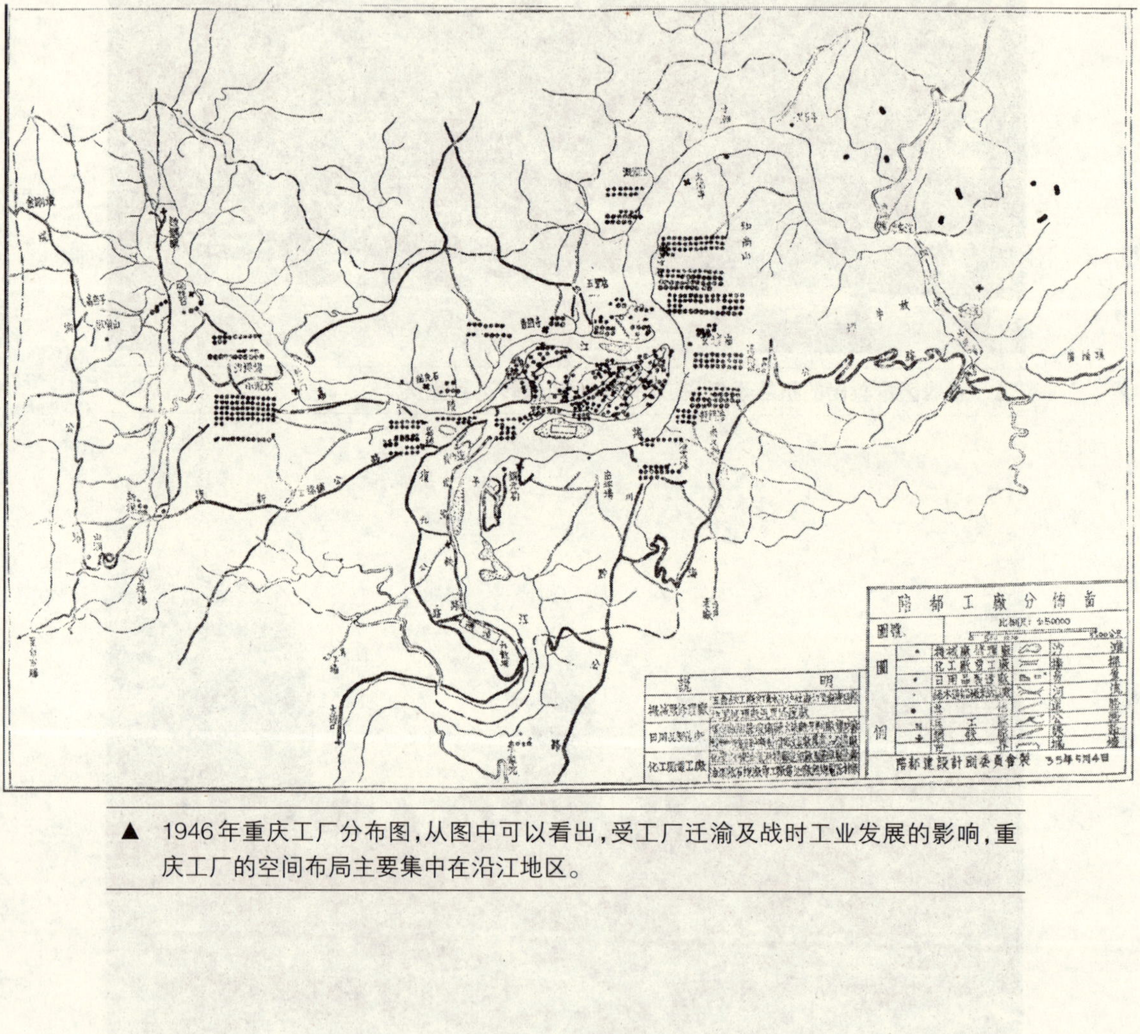

▲ 1946年重庆工厂分布图，从图中可以看出，受工厂迁渝及战时工业发展的影响，重庆工厂的空间布局主要集中在沿江地区。

（二）兵器工业

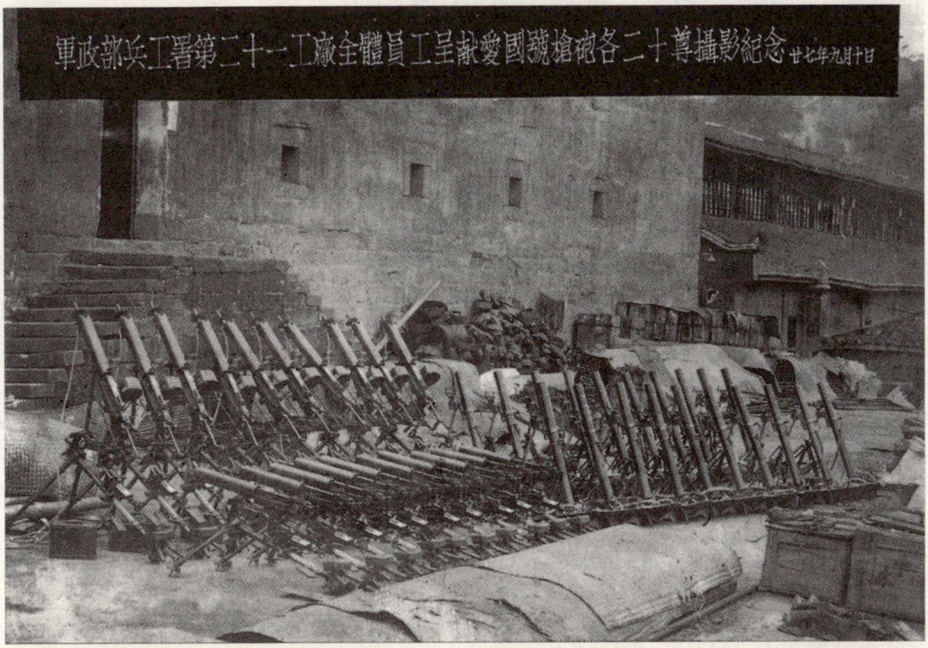

▲ 第二十一兵工厂前身为南京金陵兵工厂和汉阳兵工厂，1937年11月西迁，在重庆江北陈家馆建厂。1938年3月，奉军政部令改称为兵工署第二十一工厂（又称“第二十一兵工厂”），直隶军政部兵工署。该厂辖重迫炮厂、炮弹厂、重枪厂、步枪厂、制弹厂、药厂、修枪厂、动力厂、火工厂、工具厂等16个分厂及学校、医院、农场等。第二十一兵工厂系抗战时期大后方最大的兵工厂，该厂的主要任务是研究、生产各种轻重机枪步枪迫击炮等武器弹药，修理枪炮及制造部分军用器材、武器附件防毒面具、甲雷等。图为1938年9月10日，第二十一兵工厂贡献的爱国号枪炮共40尊，其中水冷式马克沁重机枪20挺，八二迫击炮20门。

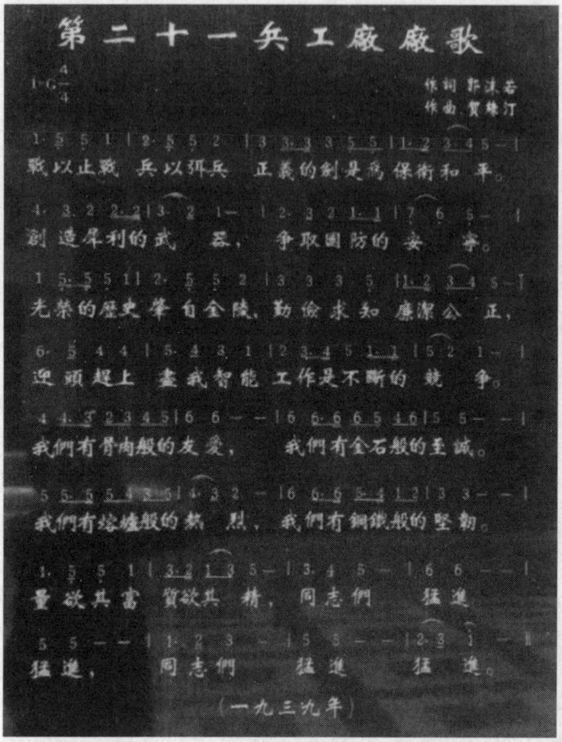

▲ 1939年，金陵兵工厂厂长李承干请郭沫若创作《第二十一兵工厂厂歌》，郭沫若作词，贺绿汀作曲。厂歌谱写完毕后，全厂职工认为它反映了厂训，反映了李厂长治厂的一贯主张及对时局的正确态度，写出了自己的心声，为之振奋。因此该厂歌在抗战时期被广为传唱。2005年12月，中国长安汽车集团股份有限公司成立，曾两次大范围地在职工中征集新的企业歌。通过慎重研究，最后决定将《第二十一兵工厂厂歌》正式确定为长安公司企业歌，并更名为《长安之歌》。

▲ 第二十一兵工厂员工的徽章。

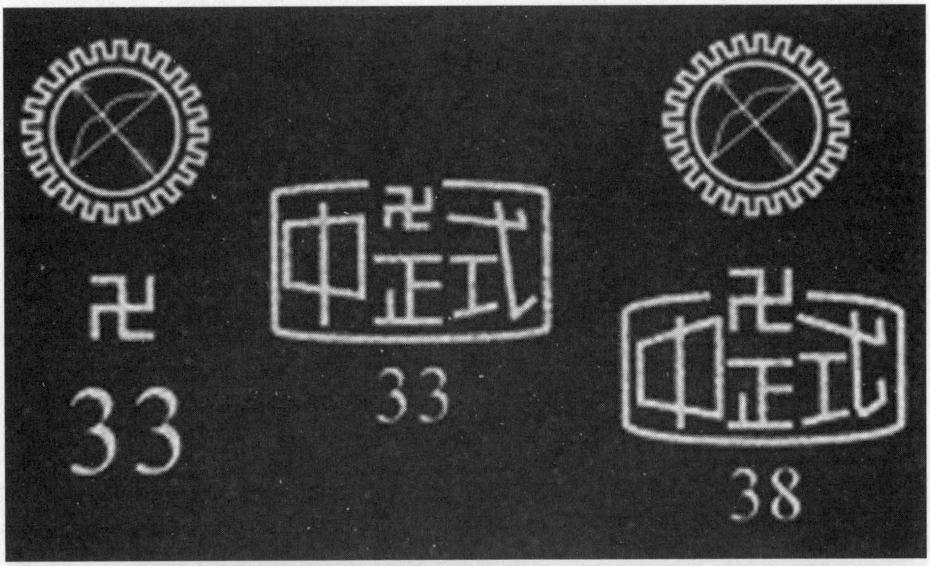

▲ 第二十一兵工厂中正式步枪枪匣铭记。

▲ 抗战时期的第二十一兵工厂炮弹厂工房，主要生产迫击炮。

軍政部任職令 （人）字第 18966 號

茲任鍾桂元為本部兵工署第二十一工廠工務科檢驗股同中尉股員此令

部長 何應欽

中華民國三十二年八月 日

校對 監印

▲ 1943年，国民政府军政部部长何应钦为第二十一兵工厂干部钟桂元颁发的任职令。

◀ 1940年9月18日，李承干创立兵工署第二十一工厂技工学校，为企业培养了大批高级技工。

▲ 1943年，第二十一兵工厂开办宁和中学，当时的毕业生成绩好的可获得升学或者直接进工厂工作的机会。图为1946年宁和中学初中部第二班毕业师生合影。

▲ 1944年10月，第二十一兵工厂总工程师高庆春（第二排左三）、炮弹厂长吴世泽（第二排右四）、重机枪所所长朱应甲（第二排左一）、步枪所所长赵国才（第三排左三）及多名技术人员赴美，经过一年的参观学习，学到不少兵器制造方面的技术知识。图为在美国埃文斯顿西北大学学习工厂管理的人员毕业留影。

▲ 第二十一兵工厂于1939年开始仿制捷克式轻机枪，并对捷克式轻机枪进行改进，至1942年已达标准化，各种零件亦可互换。至1945年抗战胜利，第二十一兵工厂实造捷克式轻机枪9813挺。第二十一兵工厂生产的捷克式轻机枪，其枪匣不像其他厂由整块钢材铣削成形，而是先采用锻造方式制成。据称不仅可节省钢料，而且性能稳定。图为国民政府兵工署在重庆仿制的捷克式轻机关枪。

◀ 1945年，第二十一兵工厂科技人员将重机枪由水冷式改为气冷式，试射检验效果良好，可连续射击5000发。

▲ 1944年初，第二十一兵工厂重炮厂近100名科技人员参加研制120mm迫击炮。该炮最大射程约3000米，重量较法国的轻一半，操作简单，弹着点准确，是抗战时期中国陆军重要的装备之一。

▶ 第二十一兵工厂研制的60mm迫击炮弹。

▲ 兵工署炮兵技术研究处，于1937年8月由南京迁株洲，1938年6月迁重庆江北忠恕沱，1941年改名为兵工署第十工厂（又称“第十兵工厂”），主要生产步兵炮弹。兵工署第十工厂旧址现存10栋建筑，分别为校官楼、职员楼、职员住宅、百货公司、双环餐厅、保卫处、江陵1-114幢（粮店）、商贸区（肉店）、图书馆俱乐部、山洞车间等。建筑多为砖木混合结构平房，具有抗战时期建筑的突出特点。图为兵工署第十工厂旧址（现位于江北区大石坝忠恕沱）。

▲ 第十兵工厂厂徽。

▲ 第十兵工厂旧址山洞车间6号洞。

▲ 第十兵工厂校官楼旧址。

▲ 第十兵工厂职工小卖部旧址。

▲ 第十兵工厂职员住宅。

▲ 第十兵工厂研制生产的60mm迫击炮。

▲ 兵工署第一工厂其前身为创设于清朝光绪年间的汉阳兵工厂，1939年底内迁重庆，在重庆鹅公岩勘定地址沿江开凿山洞，建筑厂房。为防止日机轰炸，该厂将一些重要设备搬进洞内生产。为此，从傅家沟至龙凤溪沿长江北岸一带，该厂开凿了107个岩洞。这些岩洞洞体现大多保存较好，其中一部分生产洞是独立的洞体，另一部分生产洞有支洞相通。生产洞洞口高4～9米，深30～40米，宽4～8米。第一兵工厂抗战时期先后开工制造的有中正式步枪及各式炮弹、手榴弹等产品。图为第一兵工厂生产洞外景(现位于九龙坡区谢家湾)。

▲ 第一兵工厂抗战生产洞内景。

▲ 1919年，四川军阀、重庆镇守使兼川军第五师师长熊克武，为了扩大自己的势力，筹办了重庆电力炼钢厂，以产钢来制造军火枪械。1937年1月1日起，该厂由国民政府军政部兵工署接管，成立“军政部兵工署重庆炼钢厂筹备处”继续生产。1937年1月8日，炼出了西南地区第一批电炉钢。1939年1月，定名为“军政部兵工署第二十四工厂”（又称“第二十四兵工厂”）。新中国成立后先后更名为“西南工业部第一〇二厂”、“重庆第二钢铁厂”、“一〇二钢厂”等，1978年11月，改称为“重庆特殊钢厂”。在抗战时期，该厂曾生产飞机炸弹、手榴弹、掷弹筒及轻武器，为抗战胜利做出巨大贡献。厂区内还保存有日本作为战败国赔付给中国的气压缩机、苏联援华的冷拉机等各类大型机器。图为第二十四兵工厂生产车间。

▶ 第二十四兵工厂专用铁路隧道。

▲ 第二十四兵工厂炼钢部三吨电炉冶炼情景。

▲ 第二十四兵工厂动力部的生产车间外景。

▲ 兵工署第二十五工厂前身为建设于1875年的上海江南制造总局龙华分局，是中国近代最早的兵工企业之一。1938年内迁至重庆沙坪坝双碑嘉陵江畔。抗战时期主要生产各类子弹与炮弹，为抗日前线提供了大量弹药补给，为抗战胜利做出了重要贡献。兵工署第二十五工厂旧址现位于沙坪坝区井口镇双碑村，重庆嘉陵机器厂内。旧址保存较为完好，最难能可贵的是完整保存了抗战时期生产子弹的一整套机器设备，具有极高的历史与文物价值。图为第二十五兵工厂建的山洞厂房旧址。

▲ 第二十五兵工厂建在山洞内的车间。

▲ 第二十五兵工厂大竹林弹药库，建于20世纪30年代末，抗战时期曾征用作为临时弹药库，用以贮备军用物资及弹药。弹药库为一排临街店铺二层建筑，砖木结构实用式建筑，采用坡屋顶，小青瓦覆顶。临街开间8间，单间面阔4.2米，进深8米，总面阔33.6米，占地面积约270平方米，建筑面积540平方米。图为大竹林弹药库旧址（现位于渝北区大竹林街道）。

▲ 第二十六兵工厂于1939年10月开始筹建，1945年1月建成投产，生产氯酸钾、氯酸钠，年产量最高时可达45吨。该厂占地2828亩，1945年有工人1351人，为抗战提供了大量的军用炸药。图为第二十六兵工厂生产车间(现位于长寿区凤城街道关口长寿化工总厂内)。

▲ 抗战时期第二十六兵工厂职工居住的大院一角。大院为一座合院式民居建筑，原为当地地主的一处宅院，原名"宝庄"，为民国长寿四大庄园之一。大院前后两进院落，采用穿斗式构架，细部装饰精美。

▲ 1937年，广东第二兵工厂为了躲避日军的轰炸，在厂长江杓的带领下，跨越数千里，辎重2000吨，内迁至重庆江北区郭家沱，1938年5月1日，更名为“军政部兵工署第五十工厂”，主要生产炮的核心部件、迫击炮、战防炮、野炮等。图为第五十兵工厂山洞生产车间旧址。为避日机，该厂生产车间设置在人工开凿的隧道中。该生产车间1939年开始修建，历时4年，1943年完工，沿山体东北—西南方向分布有洞口22个，占地面积大约5000平方米。洞内隧道互通，地面上约两尺高的排水渠纵横交错，井然有序，洞壁为钢筋水泥墙体，是抗战期间国内修建的最大洞穴建筑。

▲ 洋家河兵工厂原为一处美国援建的秘密兵工厂，制造弹药等军需用品。其附近的李子河上有数个导淮委员会所建的通航闸坝，应与该秘密工厂有极为密切的联系，通航闸坝所在水路，上可至南川，并经由陆路至云贵，下可至重庆，该兵工厂生产的武器弹药，支援大后方及滇缅战场。图为洋家河兵工厂山洞车间内景(现位于綦江县石角镇桃花村洋家河)。

◀ 洋家河兵工厂山洞车间外景。

（三）一般工业

▲ 1938年3月，资源委员会与兵工署会同组建钢铁厂迁建委员会，简称钢迁会，将汉阳、大冶两钢铁厂的部分设备和六河沟钢铁厂的百吨炼铁炉拆卸内迁，在重庆大渡口重建新厂。钢铁厂迁建委员会成立后，即开展工作，1938年4月初设立直辖之南桐煤矿、綦江铁矿两筹备处。1941年3月在綦江县蒲河铁建设大建分厂。1938年9月，100吨高炉破土动工，11月20吨高炉开始建设，其他发电、炼钢、轧钢、耐火工程相继开工，建成一个即投产一个。1940年3月第三兵工厂（即上海炼钢厂）归并钢迁会。图为钢迁会新厂建设工程处全体职员合影。

▲ 钢迁会在选址时最初设想是在綦江三江镇建厂，因该处交通不便，且浅滩多，大型机件运输不易，转而在附近的江边另外选址。工程技术人员在对九龙坡、大渡口、茄子溪、冬笋坝和南岸黑石坪等处反复调查比较后，决定将厂址设立于距离重庆上游约20公里，地属巴县和大渡口镇相连部的落中子一带。图为落中子全景。

▲ 1942年，钢迁会全部建成，南桐煤矿、綦江铁矿、綦江水道运输处等附属单位亦先后投产，成为抗战时期大后方规模最大的钢铁联合企业。据统计，从1941—1947年的7年间，共产生铁5.65万吨，平均年产量为8071吨，共产钢锭4.44万吨，平均年产为6346吨，生铁最高年产达1.33万吨，钢锭最高年产量1万吨。1949年3月1日，改称“军政部兵工署第二十九工厂”，解放后改为“101厂”，现为重庆钢铁公司。图为钢迁会赶制军工钢材，支援抗战。

▲ 钢迁会二号锅炉。

▲ 抗战时期钢迁会使用的8000马力蒸汽机。

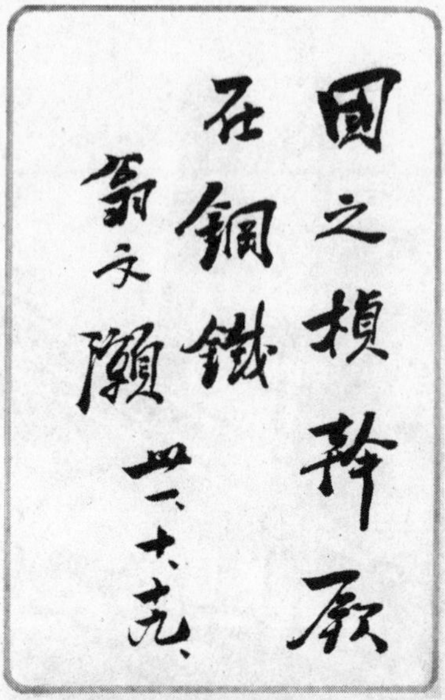

◀ 1942年10月19日，翁文灏在钢铁厂迁建委员会100吨炼铁炉第二次开炉时的题词。

▲ 1937年11月，余名钰创办的上海大鑫钢铁厂与卢作孚的民生公司签订合同，由民生公司加入50%的资本，并提供大鑫厂迁移所需的船只，共同成立渝鑫钢铁厂股份有限公司，卢作孚任董事长，余名钰任总经理兼总工程师。1938年2月，历经几番风雨的渝鑫钢铁厂终于在重庆的土湾重新建厂投产。作为抗战时期大后方最大的民营钢铁企业，渝鑫厂为大后方民族工业的发展做出了较大的贡献，先后设立了机器、木工、炼钢、锻钢等分厂，以制造军火为主，主要生产炸弹、手榴弹和山炮等。公司下设九个分厂：石马乡机器厂、石马乡制片厂、聂家山炼铁厂、长寿炼铁厂、北碚江家沱炼钢分厂、深炭沟矿厂、童家溪煤矿厂、遵义锰矿厂、威远炼铁厂。图为抗战时期迁建于重庆土湾的渝鑫钢铁厂全貌。

▲ 渝鑫钢铁厂长寿炼铁厂旧址（现位于长寿区凤城街道关口）。

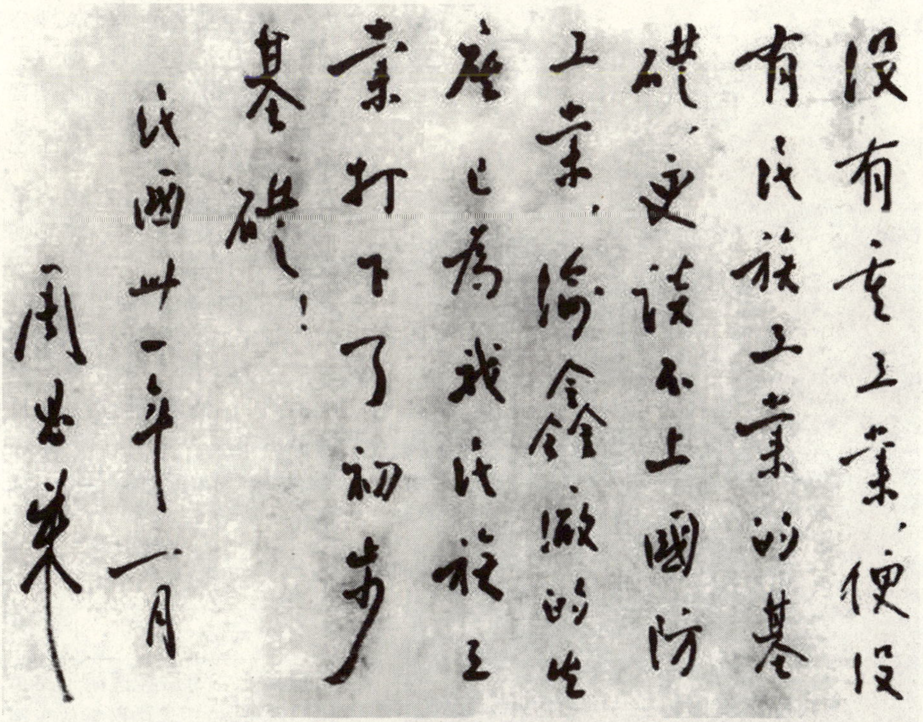

▲ 1942年1月14日，周恩来参观渝鑫钢铁厂后的题词。

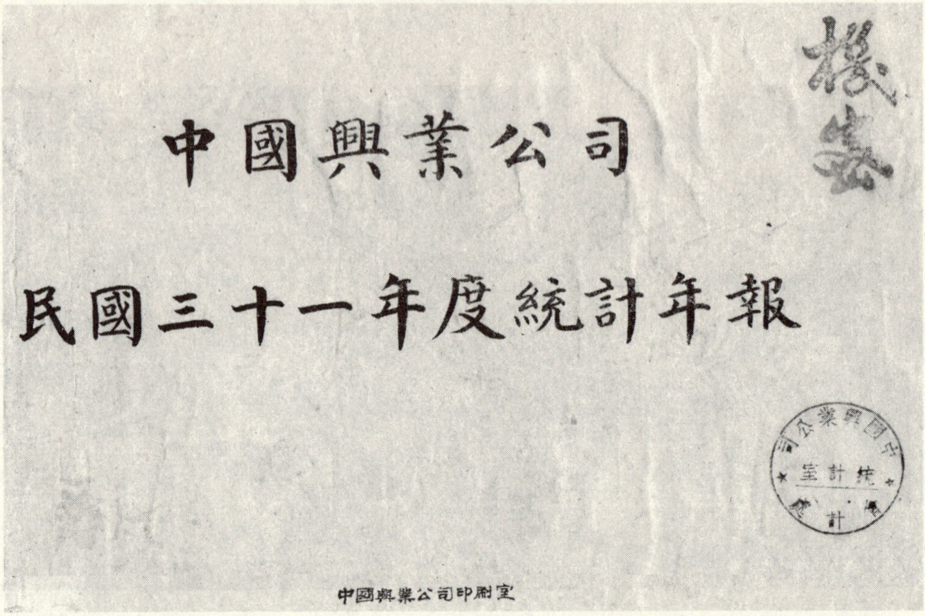
中國興業公司

民國三十一年度統計年報

中國興業公司印刷室

▲ 中国兴业公司创始于1939年7月，由华联钢铁股份有限公司、中国无线电业公司、华西兴业公司矿业合并扩大组成，厂址设于重庆江北相国寺，是抗战时期官商合办的最大钢铁联合企业，其规模仅次于钢铁厂迁建委员会。主要经营炼钢炼铁，制造电信及机械工业器材，开采炼钢炼铁所需矿产原材料。中国兴业公司在1941年至1945年生铁总产量14215吨，占大后方同期总产量的5.16%；钢材总产量6422吨，占大后方同期总产量的15.69%。1949年11月重庆解放后，改名为“一〇四厂”，现为重庆钢铁公司第三钢铁厂。图为中国兴业公司民国三十一年度（1942年）统计年报。

◀ 中国兴业公司总经理胡子昂重庆旧居（现位于渝中区解放东路太华楼一巷6号）。

▲ 大昌冶炼厂1939年由民族资本家李云根、江云松等筹资兴建，曾设有煅矿炉、炼焦炉、热风炉、冶铁炉及矿场等，年产铁约600吨。抗战胜利后，生铁滞销，该厂于1948年停产。图为大昌冶炼厂遗址（现位于合川区狮滩镇聂家村）。

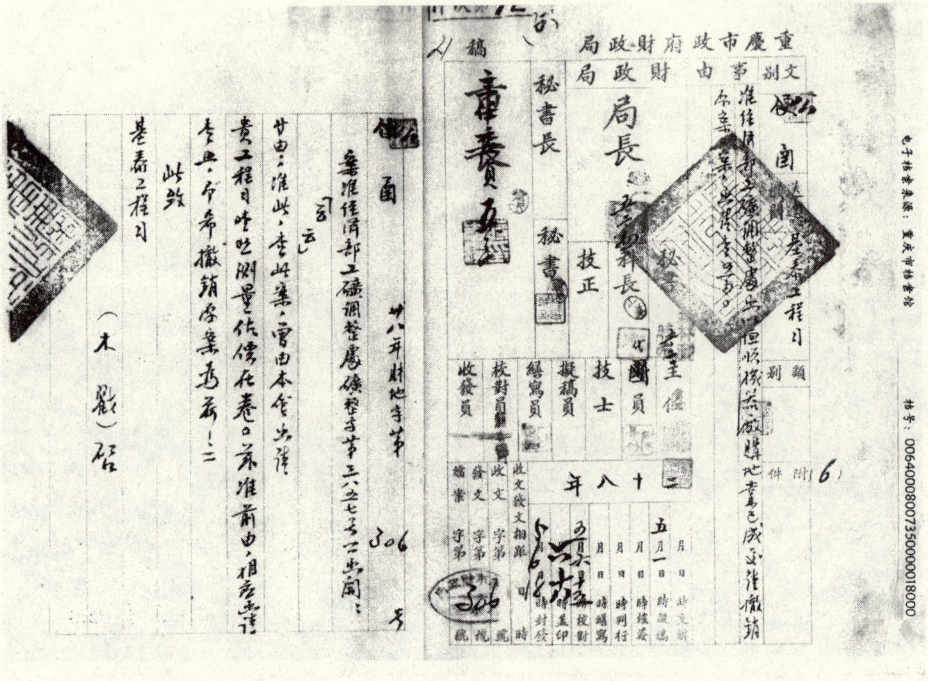

▲ 1906年由周仲宣在汉阳创办的周恒顺机器厂，1938年内迁重庆，与民生公司合资组建了恒顺机器股份有限公司，资本总额500万元，厂址设在李家沱，占地面积100多亩，并有1500立方公尺的洞内防空工厂1座。该厂是大后方设备最好的工厂之一，具有制造大型机器的能力和经验。主要产品为供民生公司使用的小轮船、煤船，炼钢用的蒸汽压风机及其他各种机器，并为战时生产局生产“82”迫击炮弹等。除此之外，该厂鉴于普通四行程煤气机构造复杂，材料和技术问题在战时均难以解决，研究发明了武氏二行程煤气机以代替，又发明武氏差压引火器取代过去进口的引火器具，这两项发明，当时曾获得国民政府经济部特准专利10年。图为恒顺机器厂迁渝后购地的相关档案。

▲ 民生机器厂于1928年9月由卢作孚创办，当时仅有机器数部，工人10余名。抗战时期该厂吸收了上海江南造船厂和全国的优秀造船专家、各种技术人才，发展壮大，拥有工作母机395部，动力机51部；大型设备，如290吨水压机、80吨水压铆钉机、水压弯扳机、剪冲机等，为西南罕见。民生机器厂的主要任务是为民生公司生产和修理航行川江的各种船只。抗战期间，民生机器厂制造了技术难度很大的轮船19艘，改造旧船8艘，自制船用高压水管锅炉，其造船技术为国内大后方首屈一指，它还为国内其他厂矿制造了一批大型锅炉和重型水轮机，成为后方最大的民营机器厂。图为民生机器厂大门。

▲ 民生机器厂创建初期的车床。

▲ 民生机器厂修配的柴油发动机。

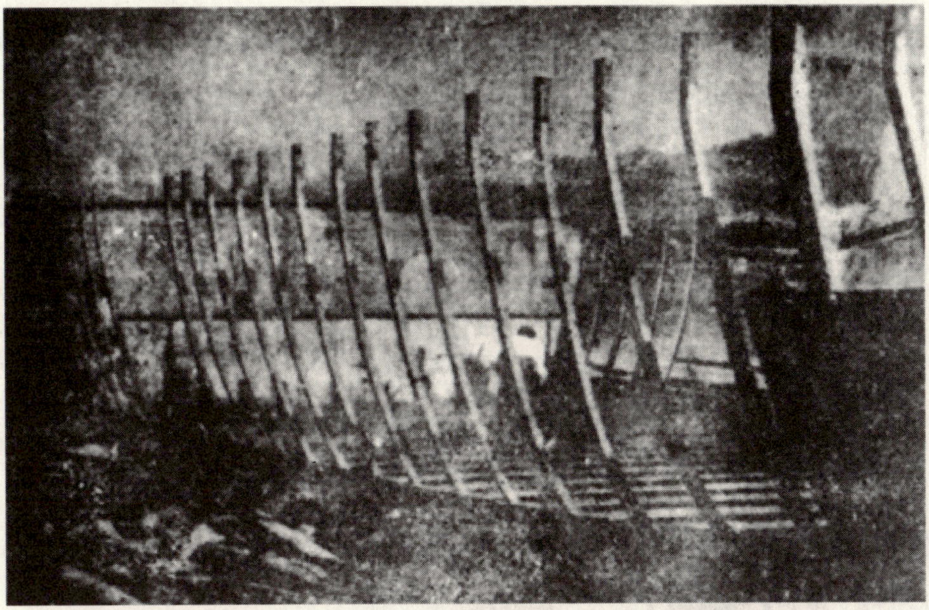

▲ 民生机器厂的造船码头。

◀ 胡厥文（1895—1989），著名实业家。1921年初，胡厥文创办了他的第一家工厂——新民机器厂，制造各种机床。经过多年的经营拓展，新民机器厂在工厂林立的上海逐渐占有重要地位。胡厥文除新民机器厂，还拥有合作五金厂、长城砖瓦厂、大中机器厂共四家企业，被同行誉为“机器之友”，并担任了“上海机器同业公会”主任委员。上海沦陷后，新民机器厂、合作五金公司、大中机器厂辗转迁至重庆。新民机器厂1938年迁至重庆，厂址在小龙坎，有职工300余人，主要设备有车床22部、万能铣床6部及其他各种机械。该厂生产规模较大，专制各种工作母机，特别是万能铣床以产品优良著称。胡厥文在重庆除主持所属各厂厂务外，还参与发起成立了“迁川工厂联合会”，并担任理事长等职。

◀ 合作五金公司与新民机器厂同为胡厥文所创办，1939年3月，合作五金厂从武汉迁至重庆，厂址设在小龙坎正街。抗战时期重庆的五金制造业中以该厂设备为最好，有各种机床50余部，其中60吨的重型冲压机在全国亦属罕见。特别是电镀机，当时重庆还没有电镀铬（克罗米）的设备，该厂内迁时带来了进口的电镀紫铜、镍、铬等全套设备，解决了在重庆电镀铬（克罗米）的问题。主要产品有医疗器械、卫生用品、日用五金及手榴弹和迫击炮弹的壳子、刺刀、军用剪刀、军用铲、军用锅等军需用品。图为描绘1939年，合作五金公司迁川途中船运过程的《合作五金公司迁川图》。

▲ 抗战时期合作五金厂机房街办事处。

▲ 1944年，合作五金制造公司创立16年全体同仁合影。

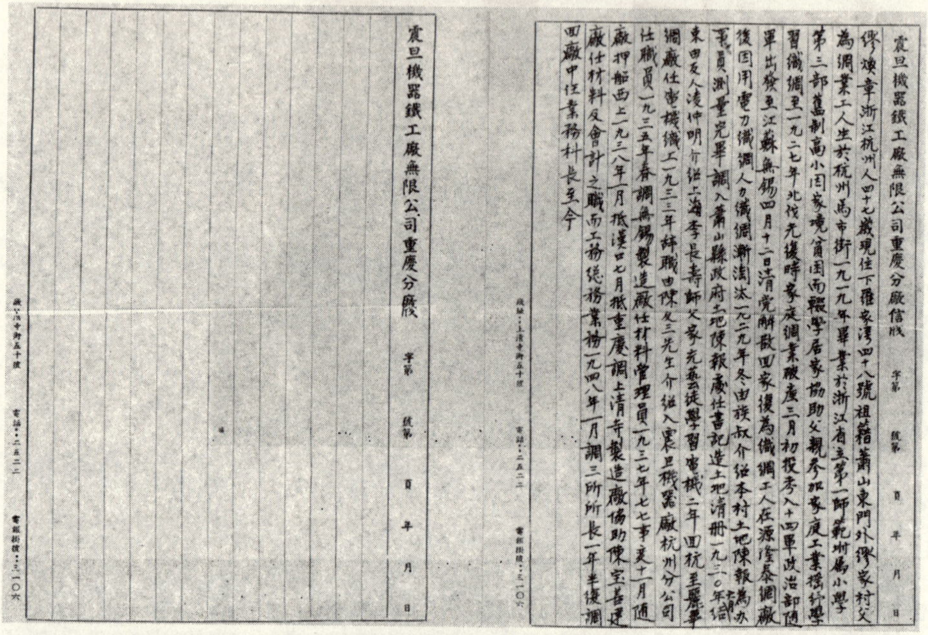

震旦機器鐵工廠無限公司重慶分廠 字第 號第 頁 年 月 日

廠址：上清寺街五十號 電話：二五二二 電報掛號：三一〇六

震旦機器鐵工廠無限公司重慶分廠信紙 字第 號第 頁 年 月 日

繆煥章浙江杭州人四十七歲現住下羅家灣四十八號祖籍蕭山東門外繆家村父為綢業工人生於杭州馬市街一九一九年畢業於浙江省立第一師範附屬小學第三部舊制高小因家境貧困而輟學居家協助父親參加家庭工業機織學習織綢至一九二七年北伐克復時家庭綢業破產三月初投考入十四軍政治部隨軍出發至江蘇無錫四月十二日清黨解散回家復為織綢工人在源滙泰綢廠後因用電力織綢人力織綢漸淘汰一九二九年冬由族叔介紹本村土地陳報為辦事員測量完畢調入蕭山縣政府土地陳報處任書記造土地清冊一九三〇年經東田文人凌仲明介紹上海李長壽師父家充藝徒學習電機二年回杭至[illegible]綢廠任電機織工一九三三年辭職由陳文三先生介紹入震旦機器廠杭州分公司任職員一九三五年春調無錫製造廠任材料管理員一九三七年七七事變十一月隨廠押船西上一九三八年一月抵漢口七月抵重慶調上清寺製造廠協助陳宝善建廠任材料及會計之職而工務總務業務一九四八年一月調三所所長一年半後調四廠中任業務科長至今

廠址：上清寺街五十號 電話：二五二二 電報掛號：三一〇六

▲ 震旦机器铁工厂于1918年在上海创办，1938年迁渝，厂址设在上清寺，共有工人200余人，厂名为震旦机器铁工厂无限公司重庆分厂。该厂专门从事消防机械器材的生产，主要产品有大号救火泵浦汽车，各种泵浦、引擎，各式药沫灭火机、水龙带和各种消防应用器材。图为用重庆震旦机器铁工厂无限公司重庆分厂公文纸填写的员工简历。

▲ 1945年9月3日，由胡厥文创办的大中机器厂迁渝复厂纪念会同人合影。

▲ 在大后方重庆的飞机制造厂。

▲ 抗战时期，重庆生产发动机汽缸的工厂。

◀ 吴蕴初（1891—1953），著名的化工专家和实业家。20世纪20年代初，吴蕴初研制出中国第一粒味精，并与实业家张逸云在上海创办天厨味精厂，吴蕴初也因此成为赫赫有名的“味精大王”，与天津的范旭东齐名，被并称为“南吴北范”。在20世纪30年代中叶，是中国的民族工商业蓬勃发展的黄金时代，吴蕴初也正值事业的巅峰阶段，他不但是天厨的主要股东，还拥有天原、天利、天盛，这四家化工企业构成了实力雄厚的“天”字号系统。“八一三”事变后，吴蕴初主动提出内迁要求，将自己的天厨味精厂、天原化工厂、天利氮气厂和天盛陶器厂的机器先内迁武汉后辗转入川，并坚持恢复生产，为抗战做了重要贡献。

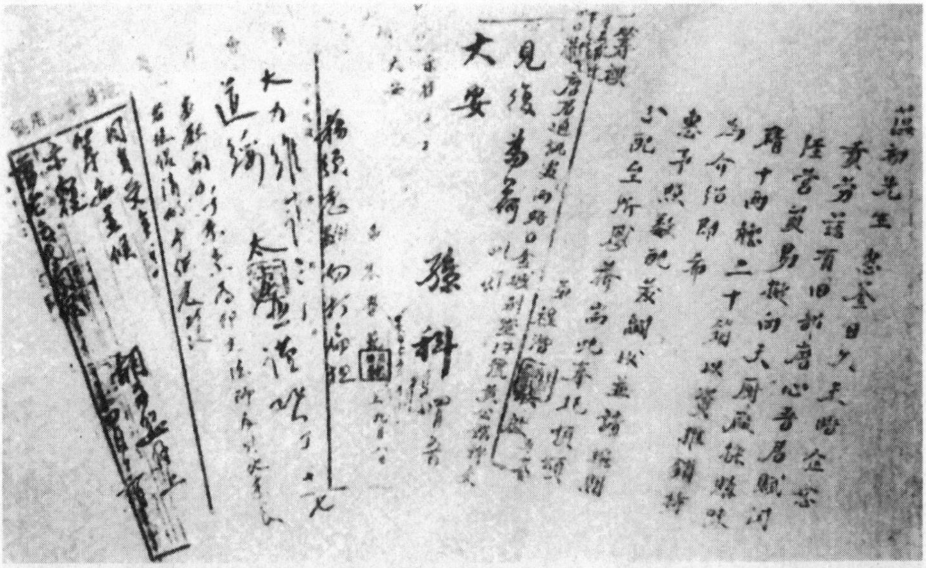

▲ 1938年春，天原化工厂在经济部工矿调整处及四川省建设厅驻渝办事处协同下，在重庆进行土地征购工作。当时曾从长江上游的九龙坡到下游的唐家沱，嘉陵江上游的磁器口到下游的猫儿石察看地形，最后选定嘉陵江北岸的猫儿石为厂址。原厂机器直到1939年才运到重庆，在物质极端缺乏的条件下，克服重重困难，终于在1940年9月复工生产。1944年，该厂资本1000万元，生产烧碱、盐酸、漂白粉，以及味精等以氯碱产品供应抗战后方的工业所需。图为天厨重庆厂开工时程潜、孙科、朱学范、太虚、胡子昂等祝贺购货函。

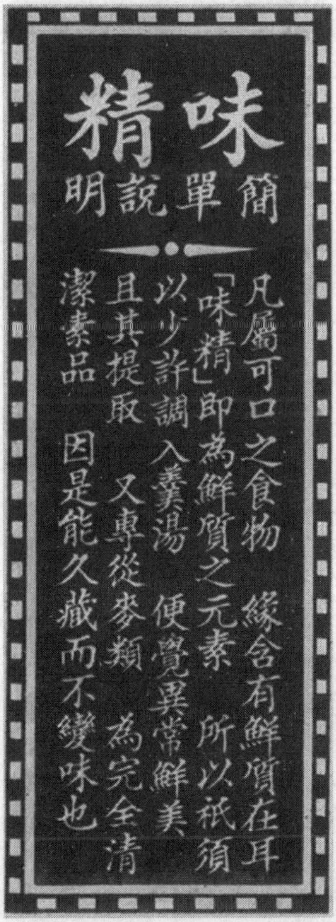

◀ “天厨味精”商标说明。

▲ 1942年10月4日，美国总统罗斯福特使威尔基参观重庆天原化工厂（前排右者为威尔基，左者为吴蕴初）。

◀ 20世纪初，民族资产家范旭东在中国基本荒芜的化工领域创建了著名的“永久黄”团体（指范旭东在天津的永利碱厂、塘沽的久大盐厂、南京附近的永利硫酸铔厂。这3家企业均是中国化学工业中著名的大企业。其所附属的黄海化学工业社也是同业研究机构中的佼佼者）。抗战爆发后不久，范旭东派永利碱厂厂长、黄海化学工业社董事长李烛尘将公司设备和人才分批转移至四川，并在重庆新建了永利化学工业公司硫酸厂。

▲ 永利碱厂厂长、黄海化学工业社董事长李烛尘。

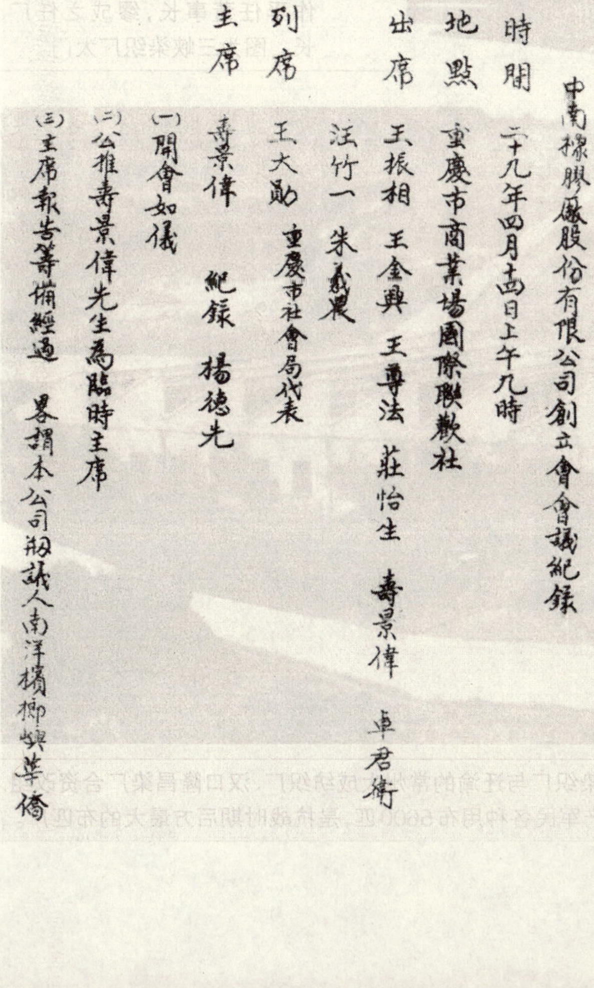
中南橡膠廠股份有限公司創立會會議紀錄

時間　二十九年四月十四日上午九時

地點　重慶市商業場國際聯歡社

出席　王振相　王金興　王尊法　莊怡生　壽景偉　卓君衛

汪竹一　朱義農

列席　王大勛　重慶市社會局代表

主席　壽景偉　紀錄　楊德先

(一)開會如儀

(二)公推壽景偉先生為臨時主席

(三)主席報告籌備經過　畧謂本公司發起人南洋檳榔嶼華僑

◀ 中南橡胶厂股份有限公司成立于1940年4月，系由中国茶叶公司与南洋华侨合资经营的私人企业。总公司初期设在上海，公司总管理处后迁重庆五四路。内部机构由董事会设总经理，下设总务处、业务处、会计处、运输处、工程室及重庆胶厂、贵阳胶厂、昆明胶厂、曲江胶厂等8个分厂。该公司为当时西南最大的民营橡胶制品生产企业，生产用生胶由印度进口，并试制成功了再生胶技术，生产了大量的汽车轮胎、汽车飞机橡胶制品、各种胶管、胶鞋，为支援抗战军事和经济做出了突出贡献。图为中南橡胶厂股份有限公司创立会会议记录。

◀ 1930年9月，卢作孚正式创办了三峡染织厂。三峡染织厂是四川第一个机械织布厂，卢作孚任董事长，缪成之任厂长。图为三峡染织厂大门。

▲ 1939年2月，重庆三峡染织厂与迁渝的常州大成纺织厂、汉口隆昌染厂合资改组成立大明染织公司，月产军民各种用布5600匹，是抗战时期后方最大的布匹厂。

▲ 三峡染织厂抗战时期新购的大隆织机。

▲ 郑州豫丰和记纱厂于1938年2月迁至重庆，在重庆土湾建厂。1939年1月开始复工生产，同年7月开纱锭15000枚。1940年，因重庆经常遭敌机轰炸，为疏散设备，在合川东津沱筹建合川支厂，于1941年5月开工生产。图为抗战时期豫丰纱厂车间。

▲ 抗战时期豫丰和记纱厂合川支厂大门。

▲ 1945年9月3日，豫丰和记纱厂职工代表庆祝抗战胜利合影照片。

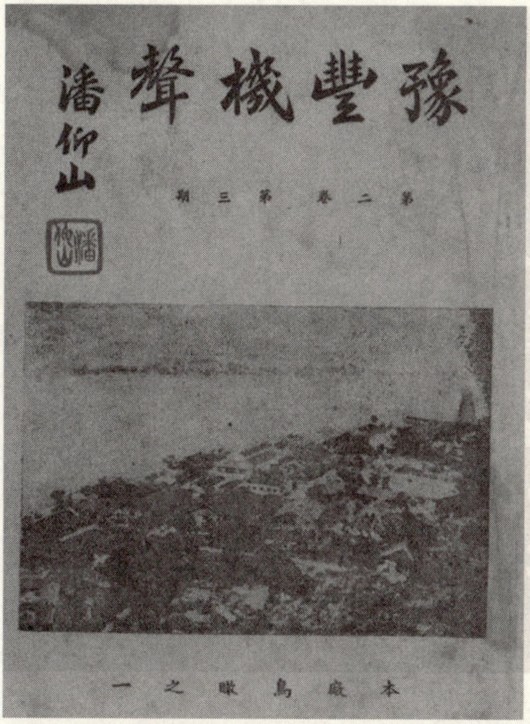

◀ 抗战时期豫丰纱厂厂刊《豫丰机声》。

▲ 裕华纺织股份有限公司渝厂即原汉口裕华纺织公司裕华纱厂，1922年成立于武汉，1938年迁至重庆，1939年在渝复工，厂址在重庆南岸窍角沱。图为抗战时期迁于重庆的裕华纱厂生产车间外景。

▲ 正在工作的裕华纺织厂女工。

◀ 刘鸿生(1888—1956),中国近代实业家。第一次世界大战期间,刘鸿生以经营开滦煤炭起家,此后,刘鸿生将其资本投资火柴、水泥、毛织等业。1920年起陆续创办上海水泥厂、上海章华毛绒纺织公司、大中华火柴公司等企业,还投资码头、搪瓷、航运、金融及保险等业。到1931年,投资额已达740余万元,被称为"中国火柴大王"和"毛纺业大王"。抗日战争时期,刘鸿生在香港、重庆和兰州投资创办中国火柴原料股份有限公司、中国毛纺织公司、西北毛纺公司等,并一度担任重庆国民政府火柴专卖公司(后改火柴烟草专卖局)总经理等职。

◀ 中国毛纺织厂股份有限公司的前身系民族资本家刘鸿生创办的上海章华毛纺厂。抗战爆发后，该厂仍在上海。1939年冬，刘鸿生之子刘念智负责该厂主要设备运至上海公共租界，再经缅甸仰光运至重庆李家沱。1942年初完成全部拆运，同年秋即在重庆开始生产。该厂主要产品为粗、细毛呢，由于设备、技术均较精良，原料多系澳毛，因而产品质量较好，是抗战时期大后方主要毛纺企业。图为中国毛纺织厂工人用人工手洗毛线。

◀ 战时后方因国外及上海水泥来源中断，所有要塞建筑，及各工厂民用所需水泥，悉由四川水泥股份有限公司供应。该厂于1936年9月，由刘航琛、杨伯智等开办，厂设于重庆市南岸玛瑙溪，当时该厂所有产品均由国民政府经济部统制，分配于前方要塞堡垒、后方工厂仓库，以及有关国防建设。因电力、煤炭等不能完全保证供应，长期开工不足。图为四川水泥股份有限公司外部。

▲ 四川水泥厂厂内机器设备。

▲ 战时重庆建筑公司纷纷设立，较具规模的有200余家。重庆最大的建筑企业为华西兴业股份有限公司，设计承建了重庆电力厂、水泥厂、自来水厂等工程。图为华西兴业股份有限公司大门。

▲ 由于工业和城市急速发展，导致电力需求急剧增大。1934年7月建成的重庆大溪沟电力厂为主，是战时西南地区最大的火力发电厂，下辖3厂，至1941年，发电量1.1万千瓦。

▲ 1938年初，重庆电力股份有限公司新购两部4500千瓦发电机安装在大溪沟原厂址，至此，公司发电量增加到1.1万千瓦，月发电500万度，公司资本增加到500万元。至1942年，该公司资本达到3000万元，成为战时大后方最大的发电厂。1939年、1940年，日机大轰炸，该公司厂房、线路、用电器材遭到严重损失，用电户由1.5万余户降到9000余户。加之交通阻塞，新设备无法增添，尤其抗战后期，物价飞涨，器材缺乏，公司亏损严重，困难重重。至1944年，全公司共有员工1400人，其中职员200余人，工人1100多人。图为大溪沟火力发电厂1933年建成的1000千瓦发电机组。

▲ 大溪沟火力发电厂冷水池。

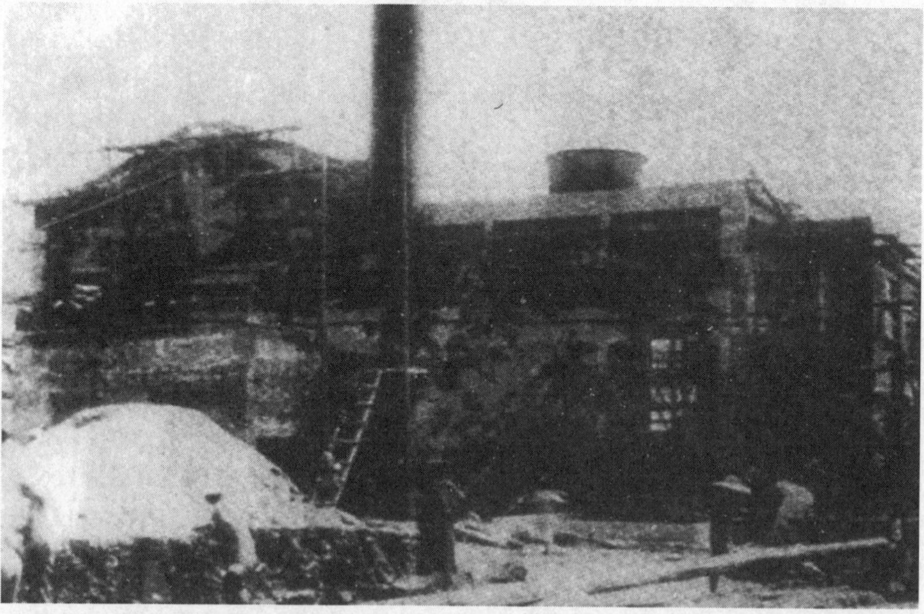

▲ 抗战时期的火力发电厂。

▲ 1942年后，重庆又新建了富源水力发电有限公司、巴县电力公司，但发电量均很小。1944年，国民政府水利委员会在迁建区完成两项水利工程：一是南温泉水电站，该处利用南温泉堤坎五尺跌水，创办水力发电站，计发电30匹马力，供给附近各机关；另一是北碚水厂。1945年，国民政府水利委员会、经济部工矿调整处与民生公司、川康兴业公司、北碚管理局及交通、农民、金城银行等联合筹办了歇马场高坎岩水力发电站。该厂有发电机两部，各具240匹马力，其机件均为国内自制，在国内尚属首创。图为重庆市电力厂奠基纪念碑。

◀ 大溪沟发电厂安装在重庆上清寺街区的高压线路。

▲ 重庆大溪口发电厂职工正在安装高压线。

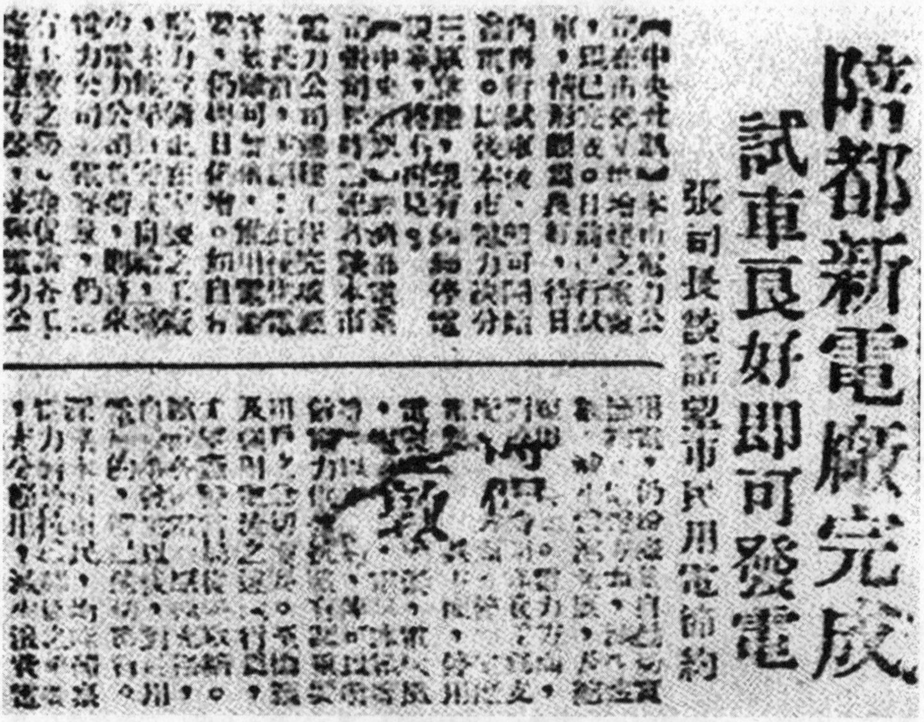

陪都新電廠完成

試車良好即可發電

張司長談話望市民用電節約

▲ 战时关于陪都新电力厂建成的报道。

▲ 瀼渡电厂旧址位于重庆市万州区瀼渡镇碑牌村，建于1942年，是被誉为中国水电泰斗的张光斗先生留美归国后在抗战期间设计的第一件水电作品，对研究我国的水电工业发展历史具有重要价值。

▲ 瀼渡电厂抗战时期使用的设备。

▲ 1937年7月，资源委员会正式成立了龙溪河水力发电工程筹备处，聘请美国古柏公司专家为工程顾问，开始了艰难的龙溪河水电开发工作。1940年3月，龙溪河水力发电工程筹备处从汉阳恒顺机器厂购买了1台日本产品与恒顺机器厂配套的300马力、容量为250千伏安的煤气发电机，花了9个月时间，在羊角堡安装投入发电，为下硐、桃花溪两个工务所提供了施工电源。1941年8月，桃花溪水电站建成发电，装机3台，总容量876千瓦。图为资源委员会龙溪河水力发电厂桃花溪电站旧址之一（现位于重庆市长寿区凤城街道三洞沟二洞岩）。

▲ 资源委员会龙溪河水力发电厂桃花溪电站旧址之二。

◀ 高洞电站建于1944年，由夏仲实等人倡议入股筹建，吴震寰任工程师。抗战时期，由于资金问题，工程于1945年4月至5月停工两个月，1946年建成，这是我国早期自行设计施工的水力发电厂。图为高洞电站旧址(现位于重庆市江津区白沙镇高洞村驴子溪高洞瀑布)。

▲ 煤炭是抗战时期重庆的主要能源和重要工业原料，对钢铁、电力、化工和交通运输有特殊意义。随着经济的发展和人口的增加，煤炭需要量猛增。1938年，重庆全年需煤65万吨。当时重庆的产煤量低于此数，因此煤矿工业发展迅速。全市用煤，主要供应者为嘉陵江产煤区，该煤区在抗战期间生产极盛时有煤厂(包括小煤窑)284家，工人2万多人。在众多的煤矿中，以天府煤矿为第一大矿，年产煤炭35.21吨。图为天府煤矿公司外景。

▲　1940年天府矿业公司股东合影。

▲　1943年，天府煤矿公司自行设计制造的中国自主设计的第一代火车机头。

▲ 资源委员会与兵工署在綦江筹办的南桐煤矿，于1940年2月正式成立，其产品主要供大渡口钢铁厂使用。图为20世纪40年代南桐煤矿全景。

▲ 南桐煤矿一分厂人力筛煤的情景。

▲ 1937年抗战爆发后，政府各水利机构西迁重庆，1941年，在渝设立水利委员会，统管全国水利。这些水利机构在渝期间，从抗战需要出发，开展了一系列水利设施建设，比较著名的工程有：导淮委员会綦江闸坝群、荣昌路孔闸坝、沙坪坝区中梁镇斐然渠堰坝。这些水利工程的建成投产对促进抗战大后方的经济建设，发挥了不可磨灭的巨大作用。图为导淮委员会綦江闸坝群的大仁闸坝，位于綦江县石角镇，坐东向西，横跨于綦江支流蒲河中游，为长方形条石砌成的长方形闸坝，闸坝流水坝长58米，船闸长66米、宽9米、高8米。

▲ 由钢迁会（全称为钢铁厂迁建委员会）工务处在1947年2月，按1∶200000的比例绘制的《綦江水道图》，是一张从綦江铁矿、南桐煤矿到大渡口钢铁厂的水运航道图，详细标注了航道沿线的水闸、站点、险滩，对各段主要航程也用文字说明了距离和河床坡度。抗战时期钢迁会所需的铁矿石和煤焦都是通过綦江水道运输的。綦江水道成为抗战大后方钢铁基地的生命线。

▲ 綦江水道运输处管理人员佩戴的袖标。

年度	运出	到达	失	称差	在途
1939—1940	46800.795	45205.602	435.612	441.082	718.500
1941	59672.468	52285.046	1295.875	618.969	5472.579
1942	111652.992	100285.001	3268.457	1282.950	6816.584
1943	81089.584	73136.113	2744.830	916.847	4291.800
1944	84486.492	78581.737	1769.413	817.803	3317.539
1945	60534.778	52198.124	1087.234	960.349	6289.071
共计	444237.109	401691.623	10601.421	5038	26906.073

▲ 1939—1945年綦江水道运输处历年运输煤炭、铁矿数量统计(单位:吨)。

◀《大勇船闸碑记》为1940年导淮委员会副委员长陈果夫撰文,代理委员长沈百先书写,记载了导淮委员会修建綦江闸坝的经过以及每座船闸的规格、经费等。

▲ 荣昌路孔闸坝，位于荣昌县路孔镇濑溪河之上。抗战时期，国民政府西迁重庆，大量人口涌入，市区供粮极为紧张。由于日机轰炸，长江三峡航路不畅，于是重庆上游的川江航道便担负起为陪都输送粮食的重任。荣昌所在渝西、川南地区，自古为产粮区，濑溪河又是大足、荣昌、泸州等渝西、川南地区到重庆水路运输要道，时称“陪都粮道”。为方便运输，1942年，国民政府水利委员会在濑溪河的路孔修建闸坝。闸坝的修建，提高了每日的货物通行量，为重庆输送了大批粮食，缓解了重庆的粮荒。

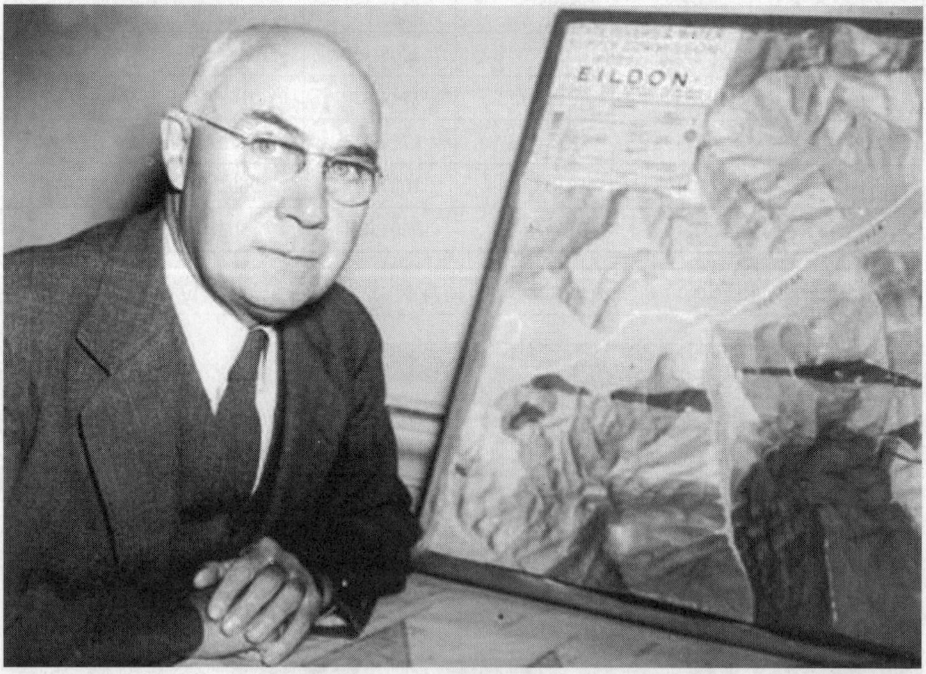

▲ 1944年，美国著名水电专家萨凡奇在中国水利工程技术人员的协助下，于当年9月到长江三峡实地考察后，提出了《扬子江三峡计划初步报告》，引起国民政府高度重视。图为抗战时期的萨凡奇。

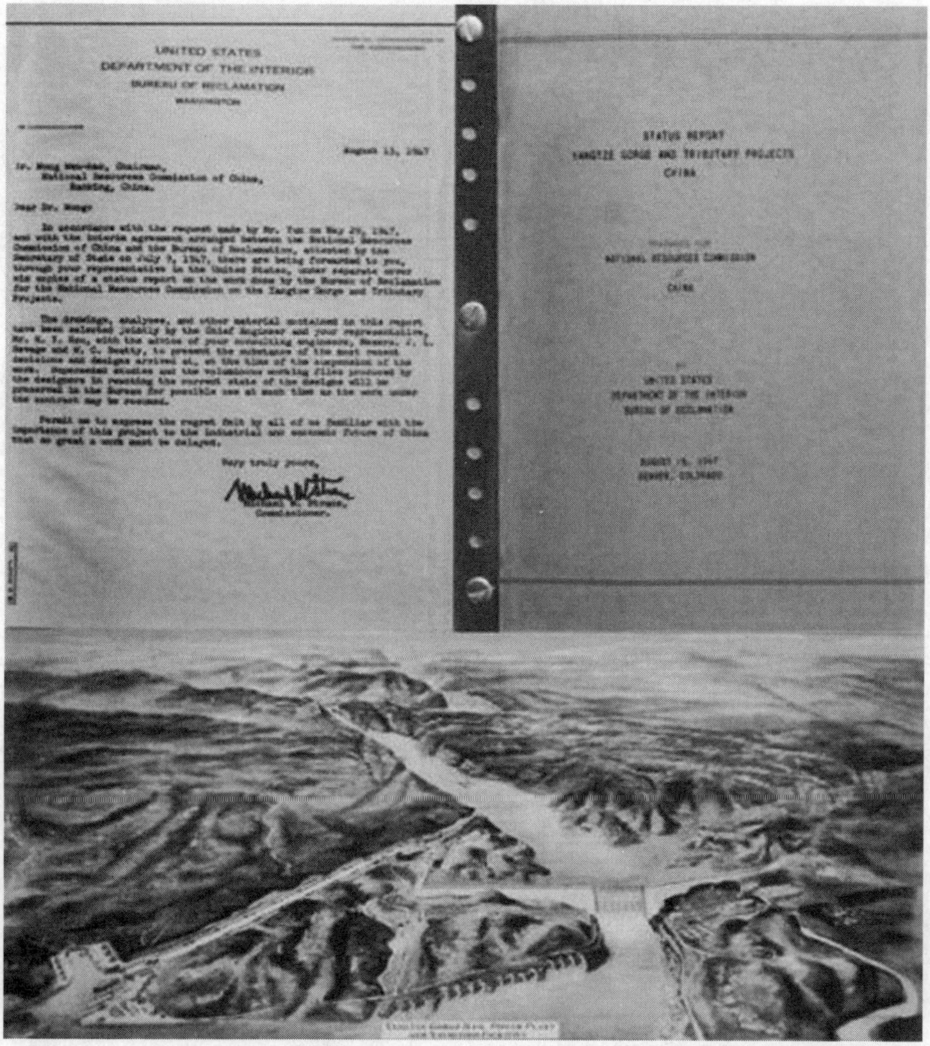

▲ 抗战时期，萨凡奇不顾生命危险，冒着日军飞机轰炸和扫射的风险，以工程技术人员求实、严谨的科学态度，对长江三峡峡江两岸的山川地势进行了为期10天的详细勘察。萨凡奇是20世纪美国著名水坝工程专家，在美国垦务局任设计总工程师长达27年之久。抗战时期，他出任国民政府资源委员会顾问。三峡工程的第一份设计报告，即出自萨凡奇之手。图为“萨凡奇计划”原件的影印件。

▲ 水利委员会还都纪念碑。此碑原位于沙坪坝区歌乐山镇生机路旁，为1946年国民政府水利委员会由陪都重庆迁往首都南京时所立，由时任水利委员会委员长的薛笃弼撰写碑文。碑刻全文约950余字，记载了水利委员会在歌乐山成立，在抗日战争背景下开展水利建设工作，并在抗战胜利后迁往南京的史实，并描述了歌乐山的山形地貌及历史典故。

（四）工业社团组织及活动

▲ 抗战时期，重庆的工业团体组织主要有迁川工厂联合会、中国西南实业协会、中国工业合作协会等。其中，迁川工厂联合会于1938年4月17日在重庆成立，迁川工厂联合会的发起人为胡厥文、章乃器、吴羹梅、庄茂如、马冠雄、吴蕴初、颜耀秋、周仲宣等迁川工业企业家，初期会员工厂有当时到达重庆的30多家迁川厂家，后不断扩大，到1945年有230余家，从而成为战时重庆最大的工业组织。图为迁川工厂联合会第四届会员大会全体会员合影。

▲ 抗战时期著名的“生生花园”是民国教育家高显鉴的宅邸，建于20世纪30年代，两楼一底的西式建筑，是当时陪都重庆名人聚会接待和举办展览的佳地。1942年元旦，迁川工厂联合会，在生生花园举办了为期15天的迁川工厂出品展览会，展出的都是当时民族工业最好的东西，国民党军政要员林森、冯玉祥、于右任、何应钦等及中共中央南方局周恩来、邓颖超、董必武等都来此参观，周恩来参观后题词“民族的生机在此”。当时的《新华日报》专门就这一活动刊发了社论。图为异地重建后的“生生花园”(现位于重庆市渝中区牛角沱)。

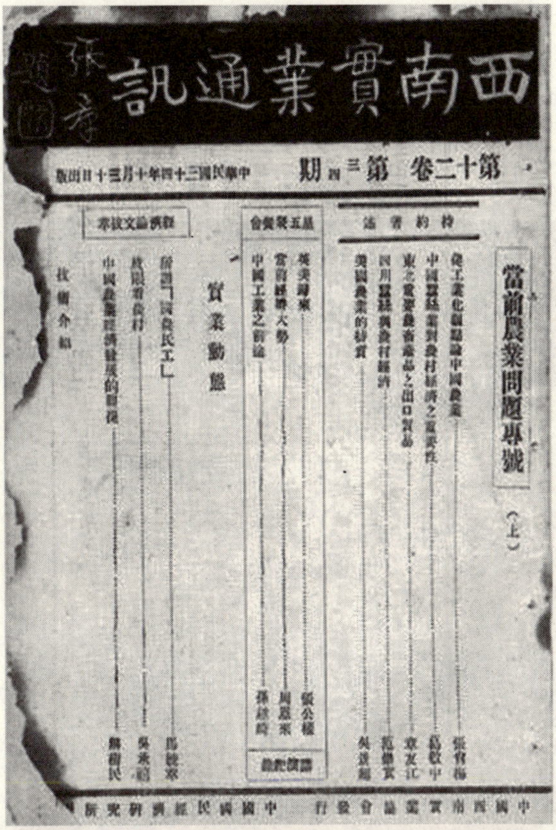

◀ 中国西南实业协会是抗日战争时期官僚资产阶级和民族资产阶级的联合团体。1937年秋，西南实业协会上海分会首先在上海成立，随后四川等地分会也相继成立。1939年9月，西南实业协会总会在重庆成立，会址在重庆中四路98号，后迁白象街新建的西南实业大厦。中国西南实业协会通过创办《西南实业通讯》，举办实业调查、举办星五聚餐会等一系列活动，成为抗战时期大后方工商界中上层人士的活动中心和舆论阵地，加强了实业界之间以及实业与经济行政部门之间的沟通与交流。《西南实业通讯》由中国国民经济研究所编，中国西南实业协会发行，主要刊登经济方面的动态、论文及特约著述等。

◀ 中国工业合作协会是抗战期间兴起的中国工业合作运动的全国协调机构。1938年8月5日，中国工业合作协会在汉口正式成立，行政院长孔祥熙任理事长，新西兰人艾黎任技术顾问，林伯渠、董必武、邓颖超、王世杰、邵力子、张治中、沈钧儒、黄炎培等为理事。1938年底，中国工业合作协会总会和理事会在重庆成立。总会的主要任务是协调和推动群众在大后方开展工业合作运动，从事工业生产，供应军需民用物品。图为中国工业合作协会会徽。

▲ 中国全国工业协会成立大会合影。

二、金融

抗战全面爆发后,来自华北、华东、华南和华中战区的银行、保险、信托等金融机构纷纷迁渝。与此同时,四联总处作为国民政府的最高金融管控机构,其地位在重庆得以正式确立,这就使重庆的金融业在全国占据主导地位,并发挥对大后方金融发展的领导作用,从而使重庆成为战时大后方的金融中心。重庆金融业的繁荣和发展对推动大后方经济发展起到了决定性作用。与此同时,大量资金拥向商业,进入市场,加剧了通货膨胀,刺激了投机交易导致经济的短暂繁荣。

银行业

全面抗战前夕,除中央、中国、中国农民银行重庆分行外,重庆市共有银行13家。其中,本地银行有聚兴诚、美丰、四川省、川盐、川康、重庆、建设、四川商业、重庆平民等9家银行;外省银行在渝设分行的有金城、大陆、上海、江海等4家银行。此外,尚有资本在5万元以上的钱庄23家。抗战时期重庆银钱业的发展,大体分为两个阶段:

1. 1937—1941年,普遍发展时期。1937年,重庆有本地银行9家,国家和外地银行的分、支行及办事处27家,银号钱庄23家,共计行庄59家。1941年1月以来,又有亚西银行、建国实业银行、华康银号、长江实业银行、复礼银号、大信钱庄等陆续在重庆市成立、开业;四明银行,复兴实业银行、云南兴文银行等亦在重庆设立了分、支行;重庆市又成立了巴县银行。到1941年太平洋战争爆发时,重庆银钱业行庄已增至143家,较抗战以前增加84家。银行的总行增为18家,较战前增加9家;银行的分支行、处增为72家,较战前增加45家;钱庄银号增为53家,较战前增加30家 。至1941年12月31日,国民党中央及各省政府银行在重庆设立的部、分、支行及办事处共37家;商业银行55家;钱庄银号53家,总数共计145家。银行、钱庄的利率达到19.2%,较1939年的13%,1940年的15%,都有较大增加[①]。

2. 1942—1945年间,普遍大发展的势头有所减缓,而银行总行的发展更为突出。到1943年10月底止,总行设在重庆的银行增至37家,银行的分、支行及办事处增至89家,钱庄银号则减少为36家。与1941年底相比,总行设在重庆的银行,净增19家。1945年8月抗日战争结束时,重庆一共有银行钱庄总分支行处233个,其中总行(处、局、会、公司)61、分行32、支行6、处(办事、代理、分理)113、钱庄银号21[②]。不仅如此,四大国有银行及重庆地方银行纷纷在大后方各省份设立分支机构,逐步形成了以重庆为中心的大后方金融网络。由此可见,重庆作为大后方的金融中心的地位,在太平洋战争爆发后,得到显著的进一步加强。到1944年7月底,仅重庆银行业登记资本就已达法币7亿余元,港币2000万元,英镑300万元,吸收存款13.5亿元,1944年年初,原设天津的茂华银行总管理处亦移设来重庆。据重庆市银行公会理事长吴晋航,报告重庆银行现状:截至本月止,本市已入公会的银行共75家,从业人员约4000人,已登记的资本为国币7亿余元,港币5000万元。至6月底止,共吸收存款13亿5000多万元,除交中央银行存款准备金2亿7000余万元外,可运用的存款并不多。在渝银行达到了抗战以来的最高峰。全国国统区共有总行416家,重庆约占15%,它代表了中国官僚资本和民族资本的主体,是中国金融业的中心。

随着银行向重庆的集中,重庆银行界也逐步向外扩展。1939年6月,财

① 中共重庆市委党史工作委员会编:《重庆经济抗战大事记》,1985年12月,第215-216页。
② 中央银行编:《全国金融机构一览表》,1945年8月。

政部命令"中中交农"四行以重庆为中心增设分支行，它们遂先后在25个省市及沦陷区和国外设行，尤其注重建立和完善西北、西南金融网。四川省银行也在省内外设行处46处。民营银行在省内外广泛设立办事机构 。到1943年为止，"中中交农"四行已与四川、云南、贵州、广西、江西、甘肃、陕西、湖南、上海、浙江、青海、湖北、香港等省市的35个城市建立了稳定的贴放款关系。重庆地方商业银行也与四川、云南、湖南、湖北、广西、广东、贵阳、上海、陕西的15个城市建立了稳定的业务联系 ，形成了以重庆为中心，以大后方为活动范围的新的金融市场和金融网络。

保险业

战前，重庆保险公司皆为民营。抗战开始后，中央信托局保险处、邮政储金汇业局人寿保险处等国营保险机构相继从上海迁来重庆。同时，国内几家最大的民营保险公司，中国、太平、宝丰、四明等，也将业务重心移来重庆。

保险业快速发展的主要原因，在于战时首都这个特殊的政治和地理环境。首先，国民政府迁渝后，重庆成为日军攻击的战略目标，人民生命财产受到严重威胁，从而刺激了保险业的发展。其次，重庆地处两江汇合之处，交通运输在很大程度上依赖水运，需要相应的保险业予以弥补水险损失，保护工商业的发展。第三，战时货币贬值，物价上涨，银行钱庄大都竞相从事商业投机活动，加剧了市场的混乱。国民政府为了控制市场，抑制混乱，一再限制行庄的新设和钱庄改组为银行，从而阻断了一部分握有资金的人的投机活动。这些人便转而开设保险公司，因此，重庆的保险公司如雨后春笋，得到进一步的发展。1939年2月，重庆的天一、中国、华安、中央、太平、支平、四明、宝丰等10家公司发起成立了重庆保险业同业公会[①]，到1945年，保险业的发展达到顶点，各类保险公司已增至53家[②]。在这53家中，专营者48家，兼营者5家

①《重庆抗战经济大事记》(征求意见本)，第84页。

② 董幼娴:《重庆保险业概况》，载于《四川经济季刊》1945年第2卷第1期。

(其中官办3家,即中央信托局人寿保险处、产物保险处和邮政储金汇业局人寿保险处);外商2家,即英商太古、怡和两洋行兼营,但因战事爆发,其业务已陷停顿。这53家保险公司从资本上分析,除资本额不详者9家之外,其余44家的资本总额约26000万元,资本额最高者为3000万元,最低者仅20万元,平均每家资本额则为581万余元[①]。

信托业

重庆的信托业在抗战时期也有长足发展,这主要是中央信托局随国民政府迁来重庆,原中央信托局中信局重庆分局并入总局。中央信托局中信局在全国设有26个分局,19个代理处。

信托是中央信托局中信局的主要业务,以信托存款、放款和投资为例,1935年分别为605万元、13万元和9万元,1944年则分别达到了30.23亿元、31.15亿元和5.19亿元,分别增长了499倍、23960倍和5766倍,即使扣除通货膨胀率,其增长速度也是十分迅速的[②]。

除中央信托局中信局外,重庆还有中华实业信托公司、上海信托公司渝庄等。另外,最大量的是各银行亦开设了信托部、代理部等信托机构。由于信托公司业务相当广泛,所托之目的物有金钱、证券、债权、动产、土地建筑等,营业分类又有银行、信托保险等业务,故有“金融百货公司”之称。开办信托相当有利可图,因此,到1942年9月,重庆信托业公会会员单位已达29个。

---

① 周勇:《重庆抗战史:1931—1945》,重庆出版社2013年版,第339页。

② 周勇:《重庆抗战史:1931—1945》,重庆出版社2013年版,第341页。

(一)国有银行

▲ 中央银行为1924年孙中山亲自倡导成立，最初因资金短缺，局势不稳，只能作罢。直至1927年，国民政府才开始在上海设立中央银行办事处。1928年，国民政府注资2000万元，中央银行正式运营。抗日战争全面爆发后，中央银行首迁南京，继迁武汉，最终于1938年8月迁至重庆。内迁至重庆的中央银行在国民政府的统筹下成为战时金融管制与运营的重要机构。1939年9月8日，国民政府颁布了《战时健全中央金融机构办法》，正式成立了由中央银行、中国银行、交通银行和中国农民银行构成的四联总处。1946年4月1日，中央银行迁回上海，重庆分行于当日复业。图为中央银行旧址(现位于重庆市渝中区打铜街道门口9号)。

▲ 为了进一步确立中央银行战时金融管制的作用，国民政府在1942年将中央银行定为唯一货币发行银行，并让其统一外汇管理，集中转存银行准备金。图为中央银行发行的一千元和二千五百元大额纸币正面。

▲ 1945年，中央银行发行的二千元大额纸币背面。

◀ 中央银行在重庆发行的一分银元辅币券。

◀ 中央银行重庆分行发行的银行本票金圆券一百万元整。

12

15

中央銀行行員履歷書 第 號

姓名 黃仲源 別號

年歲 三十七歲 籍貫 湖北恩施

本籍住址 恩施縣西正街廿九號

現在住址或通訊處 上海施高塔路興業坊六五號

介紹人						
姓名	別號	年歲	籍貫	職業	通信處	介紹人蓋章
鄭福熙	君實				中央信託局敵產清理處	

注意：所介紹之行員倘有違背行規及侵漁行款情事本行除照章向保證人追償外如有不足時介紹人須同負賠償及追繳責任

學歷					
學校名稱	科別	年數	已否畢業	學位	其他
武昌中華大學	文學	四年	未		
福建省縣政人員訓練所	民政	一年	已		

有無著作及所著書名

注意 1.凡學校畢業者均應將畢業證書縮六寸影片送 2.凡非學校出身者請於「其他」欄內註明

資歷			
機關名稱及地點	曾任職務	服務期限	離職原因
委員長重慶行營	少校秘書	六個月	機關改組
國防最高委員會秘書廳	幹事	一年	調職
中央設計局	從幹事	二年	辭職
四聯銀行人員訓練所	級任兼講師	三年	調職
蘇浙皖區敵產處理局	專員	一年	調職
上海證券交易所	秘書	六個月	辭職

▲ 1947年，中央银行职员履历表一份。该行高级职员黄仲源，之前曾任委员长重庆行营少校秘书等职，后任中央银行总行设计委员会二等专员。

▲ 中国银行是在孙中山的直接批复下，于1912年2月5日由大清银行改组在上海成立的。抗日战争全面爆发后，中国银行将总管理处由上海迁至南京。迫于形势需要，中国银行又在香港设立总驻港处。1940年7月，中国银行总部由香港内迁至重庆，并根据先前公布的金融法律，被置于四联总处的直接管理下。1945年10月，中国银行迁回上海。图为中国银行旧址(现位于重庆市渝中区新华路41号)。

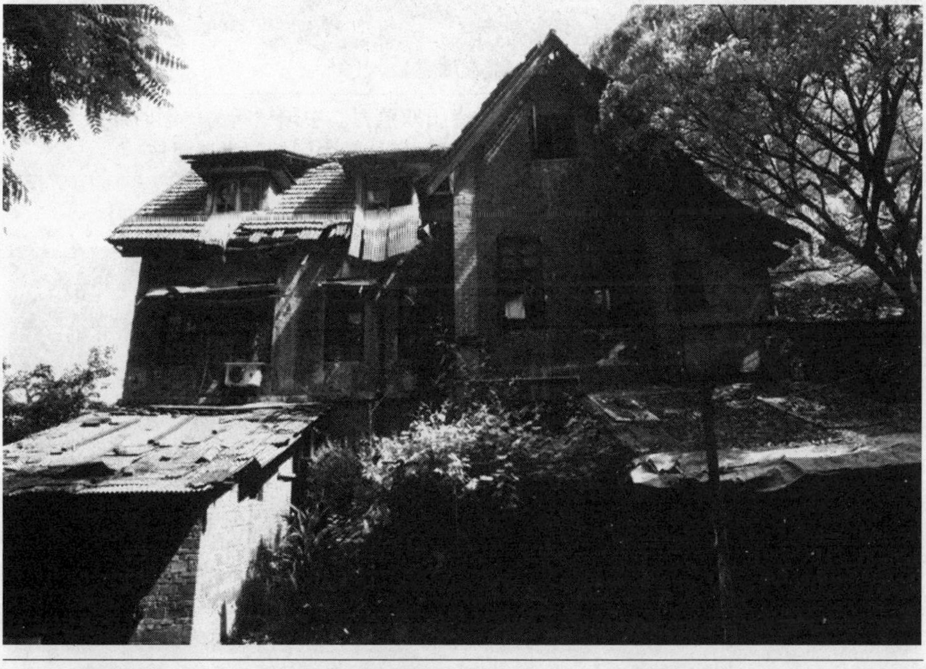

▲ 中国银行国际部和新华信托储蓄商业银行旧址，位于南岸区枣子湾41号。此处原为富商汤子敬的房产，抗战时期，曾作为新华信托储蓄商业银行和中国银行国际部办公用房。

▲ 中国银行货币发行处旧址，位于南岸区南山双燕村。中国银行为民国时期四大货币发行银行之一，抗战爆发后，中国银行货币发行处随中国银行内迁重庆。

▲ 1940年，中国银行在重庆发行的五十元纸币。

▲ 1940年，中国银行在重庆发行的一百元纸币。

◀ 1940年11月5日，中国银行发行的现金支票。

◀ 中国银行点钞的女职员。

▲ 交通银行成立于1907年，是我国最早的官商合办新式银行之一。交通银行总管理处设立于北京，1911年先迁天津，1928年再迁上海。1938年，受日本侵略的影响，交通银行总处迁重庆。太平洋战争爆发后，交通银行以大后方为依托，在四联总处的管制下，在西南、西北各省广泛建立了分支机构。截至1942年，共有分支机构112处。图为抗战时期迁重庆的交通银行营业大楼。

▲ 位于渝中区李子坝正街的交通银行学校旧址。

▲ 位于渝中区李子坝正街的交通银行印刷厂旧址。

▲ 位于渝中区李子坝正街的交通银行金库旧址。

▲ 1941年,交通银行在重庆发行的五百元纸币正面。

▲ 1941年交通银行在重庆发行的五十元纸币正面。

▲ 中国农民银行是国民政府的四大银行之一，其前身是汉口所设的农村金融救济处。1934年，更名“中国农民银行”，总行由汉口迁至南京。抗日战争时期，其总行迁渝，1938年，资本定额两千万元。1942年7月，国民政府实行国家银行专业化后，成为当时特许设立的唯一的农业金融机构。战后迁总行于南京，资本总额增至六千万元，于上海设分行，松江、太仓分设农贷通讯处，全国分行增达23处，支行15处，办事处及分理处200余处。图为1941年，中国农民银行在重庆发行的五十元纸币正面。

▲ 1940年，中国农民银行发行的二十元纸币正面。

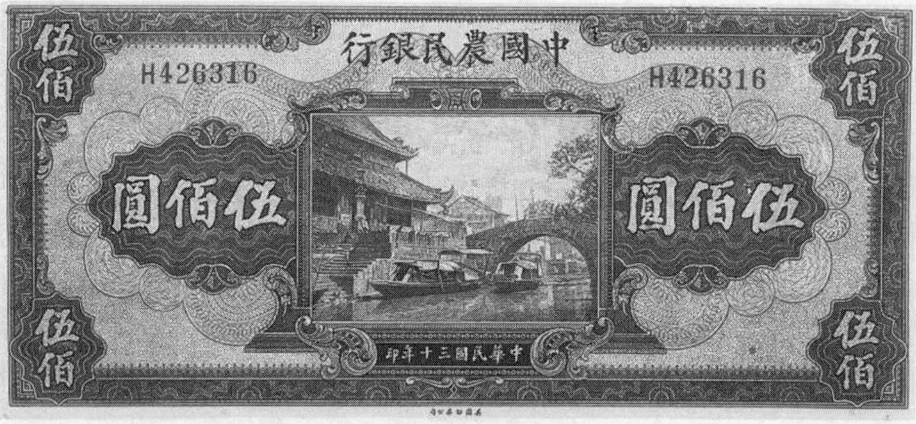

▲ 1941年，中国农民银行发行的五百元纸币正面。

▲ 银行中堆积如山的新版大额纸币，预示着通货膨胀的来临。

▲ 国民政府龚家洞金库旧址。龚家洞金库旧址位于沙坪坝区歌乐山镇新开寺村石灰湾社。抗战时期，为国民政府迁都重庆后的金库所在地。解放前夕，金库内所有储备均运往台湾。20世纪50年代，曾在洞内大炼钢铁。龚家洞为一处岩溶溶洞，外窄内宽，内有下、左右支洞若干。目前，洞门尚存，高4.3米，宽1.1米。

▲ 国民政府中央造币厂创立于1930年，直属财政部，其任务为掌管国币的铸造、销毁及生金银的精炼、分析，下设总务、会计、稽核、化验、炼、铸造等处。抗战全面爆发后，中央造币厂内迁重庆。图为中央造币厂旧址(现位于重庆市南岸区南山街道联合村龙文41—50号)。

▲ 国民政府中央造币厂黄铜试打样币。

(二)外埠银行

▲ 华威银行成立于1922年，由中国、挪威、丹麦商人合资兴办，总行设于北京，在上海、天津、汉口、重庆、广州、香港等地设立分行，享有纸币的发行权，额定资本为1000万元。抗战全面爆发后，华威银行在重庆设立分行，该行与大川银行隔街相望，都是当时重庆林森路金融一条街上的重要金融机构。图为华威银行旧址(现位于渝中区解放东路16号)。

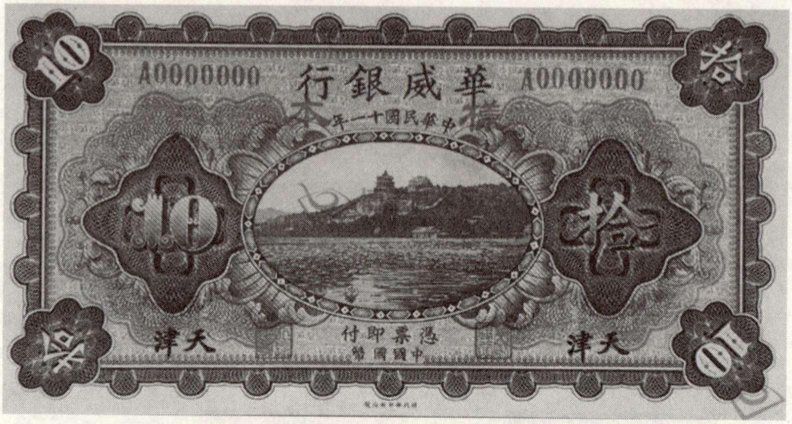

▲ 1922年，华威银行发行的十元纸币。

▲ 1941年，由金融家刘芹堂开办的建国银行在重庆民族路2号正式营业。初期为砖柱夹壁简易平房，1944年，改建为5层楼圆形砖木夹壁结构楼房。图为1945年12月重庆建国银行外景。

▲ 建国银行的徽章。

▲ 复兴商业银行简称复兴银行，原为醴陵农民银行，总行设于长沙。抗战时期复兴银行西迁重庆。1940年元月，改组为复兴实业银行，设于重庆市渝中区小什字。

(三)本地银行

▲ 1915年3月16日开业的聚兴诚银行是重庆第一家商业银行。光绪年间由重庆商人杨文光所组建的聚兴仁商铺演变而来,并于1914年由其子杨希仲开始筹设,1915年获得批复。1939年,聚兴诚银行开始改组实行总行制和董事会制,并不断进行资本扩充,它很快成为最具经济实力和社会影响的川帮银行之一。抗战时期,国民政府外交部借用聚兴诚银行大楼一部分设办公之所,故也有人认为此处为国民政府外交部的另一处旧址。图为聚兴诚银行大楼。

▲ 聚兴诚银行旧址(现位于渝中区解放东路112号)。

聚興誠銀行股份有限公司股票

股東范叔淵

改組增資註册民國廿六年五月

呈准

本公司資本國幣貳佰萬元共計

貳萬股每股壹佰元全數收足

拾股

董事

中華民國廿六年七月 日

誠字股票第 031005 號

拾 股

▲ 1937年,聚兴诚银行股份有限公司股票,面额十股(每股一百元)。

▲ 聚兴城银行汇票。1932年，市民高兴寿在重庆聚兴城银行汇银元二百元，然后凭此票在成都兑付。

▲ 1941年，大川银行成立于成都，1942年，由成都迁移至重庆林森路17号。该行经营存放款、国内汇兑、票据贴现、代理代缴款项、买卖有价证券、保管有价证券及贵重物品等业务。图为大川银行旧址(现位于渝中区解放东路31号)。

▲ 川康平民商业银行成立于1937年，由川康殖业银行、重庆平民银行、四川商业银行合并而成，刘航琛任董事长。川康银行在地方金融中占据重要位置，其业务“尤注重汇兑之经营，以沟通各地金融”。抗战时期，川康银行设立的分支机构有成都、昆明、上海、四安等30余处。此外，川康银行还注重发展实业，当时由川康银行注资的金融机构有12家，企业则多达40家，另外还有数家报社和旅行社。图为川康平民商业银行旧址（现位于重庆市渝中区打铜街16号）。

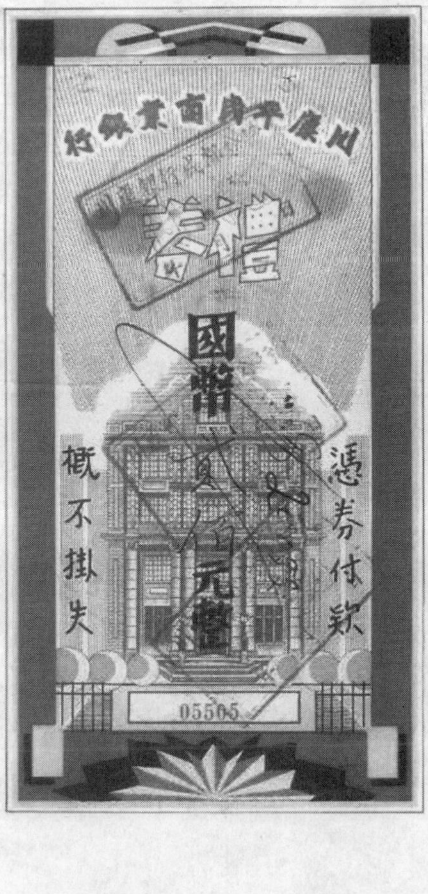

◀ 1942年川康平民商业银行发行的礼券，价值国币二百元整。

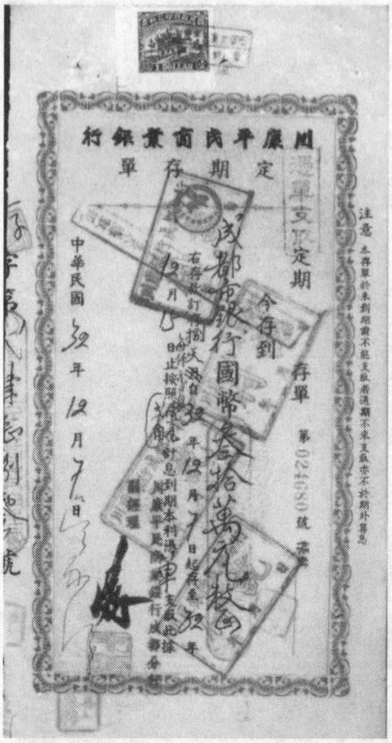
川康平民商業銀行
定期存單

◀ 1943年川康平民商业银行开具的一张三十万元定期存单。

▼ 四川美丰银行是近代四川及中国西部第一家与外国合资的民营商业银行，它成立于1922年4月，解散于1950年4月，历时整整28年。康心如是四川美丰银行的主要创建者之一，他在1921年，联合世交重庆盐商邓芝如和上海美丰银行总经理美国人雷文正筹划成立四川美丰银行，最初资本认定美股占52%，华股占48%。“万县惨案”后，美资撤离四川，康心如在地方实力派刘湘的支持下，全面接掌四川美丰银行。这是四川美丰银行由中外合资转为国人商办的开始。1934年，康心如决定为四川美丰银行建造标志性建筑，作为办公大楼。抗战期间，四川美丰银行办公大楼曾为内迁重庆的中央银行、中国农民银行的办公地点。图为美丰银行开业时留影。

▲ 美丰银行大楼建成于1935年，系钢筋混凝土结构，施工质量过硬。抗日战争初期经受了日机空袭的考验，1949年，朝天门地区发生的“九二”特大火灾，被该楼有效阻挡，遏止了火势蔓延。图为四川美丰银行旧址（现位于重庆市渝中区新华路74号）。

▲ 抗战时期，美丰银行在北碚设立的分行。

▲ 1939年，美丰银行发行的股票，十股等于国币一千元。

▲ 川盐银行是1930年为扶助川省盐业而设立，初名盐业银行，1931年改名为川盐银行，总行设在重庆。川盐银行由盐商集资32万元，合盐业公会借资4万元，共为36万元，作为原始股本。1936年增资为200万元。图为川盐银行重庆总行新行落成全体董监职员摄影纪念。

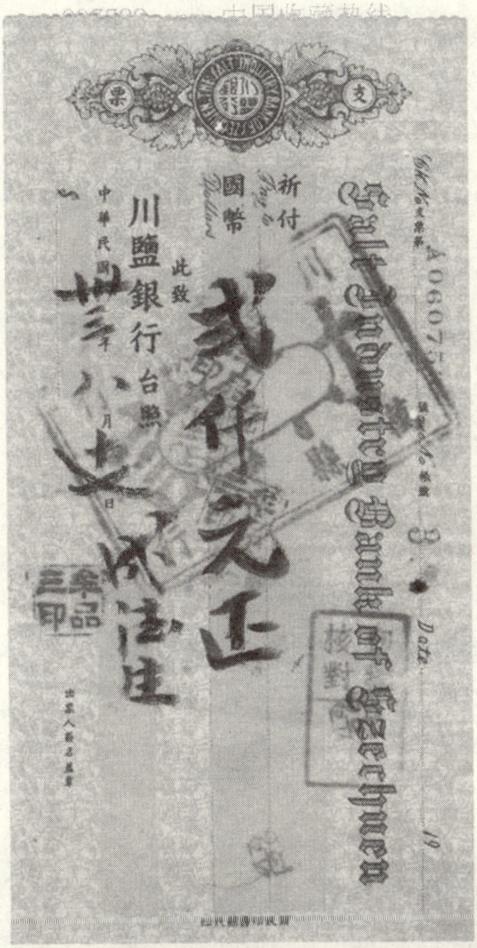

◀ 1944年8月11日，川盐银行的支票。

▼ 1928年9月11日，著名实业家卢作孚创办了为乡村建设服务的重庆第一家农村银行——北碚农民银行。在创办初期，发起人和股东局限峡防局职员内，只有6人，股本金45元，后来股东增加到45人，实得资本也只有800元。经过一年多的试运营，1930年2月，峡区农村银行正式定名为“北碚农村银行股份有限公司”，简称北碚农村银行，发起人和股东范围扩大至峡区的乡绅，资本金为10000元。北碚农村银行的创办，实际方便了农民发展生产的需要，推动了峡区农业经济的发展。图为北碚农村银行外景。

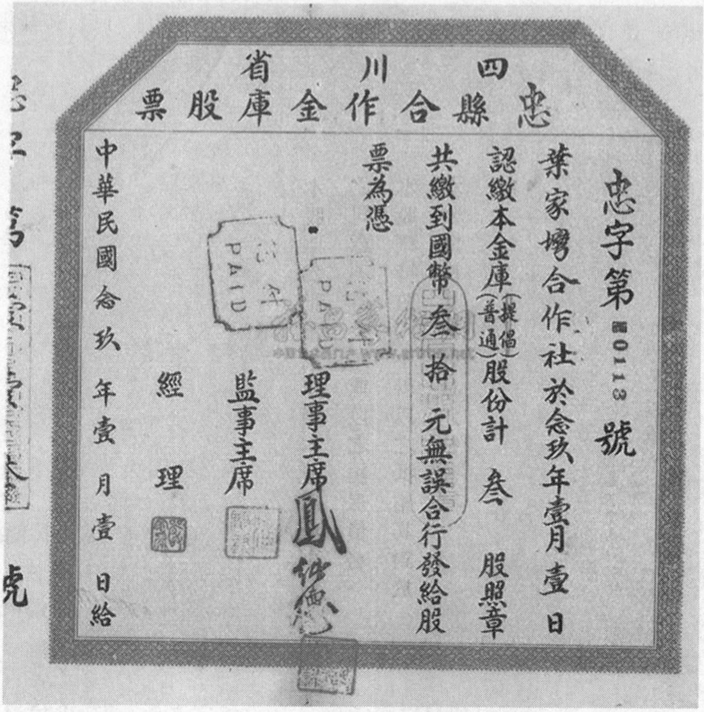

▲ 1940年，重庆忠县合作金库发行的股票，三股计国币三十元。

▲ 1942年，重庆银行发行的股票，国币二百五十元（每股五十元）。

▲ 重庆平民银行发行的儿童储金礼券。

▲ 1941年，发行的航空救国券美金五元券、十元券。

（四）保险和信托

▲ 1934年8月，国民政府令中央银行设立"中央信托局筹备处"，创立中央信托局，同时命令央行全部拨充中央信托局成立所需资本总额国币一千万元。1935年10月1日，中央信托局正式成立，定位为中央银行之附设机构，总局设于上海。抗战全面爆发后，中央信托局迁往重庆，由于当时的中央信托局与央行关系密切，被合称为"行局一家"。图为重庆中央信托局大楼。

◀ 中央信托局在全国设有26个分局，19个代理处。抗战时期中信局的业务极为广泛，信托是其主要业务，代各军政机关在国内外采购油料物资器材和生活必需品，采购土产开展易货贸易，利用自有汽车，从事长途大宗货物运输，开办普通和特种储蓄，印制钞票和各种证券。图为1939年3月14日，中央信托局特许发行的五百元储蓄单。

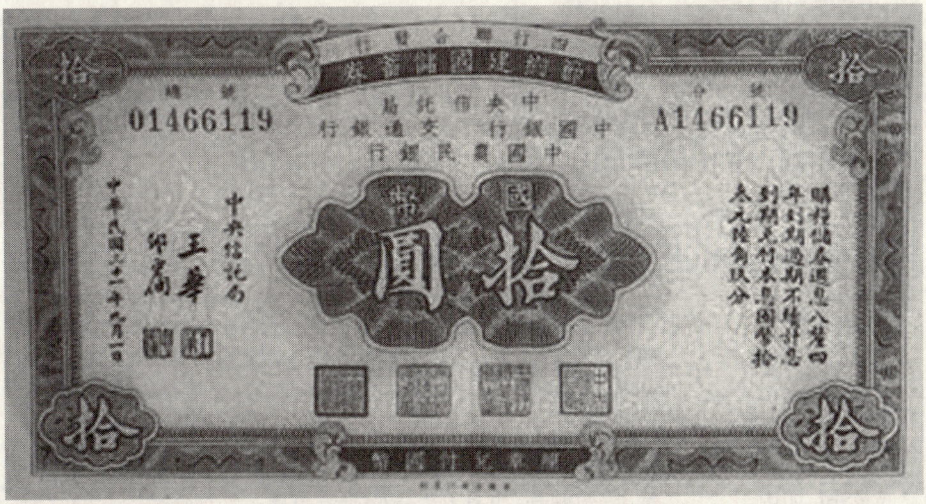

▲ 1942年9月1日，中央信托局发行的十元节约建国储蓄券。

▲ 1945年,中国信托局联合中国银行、交通银行发行的一万元节约建国储蓄券。

▲ 抗战以前,中国保险业集中在上海等沿江沿海城市,1937年,保险费约为3000万元。虽有少量华人保险公司,但资本既小,同业又少,对于保额稍大的项目,往往又转保于外商,致使资金外流,因此,外国保险公司直接或间接攫取了中国保险费的68.67%,达2600万元之巨。抗战全面爆发后,中央信托局保险处、邮政储金汇业局人寿保险处等国营保险机构相继从上海迁来重庆。同时,国内几家最大的民营保险公司,如中国、太平、宝丰、四明等,也将业务重心移来重庆。外地保险公司的到来,壮大了重庆保险业的规模。图为太平人寿保险股份有限公司的一份广告传单。

1937年至1943年中央信托局承保运输兵险标的分析

保险标的	保险金额(万元)
农产品	219502
矿产品	14050
工业副产品	56773
国际贸易物品	88802
其他	10636
合计	389763

▲ 1937 年至 1943 年，中央信托局承保运输兵险标的分析统计表。

1937年至1945年运输兵险保费收入与赔偿支出统计

年度	收入保费(万元)	赔款金额(万元)	赔付率(%)
1937	73	133	182
1938	641	336	52
1939	1025	599	58
1940	1841	1125	61
1941	3422	2290	67
1942	3717	8116	282
1943	14066	10800	77
1944	15621	6006	39
1945	7571	7977	105
合计	47971	37450	78

▲ 1937 年至 1945 年，中央信托局运输兵险保费收入与赔偿支出统计表。

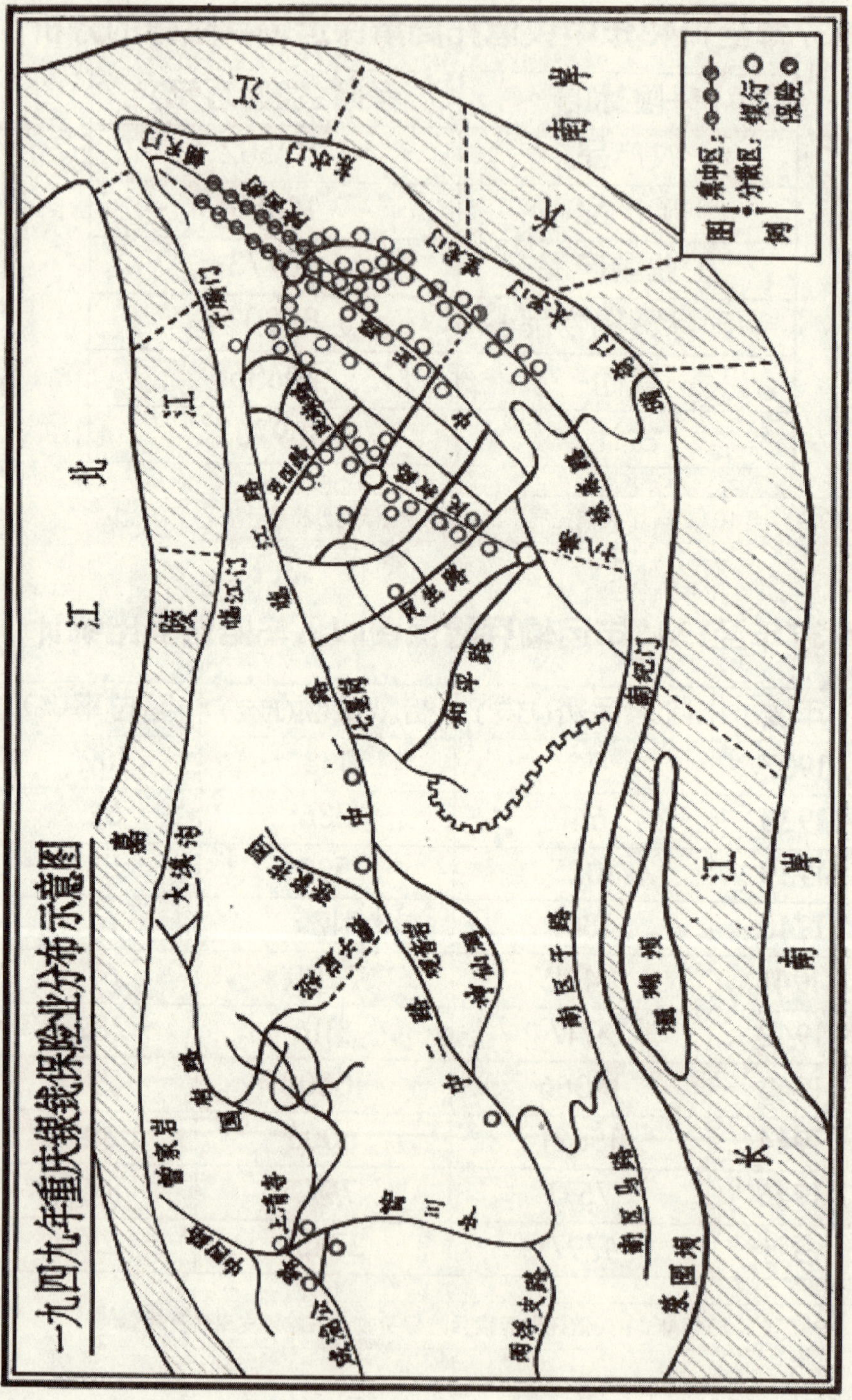

▲ 1949年重庆银钱保险业分布示意图。

三、商业贸易

战前的重庆，因其长江上游水系枢纽地位而成为长江流域仅次于上海、武汉的重要通商口岸和西南最大的物资集散地。抗战爆发以后，国家政治重心的西移，南京国民政府移驻重庆，各党政军机关在重庆办公，经济重心也逐渐移向了重庆。奉命内迁的400多家厂矿，有一半以上都迁往重庆城郊及附近地区，教育、文化、科技、卫生、体育等单位大批迁渝，特别是由于重庆战时首都地位的确立，各国驻华使领馆、新闻机构、援华团体也纷纷来到重庆，致使重庆人口激增。生产资料和生活资料需求的猛增，刺激了重庆商业的繁荣，重庆成为大后方的商业中心从而巩固和扩展了重庆商业中心的地位和范围。

事实上，抗战之初，国民政府以重庆为中心，控制着包括平汉、粤汉两铁路线以西的大部分地区，此时大后方的商业网络除覆盖西南、西北之主要区域外，可延伸至湖北、湖南、广东等地，与上海、香港等地的贸易往来虽受影响，但并未中断。然而，“自二十九年六月宜昌、沙市沦陷后，由重庆东运货物，显然减少”[①]。战时状态下东南方向贸易受阻后，西南、西北诸省内部商业联系不断增强，大后方作为一个相对独立的商业区域发展日趋成熟。而重庆凭借其既有的商业地位，以及战时政治影响，在大后方的商业网络中总体上处于最核心层级，“不惟为川省第一商埠，且为黔、滇、陕、甘等省货物之集散

① 上海总税务司署统计科编：《海关中外贸易统计年刊·各项比较图表》，“附录”，1946年第1期，第11页。

地”。[①]

受战时环境的影响，重庆的商业市场不断拓展，商业规模不断膨胀。首先表现在从业人数猛增。在近代重庆城市人口的行业构成中，从事商业的人口一直占有较大比重；到抗战时期，这一比重得到进一步扩大。据相关研究显示：1941年，全市商业从业人员达106083人，超过工矿业从业人员（92006人），占全市总人口的15.1%，占全市从业人员的19.8%。而至1945年，商业从业人员猛增至234278人，占全市总人口的18.6%，占全市从业人员的39%。其次，重庆商业规模膨胀还表现在商业资本总额迅速增长。抗战前夕，重庆的商业资本总额不过千万元，到1941年已经增长为12583万元，1942年更是猛增为49535万元。除此之外，商业内部各企业的资本也在增长，战前重庆商业企业的平均资本额仅为2000元左右，到1941年增至8823元，1942年则增至19111元。[②]商业规模的膨胀说明战时重庆的商业获得了前所未有的发展，其在经济结构中的比重进一步增强，对周边的辐射作用十分明显。

对外贸易是一种重要的商业行为。抗战时期重庆的对外贸易发展波动较大，但因战时首都战略地位的影响，加之海关总税务司迁至重庆，重庆仍为大后方的物资集散地和对外贸易重要枢纽。由于对外贸易线路的调整，抗战后期重庆的对外贸易总体上不及抗战前期的发展水平，在一些时段也不及战时蒙自等关的贸易额。以海关税收的情况来看，重庆在1940年大后方各城市海关税收中位居第一，但是太平洋战争爆发后，重庆在进出口贸易额上与蒙自、梧州、洛阳、南宁有一定差距。到抗战胜利前夕，重庆的进出口贸易逐渐超过梧州、洛阳、南宁等城市。显然，对外贸易受外部环境和地理位置的影响较大，战时重庆的对外贸易很大程度上是以其在大后方的商业中心地位为依托的；由于各地的物资运输及商业往来以重庆为枢纽，重庆集中了对外贸易的行政资源，一些地理位置较好的城市成为以重庆为中心的大后方对外贸易的窗口。

① 薛绍铭著：《黔滇川旅行记》，中华书局1938年版，第164页。

② 韩渝辉主编：《抗战时期重庆的经济》，重庆出版社1995年版，第117页。

(一)主要商业街区

▲ 抗战时期重庆两江相汇的半岛(即现在的渝中区)是重庆商业企业的主要分布地,本市注册的同业公会以及公司商号绝大部分都分布在此。半岛的公司商号和商品批发市场主要分布在沿江的下半城,尤其是长江边朝天门至南纪门一带,抗战时期又逐渐向上半城拓展,形成了几条繁华的商业干线:一是沿长江的朝天门到南纪门的陕西路、林森路一线(今陕西路、解放东路、朝天门码头、东水门大码头、望龙门、太平门码头、储奇门码头);二是与之平行的由朝天门经小什字、半边街至较场口附近的中正路一线(今新华路);三是上半城中心地带的民族路、民生路、民权路、和平路等。全市重要的商品批发市及零售商家几乎都集中于这几条路线的街道及附近街道上。图为抗战时期以小什字为中心的商业区。

▲ 都邮街可谓战时陪都第一街，沿着都邮街向四周延伸，有会仙桥、小梁子、关帝街、较场口、天宫街、柴家巷、临江门等，是商业最繁华的路段之一。图为抗战时期都邮街街景。

▲ 抗战时期的邹容路街景。

▲ 抗战时期的民族路街景。

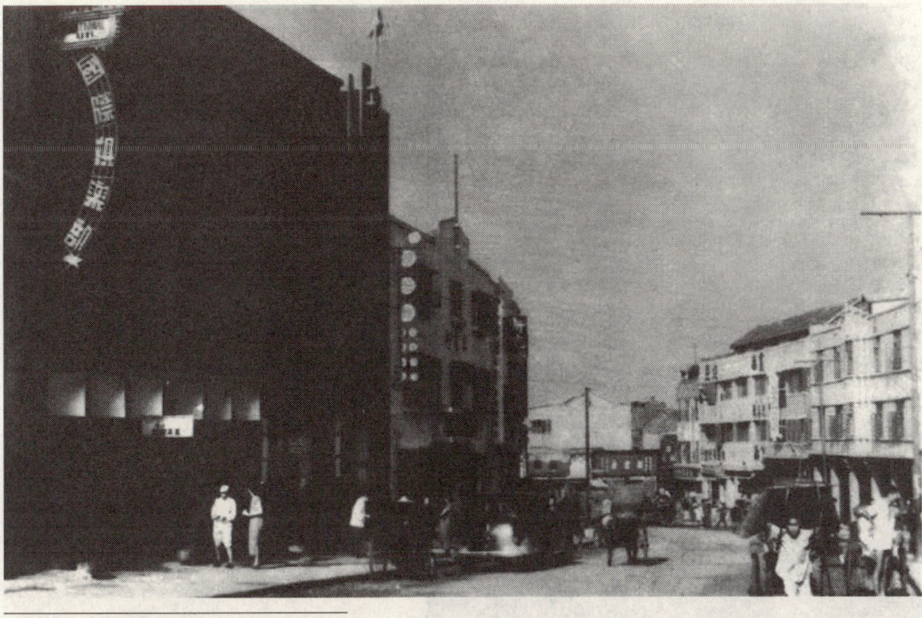

▲ 抗战时期的青年路商业区。

▲ 抗战时期的七星岗街景。

◀ 抗战时期的中正路(今新华路)街景。

▲ 抗战时期位于道门口的重庆第一模范市场。

▲ 就战时重庆批发市场而言，布匹市场设在白象街绸布公会，棉花市场设在棉花街同业公会隔壁的茶馆，百货市场设在大梁子4号茶馆，土布市场设在打铜街建都茶馆对面，五金市场设在天府街茶馆，颜料市场设在打铜街颜料公会，猪鬃市场设在林森路山货茶馆、满心茶馆等。商家也大都集中于这些地方，如70%的棉花商集中在棉花街，市内百货商家主要集中于都邮街及林森路的一、二、三牌坊，五金商家主要集中在林森路、中正路，猪鬃、药材集中在林森路等。同时新市区（临江门至曾家岩，通远门至两路口、上清寺、南纪门至菜园坝即南区路）也集中了一些商家及批发市场，如曾家岩为小河米批发市场，菜园坝为大河米批发市场，两路口及中山路一带是全市较大的地摊市场。图为日机轰炸后重建的重庆棉花街。

◀ 1945年11月，重庆市区的一条小街。这里是油漆一条街，有国光漆店、协和漆店等，后面还有一个较大的丹凤银楼。

▲ 较场口木货街的小商铺。

(二)商业行业和企业

▲ 战时重庆商业行业的增加，特别是能够依法成立同业公会的数量的猛增，是重庆商业繁荣的标志之一。1937年，重庆有政府批准成立的工商企业同业公会为14个，1939年就增加为39个，是1937年的2.8倍。在后来的几年里，每年都有大幅度增加，至抗战末期，重庆商业行业已达到120个。图为重庆药材公会旧址(现位于渝中区储奇门羊子坝15号)。

▲ 重庆颜料同业公会旧址(现位于渝中区五一巷)。

▲ 到1940年,重庆城区的商业贸易迅速扩大并形成了十余个大行业,它们是:五金电料、土产、药材、百货、医药、布绸、颜料、纸张、文化用品、盐、茶、粮食罐头等。其中,金秀峰的“金信裕”(棉布业),黄锡滋、陈丽生的“天锡生”(山货、棉纱、布、盐),刘继陶的“德生义”(生货、药材),肖则可、肖雨生的“宝元通”(土铁、铁锅、百货、布)等等,都是当时重庆商业不同领域的著名商号。至1945年,重庆全市有商家、公司1400多个,从业人员8614人,零售商铺47885个,从业人员225614人。图为重庆工商界为抗战义卖集资。

◀ 民族资本家、上海“大兴绸缎局”总经理王延松，于1935年10月在上海成立了“华华绸缎公司”，倡导“华人服饰”、“华人穿华服”。公司集各种国产高、中、低档呢绒绸缎、棉布服装于一店专业经销，以满足各阶层国人的穿着需要，一时闻名四方。1938年，“华华绸缎公司”由上海迁徙于陪都重庆。图为重庆江津华华公司。

▲ 重庆华华公司广告。

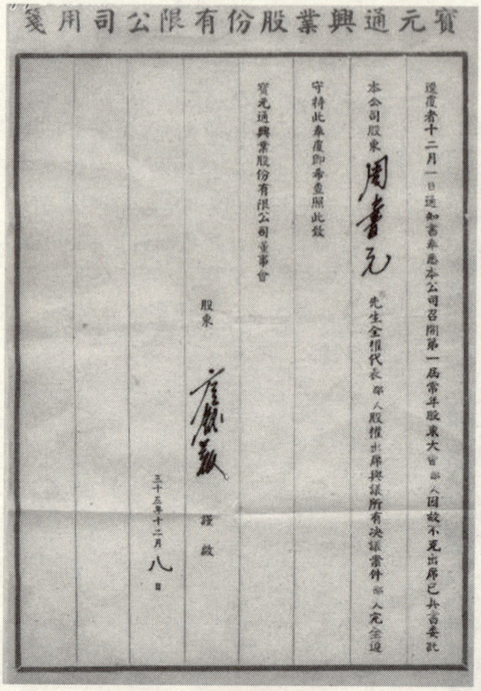
寶元通興業股份有限公司用箋

逕啟者十二月一日通知書奉悉本公司召開第一屆常年股東大會本人因故不克出席已具函委託本公司股東周書元先生全權代表本人股權出席與議所有決議事件本人完全遵守特此奉覆即希查照此致

寶元通興業股份有限公司董事會

股東　　謹啟

三十五年十二月八日

◀ 宝元通兴业股份有限公司(简称宝元通公司),是民国时期西南地区一家具有重要影响的、以经营百货为主的大型企业。图为宝元通兴业股份有限公司用笺。

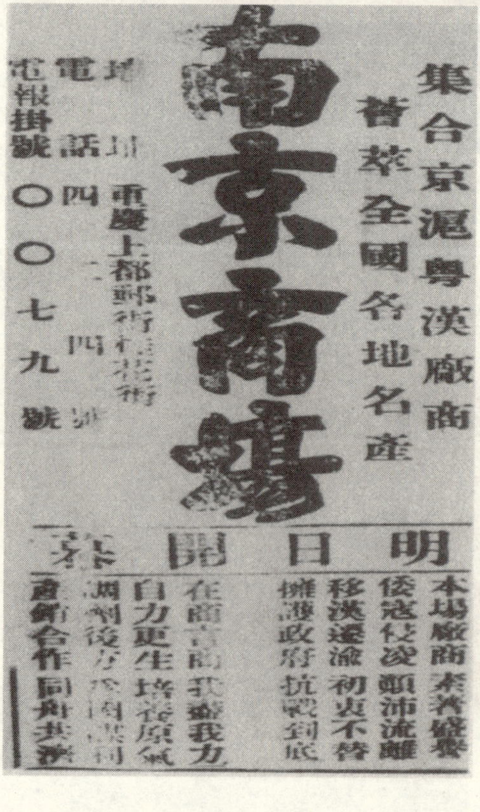
集合京滬粵漢廠商

薈萃全國各地名產

南京商場

地址 重慶上都郵街

電報掛號 ○○七九號

明日開幕

本場廠商素著聲譽

移漢遷渝初衷不替

擁護政府抗戰到底

自力更生培養元氣

產銷合作同舟共濟

◀ 1938年,南京商场在重庆都邮街开张广告。

▲ 老字号冠生园1938年由沪迁渝，1939年正式开业。分糕点厂、门市部和粤菜馆三部分。图为冠生园粤菜馆，店址位于重庆市民权路7号。冠生园粤菜馆共三层楼，一层经营小吃，二、三楼层专包办宴席，有技术较高的厨师十几人，能烹制上千种粤菜，一二百种广式糕点，系西南著名的粤菜馆。

◀ 冠生园宴会厅内的布置。

▲ 抗战胜利的消息传来，“首创三六九”（下江菜馆）周围聚集着狂欢的人群。

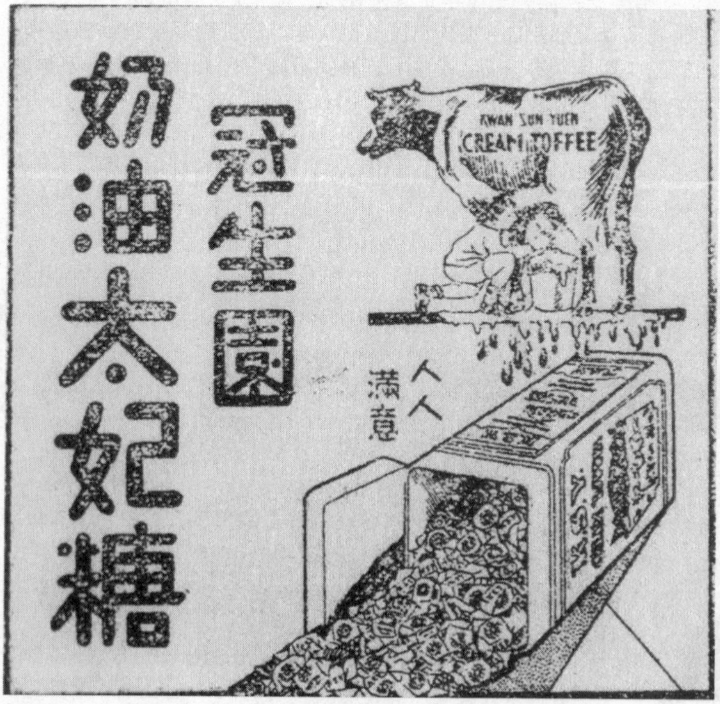

◀ 冠生园奶油太妃糖广告。

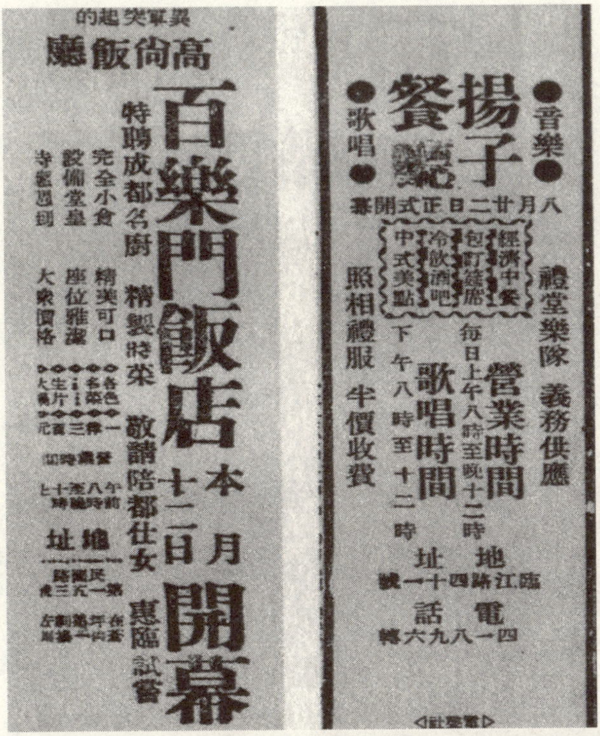

◀ 百乐门饭店广告和扬子餐厅的广告。

▲ 轰炸后仍然坚持营业的国民酒家。

▲ 抗战时期重庆的一家粤菜餐馆。

▲ 香港人在重庆商业街边开的时装店。

▲ 广东人在重庆开的中美军装店。

▲ 街边的图书文具公司和眼药行。

▲ 街边的传统中药铺，各种中药材应有尽有。

▲ 1945年8月的重庆街头，小贩出售美国产的香烟、肥皂、口香糖、鞋等物品。

▲ 民国时期的香烟广告。

(三)对外贸易

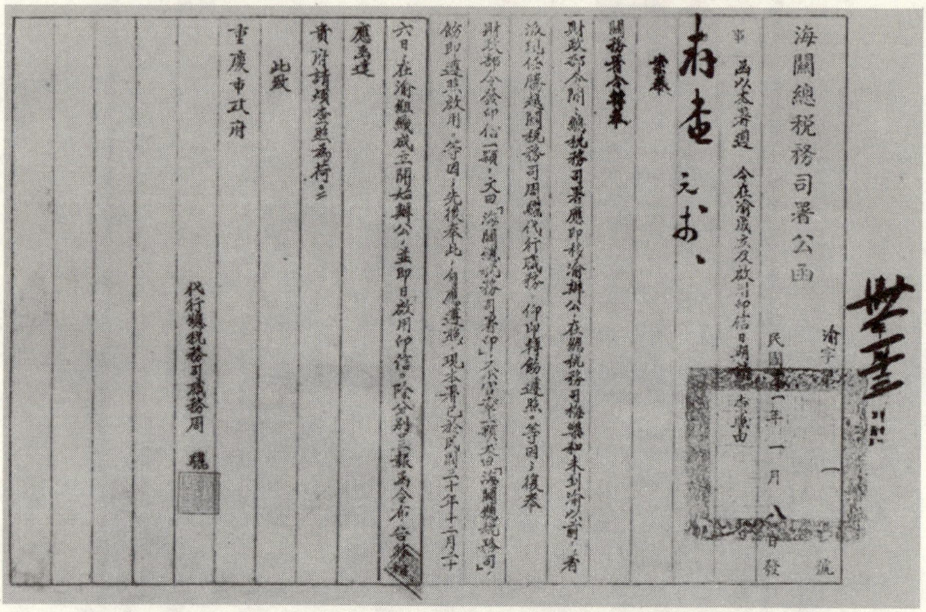

海關總稅務司署公函

渝字第…號

民國卅一年一月八日發

事由　函以本署遵令在渝成立及啟用印信日期請查照由

逕啟者：案奉

關務署令開：奉

財政部令開：總稅務司署應即移渝辦公，在總稅務司梅樂和未到渝以前，着派副總稅務司周驪代行職務，仰即轉飭遵照。等因，復奉

財政部令發印信一顆，文曰「海關總稅務司署印」，又小官章一顆，文曰「海關總稅務司」，飭即遵照啟用。等因，先後奉此，自應遵辦。現本署已於民國三十年十二月十六日在渝組織成立開始辦公，並即日啟用印信。除分別呈報函令外，相應函達

貴府請煩查照為荷。

此致

重慶市政府

代行總稅務司職務周驪

▲ 抗战爆发以前，从上海到重庆的长江流域地区，是中国的主要外贸地区，其中上海第一，重庆游移于三至四位间。抗战全面爆发后，长江中下游地区和对外口岸城市相继沦陷，国民政府控制的47个海关也只剩下12个，其中大部分处在西南内地。随着国民政府政治中心迁往重庆，对外贸易的重要通道也由上海转向了西南。在西南七关中(重庆、梧州、南宁、龙州、蒙自、思茅、腾越)，重庆居于后方枢纽地位。1941年12月，新的海关总税务司署在重庆正式成立，进一步增强了重庆在大后方对外贸易的中心地位。图为重庆海关税务司署关于在渝成立及启用印信日期给重庆市政府的请示。

▲ 安达森洋行，主要经营中国土特产进出口贸易。图为安达森洋行在重庆的仓库旧址(现位于南岸区海狮路2号)，前临长江，依山而建，有仓库6栋，占地面积约1万平方米。

▲ 卜内门洋行，由英国人卜内门氏合作创建于1873年，总部在伦敦，主要经营纯碱、化肥。近代的卜内门有限公司集团是世界五大公司之一，英国当时的四大公司之一。20世纪初，卜内门公司几乎独占了中国的纯碱市场，30年代达到经营的顶峰。1941年12月太平洋战争爆发后，公司被日军强占，1945年抗战胜利后恢复经营，新中国成立前该公司迁往香港。图为卜内门洋行重庆旧址(现位于南岸区周家湾64号)。

抗战时期，中国的猪鬃产量占世界总产量的半数以上，出口猪鬃是战时外汇收入的重要来源。图为总部设在重庆的四川畜产贸易股份有限公司，该公司生产的“虎牌”猪鬃出口量达到当时全国总量的85%。

古耕虞，祖籍广东，出身于重庆山货业世家。21岁即继承父业经营古青记山货字号，仅两年便“拥有重庆山货业天下之半”，仅8年便垄断了四川猪鬃出口业，其“虎牌”猪鬃驰名欧美市场。抗战期间，猪鬃的收购、出口指定由官办的四川畜产贸易股份有限公司经营，但因国际市场只认古青记虎牌猪鬃，故仍任其拥有该公司大部分股份，并任总经理，被誉为“猪鬃大王”。

▲ 当时重庆制作猪鬃的公司主要有四川畜产贸易股份有限公司、崇德公司、宝丰实业公司、和源实业公司。图为猪鬃泡蒸后分置整理成束。

◀ 正在捡除猪鬃中杂毛的女工。

▲ 桐油是四川的土产，作为一种重要的战略物资，在抗战时期对外贸易体系中占有重要的地位。图为桐油装运出口的情形。

◀ 战时中国主要输出物资——桐油在加工中。

▲ 战时汽油进口困难，重庆的炼油厂发明了提炼桐油代替汽油供给车辆燃料，品质良好。图为桐油油池。

四、交通

国民政府迁都重庆以后，重庆成为国民政府抗战大后方的政治、军事中心。这一历史性的重大转移，促进了重庆地区社会经济的迅速繁荣，也促进了重庆交通事业的发展，使重庆由抗战前川东地区的区域性经济、交通中心一跃成为大后方的经济、交通中心，其战时的重要性具有全国意义乃至国际意义。

水路交通

抗战的爆发使中国的民用航船业遭受了严重的损失。为保存实力，长江中下游的国营轮船招商局、民营三北轮船公司等航船企业幸存的轮船，陆续退入川江上游。抗战时期，在重庆的军民用运输轮船达100余艘，9万余吨，运力大大增强[1]。为了适应战时航运需要，重庆加强了港口码头的建设，通过整理航道，改善了航运条件，并进一步开辟了多条航线，大大促进了重庆水路交通的发展[2]。抗战时期，以民生轮船公司为代表的川江轮运企业得到了较大发展，完成了国民政府机关、沿海沿江大批企事业单位内迁的紧急而繁重的运输任务；担负支持前线抗战的军运任务；还承担急剧膨胀的重庆城市人

① 周勇：《重庆抗战史：1931—1945》，重庆出版社2013年版，第304页。

② 周勇：《重庆抗战史：1931—1945》，重庆出版社2013年版，第307-309页。

口维持生活所必需的大量基本生活物资的调运任务[1]。同时,鉴于抗战时期繁重的运输任务和川江特殊的航行条件,国民政府对川江木船业进行了有计划的扶持,木船业迎来了其发展的又一黄金时代。战时重庆地区的木船运输在参加抗战初期货物的抢运、政府重要物资的运输、开辟水陆联运等重大运输工作中,都发挥了独特的作用。

公路交通

抗战时期,以重庆为中心形成并发展了大后方公路交通网。早在抗战全面爆发前,鉴于日本咄咄逼人的侵略态势,蒋介石把开发西部、在西部寻找抗日战略基地事宜提上日程。而在这当中,公路交通建设则处于最突出的地位。抗战全面爆发前,国民政府一方面重点整理了四川旧有公路,一方面新建了川黔、川湘、川陕公路等,延伸了干线,大大加强了同省外的联系[2]。在全面抗战阶段,国民政府加快了西部地区的公路建设,一方面对原有公路进行改造,另一方面着力修建了国际和国内大后方的公路线。使重庆在干线基础上,与附近地区公路进一步连成网。为解决国际运输,还修建了中越、中缅、中印等国际公路,加强了同英美等的军事物资联系,对重庆的发展和支持抗战起到了极大的作用。[3]此外,为缓解公路和铁路运输的紧张和压力,使用畜力、人力为动力的大车、板车、木船运输等传统驿运方式又繁荣起来,为抗战大后方的交通发展贡献了力量。

① 韩渝辉主编:《抗战时期重庆的经济》,重庆出版社1995年版,第232-233页。

② 周勇:《重庆抗战史:1931—1945》,重庆出版社2013年版,第344页。

③ 周勇:《重庆抗战史:1931—1945》,重庆出版社2013年版,第301页。

航空运输

抗战爆发后，重庆成为战时首都，抗战形式的迫切需要推动了战时重庆航空运输业的飞速发展。战时，重庆的航空基础建设进一步加强，扩建了旧有机场，新建了军民用机场。1938年1月，国民政府两大航空公司之一的中国航空公司西迁入渝，推动了重庆航空业的发展。战时的重庆航空业，开辟了多条国内、国际航线。到1940年，迁渝的中航公司航线有了相当大的发展，先后开辟了重庆—香港、重庆—昆明、重庆—成都、重庆—宜昌、重庆—乐山、重庆—贵阳等6条国内航线。1942年8月25日，为增进战时西北交通，中国航空公司又增辟重庆—宝鸡—兰州的航线[①]。1942年，日本侵占缅甸，重庆至仰光的空中航线切断；4月，缅北沦陷，滇缅公路断绝，国民政府拨出飞机予中国航空公司，用于开辟重庆—昆明—丁江—印度加尔各答的空中航线，即驼峰航线。驼峰航线的开辟，对打破敌人的严重封锁、取得国际援助起到了重大作用。[②]

战时重庆社会经济的迅速发展势必促成交通事业的空前发展；反过来，重庆交通的建设和发展，为重庆和大后方经济建设的发展提供了基础，为支援持久抗战做出了积极贡献。

---

① 周勇：《重庆抗战史：1931—1945》，重庆出版社2013年版，第309页。

② 周勇：《重庆抗战史：1931—1945》，重庆出版社2013年版，第309-310页。

(一)水路交通

▲ 抗战时期,在渝的轮船数量增加,客货运输繁忙,战前简陋的重庆港口设施已不堪压力。为了适应战时航运的需要,重庆的港口码头建设进入了迅速发展的新时期。战时重庆地区的码头普遍得到了休整,并根据地理环境和客货流向,划分了专门的码头。图为抗战时期的朝天门码头。

▲ 为了便利货物运输，沿江仓库修建也是抗战时期港口码头建设的重要环节。图为沿江修建的大型仓库。

◀ 根据重庆山城的特点,战时各码头基本都修建了石阶梯道,大大改善了客货运输条件。图为千厮门码头石阶梯道。

▲ 宽阔的码头和宽敞的石阶梯道。

川江各航線輪船消息一覽

航線	船名	到達日期	到達地點	開往日期	開往地點	售票處
渝敘	民殷	一月十日	敘府	一月十一日	重慶	上游公票處
渝敘	民裕	一月七日	重慶	一月八日早	瀘州	同
渝敘	民楷	一月八日	重慶	一月九日早	敘府	同
渝宜	民蘇	一月八日	重慶	一月九日	宜昌	同
渝涪	民生	一月七日	重慶	一月九日午	涪陵	民生三閘船
渝涪	民樸	一月六日	重慶	一月八日早	涪陵	民生三閘船
渝合	民觀	一月八日	重慶	一月九日早	合川	航務處閘船
渝合	民平	一月七日	重慶	一月八日午	合川	航務處閘船
渝合	民惠	一月八日	重慶	一月八日午	溫泉	航務處閘船
渝合	民信	一月八日	重慶	一月九日早	溫泉	航務處閘船
渝合	民齊	一月七日	重慶	一月八日早	溫泉	航務處閘船
渝合	民約	一月七日	重慶	一月八日早	合川	航務處閘船
渝敘	天穪	一月七日	重慶	一月八日	敘府	上游渝船公票處
渝宜	萬流	一月八日	重慶	一月九日	宜昌	下游公票處
渝敘	新興	一月九日	重慶	一月十日	敘府	上游公票處
渝萬	民運	一月七日	重慶	一月八日	萬縣	同
宜巫	民康	一月七日	宜昌	一月八日早	巫山	
宜巫	民主	一月六日	宜昌	一月七日早	巫山	
宜奉	民政	一月六日	宜昌	一月七日	奉節	
渝敘	民昌	一月八日	重慶	一月九日早	江津	
渝敘	民覺	一月九日	重慶	一月十日早	敘府	上游公票處
渝敘	民望	一月十日	重慶	一月十一日	敘府	同
渝宜	康定	一月十日	重慶	一月十一日	宜昌	下游公票處
渝宜	新昌和	一月十日	重慶	一月十一日	宜昌	下游公票處

碼頭地址：

羊角灘 由東水門渡河或朝天門渡河民生第五閘船電話三〇二九

磨兒石 出朝天門左行出千廝門右行民生第七閘船電話一三八五

嘉陵碼頭 出接聖街左行

鹽碼頭 出千廝門左行

元通寺 出太平門左行出東水門右行民生第一閘船電話一三八六

紙碼頭 出千廝門左行川江航務處閘船電話一四八

▲ 抗战时期，大批工厂内迁。这些厂矿大都建设在川江及其支流两岸，工业原材料的供给、产品的销售和交流、人口生活消费等，绝大部分都依赖水运。因此，为适应这种需要，重庆地区的航运线路在原有通航河段上又开辟了一批新航线。据长江航政局统计，1940年，以重庆为起点的轮船航线即达20条。战时航行条件的改善，使川江和嘉陵江的轮船航线得以向上延伸。图为抗战时期川江各航线轮船消息一览表。

1945年重庆轮船航运公司统计表

公司	性质	资本(元)	航线	船只	吨位(吨)
轮船招商局	国营	—	长江	17	23894
三北轮埠公司	国营	—	长江	16	12418
民生实业公司	股份	700万	长江、嘉陵江	98	27290
永昌实业公司	股份	50万	渝叙	2	182
大达轮船公司	股份	—	长江	3	4213
夔记轮船局	独资	150万	重庆附近	3	181
重庆轮渡公司	股份	40万	重庆附近	12	600
庆磁航业公司	股份	50万	重庆附近	6	166
强华实业公司	股份	600万	长江	2	1747
三兴轮船局	独资	700万	长江	4	381
顺记轮船局	独资	100万	重庆附近	1	121
华中航业局	股份	100万	重庆附近	4	181
大通顺记航业公司	股份	—	长江	1	1372
佛亨轮船公司	股份	100万	重庆附近	3	181
合众轮船公司	股份	200万	渝叙	8	755
合　计	—	—	—	180	73682

▲ 抗战以来,长江中下流一些轮船公司迁到重庆。但是由于他们的船体大,吃水深,马力小,不适宜川江航行,发展受到一定的限制。而重庆的轮船公司则趁势发展了自己的实力,达到了新的水平。经过抗战时期的发展,到1945年,重庆轮运业达到了鼎盛时期。在重庆的轮船公司达到了15家,总吨位73682吨,比抗战前增加了2.12倍。图为1945年重庆轮船航运公司统计表。

◀ 在重庆轮运企业中,民生轮船公司始终居于领先地位。抗战爆发后,民生公司肩负起有关军事运输、物资内迁、人口疏散等重要且紧迫的历史任务。在战时极端困难的情况下,民生公司轮运事业仍有巨大发展。船只1945年比1937年增加了82.6%达98艘,吨位增加了37.73%达27290吨,马力比1938年增加了16.69%,年客运量增加近11倍,货运增加1倍以上。图为著名爱国实业家、民生轮船公司创办者——卢作孚先生。

▲ 1938年底，武汉失守后，日军进一步向宜昌进犯，有3万人员和9万吨物资器材在宜昌待运入川。按常规，这9万吨物资要1年才能运完。而民生轮船公司在卢作孚的带领下，通力合作，在枯水季节前用时40天完成了“中国实业上的敦刻尔克”的壮举。图为抢运人员物资的“民元”轮航行在长江上。

▲ 在漫长的抗日战争中，民生公司及广大职工，为了保卫祖国，坚持抗战做出了巨大贡献。八年抗战中，据不完全统计，从1937年9月民生公司担任川军出川抗战部队的运送任务起，到1945年抗战胜利时为止，民生公司就运送出川部队和壮丁270万人，武器弹药30余万吨。此外，民生公司还运送了大量的军粮和食盐。图为“民康”轮运输支前物资后返回重庆。

▲ 民生公司及广大职工在为抗战做出了巨大贡献的同时，也付出了惨重牺牲。抗战期间，民生公司的船员有117人牺牲。船只方面，被炸沉、炸坏的船只16艘，因军运事故毁坏6艘。图为民生公司1941年8月被日机炸沉的运送物资的“民俗”轮。

▲ 轮船招商局是中国最大的合办航运企业。成立于1872年(清同治十一年)。抗战爆发后，总局迁往香港，在重庆成立长江业务管理处，代行总局职权，组织该局轮船西撤入川，抢运内迁物资。1942年12月香港沦陷后，该总局迁到重庆。1943年4月，国民政府交通部命令招商局在重庆恢复总局。图为招商局重庆分局办公楼。

▲ 招商局万县分局旧址。

▲ 招商局原主要经营长江中下游和沿海航线，因此轮船吨位很大，在川江航运中受到较大限制，到重庆的3000吨以上轮船就6艘，占该局总吨位的90%以上。图为江顺轮——招商局入川的六大江轮之一。

▲ 强华轮船公司成立于1920年，原为民营福记航业部。后挂法国旗，改名为聚福洋行，依附法国势力，避免了兵灾匪祸。抗战时期，它转投官僚资本，得到国民政府中央银行行长孔祥熙和粮食部部长徐堪的支持，于1942年改组成“强华实业股份有限公司”。强华在资本、设备、货源方面均有充分保障，得以迅速蓬勃发展，是战时官僚资本扶持发展的典型。图为强华公司旧址。

◀ 重庆强华轮船公司总经理黄明安。

▲ 重庆的木船业自民国初年轮船勃兴以来，逐步衰落。抗战爆发后运输任务繁重，为木船业的重新繁荣创造了条件。川江及其支流险滩众多，轮船多因吃水太深不宜行驶，木船恰恰可以弥补轮船之不足。有鉴于此，国民政府对川江木船业进行了有计划的扶持。国民政府交通部在重庆北碚进行木船改良运动，以发展壮大川江运力。川江木船业走出了衰落的困境，又一次进入了大发展的黄金时代。图为新造的改良木船在爆竹声中启航。

◀ 战时的木船运输沟通了长江、綦江、沱江、永宁河、岷江、涪江、嘉陵江、渠江、黔江、御林河等四川十大江河，通航里程扩展到4500公里，是当时轮船通航里程1740公里的2.59倍。图为行驶在川江险滩的木船。

▲ 1939年，川江木船为10465只，1942年为11696只，到1944年达到鼎盛，有木船16436只，总吨位26.66万吨，直接从业人员30万人。据统计，1944年1—9月木船进口货物61.1吨，出口货物14.3吨。图为重庆港口满载物资的木船。

▲ 抗战时期，木船的吨位数量不仅数倍于轮船，而且担负着维持重庆市生存和运转的米、盐、糖、煤、茶、棉花、杂粮、食油、布匹、五金、百货等生活必需品的任务。仅1942年一年，木船即向重庆运送了大米35万吨、盐15万吨、煤70万吨。图为重庆朝天门码头满载货物的木船。

▲ 战时重庆地区的木船运输在参加抗战初期货物的抢运、政府重要物资的运输、开辟水陆联运等重大运输工作中，都发挥了独特的作用。图为乘坐木船出行的人们。

(二)公路交通

▲ 1935年11月23日,川湘路綦江段率先开工,分段施工。该线蜿蜒于崇山峻岭之中,艰苦异常。1937年1月15日,川湘路全线通车,重庆至长沙1300余公里可直达。川湘公路于抗战中是连接粤汉、湘桂通向西南大后方的唯一通道。与此同时,在重庆行营的督导下,到1937年抗战前夕,川鄂路渠万段(渠县至万县)、川青路绵江段(绵阳至江油)、川陕路成七段(成都至七盘关)、川康路成雅段(成都至雅安)均建成通车,从而初步构筑起以重庆为中心的大后方公路网。图为川湘公路"矮寨段"。

全面抗战时期新修的重庆及其附近地区主要公路一览表

起止地点	竣工时间	长度(公里)	备注
海棠溪—广阳坝	1937.10	24	
巴县一品—石油沟	1938.4	12	用于开发石油沟气矿
长寿龙溪沟	1938.7	22.24	用于开发龙溪沟水电
海棠溪—南温泉	1939.4	6	第一条旅游公路
赖家桥—白市驿	1939.11	14	机场公路
两路口—佛图关	1940.4	3.8	特种服务
佛图关—九龙坡	1940.6	10.4	通机场、渡口
赶水—小鱼沱	1940	15	通第四十一兵工厂
北碚—北温泉	1941.12	7	旅游用
江津—蔡家	1944	51.5	
山洞—白市驿	1945.3	9	通机场

▲ 1939年8月起，开始修筑汉渝公路，该路自重庆小龙坎，经大竹、达县、万源，以达西乡，与汉白路相接，全长952公里，1941年底完成。这是重庆经川东北方向与陕西相连的重要陆上通道。图为汉渝公路上的秦川隧道。

▲ 到1940年底，川陕、川湘、川黔、川滇公路等先后竣工。战时首都重庆，通过川黔、川湘、川鄂、川桂、川滇、川汉等公路干线，连接着大后方，形成了大后方公路交通运输网。图为成渝路歌乐山老鹰岩跨线桥。

◀ 1945年成渝主要交通路线图。

▲ 为了解决国际运输，国民政府先后修筑了滇缅、中印等国际公路，加强了同英美等的军事物资联系。滇缅公路从云南通往缅甸。它东起昆明，西出边境畹町与仰光公路相连接，穿越绵延的山区和湍急的河流，是一条蜿蜒上千公路的运输干线。图为中缅边境的畹町桥，它是滇缅公路国内段的终点。

▲ 滇缅公路于1937年11月开始动工，1938年12月1日全线正式通车。在严重缺乏施工机械的年代，来自公路邻近腾冲、龙陵等县的汉、白、彝、傣等10多个民族的20万劳工——绝大部分是老人、妇女和小孩，用自己的双手在崇山峻岭间开凿出了这条“战时生命线”。图为参与修建滇缅公路的孩子们。

▲ 1940年9月，中越路被切断后，滇缅公路成为我国对外的主要通道。据统计，自1939年初至1942年5月滇缅公路被日本切断止，行驶在这条公路上的公私车辆达2000辆以上；三年总共运入军事物资、机器设备和原材料80余万吨，运出桐油、钨砂等出口物资20余万吨。这些对坚持抗战、建设后方经济都起了重要作用。图为战时行驶在滇缅公路上运送物资的中国运输队。

▲ 为抗击日军对中国的入侵与封锁，中国战区总参谋长、美国人史迪威将军主持兴建了从云南经腾冲入缅甸而去印度的“史迪威公路”，也称“中印公路”。它是第二次世界大战期间中美两国合作修建的国际军用战略公路。图为抗战时期修建史迪威公路（中印公路）的情景。

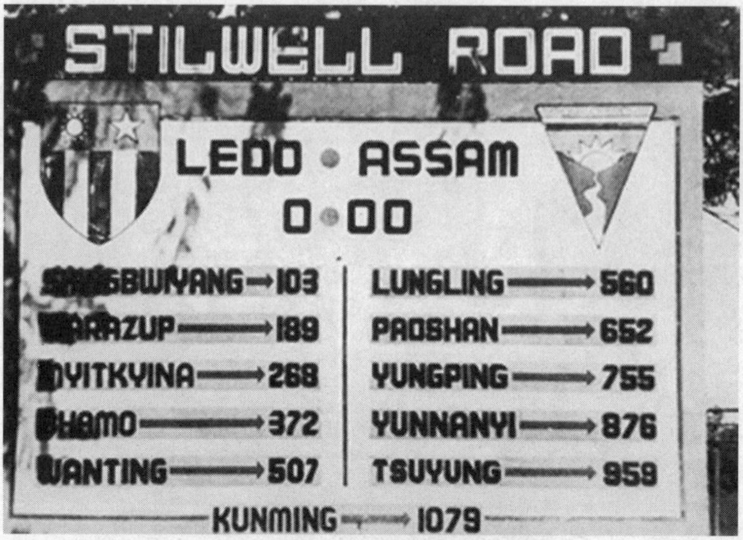

▲ 史迪威公路西起印度东北铁路终点站雷多镇，经缅北和滇西，东至云南省会昆明。图为史迪威公路路标——零公里处。

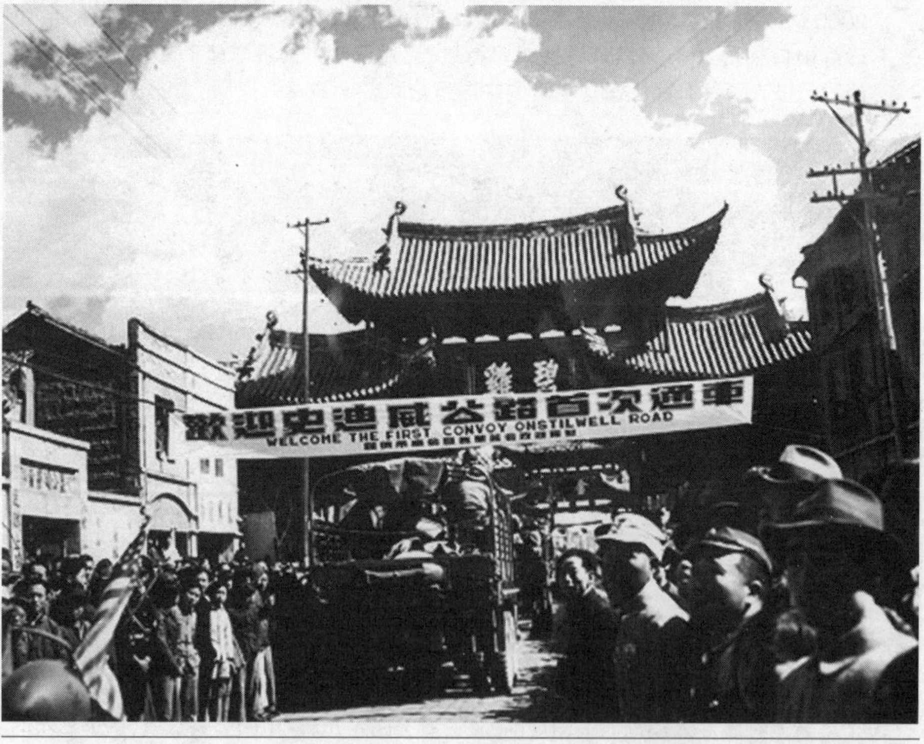

▲ 史迪威公路于1942年分头施工，中、美两国派出工兵团和技术员以及印度、缅甸的大批民工参与修建，1945年初通车。图为昆明举办的史迪威公路通车典礼。

▲ 1925年，为了将天府煤矿的煤通过铁路运送到嘉陵江边，再由船运出，江北、合川多名士绅倡议修建轻便铁路。但由于筹款缓慢、路基征地等问题迟迟不能动工。1927年，民生轮船公司、益泰公司再次发起成立由卢作孚、唐建章等32名成员的“北川民生铁路股份有限公司”，重新建设北川铁路。图为北川民生铁路股份有限公司。

◀ 1934年4月，全长16.8公里的北川铁路全线通车，大大提高了生产效率，使矿区煤的运输量从每日400吨上升到2000吨。抗战时期，北川铁路担负了重庆地区重要的能源运输任务，据国民政府1943年统计，重庆1/3以上的能源供应依靠北川铁路的输出。北川铁路为抗战做出了重要贡献。图为抗战时期北川铁路上繁忙的运煤车。

▲ 1942年的北川铁路水岚垭火车站。

▲ 武汉沦陷前，国民政府军事委员会军政部兵工署把汉阳铁厂和汉阳兵工厂的机器连同厂内铁路钢轨、机车车辆以及其他兵工厂的机器拆运到重庆大渡口一带，修建了几个兵工厂。兵工厂所需之焦煤、铁矿等需由綦江县煤铁矿供应。为了解决重庆工业原料的运输问题，国民政府于1942年成立交通部綦江铁路工程处，开始修建綦江铁路。1944年冬，西南地区仅有这条铁路还在勉强维持施工。1948年，綦江铁路才建成通车，全长67千米。图为綦江铁路通车留影。

▲ 1938年10月，在重庆召开的国民参政会第一届第二次会议和行政院会议上，通过了以畜力、人力承担货运，以补充汽车运输之不足的决定。1939年12月，交通部成立了驮运管理所，开始筹建全国性的驿运网络。1940年4月，军委会运输统制局设立驿运管理组。同年7月，全国驿运会议在重庆召开，对战时驿运工作作了全面规划和部署。图为中国国民党中央执行委员会宣传部1940年印制的《怎样推行驿运》。

▲ 至1942年初，全国水陆驿运线网初步完成，以重庆为中心，计有干线7条（川黔、川鄂、川陕、川湘、黔桂、泸昆、叙昆），总长8688公里，支线189条，总长29546公里。图为马车驿运队正在运送物资。

▲ 抗战时期，从1940年9月至1944年底，4年之中全国驿运干线共运送货物124.98万吨，几乎相当于1938年至1944年7月中其他公路货运的总量（125.29万吨）。驿运对于加强战时运输、弥补运输之不足、克服国际封锁、供应前方军品、转运国内物资、调剂后方供需，发挥了重大作用。图为1941年重庆地区正在运煤的人力驿运队。

(三)航空运输

▲ 重庆广阳坝机场,是重庆主城修建的第一座机场。1929年8月,刘湘亲自主持了机场开工仪式,机场于年底建成。1935年秋,刘湘奉蒋介石之令,对广阳坝机场进行扩建。1938年,因抗战急需,国民政府成立机场工程处,再次对广阳坝机场进行扩建。国民政府迁渝后,中国空军第四大队由南昌迁驻重庆广阳坝机场,负责战时首都重庆及周边地区的防空任务。图为广阳坝机场遗址。

▲ 重庆珊瑚坝机场是中国民航修建的第一个陆上机场。1933年11月，珊瑚坝机场开工修建，仅用了50天，珊瑚坝机场就竣工了。为了方便乘客乘机和装卸货物，还配套在珊瑚坝与市区江岸之间搭造浮桥，修建飞机码头。乘客从浮桥上岸，再登322级台阶，方可抵达马路。抗战期间，珊瑚坝由民用机场收归为军用机场。图为从中国航空公司办公室俯瞰重庆珊瑚坝机场。

▲ 抗战爆发后，鉴于空运任务的繁重，1939年3月，国民政府交通部、航空委员会和空军92转运站联合向铁路局租借九龙坡铁路路基修建飞机场。1940年，机场投入使用。由于九龙坡机场地理位置比较隐蔽，常为要人专机起降之用。1945年8月28日下午，九龙坡机场迎来了参加重庆谈判的毛泽东等人的专机。10月11日，毛泽东再从九龙坡机场登机返回延安。图为1945年8月28日，毛泽东一行飞抵九龙坡机场。

▲ 1938年5月1日，四川省政府电令永川行政督察区专员公署和航空站负责重庆驿机场的勘察和修建任务。1939年6月30日，机场基本竣工。白市驿机场在抗战时期是军民两用的机场之一，它既是美国驻华空军司令部驻地，也同时用于民用航空业。1939年，经白市驿机场开通重庆—河内，重庆—新加坡，重庆—香港的航班，是中国历史上第三个投入使用的国际机场。图为第14航空队重庆白市驿基地指挥部。

▲ 梁山机场，坐落于重庆市梁平县县城以北1公里处，1928年由刘湘修建。1937年抗战全面爆发后，梁山机场成为大后方离日军前哨最近的机场，中国、美国、苏联大量空军战机入驻梁山机场，英勇抗击日本侵略者。图为梁山机场指挥塔。

▲ 大中坝机场位于重庆巴南区境内小坝乡大中村，距离市区22公里，坐落在长江中的小岛上。1941年6月建成，该机场建成后作为空军43航空站，供飞机停歇加油，实际上是备用机场。抗日战争胜利后弃用。图为鱼洞大中坝机场遗址。

▲ 秀山机场位于秀山县城西门外，于1942年5月建成。机场总面积91万平方米，机场长为1300米，两端宽为400～1000米，并修整出各型飞机使用的长1000米、宽250米南北向地坪一段，由国民政府空军第9总站118分站管理。图为秀山飞机场旧址一角。

抗战时期国际航线一览表

时间	航线起止点	航空公司	备注
1937年12月20日	重庆—香港	中国航空公司	第一条对外联系的地区性航线
1938年11月20日	重庆—河内	欧亚航空公司	
1939年3月12日	重庆—河内	中国航空公司	
1939年1月24日	重庆—仰光	中国航空公司	
1941年12月5日	重庆—哈密—阿拉木图	中苏航空公司	
1941年12月18日	重庆—昆明—腊戍—加尔各答	中国航空公司	1941年1月19日试飞成功

▲ 随着抗战的爆发和前线形势的紧张，中国航空公司和欧亚航空公司总部分别移驻西部的重庆、昆明两地，积极发展后方民用航空业，开辟多条国内、国际航线，不断加强了战时重庆与各地的联系。这对于打破日本帝国主义的封锁、取得国际援助提供了有力的保障。图为抗战时期国际航线一览表。

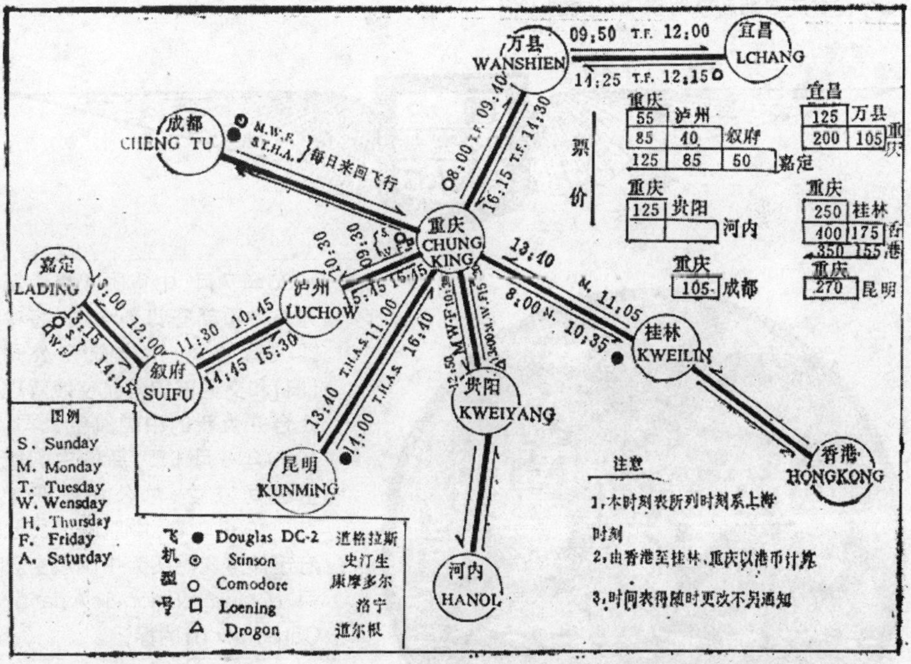

▲ 中国航空公司迁渝后，到1940年，航线有了相当大的发展，先后开辟了重庆—香港、重庆—昆明、重庆—成都、重庆—宜昌、重庆—乐山、重庆—贵阳等6条国内航线。1942年8月25日，为增进战时西北交通，中国航空公司又增辟重庆—宝鸡—兰州的航线。图为1939年中国航空公司航线航班图。

▲ 在重庆参加新航线首飞仪式的人们。

▲ 1930年7月，中华民国交通部与美方重新签订新合同，将中国飞运公司、中国航空公司(旧)和交通部沪蓉航空线管理处合并为新的中国航空公司。1930年8月1日，新的中国航空公司成立，总公司设在上海。1938年春，中航随国民政府迁都重庆。图为中国航空公司(China National Aviation Corporation)的标记。

◀ 中国航空公司的旅客登机牌。

▲ 身着制服的中国航空公司空乘人员。

▲ 飞行中的中国航空公司飞机。

五、邮电

随着战时重庆迅速发展、繁荣，重庆的邮政电信事业也进入了空前发展时期。同时，全面抗战爆发后，与其他行业一样，邮电事业的近代化进程被打断。在经济西迁的整体作用下，部分邮电资源在大后方保留下来。为了支持抗战和保持重庆大后方社会经济的繁荣发展，国民政府进一步强化管理并大力发展了以重庆为中心的大后方邮政电信事业。战时的重庆邮电事业面临的任务是满足因抗战而发展的兵工生产和国民经济各行业所形成的对邮电事业日益增长的巨大需求。

邮政业

抗战时期，我国邮政业总体上遭受到了战争的严重破坏，损失严重，业务空间大为缩小。在此背景下，虽然重庆邮政业也难免战争破坏，但由于承接了不少西迁的邮政资源，获得了前所未有的特殊机遇，得到了较大的发展。首先，随着重庆成为陪都和大后方的政治、经济和文化中心，成为战时首都，各种军事需要及社会经济发展促进了邮政的发展，重庆也进一步成为大后方的邮政中心。抗战爆发后，中华邮政总局从南京迁移到汉口、昆明，最后于1942年5月迁移到重庆。其次，战时重庆人口剧增、城区扩大，对邮政业务的需求迅速增长，直接促进了重庆邮政业的飞速发展。[①]中华邮政总局从南京迁移到汉口、昆明，最后于1942年5月迁移到重庆，重庆成为大后方的邮政中心。

抗战时期，重庆邮政机构得到很大的发展，市区和市郊先后设立了约30处邮政支局和邮政所；邮政网点也逐年快速增加，以重庆为中心的东川邮区的邮政网点数，从1938—1942年增加了约2.4倍[②]。为了加快重庆与各地的通讯联系，战时重庆的邮政线路不断新辟，陆续开通了连接贵阳、贵州、成都、宝鸡等多地的邮路。同时，还同中国航空公司合作，开通国际航空邮路[③]。网点的增设和邮路的新增，加上重庆及周围地区人口的急剧增加，重庆地区的邮政业务量迅速增长，重庆地区的邮政事业得到了飞速的发展。

电信业

电信事业的发展，不仅依赖并相伴于地区经济的发展，而且与行政、军事等的因素紧密相关。抗战前夕，重庆地区的电信事业已经有一定的发展，这为重庆成长为西南地区电信中心奠定了一定的基础，但基础仍然十分薄弱。抗战时期，重庆电信业迎来了空前的发展。随着重庆成为抗战首都、大后方的政治、经济中心和远东军事指挥中心，重庆电信事业有了巨大发展。

抗战时期，国民政府加强了对电信事业的管理。1943年1月1日，交通部合并电话、电报两局，成立重庆电信局，综合管理电信业务的格局开始形成，强化了对电信的集中管理。抗战时期，重庆电话分为市内电话和长途电话两大类；长途电话和电报则分为国内和国际两大类。经过数年的建设，1941年11月，重庆城区内的电话全部改为自动电话[④]。重庆还陆续开辟至西南各省、

① 周勇：《重庆抗战史：1931—1945》，重庆出版社2013年版，第363页；韩渝辉主编：《抗战时期重庆的经济》，重庆出版社1995年版，第274页。

② 韩渝辉主编：《抗战时期重庆的经济》，重庆出版社1995年版，第275页。

③ 韩渝辉主编：《抗战时期重庆的经济》，重庆出版社1995年版，第274-275页。

④ 韩渝辉主编：《抗战时期重庆的经济》，重庆出版社1995年版，第278页。

西部、华中重要城市以及缅甸、美国、新加坡等地的无线电话线路和电报线路,加强了战时重庆同各地的联络。此外,国民政府还通过成立专门的管理机构来突出对电信事业的管理。1943年1月1日,交通部合并电话、电报两局,成立重庆电信局,综合管理电信业务的格局开始形成。

战时重庆邮电事业尤其是电信事业的发展,首先是为了保证国民政府军令、政令的畅达。战时,官军电报字数占重庆电报比重高达70%以上[①]。重庆电信从量上保证了战时重庆与前线、与各地军令政令及有关电讯的畅达。同时,从时间效率上也保证了军事和行政方面的需要。可以说,重庆电讯邮电事业的发展,对军政领导有效地组织和指挥作战提供了条件。战时重庆邮政电信事业的大发展,也保证了陪都重庆与抗战前线、大后方各地、国外等地的通讯联系。在日军对重庆疯狂轰炸的情况下,重庆电信邮电当局保证邮路畅通、组织电报、电话机房迁往郊区或迁入防空洞和地下室,广大员工不畏艰险,坚持工作,在保障战时首都与前线的通讯联络畅通、维系广大人民的抗战意志等方面起到了重要作用。

① 韩渝辉主编:《抗战时期重庆的经济》,重庆出版社1995年版,第290页。

(一)邮政业

▲ 重庆邮局原隶属东川邮务管理局，抗战时期，重庆成为大后方邮政中心，其业务才逐渐发展起来。图为位于重庆太平门的东川邮政管理局。

1935年至1944年东川邮区所属支局情况表

年份	管理局	一等局	二等局	三等局	支局	代办所	村镇信柜	村镇邮站	邮票代售处	邮亭
1935	1	1	51	27	7	524	400	81	71	—
1936	1	1	53	26	6	560	433	79	76	—
1941	1	3	75	74	23	999	602	240	109	2
1942	1	3	71	80*	25	1075	641	239	100	2
1943	1	3	71	98	26	1156	667	380	94	—
1944	1	3	69	111	35	1251	694	380	46	—

*注:包括四等局6个

▲ 抗战时期，重庆邮政机构和网点得到了很大的发展。东川邮政管理局大力发展市内市郊邮政支局建设，增设了大批邮政机构和网点。邮政网点数目1938年有660处，到1942年增加到2243处，1944年又发展到2589处，增长量惊人。

▲ 重庆的邮局旧址。

▲ 为避免日机轰炸，重庆邮政总局迁往重庆黄桷垭。

▲ 1938年以来，重庆邮局相继开通了重庆到贵州、成都、云南、宝鸡、湖南、湖北、江西等国内邮路以及重庆到缅甸、香港、加尔各答等国际邮路，形成了飞机、轮船、汽车、板车等多种形式的邮政运输。1940年，东川邮政管理局与各轮船公司签订带运邮政合同，长江、嘉陵江新开的短程汽轮船班均订约带邮，而川黔间的包裹运输则依靠木船。图为长江上游急流湍峡中的邮政船。

▲ 东川邮区的陆路邮线主要分为差邮路和汽车邮路。由于重庆特殊的地理特征，步班邮差在重庆邮政发展的进程中一直担当着重要的角色。抗战全面爆发后，布差邮路在重庆市内的发展主要随着重庆市区的不断扩大而延伸。1940年，东川邮区的步班邮路共增设干线8条、支路4条、辅助邮路13条。以里程计干路增加5668公里，支路及辅助邮路分别增加772公里及477公里。图为身着制服的重庆一等邮局邮差准备出发投递信件。

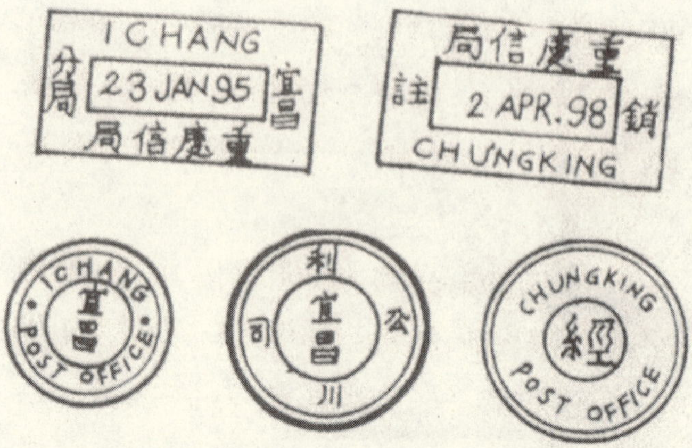

▲ 东川邮政管理局于1937年7月成立运输股,管理成渝线自办汽车邮路邮运事宜。1938年,重庆与贵阳间开办了不定期的自办汽车邮路。同年,贵州邮政区试办了黔川线成对邮差车。1940年,又组建由云南省曲靖、贵阳到重庆的省级汽车邮运干线,改善和加强了川黔线上的邮政运输工作。图为重庆信局使用的邮戳。

▲ 抗战时期,重庆邮政业还充分利用各条航线运输邮件。截至1945年,由重庆出发的航空邮路有:重庆—汉口—南京—上海、重庆—贵阳—昆明、重庆—芷江—柳江、重庆—太原、重庆—长汀、重庆—立煌、重庆—西安—北平、重庆—曲江—广州—香港、重庆—河内、重庆—仰光、重庆—哈密—阿拉木图、重庆—昆明—腊戍—加尔各答等线。图为重庆邮政管理局设置的航空信筒(左)和航空信箱(右)。

▲ 中国航空公司用于航空邮递的飞机。

▲ 1945年3月12日，一封贴有“国父逝世二十周年纪念邮票”由重庆寄往美国的航空邮件。

(二)电信业

▲ 重庆市电话局系由重庆市政府借电话公债10万元筹组建立。1937年10月,重庆市电话总所有资本40万元,用户1000余号。抗战全面爆发后,电话用户增多。总所遂派人赴香港购买器材。扩充内部,电话达到1400门。图为重庆电话总所交换机。

◀ 1940年9月,市电话局又增设在紧急情况下备用的自动电话交换机800门;1941年11月,第二套由武汉撤运来的西门子下式步进制自动电话交换机1500门开通。图为1941年,重庆首条长江过江飞线架通,全长1287米。

▲ 江北乡村电话管理处第一交换所。

▲ 重庆长途电话分国内和国际两大类。重庆市至西南各省的长途电话,至1939年9月已经全部开通。图为抗战时期重庆电信局营业室。

▲ 抗战全面爆发后，交通部决定开办“防空情报电话”。“防空情报电话”为防空机构间传递飞机行踪使用。图为重庆防空司令部情报人员使用电话同各地联络。

▲ 重庆附近的空中防御哨使用电话和各处防空洞联络。

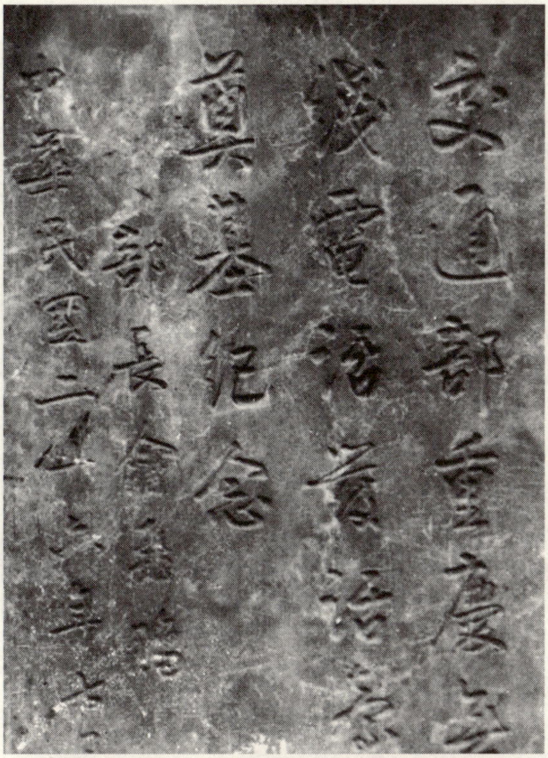

◀ 为了加强与国际的联系，国民政府购置无线电话设备。1939年8月15日，重庆至香港的无线电话开通。图为1937年，交通部重庆无线电话奠基纪念碑。

▲ 太平洋战争爆发后，当年的12月10日，重庆至美国洛杉矶的无线电路开通，同年12月19日，重庆至新加坡电路开通。图为1941年12月10日，中美无线电话开通纪念。

▲ 重庆电话局女接线员。

▲ 抗战时期，重庆电信业务特别繁忙，据1944年3月统计，每天接通长话5.6万次。图为重庆电话局忙碌的女接线员。

▲ 1937年抗日战争爆发，重庆成为同盟国中国抗日战区的作战指挥中心，为适应这种形势，交通部以重庆为重点，在重庆、兰州、昆明建立三大通讯中心，沟通与前线主要城市和国际通信联络。图为抗战时期的交通部重庆电信局上清寺报房和营业室。

◀ 为减少因日机轰炸而造成的损失，从1939年起，电话、电报机房陆续迁往郊区或迁入防空洞、地下室坚持工作。图为位于歇台子防空洞的重庆电信局地下报房。

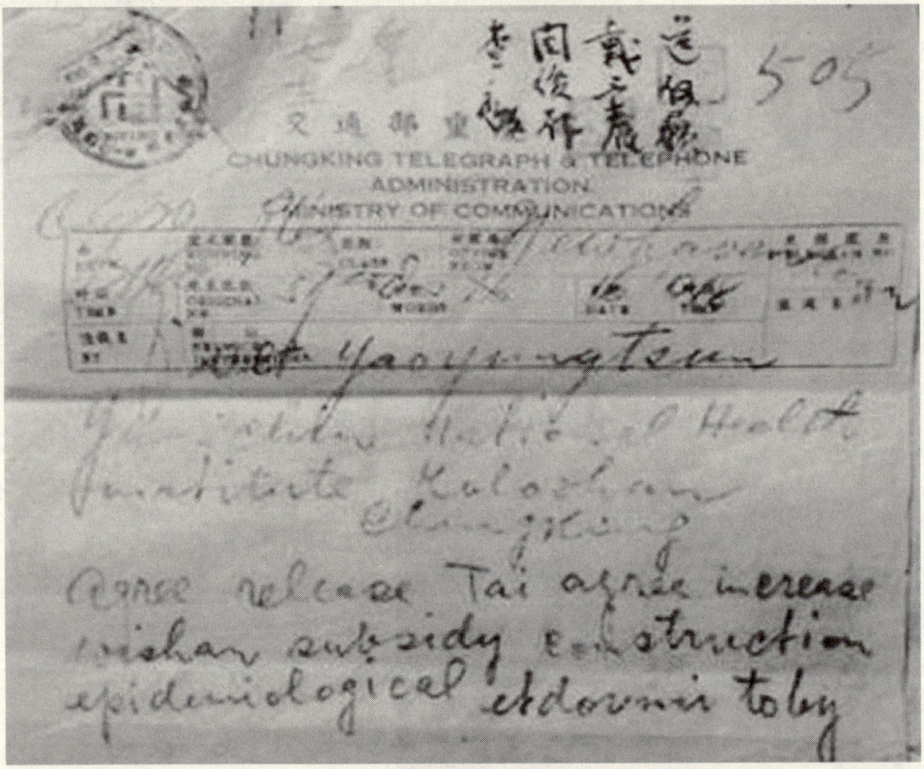

CHUNGKING TELEGRAPH & TELEPHONE
ADMINISTRATION
MINISTRY OF COMMUNICATIONS

▲ 1942年和1943年，我国首次在重庆至美国洛杉矶和重庆至昆明之间开通无线电相片传真和电报业务。图为民国交通部重庆电信局国际电报稿。

六、城市建设与市民生活

抗战全面爆发后，重庆成为战时首都，城市建设的政策方针和管理体制随之发生重要改变。由战前市政单一机构的管理成为多个机构的分工管理，由市政府单一层次的管理成为国民政府与市政府之间的多层次管理。

国府直接领导重庆城市建设的规划与管理

抗战时期，国民政府以国防为中心，确立了战时经济体制，高度重视战时首都重庆的城市建设。随着中国在国际反法西斯阵营中地位的提升，战时首都重庆成为与伦敦、莫斯科、华盛顿齐名的城市。因此，1939年，立法院公布实施《都市计划法》，1939年12月，行政院445次会议通过新勘定的重庆市新市区地界，市区面积由46.75平方公里扩展为300平方公里，为大重庆的形成奠定了基础①。1940年10月，行政院决定建立重庆陪都建设计划委员会，当年，陪都建设计划委员会编制《战时三年建设计划大纲》提出陪都整建计划，宣布重庆在抗战时期为全国政治、军事、经济、文化中心，战后亦将为西南政治、经济中心，重庆建设以贯彻战时与和平时两重性原则，从而确定了重庆城市建设的方向和规模。

① 周勇：《重庆抗战史：1931—1945》，重庆出版社2013年版，第362页。

重庆市区行政区划进一步调整

1935年5月5日,国民政府发布政府令:重庆由四川省政府直辖乙种市,升格为行政院直辖市。1940年9月6日,国民政府定重庆为中华民国陪都。于是市政府与四川省正式办理省市划界事宜,划定重庆市与四川省的边界。到1940年底,全市的范围包括:江北方面、自大兴场对岸的梅子岗岚垭江边起到上游的江边止,包括郭家沱、唐家沱、黑石子、寸滩、头塘、江北城、溉澜溪、廖家台、相国寺、石马河等地;南岸方面,市区越过了涂山,自大兴场起到金沟岩止,包括放牛坎、大田坎、大佛寺、弹子石、玄坛庙、龙门浩、清水溪、崇文场、海棠溪、南坪、铜元局等地;西郊方面,北起嘉陵江渡溪沟,经歌乐山背斜层,南达长江边的余溪浩处,包括詹家溪、磁器口、沙坪坝、小龙坎、新桥、歌乐山、金刚坡、上桥、石桥铺、九龙坡等地。加上原来市区,重庆全市面积达到328平方公里[①],标志重庆城市建设进入大发展的新时期。

重庆城市建设构思和职能机构的拓展

抗战爆发后,重庆市政府在国民政府指导下提出了以建设战时新重庆为目标的方针和构思。1940年,市临时参议会首届二次大会通过了《重庆市建设方案》,提出了包括城市建设,市政公用事业的开发在内的发展计划,使战时重庆城市建设进入发展的新阶段。1938年10月,行政院决定重庆市按特别市规格设置机构。市政府将工务科扩编为工务局,总揽各项市政公用事业的开发与管理,主管范围较战前大为扩展。1943年9月后,工务局先后在城区、新市区、南岸区、江北区、沙磁区、复兴区、歌乐山区成立直属的工务管理处。工务局建立后,勘探、设计并公布了城市“道路网计划”和市郊道路建设

① 周勇:《重庆抗战史:1931—1945》,重庆出版社2013年版,第366页。

计划，修筑新路，使市区形成经网交织的道路系统，促进了市区和新区的市镇建设开发。

1938年后，重庆城市人口由30万增至100余万，土地经营管理日趋繁重，特别是为营造房屋建筑而进行的土地买卖更加频繁，1943年底，市政府设置地政局，主要掌管全市地籍，地权、土地登记、土地买卖等项目，由于市政公用等各项事业皆需用地，地政管理的加强对城市建设起了直接推进作用。1937年11月，市公安局改为警察局，正式组建市清洁大队，负责市区环境卫生工作。1938年11月，城市环境卫生改由从市警察局划归市卫生局负责城市环境卫生的治理工作，战时首都环卫工作开始有了专门的职能机构管理。街道清扫面积和日清扫垃圾量大幅增加，每年都要举行全市大扫除和开展卫生运动，使重庆脏、乱、差面貌有了好转。1940年6月，重庆市工业卫生委员会成立，负责全市工业卫生计划的制订，派出医务人员进驻大中型厂矿企业，帮助工厂陆续建立卫生室、医务室，使厂矿职工的医疗卫生条件有所改善。

城市管理的发展是城市开发水平的综合体现，重庆作为战时首都，其城市管理机构的扩展，标志重庆城市建设进入大发展的时期。

餐饮业日臻兴旺，大量外埠人口涌入重庆，给山城的传统餐饮业带来了新的气息

著名小说家张恨水对此深有感触，“渝市大小吃食馆本极多，几为五步一楼，十步一阁。客民麇集之后，平津京苏广东菜馆，如春笋怒放，愈觉触目皆是。大批北味最盛行，粤味次之，京苏馆又居其次”。全国各式风味沓至山城，打破了战前单一的饮食结构。即便是最普通的市民，除了火锅外，还能买到“福建味的鱼羹、广东的点心、湖南辣子鸡、北京烤鸭”等风味佳肴。此外，西式的餐馆、咖啡厅也迅速发展。抗战初期，重庆的西餐馆只有5家，到1943年已增至30余家。

生活风俗逐渐改变

从前,重庆人称呼外省人为下江人或脚底下人,与人谈话,又多自称“老子”,而外省人乍听此称谓,以为带有人身侮辱之意,隔阂、误会由此产生,引起不少争执纠纷,重庆市警察局曾为此特令查禁呼喊“下江人”之谓。而抗战开始后,大量的“下江人”蜂拥至渝,他们将当时以江浙沪一带为中心的主流文化传递至四川,这使得重庆市民受影响,渐染渐深。与此同时,来自于不同地区的文化语言相互交融,意外地促进了“国语运动”的发展。抗战中人口的大流动,客观上使得能够说“国语”的人口大批进入西部地区,冲击了原本各自为营、自成体系的各地方言,淡化了人们的地域观念,使得自“五四”以来,致力于国语推广的推动者希望得到但未能得到的效果,在此时收到了意外之效。

婚俗观念也日渐趋新

越来越多的年轻人崇尚恋爱自由、婚姻自主,并逐渐放弃了传统的结婚仪式,采用新式婚礼或集团(体)婚礼。集体婚礼的方式最早是在上海、北平等大都市出现,但由于抗战的爆发,由国民政府主办的新式结婚被迫中断。而在大后方,由于新生活运动仍在继续推行,故此项活动不仅没有中止,反而有了进一步的发展。重庆市集体婚礼从1936年3月至1949年9月,前后共举行52届,起初市民对此处于一种观望状态,第一、二届时只有9对、5对参加,以后不断增多,到1949年元旦,第四十九届参加者竟达91对,可见人们婚姻观念的改变。

市民依然乐观

在抗战时期,侵华日军为了彻底“摧毁中国的抗战意志”,达到“迅速结束中国事变”的目的,1938年2月至1944年12月,日军飞机对重庆及其周边地区进行了长期轰炸,使人民的生命财产和城市遭受空前浩劫。房屋被炸毁了,重庆人民就用竹条篾片捆绑建起“抗战房”。白天的毛肚火锅照样开堂,夜里的“炒米糖开水”依然叫卖,茶馆里高谈抗日,酒店内痛骂汉奸。断壁残垣中,机器声隆隆作响,读书声琅琅入耳。

生存压力加剧

大量人口的迁入使得重庆的生活压力剧增。首先是住房紧张。为缓解人口压力,重庆在长江、嘉陵江两岸新建了大片的捆绑结构的棚户区,俗称“抗战房”。面积达195万平方米,全市约有30%的居民就居住在这种破旧阴暗的房屋中。这种简易住房质量、卫生环境极差,遇敌机轰炸更是不堪一击。其次是物价的上涨,这是最让民众怨声载道的问题。抗战八年,重庆物价扶摇直上。以1937年上半年重庆主要商品物价指数100为基数,到1945年已高达156、195这样骇人听闻的程度,八年期间,物价上涨了1560倍。无怪乎当时正在重庆的著名作家老舍先生回忆到,起初四川的东西真便宜,“一角钱买十个很大的烧饼,一个铜板买一束鲜桂圆”,但从1940年起,“大家开始觉到生活的压迫。四川的东西不再便宜了,而是一涨就涨一倍,天天往上涨。我只好经常穿着斯文扫地的衣服。我的香烟由使馆降为大小英,降为刀牌,降为船牌,再降为四川土产的卷烟——也可美其名曰雪茄。别的日用品及饮食也都随着香烟而降格”。抗战全面爆发后,国民政府迁都重庆,重庆成为战时首都,这给重庆的城市发展提供了一个特殊的契机:一方面,大量人口迁入带来了巨大的生存压力，但另一方面，这也给重庆注入了新鲜的活力，使其开始了从传统到现代的一次巨大转变。在抗战时期，重庆人民经历了史无前例的大轰炸。然而，在极度恶劣的环境下，重庆人民依然在残垣断壁中顽强不屈地开展生产、生活，这种愈炸愈强的精神凝聚起来，成为发展战时经济、支撑抗战的重要源泉。

(一)城市规模拓展

▲ 1940年10月,行政院决定建立重庆陪都建设计划委员会。当年,陪都建设计划委员会编制《战时三年建设计划大纲》提出陪都整建计划,宣布重庆在抗战时期为全国政治、军事、经济、文化中心,战后亦将为西南政治、经济中心,重庆建设以贯彻战时与和平时两重性原则,从而确定了重庆城市建设的方向和规模。图为抗战全面爆发前夕重庆全景图。

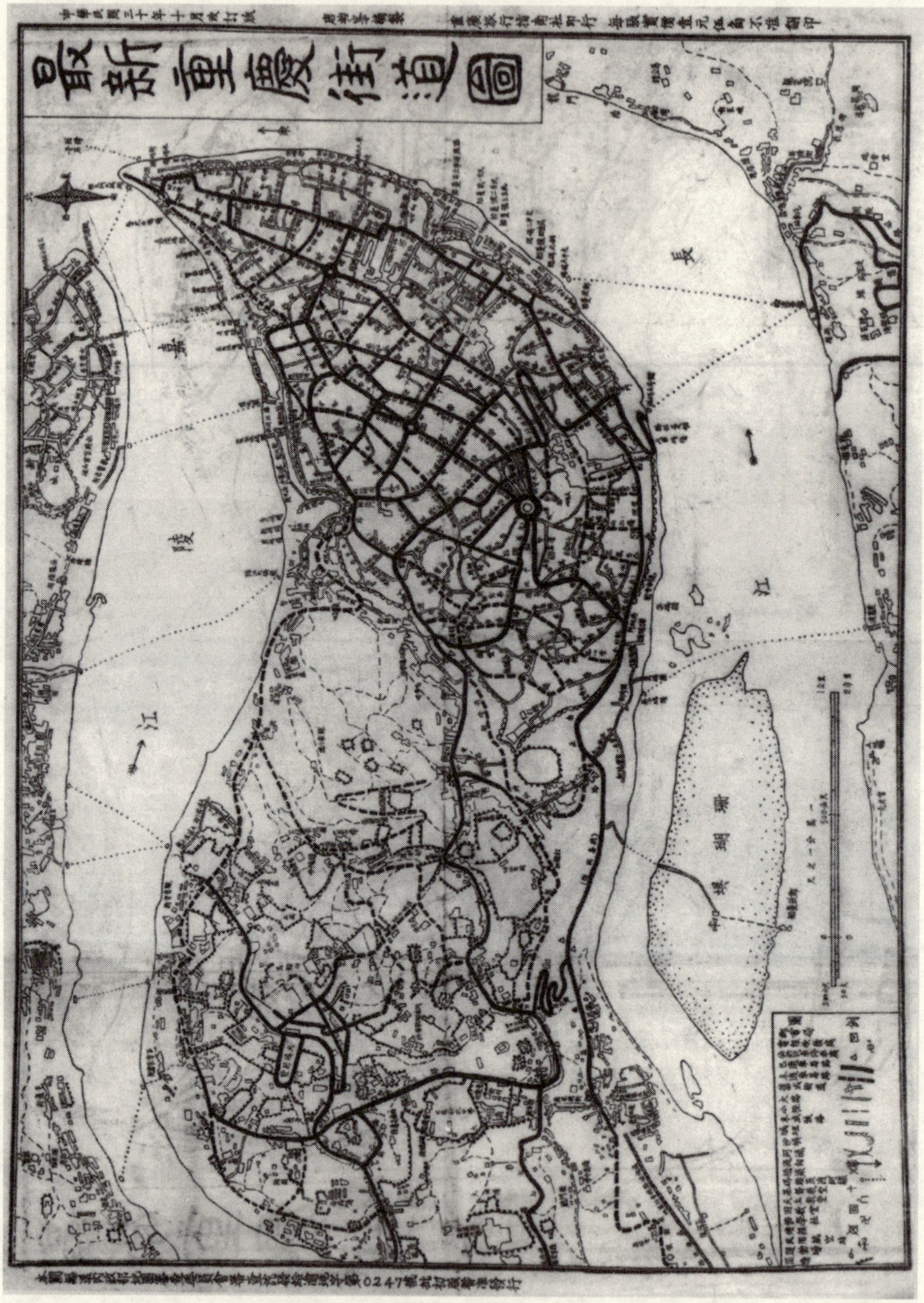

▲ 1941年的重庆街道图。其内容覆盖邮政、文化宗教、交通道路等信息。鉴于1941年至1943年是日军对重庆轰炸最为严重的三年，故在地图上显现了诸多时代特征。对火巷的建设进一步推进。在老城中，火巷的布置已经实现了城区不同高差之间的联系。在战前，旧城区南北半城的联系只有打铜街和十八梯，通过爬坡相连。为了在战时遭受轰炸时，上下半城能有快速的救灾疏散通道，新建上下半城两条南北向的螺旋状火巷，如图中所示，位于较场口东南面的凯旋路便是其中之一。

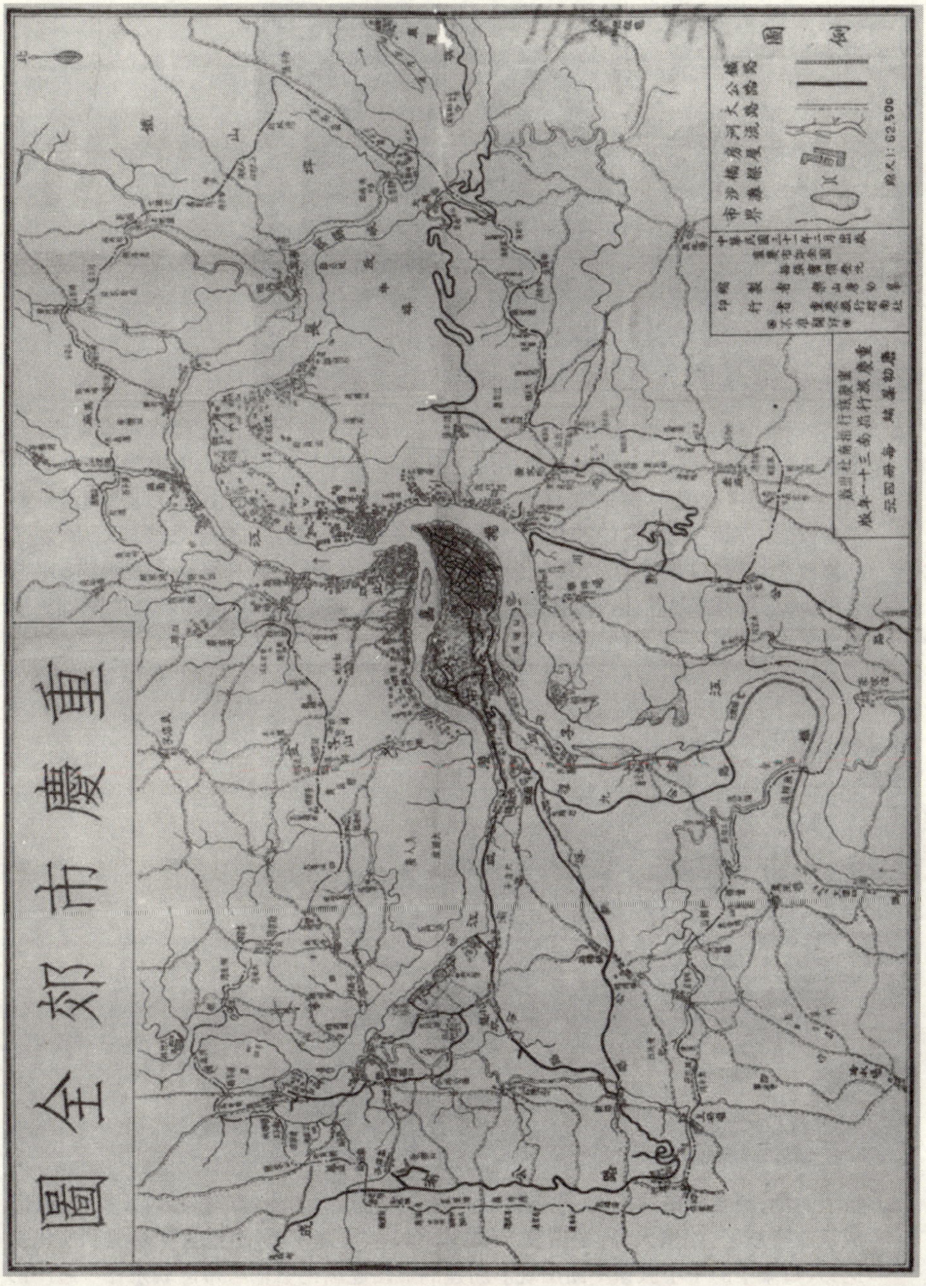

▲ 自1940年9月6日，国民政府宣布重庆市为中华民国陪都以来，重庆市政府便开始与四川省政府办理省市界线事宜，将原巴县的龙隐、新丰、高店、石桥、崇文、大兴6乡划到重庆，而江北划归重庆的乡镇有回龙、石马两乡以及恒兴、石坪、龙溪3乡各一部分。此图为1942年2月所制，虽然图中没有对分区的描绘，但从市界的勾勒轮廓来看，确实是体现了重庆建立陪都以来城市扩张的过程。图为1942年重庆市郊全图。

▲ 1932年至1937年，重庆新市区进一步拓展。城区干道逐渐由七星岗延至朝天门，全长7公里。公路所经的街道包括现名有中山四路、中山三路、中山二路、中山一路、民生路、民权路一小段、磁器街、新华路、陕西街。北区干道由临江门沿嘉陵江延至曾家岩。南区干道于1929年7月动工，全长6.87公里。三条干线修成以后，城区初步改变过去“崎岖狭险、房屋辐辏、街道凌乱”的状况，市区马路所达面积约8平方公里，城区面积扩大一倍多，奠定了抗战时期重庆城市建设和道路发展的基础。图为建于1927年2—7月的嘉陵码头三洞桥。

▲ 抗战时期，随着城市的扩大，两路口以西的广大地区，包括杨家坪、沙坪坝等地带，形成了城市新区，如像大坪、杨家坪、小龙坎、沙坪坝、九龙坡、新桥等工商业和文化发达、人口集中的中小城镇不断出现。新建的道路逐渐把它们与市区联系在一起。佛图关—九龙坡公路是连接西郊兵工、钢铁企业和通往九龙坡机场的主干道。还有佛图关—新桥、小龙坎—杨公桥、小龙坎—磁器口、山洞—白市驿、海棠溪—南温泉等公路，在广大西部新区形成比较宽阔的道路网。此外，通往广阳坝、九龙坡、珊瑚坝、白市驿四个机场的道路，通往南泉、北泉、南山等著名风景区的道路业已建成。图为抗战初期的南区路至燕喜洞街道。

抗战时期，大量人口西迁，致使重庆人口急剧膨胀，这进一步促进了重庆城市规模的拓展。下表为重庆1937—1945年户口及其增长率统计表：

重庆1937—1945年户口及其增长率统计表①

年别	户		人口					
			共计		男		女	
	户数	指数	人数	指数	人数	指数	人数	指数
1937	107662	100.00	475968	100.00	277808	100.00	198160	100.00
1938	112116	105.9	488662	102.6	283259	101.9	215403	103.6
1939	99003	92.1	415208	87.2	227203	88.9	168005	84.7
1940	89300	82.9	394092	82.7	245112	88.2	148970	75.1
1941	134183	124.6	702387	127.5	436636	157.1	265751	132.1
1942	165293	153.5	830918	172.5	530096	190.1	300822	151.8
1943	158231	146.9	923403	192.0	571533	205.7	351870	177.5
1944	185503	172.2	1037630	218.0	626701	225.5	410929	207.8
1945	201832	187.4	1245645	261.7	745480	268.7	499165	251.9

①重庆市政府编：《重庆市统计提要》，1945年版。重庆档案馆藏，档号：53-30-109。

(二)城市交通

▲ 重庆新市区南区干道施工现场。1941年4月,南纪门至较场口马路修竣正式通车。此前市区上、下半城的马路只有两条,一是由过街楼至南纪门,一是两路口经南区马路至菜园坝,交通非常不便。为此,市工务局报经市政府批准,在市中心修建南纪门至较场口一段马路,进一步沟通上、下半城间之联系,全路工程费约20万元。

▲ 抗战时期市区新辟道路主要有凯旋路、民生路、和平路、五四路、大同路、中华路、临江路、中一支路、健康路、两浮路等新辟道路大多在市中区干道两侧或附近。1941年底，市区都邮街广场建成通车，环绕广场，西直到上清寺、曾家岩，向北连接临江门等嘉陵江沿岸，向南经凯旋路和中兴路通连下半城至长江沿岸。新修道路都与都邮街广场相连，从此成为市区道路枢纽，重庆重要的商行、金融部门集中在这里及附近，形成城市最繁华的商业地带。城市中心向都邮街广场转移，市区新格局基本奠定。图为1942年凯旋路建成通车，道路上还设置有提醒车辆、行人慢行的石柱。

▲ 凯旋路名称的由来：凯旋路正对储奇门码头，江对岸是海棠溪，那时，除长江水路，重庆与抗战前线通过川黔和川湘公路连接。前方打了胜仗，将士凯旋都要从储奇门进城。于是，这条路取名为凯旋路。图为建成后的凯旋路。

▲ 建设中的凯旋路石拱桥施工现场。

▲ 1942年建成的凯旋路石拱桥。共9跨，每个桥洞直径8米，全长近80米。桥面全宽14.3米，是主城最大的石拱桥。

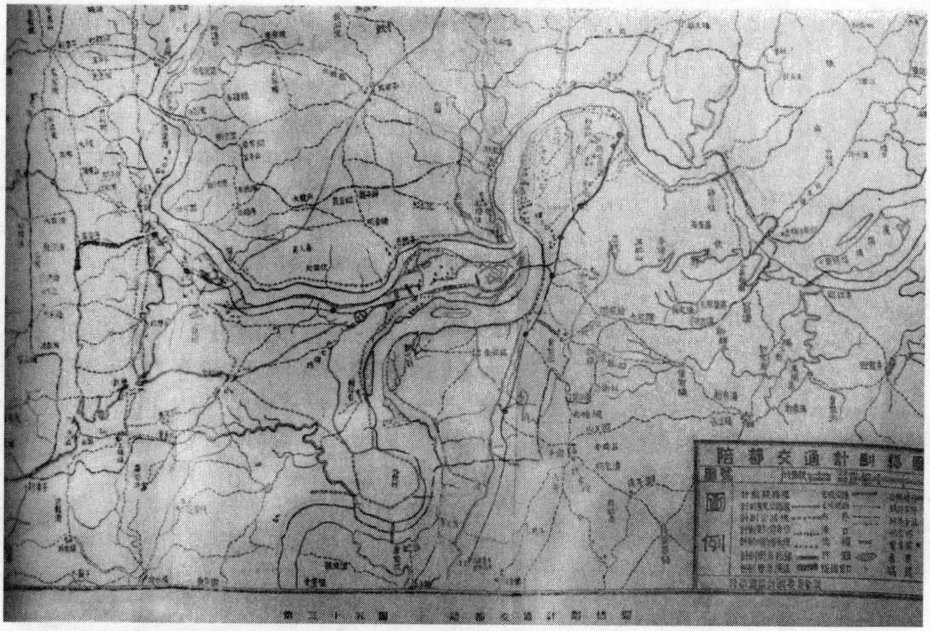

▲ 抗战时期制定的重庆陪都交通计划总图。

▲ 抗战时期，重庆的公共交通十分繁忙。1944年，全市公共汽车每天乘客有20万人。全市公共汽车共49辆，城区内有车21辆，其中9辆是特别快车；城郊有车28辆，其中到北碚的3辆，到青木关的2辆，小龙坎的8辆，石桥铺的4辆，九龙坡的2辆，化龙桥的1辆，海棠溪到南泉的8辆。汽车保养场有3个，分布在曾家岩、国府路和小龙坎，每场有工作人员20多人。此外，在高滩岩尚有汽车修造厂1所，有工人五六百人，该厂可以制造车身及汽车零件。重庆城区公共汽车司机有40人，公共汽车售票员有70余人。图为抗战时期，重庆战时运输管理局运送旅客的公共汽车，该车车身是木壳的。

▲ 1937年，市内有各种交通工具数量为：营业汽车88部、自用汽车151部、运货汽车5部、人力车2091部、自用包车174部、人力载货车41部、营业脚踏车193部、自用脚踏车469部、机器脚踏车12部、营业汽船7只、自用汽船8只、渡江木船1045只、驳船228只、乘轿3332乘。全市从事交通运输业工人为14833人，其中汽车司机269人、人力车夫2831人、渡船工人3893人、轿夫4000人、搬运工人3238人。图为抗战时期遍布市中心的人力黄包车。

▲ 抗战时期市内主要交通工具之人力黄包车。

▲ 抗战时期流行于重庆街头的人力黄包车。

◀ 拥挤的码头、狭窄的通道：马帮、轿子、力夫走在一条道上。

▲ 抗战时期最原始的交通工具——人力滑竿。

▲ 中国第一条客运缆车——望龙门缆车，由我国著名桥梁专家茅以升主持设计。其工程设计采取在码头石梯上建造钢筋混凝土栈桥，桥上铺轨，轨上行车，车用缆牵，缆用机挽，电力驱动，往复运行。望龙门缆车于1944年7月动工，1945年4月竣工，当年5月16日通车运行。缆车通车是当年轰动重庆的大事，一时万人空巷，很多重庆市民都挤到这里乘坐缆车。

▲ 望龙门缆车轨道。

▲ 望龙门缆车车厢内部。

▲ 在嘉陵江码头等待生意的轿夫。

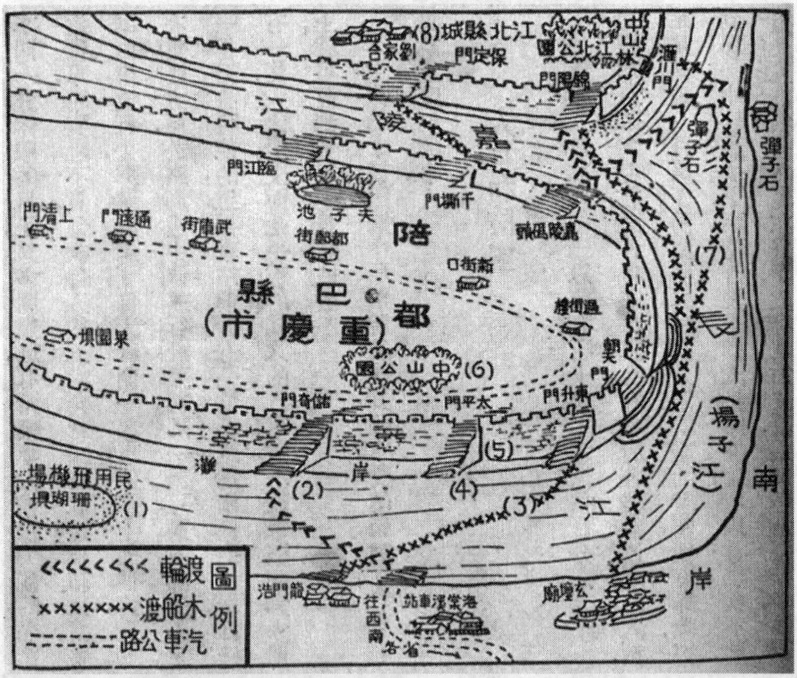

▲ 重庆三面临江，轮渡是重要的公共交通方式。1938年9月，重庆轮渡股份有限公司正式成立。至1940年，该公司共拥有轮渡14艘，航线7条，公司职工曾达700余人，每日客运量达5万人次，月载乘客160万人次。1939年日机在重庆大轰炸期间，过江轮渡为疏散市区民众做出了重大贡献，仅10—12月，就载客1029000人次。图为1941年重庆市区江渡图。

▲ 1937年11月，市政府召集川江航务处、公路局、民生公司、驳渡事务所筹商开办轮渡。决定先行试办储奇门至海棠溪轮渡（位于南岸的海棠溪是川黔公路四川境内的终点，军事物资的接运和汽车进出频繁）。试办三个月后，由川江航务处正式开办本市轮渡，并增设朝天门至玄坛庙、朝天门至弹子石两条航线。图为位于望龙门的过江轮渡趸船。

▲ 全市有渡口17处供木船摆渡，日载客量超过轮渡。1941年1月，江北廖家台新码头举行落成及开渡典礼。市长吴国桢，内政部、卫戍司令部代表及民众万余人参加了典礼。图为抗战时期，位于重庆南岸龙门浩的过江轮渡。

▲ 战前嘉陵江畔运送旅客的过江木船。

(三)生活环境

▲ 1930年前，重庆市无自来水设施，城市用水全靠人力挑运，据20年代末统计，全城以挑水为生的达2万人。抗战以前，重庆只有一个自来水厂供给全市用水。下河挑水依然是居民取水的主要方式之一。

▲ 抗战时期,挑水也是一门谋生的手段。图为10个挑水夫从江边挑水进城,供城里的居民使用。

▲ 抗战伊始，生活用水及工业用水量急剧增大。1937年10月24日，重庆正式成立市自来水股份有限公司，系由官商合办。重庆市自来水股份有限公司成立时，敷设水管总长35000米，设售水站10处，供水范围主要限于市区。1938年9月，安设两浮公路干管，至1944年，售水站共有22处，专用户2260户，日售水量为9000～11000吨，1945年，售水站增至29处，专管用户已逾3000户，日售水量比上年平均增长3000吨左右。抗战期间，该公司遭日机轰炸60余次，在公司的不懈努力下，全市居民供水量仍然保持增长趋势。图为1945年，市民挑着水桶排着长长的队伍，在售水站等待自来水。

◀ 重庆建市初期，城区主要街道修建排水沟渠施工现场。

▲ 由于重庆山川阻隔，加上人口迅猛增长，因此，抗战期间又陆续建成沙坪坝渝西自来水特种股份有限公司，日供水量可达1000多吨；李家沱给水公司，日供水量3000吨；北碚水厂，日供水量有400吨，在一定程度上弥补了重庆自来水供水区域狭窄的缺陷。图为创建于1932年3月1日的重庆自来水公司打枪坝水厂蓄水池。

▲ 战时重庆人口剧增，排放污水量大大增多，污染环境和影响市容卫生的问题日渐突出。1938年，市政府工务局对学田湾、国府路、林森路等行政、商业集中的路段进行修建和维护，在进水不畅之处设讲水口，在曲折隐晦之处加设检查井，并增修一些排水沟渠。这是抗战时期排水沟渠一次较大规模的维修活动。1945年，市政府卫生工程委员会组织各相关部门在市区进行了调查，截至抗战结束，在市区5平方公里面积内有旧沟线路104条，沟道总长40公里。进水口350个，排水口16个，将污水分别排入长江和嘉陵江。抗战胜利后，根据陪都建设计划委员会提出的《陪都十年建设规划草案》，市政府在1946年对重庆下水道进行彻底整治建设，重庆才开始有了近代城市新型的下水道体系。图为抗战时期，重庆城区主要街道排水沟渠施工现场组图。

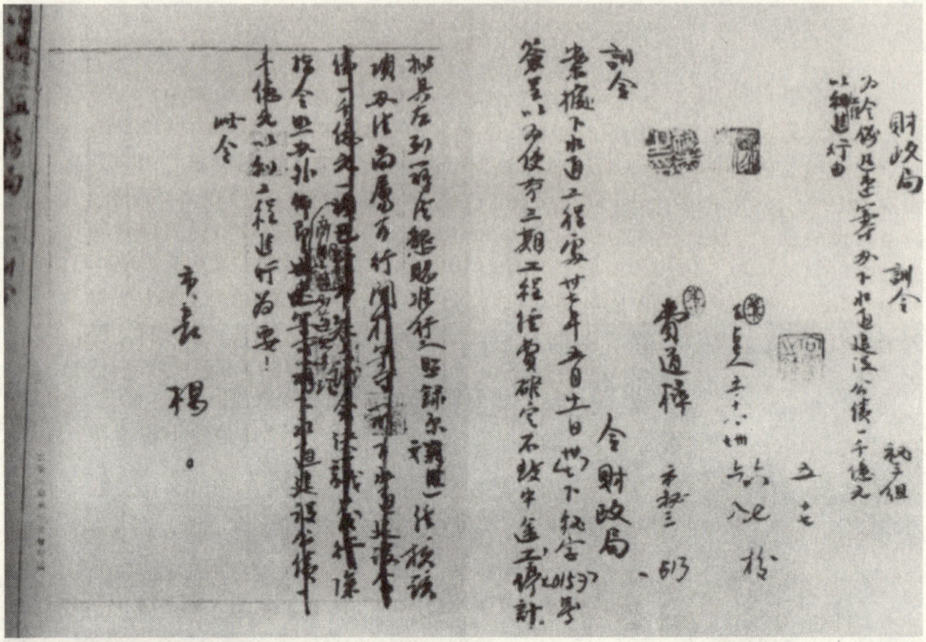

▲ 重庆市长批示发行一千亿公债，修建市内下水道工程的函文。

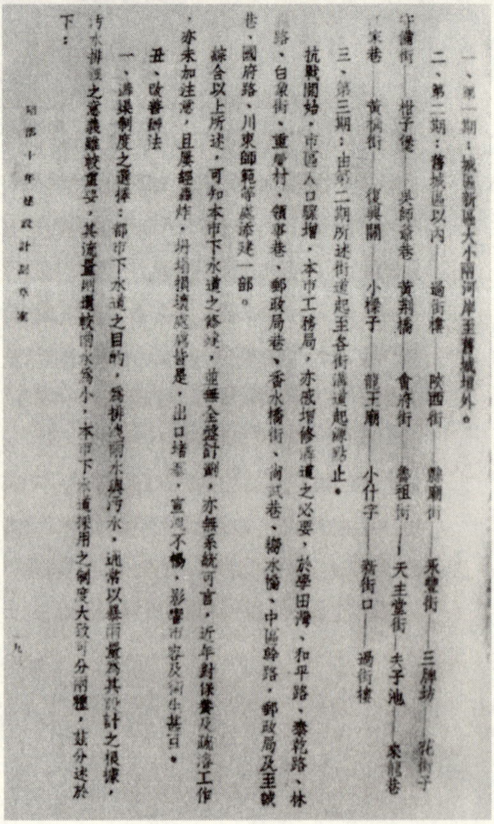

一、第一期：城區新區大小兩河岸至舊城垣外。

二、第二期：舊城區以內——過街樓——陝西街——熊關街——朱壁街——三牌坊——花街子——守備街——柑子堡——吳師爺巷——黃荊橋——會府街——魯祖街——天主堂街——夫子池——棗子嵐埡——家巷——黃桷街——復興關——小樑子——龍王廟——小什字——新街口——過街樓

三、第三期：由第二期所述街道起至各街溝道起訖路止。

抗戰開始，市區人口驟增，本市工務局，亦感增修溝道之必要，於學田灣、和平路、泰乾路、林森路、白象街、重慶村、領事巷、郵政局巷、香水橋街、演武巷、獅水橋、中區幹路、郵政局及玉璣巷、國府路、川東師範等處添建一部。

綜合以上所述，可知本市下水道之修建，並無全盤計劃，亦無系統可言，近年對保養及疏浚工作，亦未加注意，且屢經轟炸，損壞處處皆是，出口堵塞，宣洩不暢，影響市容及衛生甚巨。

丑、改善辦法

一、溝渠制度之選擇：都市下水道之目的，為排洩雨水與污水，通常以暴雨量為其設計之根據，污水排洩之意義雖較重要，其流量則遠較雨水為小，本市下水道採用之制度大致可分兩種，茲分述於下：

陪都十年建設計劃草案　九

◀《陪都十年建设计划草案》中关于城区下水道分期施工计划。

▲ 抗战时期，重庆的医疗事业有了一定发展。为救治伤员，重庆各军、民医院倾巢出动，不分昼夜工作。各医院主动设置临时床位，安置伤员，竭力抢救。至1945年，全市有医疗卫生机构39个，医技人员937人，病床1842张。随着医疗卫生事业的发展，重庆基础医疗设施有较大改善，居民健康水平亦有所提高。图为军政部后方医院旧址（现位于重庆市江北区铁山坪街道东风社区东风二村420号）。

◀ 从1937年起，中央大学医学院、中央卫生实验院，上海医学院，江苏医学院、湘雅医学院、江苏省立医院陆续迁渝。1938年，国民政府卫生署迁渝，同年，重庆卫生局成立，由医学博士梅贻林首任局长。国内一流医院的著名医学专家、学者荟萃山城，推进了战时重庆医疗卫生事业和医疗机构空前发展。图为1937年5月15日，重庆宽仁医院欢迎京、滇游览团伍副团长合影。

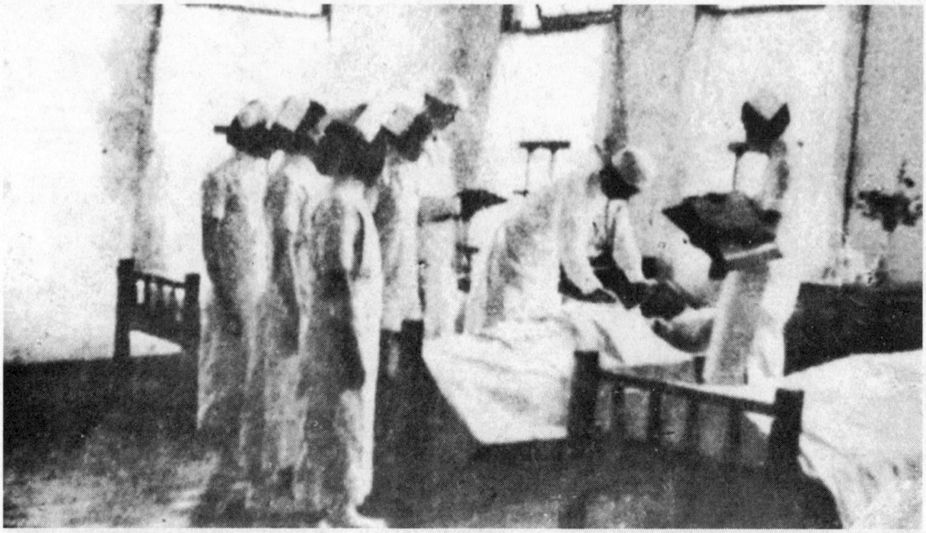

▲ 北碚峡区地方医院一角。

▲ 战时，除重庆陆军总医院、航委会空军医院等12所军警特医院、5个诊所担负着繁重的战伤和空袭救护工作外，国民政府委托分布在市区，南岸和沙坪坝地区的大中医院设立了16个重伤医院，专事空袭救护工作，还设立了大量空袭救护队、救护站。其中，位于南岸的重庆仁济医院，始建于1896年，由基督教伦敦布道会医师樊立德创办，抗日战争期间更名为重庆第五重伤医院，承担了陪都大量的医疗救护任务。图为仁济医院大楼。

◀ 抗战时期成立的重庆中央制药厂。

▲ 抗战时期的明德大药房。

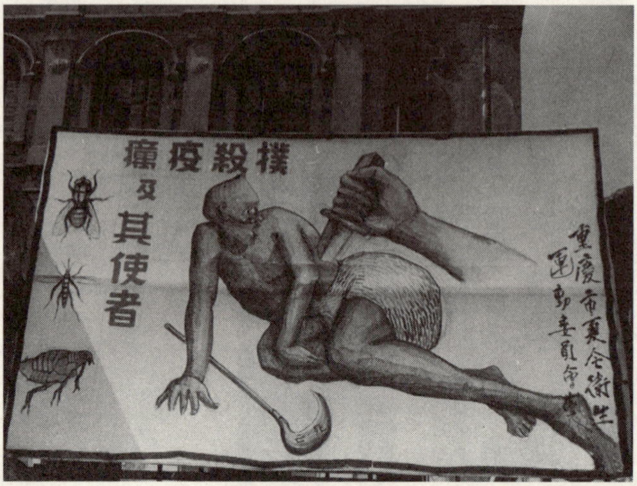

▲ 战时重庆的卫生保健和疾病预防也有很大进展，1939年，重庆市卫生局食品卫生稽查队成立，负责全市食品卫生检查管理工作。1940年，市府批准卫生局建立健康教育委员会，负责学校卫生工作。1940年6月，重庆成立工业卫生委员会，派出医务人员进驻大中型企业，帮助工厂建立卫生室、医务室，加强预防保健，使厂矿广大职工的医疗卫生条件有所改善。1942年6月，重庆成立汉宜渝检疫所，在市区朝天门设总站，在太平门、千厮门、新场、巴县一品、北碚、万县等地设立检疫分站，实施舟、车、航空检疫，防止云、桂、湘霍乱入渝，在当时有效地防止了疾病的传播，避免了严重后果。图为重庆市夏令卫生运动委员会制作的宣传广告：扑杀苍蝇、蚊子、臭虫。

▲ 在战时城市绿化方面，市府也作了相当努力，有助于改善城市环境。首先在国民政府附近街道和主要街道进行植树，美化环境。随后成立了重庆市各界造林运动委员会。1939年在市内植树数千株。次年3月又开展了植树宣传周活动，1943年3月，市工务局制定了《行道树保护管理办法》，次年5月又出台了《关于行道树的保护意见及有关规定》。但终因街区狭窄拥挤，管理乏力，成效不大。图为20世纪30年代北碚火焰山公园。

▲ 北碚平民公园。

▲ 平民公园的老虎馆。

▲ 抗战时期，北碚修建平民公园的学生队。

▲ 抗战时期的著名景点——重庆北温泉公园。

▲ 鸟瞰北温泉公园。

▲ 1939年4月，南泉公园事务所升格为公园管理局，在南温泉地区有计划地修建住宅区，培修风景区，取缔不合格的私人建筑。除远郊有南温泉、北温泉、北碚平民公园和澄江公园等著名园林风景点外，另外1940年，在市区两路口附近的南一支路上，市政当局营造了一所开放的南区公园，并在枇杷山、佛图关景点植树造林，林木苍翠，颇为注目。图为抗战时期的南温泉——千倾波游泳池。

▲ 抗战时期南温泉公园露天游泳池。

▲ 抗战时期改建的中央公园。

◀ 中央公园——江天烟雨阁风光。

◀ 抗战时期修建的南区公园——邹容烈士纪念碑。

（四）市民生活

▲ 日机的轰炸打断了市民的正常生活。每次警报拉响后，不管是工人、学生、商人还是政府官员，不得不停止工作或学习，纷纷从工厂、教室、机关中蜂拥而出，或带着一个布袋、一个包裹，或提着一个小提箱，进入防空洞或其他避难场所。在跑警报的过程中，民众的神态、心态也各一，有的惦记在外亲人，忧心忡忡，有的人则泰然处之，但更多数的人则面无表情，一片肃然。跑警报是战时重庆市民生活的一个重要内容。图为警报响起后，市民向郊外疏散。

◀ 抗战画家叶浅予漫画作品《防空洞的笑声》，表现了市民乐观主义精神和抗战必胜的信心。

▼ 抗战时期，重庆住房十分紧张。一方面，大轰炸使得原来竹木结构的房屋毁坏殆尽；另一方面，人口急剧膨胀，住房需求猛增。为缓解住房问题，重庆实施了棚房改造计划。图为重庆长江、嘉陵江交汇处的山城民居，远远看去，既有棚房，也有吊脚楼。

▲ 据说火锅最初起源于朝天门码头和宰房街一带。当时的码头工人和小商贩将一些没人要的动物内脏，加入辣椒、老姜一起煮着吃，既便宜，又实惠，这就是火锅的雏形。图为抗战时期，重庆最具特色的小火锅：一人、一桌、一炉、一锅、一碟、一碗。

▲ 抗战时期，毛肚火锅迎来了第一个黄金时期，泥炉依旧，只是将单一的牛杂，转为增加了生鱼片、活鲫鱼、鸭杂、鳝鱼等，素菜也更丰富。一些外来的达官贵人、名人雅士一到重庆都要来这些火锅店中品尝。当时有一家名叫“汉宫”的火锅馆，开张时在重庆各大报纸上打出醒目的广告“日暮汉宫吃毛肚，家家扶得醉人归”。一时高朋满座，传为佳话。图为战时重庆的一家毛肚火锅店：辣椒、花椒、大葱、大蒜、牛油、牛肉、排骨、毛肚。菜品齐全，顾客盈门。

◀ 叶浅予漫画《轰炸后的夜市:热闹的小吃一条街》。

▲ 茶馆作为市民休闲的重要场所,自然是人们经常光顾的地方。重庆的茶馆很多,遍布大街小巷。据1947年3月《新民报》发表的统计,全城共有街巷316条,茶馆竟有2659家之多,平均每条街巷有8家茶馆。而据成都市茶社业同业公会的记载,1949年成都的茶馆只不过598家,远逊于重庆。抗战时期,茶馆不仅是市民喝茶的一个休闲场所,也是政治宣传、文化传播的重要公共空间。图为街边小巷深处的老茶馆。

▲ 抗战时期，重庆举行了多次体育盛会，这对中国体育的现代化进程具有重要的意义。这是一组记录“抗战时期重庆市民参加体育活动”的图片。这组照片记录了1940年的元旦和端午节，重庆市民举行体育表演游行大会、划龙舟比赛的盛况。图为国民政府军事委员会副委员长冯玉祥陪同外宾观看重庆市龙舟比赛。

▲ 数支龙舟比赛队伍在宽阔的江面上卖力地划着龙舟，河岸旁挤满了观赏比赛的群众，丝毫看不出战争给人们带来的伤痛和苦难。图为重庆端午节划龙舟比赛。

◀ 重庆市龙舟比赛冠军颁奖仪式。

▲ 1943年5月8日，重庆专科以上学校联合运动会在沙坪坝南开中学运动场举行。参加学校为重庆大学、国术体专、中央大学、教育部体育师资班、中华大学、大学先修班、国立体专、中央工校、商船学校、上海医学院、交通大学、国立音乐学院、朝阳大学等22所学校，男女运动员700余人，为抗战期间体育界之盛事。图为联合运动会开幕式团体操表演。

▲ 抗战时期，重庆的婚姻习俗有了一定改变。一些青年选择举办集体婚礼的形式以更好地纪念。图为1941年秋，重庆市政府在夫子池广场举办第17届集体婚礼，一时观者如堵，盛况空前。

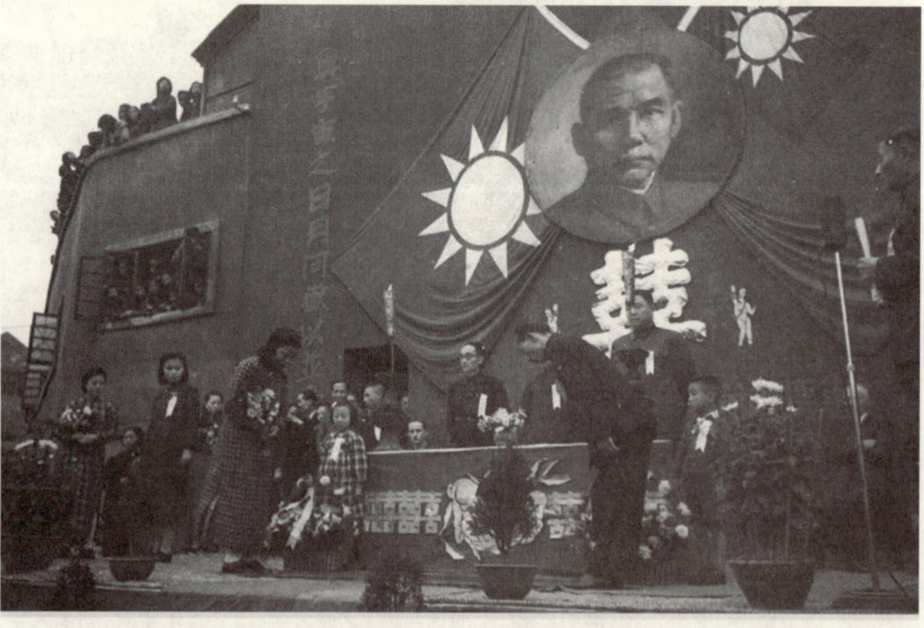

▲ 新娘穿着格子花旗袍，新郎穿着蓝色的中山装参加结婚仪式。先由政府官员举行一个简短的仪式，夫妻双方签署结婚证书，然后新娘和新郎互扔五谷、对拜。

▲ 国民政府内政部对推行集体婚礼十分重视。1943年12月31日，内政部在致各省市函中要求：“将办理集体婚礼经过情形报部备查。”陪都重庆市举办的集体婚礼最为热闹，嘉宾满座。图为参加重庆市第17届集体婚礼仪式上的外国来宾。

文化篇

绪 论

重庆,中国抗战大后方的文化中心,它所创造的一系列文化成就,成为中国新民主主义文化中一座难以企及的高峰。

战时中国文化,呈现出三种不同的文化形态:以重庆为中心的大后方抗战文化,以延安为中心的根据地抗战文化,以上海为中心的孤岛文化。而标志这一时期文化主流的是民族的、大众的、科学的新民主主义文化。所谓民族的,即以继承和发展民族文化来高扬坚持抗战的旗帜;所谓大众的,即运用不同的文化形式来服务于人民大众争取民主的强烈愿望;所谓科学的,即坚持用科学的理论指导文化建设,坚持新民主主义文化的前进方向。以重庆为代表的大后方抗战文化,正是这一文化主流的典型代表。

促使重庆成为中国大后方文化中心的主要因素,一是战时首都地位的确立。即因战时首都地位的确立,重庆作为大后方政治、军事、经济中心的形成的大背景,奠定了重庆作为"文化中心"的地位。二是国共合作的实现。作为国共合作产物的国民政府军事委员会政治部第三厅(简称第三厅)是国民政府主管宣传的部门,是战时中国的文化领导机构。但它实际上是在中共中央南方局书记周恩来领导下的抗日文化统战堡垒,共产党通过它在重庆团结了大量文化团体和大批文化人,形成了广泛的抗日文化统一战线,极大影响和推动了全国抗日文化运动的发展,使重庆抗战文化具有广泛的充分的代表性。三是大量人口向重庆的迁移。人口的迁移促进了文化的交流,而迁移人口中绝大多数都是东南沿海地区的精英,这极大地改善了重庆的人口素质结构。正是这三个重要的因素,使重庆文化有了迅猛的发展,呈现出空前繁荣的局面，成为名副其实的战时大后方文化中心。

重庆抗战文化是中国大后方抗战文化的高地，它高举抗日民族统一战线的旗帜，是抗日民主文化的重要阵地。

首先，它是全国性文化机关、文化团体的所在地。随着战局的推进，特别是国民政府迁渝之后，几乎全部国家级的文化机构和文化团体都陆续迁移到重庆。如国民党中宣部、国民政府军事委员会政治部第三厅、国防科学技术策进会、国民政府中央图书杂志审查委员会、国民政府教育部以及中华全国文艺界抗敌协会等。此外，还有一大批在重庆新建和创办的全国性的文化机关、团体，如中美文化协会、中苏文化协会、中缅文化协会、中法比瑞文化协会、东方文化协会、中华全国戏剧界抗敌协会、中华全国音乐界抗敌协会、中华全国漫画家抗敌协会、中华全国木刻界抗敌协会、中国著作人协会等等。据不完全统计，八年抗战中，重庆全国性的各种文化团体多达130余个。

其次，它集中了全国36.1%的高校。随着战局的变化，特别是国民政府迁都重庆后，以上海、南京为主体，包括北平、天津、广州、浙江等沿海地区的大批国立、省立和私立大、中学校和研究所开始大规模地向以重庆为重点的内地迁移，出现了中国历史上教育中心由东向西的大转移。在成为战时中国政治、经济、文化中心之后，重庆也自然地成了全国的教育中心。至1945年，共有39所高校迁入重庆。汇聚于重庆的教育家们在各个不同类型的教育、教学岗位上，按照自己的教育主张，创造出一批又一批教学科研成果，形成了各自不同的教学思想和教育理论，为发展中国教育、培育抗战和建国人才，做出了巨大贡献。在这种特定的历史条件下，重庆教育不但没有衰落，反而得到了空前的发展。

第三，大批科研机构和科技精英云集于此。由于众多重要的自然科学和社会科学的研究机构、全国性学术团体陆续迁渝，加上具有研究功能的高等院校和众多科技人才云集重庆，使得重庆科学技术呈现出具有国家水平、学科覆盖面广、理论研究与应用研究并重等显著特点，使重庆地区的科学研究能力空前壮大。在自然科学中，不少领域都取得了令人瞩目的成果。尤其以物理学、地质学、动物学、植物学、医药学、气象学等学科为甚。社会科学中，成就更是斐然，尤其是文学、历史学、哲学、政治学、经济学等领域，成就了一批享誉中外的学术大师，产生了一批影响深远，名垂青史的著作。

第四，它是新闻出版机构的聚集地。继上海、武汉失守之后，全国最重要的新闻出版机构几乎全部迁到了重庆，并集结了当时国内大批的新闻报业界知名人士。据统计，到1941年太平洋战争爆发前，重庆有国内外报社、通讯社达200多家。如国民党的《中央日报》《扫荡报》，中共的《新华日报》、《群众》周刊，以及《国民公报》《商务日报》《新民报》《新蜀报》《大公报》等知名民营报纸。在出版方面，当时国内最著名的商务印书馆、中华书局、世界书局、正中书局、大东书局、开明书店、文通书局“七大书局”都先后迁入重庆。据1942年统计，在重庆的出版机构达130多家。出版各类图书1292种，占全国总量的33.3%。此外还有不计其数的期刊杂志也在重庆出版发行。

重庆抗战文化产生了一大批文化精品。

在艰难困苦的抗战时期，为传承和发展民族文化，成千上万的作家、艺术家、哲学家、历史学家等文化工作者和工程技术人员、社会名流、专家学者等国家精英、民族精华，犹如百川归海齐集重庆，在重庆这个历史的大舞台上，写下了既是他们个人也是中国文化史上的传世之作和经典名篇。

文学艺术是抗战时期重庆文化领域的标杆。重庆进步文艺界创作演出了《戏剧春秋》和《愁城记》（夏衍）、《北京人》（曹禺）、《清明前后》（茅盾）、《风雪夜归人》（吴祖光）、《结婚进行曲》（陈白尘）等一批有艺术水平、历史深度的大剧，在四届雾季公演中，创作演出的进步话剧就达242台，这一现象被话剧史家们称之为中国话剧史上的黄金时代。在文学方面，产生了长篇小说《四世同堂》（老舍）、中篇小说《寒夜》（巴金）、散文集《雅舍小品》（梁实秋）等等。

重庆社会科学界创造了《十批判书》和《甲申三百年祭》（郭沫若）、《中国古代思想学说史》（侯外庐）、《中国史纲》（翦伯赞）、《中国社会史教程》（邓初民）、《二千年间》（胡绳），以及《从古代史到近代史》（廖沫沙）等一批研究成果，由此开拓了用马克思主义史学观研究中国历史的新境界。

自然科学界成立的“自然科学座谈会”、“中国科学工作者协会”、“青年科学技术人员协会”、“星期五座谈会”为代号的“中共在美领导小组”等一批组织,团结和争取了广大科技人员,为新中国凝聚和培养了科技精英。这些创造性的工作所产生的历史影响是难以估量的。

重庆抗战文化,是中国共产党领导“文化抗战”和推进“先进文化运动”的主要舞台。军事委员会政治部第三厅和文化工作委员会是抗战时期国共合作背景下成立的文化机构。它见证了抗战时期国共合作在政治上的合作和斗争,也彰显了国难当头,文化人精诚合作为抗战奔走呐喊的精神。第三厅和“文工会”以其始终处于战时政治中心地带的特殊地位,以最有力的方式和最广泛的团结筑起了国统区文化界的战斗堡垒,成为文化抗战的引领者。

在抗日民族统一战线内部,中国共产党创造了政治上国共合作的成功经验,创造性地提出了容纳国民党和广大抗日民主力量在内的民主协商、联合政府的政治构架。同时,还创造了成功领导文化工作,使之成为解决抗日与民主两大时代课题,进而巩固和发展抗日民族统一战线的经验。因此,文化也成为统一战线内部团结和斗争的手段。南方局成立后,为加强文化界统战工作,成立了专门领导文化工作的“文化工作委员会”(以后简称“文委”,后又改称“文化组”)。坚决贯彻党中央把发展国统区抗日文化运动“不但是当前抗战的武器,而且是在思想上、干部准备上未来变化与推动未来变化的武器”①的指示,紧紧依靠文化界中的中共党员和进步力量,团结爱国知识分子,在国统区开展了轰轰烈烈的抗日进步文化运动。1940年9月,国民党强迫解散三厅,成立文化工作委员会(简称“文工会”),周恩来明确指出“有一个给我们的地盘站住脚,不怕干不成事情”。他要求其中的党员“跳出圈子”去活动。实践表明,文工会确实跳出了“只准研究”的圈子,利用合法方式和丰富多彩的形式,团结广大文化界爱国人士,促进了抗战进步文化的繁荣发展,为推动抗战民主做出了独特贡献。皖南事变后,国统区进步文化活动遭到查禁,为保护进步文化力量,南方局即时制定应变措施,除郭沫若、冯乃超、阳翰笙等身负重望的文化领导人留下坚持工作外,先后安排了400多人进步文化人从重庆紧急疏散。其中一部分到了香港,建立了由廖承志、夏衍、潘汉年等

①中共中央党校党史研究室:《中共中央关于发展文化运动的指示》,《中央党史参考资料》,人民出版社1940年9月10日。

组成的文化工作委员会,使香港成了我党对国内外宣传抗日民族统一战线的重要阵地。南方局还成功地营救和资助了因抨击官僚资本而被国民党当局拘禁的重庆大学商学院长、著名经济学家马寅初,使他和共产党的关系日益密切,成为共产党的诤友。为了打破皖南事变后沉闷的政治空气,南方局决定以戏剧演出作为斗争突破口,在阳翰笙、郭沫若的努力下,迅速组建了"中华剧艺社",以陈白尘《大地回春》话剧的公演,拉开了重庆"雾季戏剧演出"的大幕。从10月"中华剧艺社"演出《大地回春》始,到《棠棣之花》的成功演出,重庆雾季戏剧演出形成了第一个高潮,沉寂的山城开始活跃起来。同时,周恩来又提议文艺界为郭沫若五十寿辰和创作生活二十五周年举行纪念会。周恩来说:"鲁迅是新文化运动的导师,郭沫若便是新文化运动的主将。"这次祝寿活动,是皖南事变后进步文化界的第一次聚会,不仅显示了进步文化界的力量,也一扫重庆上空的沉闷空气。此后,在南方局领导下,进步文化界为进步文化人举行祝寿活动蔚然成风,如洪深五十寿辰、老舍创作生活二十五周年、张恨水五十寿辰、茅盾五十寿辰等等祝寿活动的广泛开展,都充分体现了中共与进步文化人的亲密关系,增强了进步文化界坚持抗战、坚持民主的信心。重庆抗战文化,不仅使中国共产党在抗战中的中坚作用得到了充分的展现,同时也为它发展先进的民主文化,积累了丰富的经验。

总之,抗战时期的重庆文化,因其特殊的历史背景,而取得了战时中国大后方文化的主导地位。在八年抗战中,无论是在科技教育还是文学艺术,也无论是在新闻出版还是人文社科研究、文化交流、宗教工作、文化遗产保护等等方面,重庆所创造的辉煌都是其他区域无法比拟的。

一、文化机构和文化区

重庆之所以成为大后方文化中心，一个最重要的因素，便是政府主管文化的机构和全国性的文化团体大量迁渝，由此确立了它在抗战文化中的领导地位。

抗战时期在重庆的文化机构和文化团体分为两部分。一是随政府首脑机关迁入的，如国民党中宣部、国民政府军事委员会政治部第三厅（后改组为"文工会"），国防科学技术策进会、国民政府中央图书杂志审查委员会、国民政府教育部以及中华全国文艺界抗敌协会、中华全国戏剧界抗敌协会、中华全国美术界抗敌协会等；二是在重庆新创办的，如1939年1月，中共中央南方局建立的文化工作委员会、1941年国民党中宣部成立的文化工作委员会以及中华全国音乐界抗敌协会、中华全国漫画家抗敌协会、中华全国木刻界抗敌协会、中华交响乐团等等。

在这些机关团体中，最重要的是国民政府军事委员会政治部第三厅，它是国民政府主管宣传的部门，是战时中国的文化领导机构，同时，它还是中国共产党领导的在国统区实行统一战线政策的一个战斗堡垒。第三厅从武汉转到重庆后，在时任政治部副部长周恩来的直接领导下，为推进重庆的抗战文化运动，唤醒广大民众，争取抗日民主，产生了积极而深远的影响。

由于大量机构和人员涌入重庆，特别是众多的文化机构和文化团体在地理位置上的相对集中，从而形成了一些特殊的文化区域，如重庆沙坪坝、北碚夏坝、江津白沙坝，便是战时首都有名的"文化三坝"。当时沙坪坝有中央大学、重庆大学、上海医学院等院校20多所，有大公职校、中央高级助产职校等专业学校16所，还有普通中学25所，小学86所分布全境，汇聚了徐悲鸿等众多文化名家。全市近一半的各级各类科研机构设在境内。北碚夏坝有复旦大学等大专院校13所，科研机关13个，文化新闻出版单位17家，37家报刊杂志。特别是许多科技工作者和工程技术人员来此工作，成为战时科学技术研究实验的重要基地。江津白沙镇，有大、中、小各类学校近40所，常年在校人数超过一万人，是名副其实的“学生城”。

(一)文化机构

▲ 国民政府军事委员会政治部，于1938年2月19日在武汉成立，由陈诚任部长，周恩来、黄琪翔任副部长。政治部下设一、二、三厅，总务厅，秘书处和设计委员会等部门。政治部第三厅主要由共产党领导下的进步人士组成，厅长郭沫若，下设三个处，每处三个科。此外，该厅所属组织还有10个抗敌演剧队，4个抗敌宣传队，3个电影放映队，1个漫画宣传队，以及“孩子剧团”、“新安旅行团”、战地慰劳总会、寒衣委员会等。图为1938年2月，周恩来（前排左三）、第三厅厅长郭沫若（左四）和第三厅部分工作人员合影。

▲ 1938年10月25日武汉失守后，第三厅由武汉迁重庆办公。1940年9月，第三厅撤销，另设文化工作委员会。文化工作委员会作为学术团体，仍隶属政治部领导。12月7日，文化工作委员会正式成立。文工会主任委员仍由郭沫若担任，副主任委员由阳翰笙、谢仁钊担任，茅盾、沈志远、田汉、洪深等10人为专任委员。老舍、陶行知、邓初民、王昆仑等10人为兼任委员。文工会下设国际问题研究组、文艺研究组，文工会包容了比第三厅更为广泛的文化艺术界名流，最盛时达两千多人，盛称“名流内阁”。图为周恩来与文工会主任郭沫若(中)、副主任阳翰笙(左一)在重庆合影。

▲ 军事委员会政治部第三厅暨文化工作委员会旧址——重庆天官府7号。

▲ 第三厅暨“文工会”郊外办公地——赖家桥全家院子。

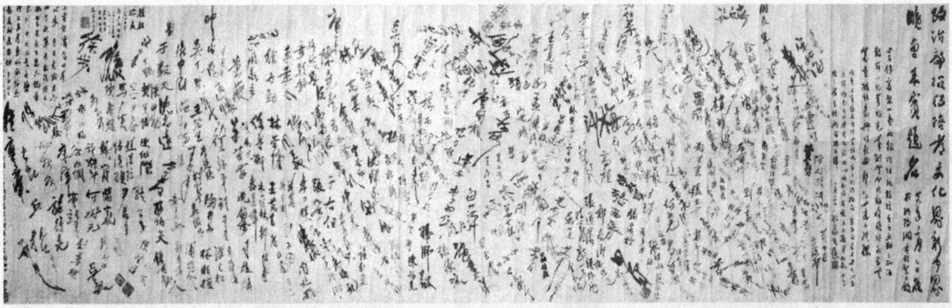

▲ “文工会成立题名轴”，全称“政治部陪都文化界、新闻界晚会来宾题名卷轴”。1986年由翁植耘先生捐赠，现藏于重庆博物馆，为国家一级文物。

▲ 1939年1月，以周恩来为书记的中共中央南方局在重庆成立后，为了加强对国民党统治区抗日文化运动的领导，中共南方局于1940年5月专门设立了文化工作委员会（简称“文委”），由凯丰任书记、周恩来任副书记、徐冰任秘书。南方局文委广泛团结文艺、新闻、社科、教育等文化界人士，特别是团结了郭沫若、茅盾、胡风、老舍、陶行知、王昆仑等著名的文化界人士，扩大和巩固了文化界抗日民族统一战线。图为重庆曾家岩50号，是中共南方局在市区的办公地，也是南方局“文委”办公的地方。

◀ 中华全国文艺界抗敌协会，简称“文协”，1938年3月27日成立于武汉，是抗日战争时期为广泛团结抗日力量而建立的全国性文艺团体。《中华全国文艺界抗敌协会发起旨趣》中说：“我们应该把分散的各个战友的力量，团结起来，像前线将士用他们的枪一样，用我们的笔，来发动民众，捍卫祖国，粉碎寇敌，争取胜利。”成立大会上通过了《中华全国文艺界抗敌协会宣言》，选出郭沫若、茅盾、老舍等45人为理事，周恩来、孙科、陈立夫为名誉理事。理事会推选老舍为总务部主任，主持文协日常工作。文协成立会上，提出了“文章下乡，文章入伍”的口号，并在全国组织了数十个分会及通讯处。“文协”的成立，让作家和艺术家们达到了空前的团结，使抗战初期的文艺活动呈现出生气蓬勃的新气象。图为中华全国文艺界抗敌协会旧址——武汉商会大礼堂。

◀ 武汉失守以后，中华全国文艺界抗敌协会1938年8月12日迁渝，在重庆市区张家花园办公。在重庆，文协以各种方式进行活动：每年召开纪念鲁迅的集会，为郭沫若、茅盾、老舍等人的寿辰或创作成就聚会祝贺，开展救济贫病作家、营救被捕的进步作家等工作，“文协”始终是文艺界团结抗日的一面旗帜。图为中华全国文艺界抗敌协会旧址——重庆市渝中区张家花园65号。

◀ 中华全国文艺界抗敌协会前线慰问团在重庆合影。一排左起：老舍、刘清扬、邓颖超、王礼锡、梁实秋、阎宝航。

▶ 1937年12月26日，由阳翰笙、王平陵发起，经张道藩、洪深、田汉、马彦祥、应云卫附议，推举洪深、田汉、阳翰笙、宋之的等30人组成中华全国戏剧界抗敌协会筹备委员会，12月31日，协会宣告成立。1938年下半年，协会迁往重庆。在协会和重庆分会领导下，重庆举行过多次规模盛大的戏剧演出活动。1939年元旦，为纪念“协会”成立一周年，戏剧界举行火炬游行，并演出了由《自由魂》《民族公敌》《群魔乱舞》《怒吼吧，中国！》《为自由和平而战》《全民总动员》《最后的胜利》等剧组成的组剧《抗战建国进行曲》。同年10月，又组织15个话剧团体及8个平、川、汉、楚剧团体举行庆祝第二届戏剧节的演出活动。图为中华全国戏剧界抗敌协会荆沙分会会员证章。

▲ 抗战全面爆发后，上海的文化艺术界实行抗战大联合，美术界最先响应的是漫画界，在叶浅予的倡导下，张乐平、丁聪、廖冰兄、黄苗子等十多位才华横溢、志同道合的热血青年，迅速组成了抗战中的一支特殊队伍——“救亡漫画宣传队”。上海沦陷后，漫画宣传队撤至武汉，隶属国民政府军事委员会第三厅领导，出版了《抗战漫画》。1938年，全国漫画作家协会战时工作委员会成立，后改名为中华全国漫画作家抗敌协会。图为中华全国漫画作家抗敌协会创办的漫画刊物《抗战漫画》。

▲ 抗战初期，漫画宣传队在重庆举办了一系列抗战漫画展览，其中比较有影响的是：1939年3月25日至27日，在中央公园举办的《抗战漫画展览》；1940年1月1日至5日，举办的《新年抗战漫画巡回展览会》。1940年，各地漫画家陆续向战时首都汇聚，这年10月，由“中华全国漫画作家协会战时工作委员会”改名的“中华全国漫画作家抗敌协会”自桂林迁到重庆。图为宋庆龄与漫画家叶浅予（右一）等友人在漫画展览会上合影。

▲ 1938年出版的漫画连环画《抗战必胜》。

◀ 由于版画作品有一版多印的特点，其材料又是随处可见、最为廉价的木材，所以它是抗战艺术宣传品中效果最好的画种。抗战时期版画发展创作非常流行，发展也很迅猛，仅全国出版的木刻刊物就有四千余种，影响较大的如《救亡木刻旬刊》《漫木旬刊》《新蜀报》的副刊《半月木刻》等。1938年6月12日，中华全国木刻界抗敌协会在武汉正式成立。它是抗战时期最先揭起“美术抗战”大旗的文化团体。图为中华全国木刻界抗敌协会会章。

▲ 汉口沦陷后，“木协”迁往重庆，并随即在渝举办了第三届全国抗战木刻展览，共展出作品571幅，观众约1.5万人次。当时出现了许多优秀木刻作品，如汪刃锋的《起来，不愿做奴隶的人们》《敌后游击队》，丰中铁的《北平，我们游击队回来了》，刘铁华的《东北健儿》等。1939年7月15日，中华全国木刻界抗敌协会由重庆迁往桂林。图为1938年，宋庆龄与木刻家陈烟桥（右）、丁聪（左）在香港“抗战漫画展”上合影。

◀ 1942年1月3日，经卢鸿基、王琦、丁正献等发起，中国木刻研究会在重庆成立。该会除计划送作品到英国参加“中国艺术展览会”，与中苏文化协会合办“中国赴苏木刻展”外，还举办了“第一届双十全国木刻展”（1942年，重庆）、“第二届双十全国木刻展”（1943年，重庆）、“纪念‘木研会成立二周年木刻展”（1944年，重庆）、“渝延木刻联合展”（1945年，重庆）、“抗战八年木刻展”（1946年，上海）等展览。图为1946年出版的《抗战八年木刻选集》，重庆博物馆藏。

▲ 《木刻速写——重庆较场口大隧道惨案目击》。

(二)三大“文化区”

▲ 抗战时期,沙坪坝至磁器口一线成为迁渝国民政府机关、文教科研机构的主要聚集地。这里除了有多个文化机构、团体外,还有18所高等院校、250余家工厂企业以及居住工作于此的大批教育家、科学家、艺术家和实业家,其呈现出的校舍林立、名师荟萃的繁荣景象,被盛称为“陪都的陪都”。图为抗战时期的沙坪坝。

◀ 1938年2月,重庆大学、中央大学、中央国际广播电台等机构,发起成立了重庆沙坪文化区自治委员会。1940年,由国立中央大学校长罗家伦题写刊名的《沙磁文化》创刊。沙磁文化区的范围迅速向四面扩展,其外围边沿东至嘉陵江对岸的盘溪、柏溪;南达李子坝、华岩寺;西越歌乐山顺成渝公路直抵青木关,几乎覆盖了现沙坪坝东部城区及西部部分街道。图为重庆沙坪文化区自治委员会会刊《沙磁文化》,由中央大学校长罗家伦题写刊名。

▲ 重庆沙坪坝中央大学、重庆大学等校举办的“六校联合音乐会”。

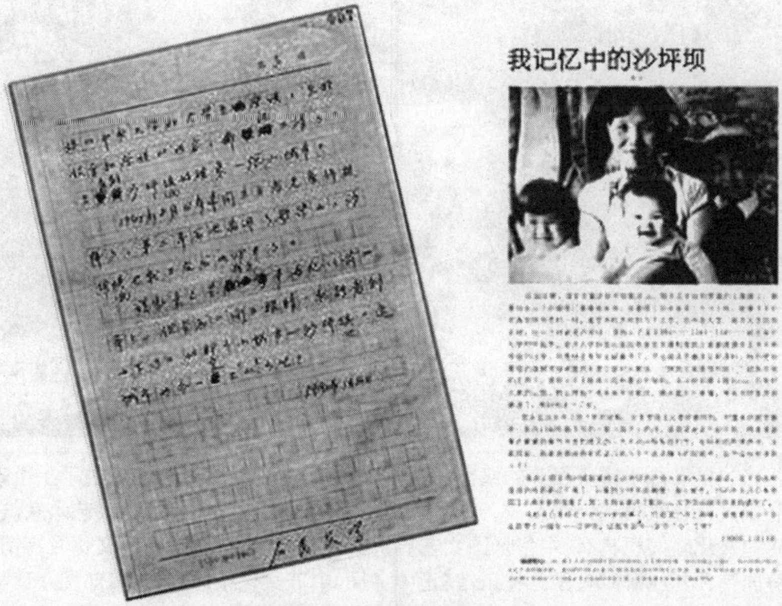

▲ 作家冰心写的《我记忆中的沙坪坝》原稿。

▲ 内迁高校的学生在沙坪坝街头演出抗战戏剧。

▲ 北碚的夏坝位于重庆西北的缙云山下，嘉陵江畔。抗战时期，北碚迁进了上百家的政府机关、科研机构、大专院校，云集了上千的政治家、科学家、教育家、艺术家。迁驻北碚的文化新闻机构有：中华全国文艺界抗敌协会北碚办公处、中山文化教育馆、中国辞典馆、国立编译馆、国立礼乐馆、正中书局、中苏文化杂志社、教育部民众读物编审委员会，新华日报北碚发行站、复旦新闻馆、文摘出版社等30余家单位，被称为战时重庆的“文化中心的中心”。图为抗战时期的重庆北碚夏坝。

▲ 位于北碚的中国西部科学院，抗战期间承接了中央研究院动植物研究所、中央地质调查所等十余家科研机构和众多科技人才的转移和安置，一度成为中国科学界的“诺亚方舟”和“战时学术研究中心”。图为中国西部科学院旧址。

▲ 迁驻北碚的教育院校有复旦大学、江苏医学院、国立歌剧学校、国立戏剧专科学校、社会教育学校、国立体育师范专科学校、中国乡村建设学院、世界佛学苑汉藏教理院、勉仁书院、育才学校、国立二中、国立重庆师范学校等20余所大中专院校。图为迁入重庆北碚的国立复旦大学校门。

▲ 江津白沙坝位于重庆长江之滨，以地处长江要津得名。抗战时期，大批文化教育机构随国民政府内迁，当时迁到江津白沙坝的主要是一些大专院校。最先迁入的有教育部创办的公费国立中学、大学先修班。1939年初，教育部在此成立了战区中小学教师四川服务团，负责安顿来自沦陷区的中小学教师。1940年9月，教育部在此创办了当时全国唯一的女子最高学府——国立女子师范学院，继而新建了国立女师附属中学、国立女师附属师范、川东师范建国先修班等中等院校。1940年，教育部新设大学先修班于白沙坝，次年又开办了第四中山中学、第八中山中学。此外，先后迁入的还有重庆女子师范学校、第一中山中学、川东师范、国立十七中等。至1942年，小小白沙坝就有大、中、小等各类学校近40所，在校人数超过万人，成为名副其实的“学生城”。图为国民政府教育部在江津白沙坝开办的第八中山中学旧址。

▲ 抗战时期，白沙坝“学生城”是重庆各界进行抗日宣传的重要区域之一。图为1944年3月，国民政府军事委员会副主席冯玉祥（前排右二）与夫人在江津白沙坝参加献金活动时留影。

▲ 白沙坝举行的“中国音乐月万人大合唱”，是重庆抗战时期合唱运动中规模最大的一次演唱会。

二、新闻出版

抗战爆发后，全国的新闻出版中心先由上海迁到武汉，继又迁到重庆，使重庆的新闻出版业得到了前所未有的发展。据统计，抗战时期，在重庆发行过报刊的报社、通讯社就达200家以上，约占全国的一半[①]。重庆报业最鼎盛时，有23家报纸同时出版，12个通讯社同时发稿，承担起了领导全国舆论的重要任务[②]。

1938年初，中央广播电台迁重庆并于3月10日恢复播音。1940年1月，中央广播电台将仅有的35千瓦短波划归中宣部国际宣传处，建立了重庆的第二个广播电台"国际广播电台"。中央广播电台每天分6段播出新闻，分别用9种语言播音；国际广播电台播音13小时30分钟，分别用英、法、德、日、俄、荷兰等10多种语言对外广播，使中国战局的状况能及时地向世界传播。

作为世界反法西斯名城，重庆也引来了众多外国新闻机构的进驻，如英国的"路透社"、美国的"合众社"、法国的"哈瓦斯社"、苏联的"塔斯社"等。太平洋战争爆发后，美国政府在华建立了正式的新闻机构——美国新闻处。这时期的外国记者，主要是搜集中国的消息向本国报道，其报道的内容多是反映中国战局的状况和战时民众的苦难。

与此同时，大量涌入重庆的书局、出版社，也使重庆的出版业盛极一时。据统计，抗战期间，经国民政府图书审查处注册行文审批的出版、发行机构共有404家，加上未登记注册的出版单位，共有644家，出书8000余种，出期刊近

①《重庆文化史》，重庆出版社2001年版，第329页。

②《抗战时期重庆的新闻界》，重庆出版社1995年版，第32－33页。

2000种[①]。当时全国最有名的七大书局:商务印书馆、中华书局、正中书局、大东书局、开明书店、世界书局、文通书局的总部均设立在重庆。1943年,经国民政府教育部批准,重庆成立了出版国家统一中、小学教科书的七家联合供应处,即"七联处",使重庆出版业的整体实力得到了很大的提升。战时重庆的图书销售业也很繁荣,仅民生路一带就集中了北新书局、开明图书局、生活书店、新知书店等20多家书局、书店,人称"文化一条街"。此外,都邮街、米亭子、白象街及林森路等地,也都是书店集中的地方。

①唐慎翔:《抗战期间重庆的出版发行机构及图书业》,《抗战时期西南的文化事业》,成都出版社1990年版,第436页。

（一）报刊

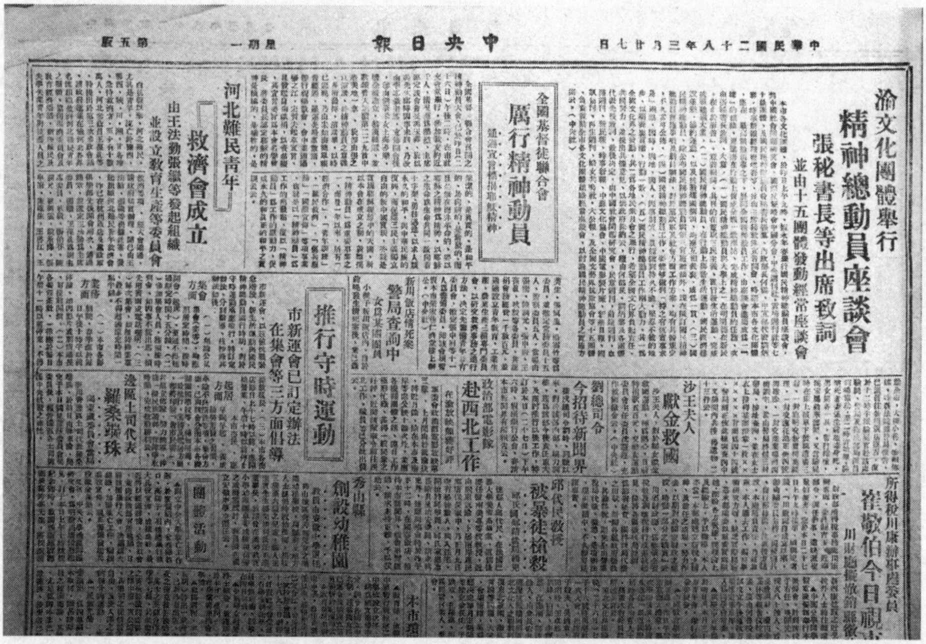
中華民國二十八年三月廿七日　中央日報　星期一　第五版

渝文化團體舉行
精神總動員座談會
張秘書長等出席致詞
並由十五團體發動經常座談會

全國基督徒聯合會
厲行精神動員

河北難民青年
救濟會成立
由王法勤張繼等發起組織
並設立教育生產等委員會

推行守時運動
市新運會已訂定辦法
在集會等三方面倡導

新川飯店情死案
警局查詢中

沙王夫人
獻金救國

劉總司令
今招待新聞界

政治部電影隊
赴西北工作

邊區土司代表
羅桑蹤珠

邱代民教授
被暴徒槍殺

秀山縣
創設幼稚園

團體活動

崔敬伯今日視事

▲ 《中央日报》为国民党中央的机关报。1929年2月在南京创办发行，1938年9月15日从长沙迁重庆出版并成为总社。该报自称为“本党最高言论机关”，主要刊登中央社消息。抗战时期，《中央日报》在重庆出版了7年，经过5次改组。先后由程沧波、何浩若、陈博生、陶百川、胡健中任社长。1945年抗战胜利，《中央日报》在南京复刊，重庆《中央日报》继续出版发行，直到1949年11月30日重庆解放才停刊。图为重庆版的《中央日报》，上面刊登有“渝文化团体举行精神总动员座谈会”报道。

中央副刊

◀《中央日报》除主要刊登国际、国内要闻外，另开设《中央副刊》版面，刊登一些杂文、广告等。图为《中央副刊》。

▼《扫荡报》于1932年6月23日在南昌创刊，由国民政府军事委员会政治部管辖，实际上是军方的机关报，1935年5月迁武汉出版。抗战前宣传“一个政府、一个军队、一个领袖”；抗战爆发后，宣传重点改变为“扫荡的矛头指向倭寇”。1938年10月，该报由武汉迁重庆出版，社址在市区李子坝。1945年，重庆国共两党谈判期间，经张治中提议，于11月12日起，《扫荡报》一度更名为《和平日报》，在当天刊登了“乐为和平奋斗”的社论。图为重庆版《扫荡报》。

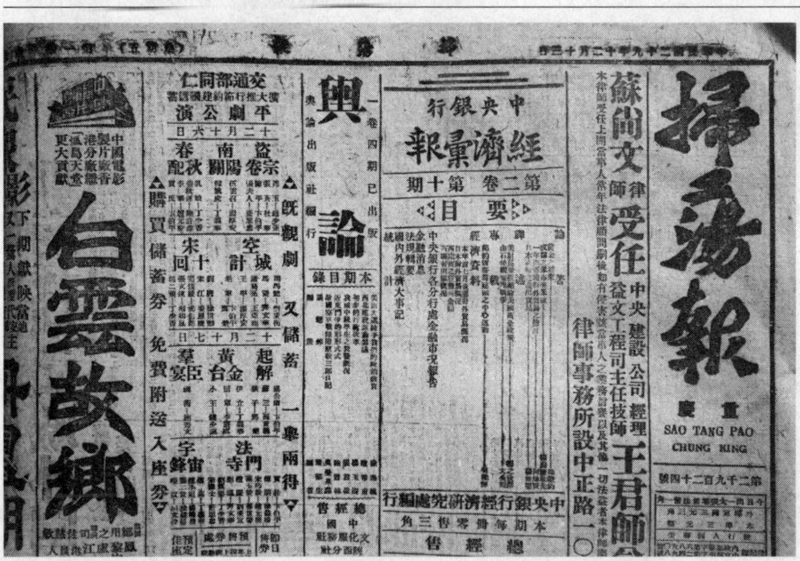
掃蕩報
重慶
SAO TANG PAO
CHUNG KING
蘇尙文律師受任
中央銀行
經濟彙報
第二卷第十期
要目
輿論
交通部同仁
平劇公演
白雲故鄉

▲ 《新华日报》是中国共产党在国统区唯一公开出版发行的报刊，1938年1月11日在汉口创办。1938年10月26日，武汉失守，《新华日报》总馆迁重庆，并在山西、广州、西安等地设立分馆，在黄陂、宜昌、郑州、洛阳、许昌、南昌、潼关等地设立代销处。报馆设于市中区苍坪街和西三街。1939年，“五三”、“五四”大轰炸后，报馆迁化龙桥虎头岩62号。图为位于化龙桥虎头岩62号《新华日报》总馆旧址。

SIN XUA RHBAU
中華民國二十七年十月二十五日 星期二
新華日報
本報將盡其指摘，提倡與贊助一切有利於抗戰之辦法，設施，方針，力求其迅速確實的實現，而對於一切阻礙抗日事業之缺陷及弱點，本報亦將勇敢地盡其報急的警鐘之功用。
本報深願與讀者諸君及全國同胞共同一致地高舉堅持抗戰，堅持持久
本報緊要啓事 本報於十月二十五日在渝出版，漢口地方版照常發行。
社論 本報移渝發刊

◀ 抗战时期，按照中共南方局的要求，新华日报社坚定地宣传党在抗战时期的路线方针，大量报道八路军、新四军对日作战的真实情况，扩大中共中央抗日武装力量的影响，及时报道敌后抗日民主根据地军民的抗战业绩，有力地促进了国统区的抗日民主运动。成为抗战时期党在国统区领导抗战的重要阵地。图为1938年10月25日，《新华日报》在重庆复刊发行的创刊号。

▲ 《新华日报》总馆迁重庆后，潘梓年为报社社长，熊瑾玎为总经理，华岗为总编辑，编辑部主任为吴克坚、章汉夫。报社隶属于中共中央南方局，由周恩来兼任董事长，南方局副书记董必武等直接领导。图为《新华日报》总经理熊瑾玎(左)、社长潘梓年(中)、编辑部主任吴克坚(右)在办公室合影。

◄ 抗战时期《新华日报》迁重庆后，营业部设在重庆民生路208号。图为《新华日报》营业部。

◀《群众》周刊由新华日报社主办，是抗战时期中共在国统区唯一公开发行的期刊。1937年10月筹办于南京，同年12月11日在武汉创刊出版。1938年10月25日《新华日报》迁重庆，《群众》周刊也随之迁重庆出版。抗日战争胜利后，1946年迁上海出版，1947年1月30日在香港出版，直至1949年10月停刊。在近十二年中，连续出版了405期。图为1940年在重庆发行的《群众》周刊。

▲ 中共南方局书记周恩来非常关心新华日报社的工作。图为周恩来与《新华日报》和《群众》周刊部分同志在编辑室合影。右起：胡绳、薛子正、陈家康、周恩来、潘梓年、华岗、戈宝权、许涤新、李中和。

▲ 1902年6月17日,《大公报》创刊于天津。1938年12月1日重庆版创刊,由民国著名报人、政论家张季鸾先生主持笔政。该报在渝版第一天的社评中称:"自誓绝对效忠国家,以文字并以生命献诸国家。"次日,又发表社评《抗战大局》,高呼:"我们要彻底觉悟,现在中国只有战斗求生的一条路,绝对没有和平!"在编辑方面,独特的社评、国内外特派员、星期论文是该报的三大特色。其发行量最高时达10万份,为中上层人士和知识分子所喜爱。1941年5月15日,《大公报》获得美国密苏里大学新闻学院奖章这一世界性殊荣。图为重庆《大公报》社址。

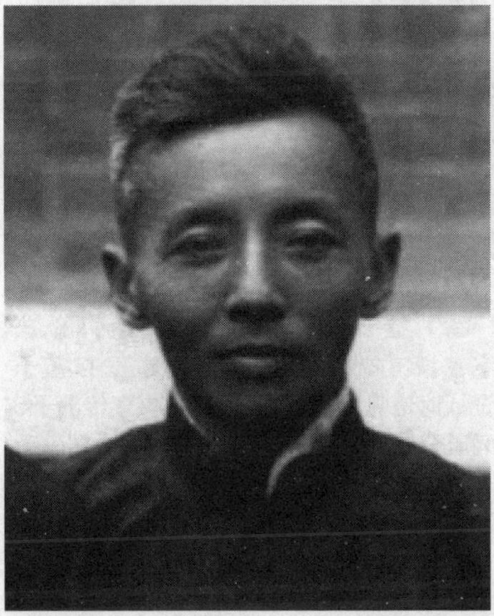

◀ 张季鸾(1888—1941),陕西榆林人,名炽章,字季鸾。他主持《大公报》期间,坚持以"不党、不卖、不私、不盲"四不主义作为办报方针,坚持以言救国,事业达到顶峰。赢得国共两党领导人的一致赞赏。1941年9月6日,张季鸾在重庆病逝。周恩来、董必武、邓颖超致唁"季鸾先生,文坛巨擘,报界宗师"。蒋介石在唁电中称:"季鸾先生,一代宗师,精诚爱国,忘劬积瘁,致耗其躯……"季鸾先生在中国新闻史上享有高度声望和评价,有文集《季鸾文存》传世。

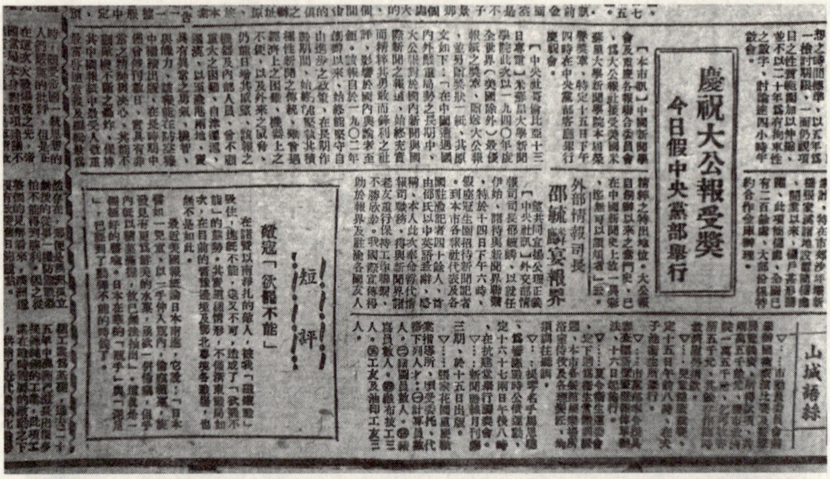

慶祝大公報受獎

今日假中央黨部舉行

外部情報司長

邵毓麟宴報界

短評

敵寇「欲罷不能」

▲ 1941年5月，《大公报》获得美国密苏里大学新闻学院奖章，重庆新闻界举行了盛大庆祝会。图为《中央日报》对《大公报》获奖刊发的消息。

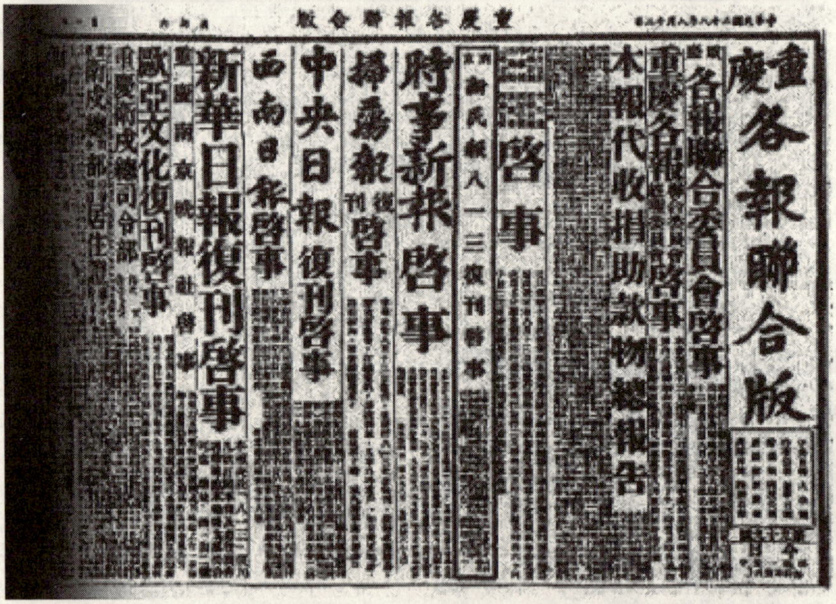

重慶各報聯合版

重慶各報聯合委員會啓事

本報代收捐助款物總報告

啓事

時事新報啓事

中央日報復刊啓事

西南日報啓事

新華日報復刊啓事

歐亞文化復刊啓事

▲ 1939年，在“五三”、“五四”大轰炸中，重庆多家报社被炸毁。国民政府为保存力量，决定加紧实施疏散计划，将原来在市中心的各家报馆向郊区疏散。在疏散过程中，鉴于各报一时难以单独出版报纸，而又必须保证战时信息的畅通，国民党中央宣传部于5月5日紧急召集《中央日报》《大公报》《时事新报》《新华日报》《扫荡报》《国民公报》《新蜀报》《新民报》《商务日报》《西南日报》等10家报社负责人开会，下令各报暂行停刊，共同出版一份“联合版”。《重庆各报联合版》共出版99期。《联合版》的出版发行，适应了当时特殊形势下的特殊要求，它是战时中国新闻界在国家民族最高利益下捐弃成见、团结一致、共同对敌的体现。图为《重庆各报联合版》第99期。

▲ 陈铭德(1897—1989),重庆市长寿人。1929年9月9日,与友人共同创办《新民报》,并成为该报的主要管理者。在他的经营下,《新民报》很快由一社一报逐渐发展到五社八报(或称“五社八版”即先后在南京、重庆、成都、北平、上海各设一社,南京、重庆、成都三社,均出日晚两报,北平社出一日报,上海社出一晚报)。成为在国内外都享有声誉的一个民间报系。陈铭德出任《新民报》总经理后,被誉为中国报业巨子。图为《新民报》的三位创始人,从左至右:刘正华、陈铭德、吴敬琏。

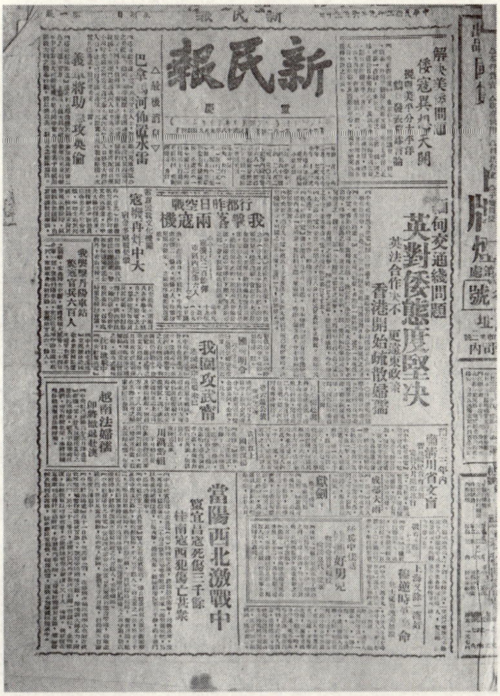
新民報

行都昨日空戰
我擊落兩寇機

英對倭態度堅決

我圍攻武甯

當陽西北激戰中

◀ 1937年抗日战争爆发,战火逼进南京,《新民报》西迁重庆,并于1938年1月15日在重庆复刊,成为抗战中迁到重庆的第一张报纸。《新民报》在发刊词中说:本报以南京旧姿态,出重庆之地方版。我们必须坚定最后胜利之信念,认定民族统一战线实高过一切。此报副刊和专栏有:张恨水的连载小说《上下古今谈》,赵超构的《今日论语》《新闻圈外》,张慧剑的《山楼一百话》《世象杂收》,张友鸾的《山城夜曲》,姚苏凤的《重庆私语》等。该报以“说真话”、“言真事”而深受各个层次人群的欢迎,成为重庆各家晚报中发行量最大的报纸。图为战时重庆出版的《新民报》。

(二)广播电台、通讯社

◀ 中央广播电台和中央国际广播电台，是中国战时首都向全国和全世界宣传抗战的重要舆论阵地和传播工具。1938年初，中央广播电台迁重庆，并于3月10日恢复播音。其播音语种有：国语、英语、蒙语、藏语、回语。主要栏目是“新闻节目”，主要广播国民党中央社的电讯稿和中央日报上刊载的新闻。除有关抗战的节目外，另辟有：“纪录新闻”、“简明新闻”等节目。图为抗战时期宋美龄在中央广播电台演讲。

三夫人昨對美廣播

孫孔蔣三夫人，應中央廣播電台及國際廣播電台之請，於十八日上午七時四十五分，向美國播音，由美國NBC電台轉播全美。孫夫人首述中國抗戰的[illegible]心，及婦女與男子[illegible]加復興中工作情形，次由孔夫人述我國戰時建設以及復興與教育等問題。蔣夫人則揭發日本對南洋之野心，希望美國人做到對于侵略不再表示恐懼，或者停止鼓勵侵略的行動，也就是對日禁運汽油，煤油以及其他戰爭原料兩件事。

（又訊）敵國歷來常施用惡劣卑鄙之手段，擾亂各國無線電廣播。如蔣夫人曾對美國婦女界廣播演講，及英首相張伯倫之廣播演講，均因敵方之擾亂，美國均未能收聽。昨晨孫孔蔣三夫人向美國播音，因我國事前佈置周密，使敵方惡劣卑鄙之手段無所施用，獲得成功。據係方面消息，美已來電報告，收聽三夫人之播音，異常明晰云。

▶ 1940年4月18日，宋氏三姐妹应中央广播电台及国际广播电台之请向美国播音，由美国NBC电台转播全美。图为1940年4月19日《新民报》报道“三夫人昨对美广播”。

▲ 中央广播电台，总部设在上清寺，另有信号发射台设于歇台子，发电站则设在土湾。图为位于沙坪坝土湾的中国国际广播电台发电站旧址。

▲ 1940年1月，中央广播电台将仅有的35千瓦短波划归中宣部国际宣传处，建立了“国际广播电台”，开始用10多种语言对外广播，国际广播电台成为战时中国对外广播的窗口。仅1942年，国际广播电台就向美播送151次，由美国全国广播公司、哥伦比亚广播公司、互助广播公司等向全美转播，被日本东京称为“忧心之绪”的“中国蛙声”。图为电台南岸区南山金竹村办公地旧址。

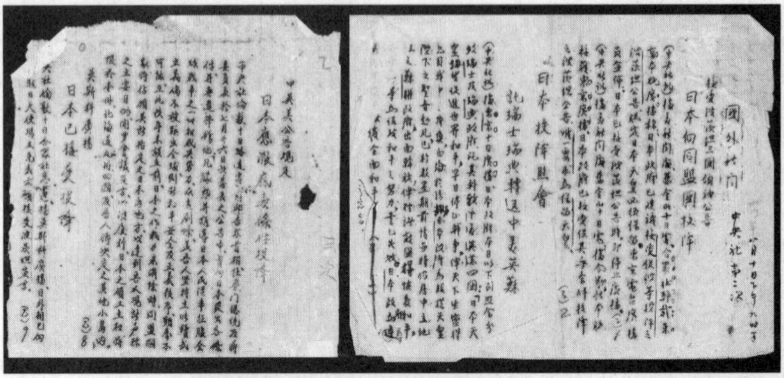

▲ 中央通讯社是中国国民党政府的新闻通讯机构，是一个全国性的通讯社。它担负着直接向国外各通讯社、报纸发放新闻稿件。1938年10月，总社从武汉迁至重庆。该社在长沙、桂林、昆明、兰州、洛阳、恩施、福州、香港等地设16个分社，并在伦敦、华盛顿、纽约、日内瓦、莫斯科等地派有特派员。抗战时期的中央通讯社，是我国最大的一个新闻机构，胜利前夕员工已有1250人，直接服务于大小报刊约200家。在1939年5月的大轰炸中，社址毁于殆尽，总社人员转入山洞中继续工作，没有终止过一天。图为中央通讯社关于日本接受投降条款的号外。

▲ 国际新闻社，简称“国新社”。由著名新闻记者范长江创办，是抗战时期中共南方局领导下的新闻机构，总社在桂林。1939年，“国新社”重庆办事处成立，初设两路口办公；1940年5月办事处被日机轰炸，便迁至猫儿石。范长江在1940年底写的《国新两年》的总结文章说：“国新社”重庆办事处已同港社一起为桂林总社的两个重要支柱。已为海内外500多家报社服务。图为国新社重庆办事处同志合影：(前排左起)徐至平(孩子剧团成员)、郭联奎、裘一民、高咏、田才；(后排左起)黄明、孙文石、高天、张清、于友、梅可华。

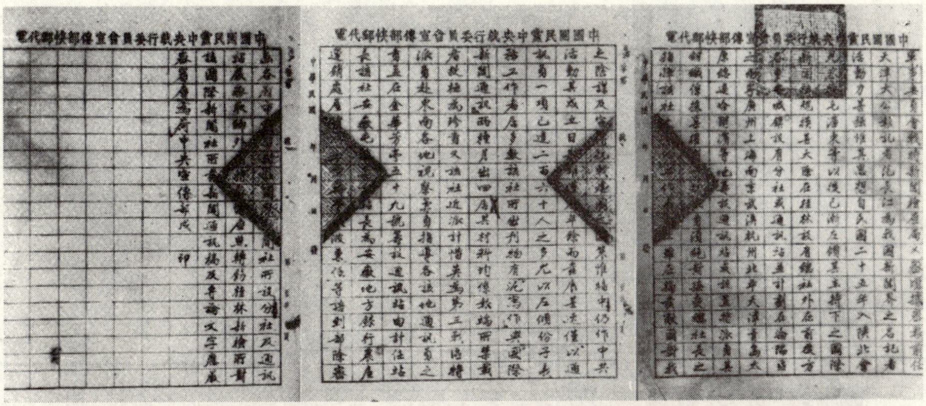

▲ 抗战时期，“国新社”重庆办事处的稿件以《新华日报》为长期订户，还与《新蜀报》《新民报》《国民公报》《时事新报》以及中华职业教育社、东北救亡总会等单位报刊有供稿合同。1941年初，皖南事变之后不久，“国新社”总社被迫关闭。图为1940年第二次反共高潮前夕，国民党中宣部为迫害国新社，向战时新闻检查局发布之快邮代电。

◀ 1939年，中共南方局领导下的国际新闻社在重庆设立办事处。作为世界反法西斯战争东方战场统帅部，重庆也备受各国通讯社的关注，如英国路透社，美国合众社、美联社，法国哈瓦斯社、法新社，苏联塔斯社和《纽约时报》的记者都先后来到重庆。新闻媒体和记者在战时真实地报道了中国的抗日战争的状况，有力地帮助了中国人民的抗战事业。图为1940年，国际新闻社重庆办事处被炸，范长江和同仁在废墟上合影。

▲ 1937年11月8日，由范长江、夏衍等人发起，在上海成立了“中国青年记者学会”，1938年3月15日，在汉口改名为中国青年新闻记者学会，简称“青记”。3月30日，“青记”在汉口举行第一次全国代表大会，正式宣告成立。邵力子、王芸生、于右任、叶楚伧、邹韬奋、郭沫若、张季鸾、潘梓年等为名誉理事；范长江、钟期森、徐迈进为常务理事。1939年5月，总会迁至重庆。图为1938年5月27日新华日报社欢迎战地记者时的合影。前排右一为范长江。

▲ 中国“青记”先后在桂林和华北敌后设立南方办事处和北方办事处，向华北敌后派出战地服务队，在重庆、成都、长沙、桂林、韶关、香港、延安等地建立分会。“青记”的会员由初建时的200多人，发展到1000多人。图为中国“青记”边区分会成立大会会场。

◀ 抗日战争初期出入各战区采访的战地记者，大都为中国“青记”会员。在“青记”形成了一个团结抗日进步记者的中心。图为“青记”记者在前线采访，与前线官兵合影。

聯合画報

我們並肩作戰到底

—在中國的美國軍隊—

◀《联合画报》，1942年由中、英、美战时图片宣传机构“联合国幻灯供应社”创办，由当时《扫荡报》编辑主任舒宗侨任主编，美国新闻处温福立任社长。《联合画报》是新闻性的画报，以刊载新闻照片为主，但为了维持画报的可读性，同时另加四开一张，专刊战时通讯、漫画、地图、小说等，这样使画报具有新闻性、趣闻性、文艺性。1945年到1946年，国内政治形势动荡，诸如较场口事件，昆明学生惨案，李公朴、闻一多被刺，重庆谈判，以及民主运动等一般报纸不能登和不敢登的新闻，《联合画报》予以大量刊载。在当时还是有一定的影响。1945年11月，重庆《联合画报》周刊停办。图为《联合画报》1943年第20期第1版。

◀ 范长江(1909—1970),原名范希夫,四川内江人。1933年开始从事新闻记者工作,不久成为《大公报》特邀记者。1937年2月,他的专稿《动荡中之西北大局》报道了西安事变的真相,并传达了中国共产党抗日民族统一战线的政策和主张。范长江还是除美国记者埃德加·斯诺外,第一个以记者身份进入延安的人。他对延安及西北地区的系列通讯报道受到社会各界的广泛关注,其通讯集《中国的西北角》《塞上行》更是风靡全国,记者"长江"也由此闻名遐迩。1939年,加入中国共产党。抗战时期,他还参加了香港《华商报》的创办工作,担任过新华社华中总分社社长、《新华日报》(华中版)社长和华中新闻专科学校校长等职务。图为范长江在西安采访时留影。

▲ 抗战时期,随着国民党党、政、军各单位绝大多数迁至重庆,重庆成为采访亚洲陆地战场新闻的重要基地。当时的美国、英国、德国、苏联等各国通讯社纷纷驻渝。战时的苏联塔斯社,无论在武汉或是重庆,其规模较大,阵容整齐。在重庆的苏联塔斯社位于枣子岚垭99号,当时的苏联记者有罗果夫、叶夏明、司徒克渥策夫、沙曼诺夫等。图为被日机炸后的苏联塔斯通讯社。

▲ 抗战时期，中国战场成为世界战场的一部分，中国的战讯受到全世界的关注，重庆成为亚洲陆地战场新闻采访的中心。初到重庆的外国记者，大都住在两路口巴县中学校内，该处是由中宣部国际宣传处专门盖的外国记者的招待所，后因各国的记者蜂拥而来，人员太多住不下，又建造了嘉陵宾馆。图为1944年，爱泼斯坦(左五)与陈家康(左一)、茅盾(左三)、王安娜(左四)、章汉夫(左六)等在重庆外国记者招待所合影。

▲ 1941年底，太平洋战争爆发，原驻香港的外籍记者，纷纷抵达重庆，伦敦泰晤士报的佛尔门、路透社的包享利、经济新闻周报的史坦恩、美国新闻周刊的马丁、合众社的费特许、美联社的司徒华、读者文摘的豪合、时代杂志的白修德、生活杂志的贾可贝夫妇等及短期来采访的记者，都住在记者招待所。当时的国宣处和招待所，成了国民政府战时首都的新闻活动中心，成了外国记者集中的大本营。图为1944年在重庆的美国记者，摄于新闻旅馆前。

▲ 抗战时期，随着战局的转移，英国的路透社、美国的合众社、美联社、法国的哈瓦斯社、法新社、苏联的塔斯社和《纽约时报》的记者先后来到重庆，上百名外国记者云集于此，以美国记者最多，人数达40余名，包括有名的福尔曼、斯特朗、史沫特莱、爱泼斯坦等。图为青年记者学会在重庆招待外籍记者斯洛默氏。

▲ 白修德本名西奥多·怀特，因热爱中国，改名白修德。1939年到重庆，任《时代》周刊驻渝记者。他同情中国抗战，在亲身经历"五三"、"五四"大轰炸后，他在家信中写道："但愿我在临死之前能看到东京被炸毁。我想知道，我在重庆见到的那些脑浆迸裂的婴孩能够以某种方式讨回这笔血债。"1942年夏到1943年春，河南发生大旱灾，300万人饿死，另有300万人外出逃荒。白修德得知后立即赶往灾区，他把那里的真相，从洛阳直接发往纽约，由《时代》周刊随即刊登。他的连续报道，使初次了解到中国真实情况的美国民众无比震惊。图为美国记者白修德（右）与《时代》周刊的老板在一起。

（三）出版业

◀ 商务印书馆，1897年创办于上海。1906年在重庆白象街建立分馆。抗战前夕迁至市中心都邮街。1941年12月8日，太平洋战争爆发时，商务印书馆总经理王云五正好在重庆参加国民参政会。在得知香港总馆因战事困扰后，他决定留在重庆，并在此设立商务印书馆总管理处驻渝办事处及审编处，以维持书馆工作的正常运行。因为总经理坐镇重庆，所以办事处实际上就成了商务印书馆的总管理处。该处在渝4年多，至1946年才迁回上海。图为商务印书馆总经理王云五。

▲ 抗战时期，商务印书馆旗下的《东方》杂志在渝复刊，其附属的东方图书馆也在渝复业，并恢复了日出一种新书的传统，商务印书馆共出渝版图书1011种。抗战胜利后，总处迁回上海，分馆仍留重庆。图为商务印书馆员工在校对书稿。

◀ 1931年10月，由陈立夫在南京创办正中书局。1933年，陈立夫将其捐献给政府，该书局成为一家由国民党中宣部直接控制下的出版机构，是全国七大书局之一。1938年，正中书局迁重庆，总管理处设在中山一路242号，并分别在中山一路23号、民族路329号和青木关设立三个分局。此外，在桂林、贵阳、宜昌等地也设有分局。最初，正中书局是以编辑中学教科书和课外读物为主，后来逐渐扩大到学术专著、民众读物、儿童读物、字典等。抗战初期，应形势需要，编印大量战时读物和党政要人的著作。1939年5月，日机轰炸重庆市区，编审、会计部门迁市郊区含谷场，印刷厂移到南岸。1940年5月后，各部门集中在北碚，并凿山洞装置机器，在轰炸中仍然继续印刷图书。1946年，总局迁南京，分局留渝。图为重庆正中书局。

◀ 1912年1月，由爱国人士陆费逵在上海创办。主要出版社科和文艺书籍。1931年，在白象街设特约经销处。1937年8月，建新址于都邮街（今民权路41号）。香港沦陷后，总管理处于1942年初迁重庆。总经理为李叔明，实际负责人是金兆梓、朱复初。同年秋，在李子坝设印刷厂，在恢复印刷书刊的同时，恢复印刷钞票、邮票，旗下的《新中华》《中华英语》等杂志也相继复刊。共出渝版书679种。抗战胜利后，总处东迁上海，分局仍留渝。图为位于重庆市中心的中华书局重庆分局。

◀ 1938年8月，生活书店由武汉迁渝，由邹韬奋主事。地址设重庆冉家巷，后迁学田湾。分店设在民生路73号。在重庆期间，生活书店继续复刊发行“七大杂志”，即：韬奋、柳湜主编的《全民抗战》，寒松、史枚主编的《读书月报》，茅盾主编的《文艺阵地》，沈志远主编的《理论与现实》，戴白桃主编的《战时教育》，沈兹九主编的《妇女生活》和金中华主编的《世界知识》。抗战时期生活书店发展很快，从1939年4月至1940年6月，书店已在国内有55个支店。该书店救国主张旗帜鲜明，与中国共产党关系密切，1941年，皖南事变后，全国只剩有重庆一处，其他店全部被查封或勒令停业。邹韬奋愤然辞去国民参政会参政员之职，离渝赴港，并将总管理处迁香港。重庆分店在总店撤离后，担负起了原总店的编辑、出版、印刷等工作。1945年10月，生活书店与读书出版社、新知书店合并，称为“三联书店”。图为生活书店重庆分店。

◀ 邹韬奋(1895—1944)，原名恩润，笔名“韬奋”，中国记者、出版家。1932年7月成立生活书店，任总经理。韬奋先生团结了一大批进步的作者，在短短几年中，使其在全国各地的分支机构扩展到了56家，先后出版了数十种进步刊物，以及包括马克思主义译著在内的1000余种图书。1933年1月，邹韬奋参加了宋庆龄、蔡元培、鲁迅等发起的中国民权保障同盟，并当选为执行委员，不久被迫流亡海外。1944年7月24日，在上海病逝。主要著作收入《韬奋文集》。图为生活书店创办人邹韬奋。

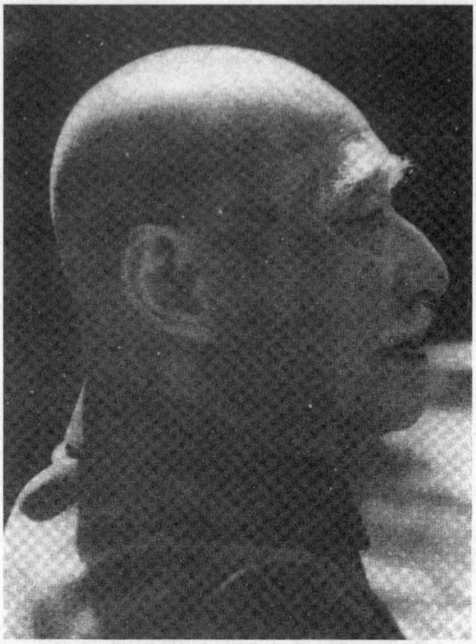

◀ 叶圣陶（1894—1988），原名叶绍钧，字秉臣，江苏苏州人，是中国现代著名作家、教育家及出版人。他是五四运动首个文学研究会的创立人之一，其座右铭“文学为人生”甚为有名。1930年底，叶圣陶辞去上海商务印书馆的工作，成为开明书店的编辑。1938年初，叶圣陶从上海辗转抵达重庆，先后担任重庆巴蜀学校、重庆国立中央戏剧学校和复旦大学教员。同年10月，应邀赴内迁到四川乐山的武汉大学中文系任教。这时期，叶圣陶编写了一系列中小学教材和语文教学论著，如《中学精读文选》（与叶至善合编）、《国文精读文选》、《抗建国文教材》等。他还与朱自清合写了《精读指导举隅》《略读指导举隅》和《国文教学》三本书。1944年，开明书店总管理处由桂林迁重庆，设在保安路132号，主要工作由叶圣陶主持。图为开明书店编辑叶圣陶。

▲ 开明书店早在抗战前，就在重庆设有特约经销点。1941年，协理范洗人在广西桂林设立开明总办事处，重组董事会，范洗人任总经理。1944年开明书店总管理处由桂林迁重庆，设在保安路132号，由叶圣陶主持。书店随即复刊了《中学生》、《国文》月刊、《开明少年》等杂志，并创办《英语》月刊。限于条件，渝版书只出版了38种。抗战胜利后总店迁回上海，分店留重庆。图为开明书店聚会合影。二排左四为巴金，三排右三为林语堂，后排左一为叶圣陶、左五为茅盾、左八为夏衍。

◀ 1935年秋，一批进步的文化人，用稿费凑成股本500元，在上海创建了新知书店。理事会理事为钱俊瑞、徐雪寒、姜君辰、张仲实、薛暮桥、孙晓村、张锡昌。钱俊瑞为理事长，徐雪寒任总经理，姜君辰主持编辑工作，华应申负责出版工作。1936年，徐雪寒、姜君辰、华应申都加入了中国共产党。该书店实际上成为中共地下党领导的一个书店。1943年初，在重庆民生路183号设重庆分店，沈静芷等来渝主事，在上清寺中山四路58号开设书店，店招为“来美图书社”。经理为郭以微，实际由欧阳文彬、戴汝明先后主持。共出渝版书21种。1945年抗日战争胜利后，总店迁回上海。1948年10月，与生活书店、读书出版社合并成立三联书店。新知书店从成立到合并，先后出版发行期刊10种，出版各类图书200多种。图为新知书店重庆分店。

◀ 钱俊瑞（1908—1985），中国经济学家，江苏省无锡人。1934年加入左联，1935年加入中国共产党。1935年秋，新知书店在上海成立，钱俊瑞被推举为理事长，负责全面工作。新知书店前身是钱俊瑞、薛暮桥、姜君辰、徐雪寒等编辑的《中国农村》月刊。总店先后迁至武汉、桂林（以后迁至重庆）；同时在重庆、金华、丽水、常德、襄阳、柳州等城市设立多处分店，在香港设立办事处（后改分店）。该书店实际上是中国共产党领导的革命出版机构。图为新知书店理事长钱俊瑞。

◀ 徐雪寒(1911—2005),原名汉臣。浙江慈溪人。1935年在上海创办新知书店。后任上海文化界救国会会刊《救亡情报》主编、全国各界救国联合会副总干事。新知书店成立时徐雪寒任总经理,管理书店的事务(以后任总经理的还有华应申、沈静芷),姜君辰主持编辑工作。从成立到抗日战争前夕的近两年时间内,出版4种期刊(如《新世纪》《语文》等)和20多种社会科学书籍。到1941年皖南事变,国内分店只剩下重庆一处。但他们除坚持继续用"新知"名义出书外,还设立了远方书店、实学书局,出版了不少书籍。图为新知书店总经理徐雪寒。

◀ 读书出版社,1936年由李公朴在上海创建。"七君子事件"发生,李公朴被捕入狱。中共派地下党员黄洛峰接任该社总经理(黄洛峰是中共南方局领导的进步书业的主要领导人)。1938年8月10日,总社从广州迁重庆,初在新生书店二楼办公,经营批发书务。1939年春,迁民生路188号,有了门市部,又建立编委会。同时复刊《学习生活》杂志,《文学》月刊、《新音乐》等也创刊,共出渝版书83种。后被国民党当局排斥、打压查封而停业。图为重庆民生路读书出版社。

◀ 李公朴(1902—1946),江苏省武进县人。1927年8月赴美留学。在美国他边读书边打工,并在邹韬奋主编的《生活》周刊上向国内介绍美国社会情况。1930年11月,李公朴结束留学生涯回到上海,他满腔热血积极投入各种救亡活动,与邹韬奋等筹办《生活日报》,在史量才支持下创办《申报》流通图书馆、《申报》业余补习学校和妇女补习学校。1934年,他和艾思奇一起创办《读书生活》,发表了大量反对日本帝国主义侵略、抨击国民党反动派统治的文章,宣传抗日民族统一战线的思想。1936年,创办读书生活出版社,出版了许多进步的通俗读物,包括马克思的经典著作《资本论》,引导许多青年走上了革命的道路。图为读书出版社主要负责人李公朴。

◀ 黄炎培(1878—1965),字任之,号楚南,江苏省川沙县人,中国教育家、实业家、政治家,中国民主同盟主要发起人之一。1931年“九一八”事变后,黄炎培积极投入抗日救亡运动,创办《救国通讯》。1941年,与张澜等人发起组织中国民主政治同盟,一度任主席。1941年3月,国讯书店在重庆成立,黄炎培任出版委员会主席。店址在张家花园56号。大作家茅盾任书店“国讯文艺丛书”主编,原生活书店“苏联文艺丛书”主编曹靖华,也改任为国讯书店“苏联文艺丛书”主编。国讯书店建立后,一方面编辑、出版《国讯》杂志,一方面把生活书店重要图书的纸型,改用国讯书店的名义,重版发行。抗战胜利后,黄炎培举家迁回上海。图为国讯书店出版委员会主席黄炎培。

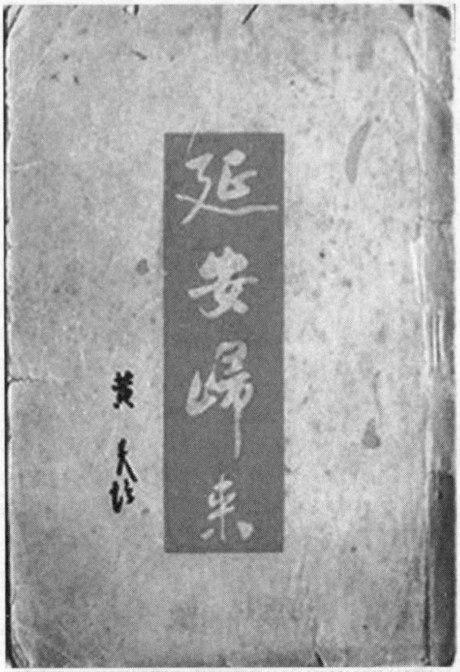

◀ 1945年7月1日至5日，为促成国共和谈，黄炎培与褚辅成、冷遹、左舜生、傅斯年、章伯钧等参政员由重庆飞延安，考察边区，并访问中共领导人，在延安受到了毛泽东、朱德、林祖涵、吴玉章、周恩来等接见和热烈欢迎。回渝后，黄炎培仅用半个月时间写出了《延安归来》一书，向国统区人民介绍了一个真实的延安。该书在国讯书店初版2万册，几日内销售一空，在读者中产生了巨大的影响。图为重庆国讯书店出版发行的《延安归来》。

▲ 抗日战争时期，1939年出版物基本正常，1940年以后，由于国民党图书杂志审查制度越来越严，兼之印刷条件困难，纸张材料昂贵，运输寄递不畅，这一时期后半段图书出版，多为重版书和翻译著作。截至1940年，先后出版有马克思著《拿破仑第三政变记》《法兰西内战》；列宁著《列宁选集》《马恩与马克思主义》；毛泽东著《论新阶段》《新民主主义论》《在延安文艺座谈会上的讲话》等。图为抗战时期大后方出版的部分图书。

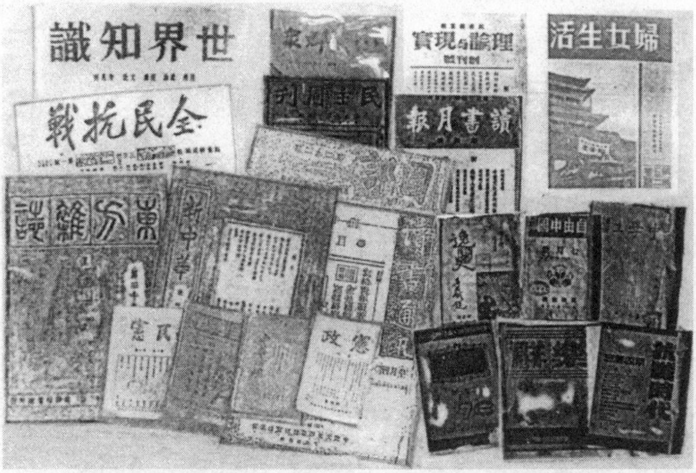

▲ 国民政府移驻重庆后，抗战初期集中在武汉的主要期刊社，大多迁移到重庆和桂林两地。其中迁移到重庆的有《群众》周刊、《全民抗战》、《抗战文艺》、《中苏文化》、《民意》周刊、《政论》半月刊、《再生》周刊、《反攻》半月刊、《时事类编》半月刊、《文摘》战时旬刊、《救中国》、《妇女生活》等等。抗战中期在重庆创刊和复刊的刊物主要有《理论与现实》季刊、《东南战线》月刊、《大众生活》周刊（复刊）、《三民主义周刊》、《国文月刊》、《中学生》、《读书月报》、《文化杂志》、《读书通讯》、《文学月报》、《文艺阵地》、《戏剧春秋》、《新音乐》、《工作与学习·漫画与木刻》等。此外，还有世界语刊物《中国报导》。国际友人主办的综合杂志《东方战友》等。图为抗战时期大后方出版的部分期刊。

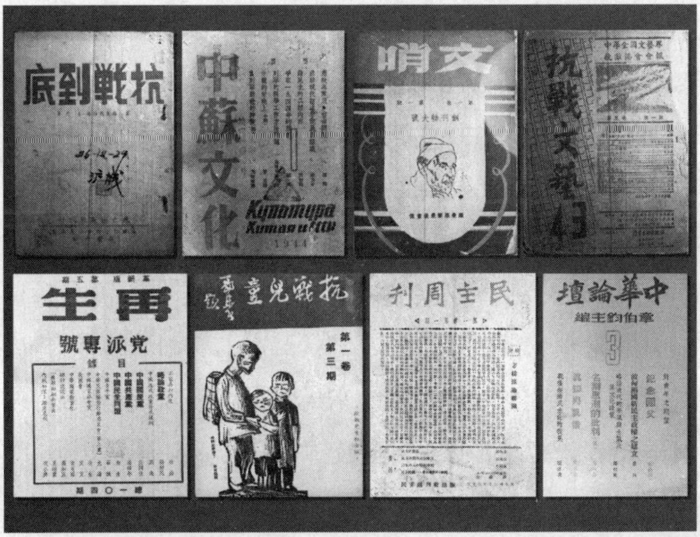

▲ 抗战时期，所出版的期刊在内容上，初期是比较一致的，都以宣传抗日救亡为主体。到抗战中期，文化战线出现了团结抗日与分裂投降的分歧，因而在抗战中期陆续创办的新刊物，更是各有自己鲜明的政治态度和思想倾向。1945年抗战胜利后，在渝的出版刊物大都迁出，只有小部分继续在重庆出刊。图为抗战时期在重庆出版的部分书刊。

三、文学

文学的蓬勃发展，是抗战文化繁荣的重要标志之一。

在小说创作方面，许多著名作家都创作出了自己的经典名篇，如茅盾的长篇小说《霜叶红似二月花》和《腐蚀》；巴金有短篇小说《还魂草》、中篇小说《寒夜》和长篇小说《火》；老舍除创作了短篇小说集《火车集》《贫血集》和长篇小说《火葬》外，他《四世同堂》的前两部，就是在重庆完成的；沙汀有短篇小说集《播种者》、中篇小说《闯关》和长篇小说《淘金集》；艾芜有短篇小说集《秋收》《荒地》和长篇小说《故乡》；吴组湘有长篇小说《山洪》。

战争把诗歌这种战斗性和鼓动性非常强的文学形式推到了文艺战线的前沿。郭沫若、艾青、臧克家、田间、徐迟、冯乃超、何其芳、李季、阮章竞、柯仲平、郭小川、贺敬之、绿原、牛汉、冀汸、曾卓等都创作了大量激荡人心的诗作。

这时期重庆诗歌的最大特点，是它已成为一种有组织的运动。首先是诗人们组织各种诗社来开展活动，如1937年，重庆青年爱国诗人组成的诗报社；1942年，王亚平、柳倩等诗人发起成立的春草诗社。二是定期召开各种诗歌座谈会、讨论会，而且非常频繁。三是“诗人节”的举办。1941年3月，诗人方殷倡议把五月端午节定为中国“诗人节”，得到诗人们的赞同。同年5月便在重庆举办了第一届诗人节，诗人们踊跃赴会，赋诗、座谈，盛况空前。

1938年胡风来渝，次年《七月》第四集第一期在重庆出版。《七月》杂志（后改名《希望》）为诗歌辟出了大量篇幅，培育和造就了抗战诗坛上影响最大、存在时间最长的诗歌流派——七月诗派，它不仅以其系统的理论主张，具有鲜明特色的诗歌创作为诗坛做出了重要贡献，而且以其作者地域的广泛，内容题材的丰富,完善了战时重庆诗歌的面貌。

此外,作家们也写了许多杂文和散文,如茅盾的散文佳篇《白杨礼赞》、沈从文的《云南看云》、王亚平的《乡村散篇》等。梁实秋的《雅舍小品》,是散文创作中的经典。

(一)小说

▲ 郭沫若(1892—1978),四川省乐山人。原名郭开贞,字鼎堂,号尚武,沫若,是其最喜爱的笔名。著名文学家、历史学家、古文字学家,中国近代史上继鲁迅之后公认的文化领袖。抗战爆发以后,远在日本的郭沫若先生毅然回国,参加抗日。从1938年到1946年,郭沫若在重庆的8年,是他革命与创作生涯最重要也是最辉煌的时期。此间他先后任国民政府军事委员会政治部第三厅厅长和文化工作委员会主任,据不完全统计,郭沫若在重庆参加了抗日文化宣传及社会活动115次,其中发表演说60余次。并以充沛的激情、深厚的文学功力,创作了《屈原》《虎符》《高渐离》《棠棣之花》《孔雀胆》《南冠草》等六部历史话剧,并完成了《青铜时代》《十批判书》等学术论著。图为抗战时期的郭沫若。

◄ 1941年11月16日，值郭沫若50岁大寿之际，重庆两千多位社会名流及进步青年聚集在中山一路中苏文化协会，举行了郭沫若创作25周年及50大寿的庆祝纪念活动。“在华日本人反战同盟会”会长、日本作家鹿地亘还为郭沫若特制了一份“寿礼”——5尺多长、碗口般粗的“巨笔”。重庆时期的郭沫若，正是高举抗日爱国民主大旗，用手中的“如椽巨笔”向灾难中的中国发出了“狮子般的吼声”。图为郭沫若在50岁寿辰上的留影。

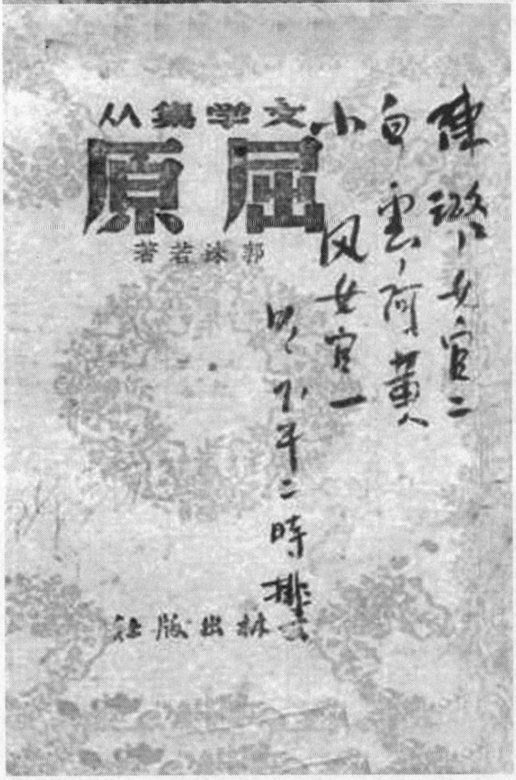

◄ 这部《屈原》剧本由郭沫若赠送给导演陈鲤庭，上有郭沫若亲笔修改的手迹。陈鲤庭先生于1985年将其捐赠重庆博物馆，为国家一级文物。

▲ 茅盾(1896—1981),原名沈德鸿,字雁冰,浙江桐乡县乌镇人。现代著名作家、理论批评家。“茅盾”是他的第一篇小说《幻灭》的笔名。茅盾这个名字,随着他丰厚的小说创作而享誉文坛。1940年11月下旬,茅盾夫妇从共产党领导的抗日根据地延安,来到了战时首都重庆。他的使命,是参加文化工作委员会的领导工作,加强国统区的文化统战力量,出任文化工作委员会常委。但来渝不久,“皖南事变”爆发,茅盾夫妇悄悄住进了南温泉一间僻静的屋子里。在南温泉居住的短暂的20多天里,茅盾创作了那篇脍炙人口、堪称中国散文经典的《白杨礼赞》。

◀ 1941年5月,茅盾赴香港。在邹韬奋主持的《大众生活》任编委,并在该刊连载了长篇小说《腐蚀》。第一期出版后,《腐蚀》引起了香港成千上万读者的关注。这部日记体小说,以陪都重庆国民党政府官员腐败为题材,反映了“前方吃紧,后方紧吃”、灵魂堕落以及尔虞我诈的人生世相,被誉为“抗战第一长篇”,也是茅盾在抗战时期成就最高、影响最大的一部长篇小说。图为知识出版社1941年版《腐蚀》。

◀ 1942年冬，茅盾夫妇再次返回重庆，住在唐家沱。这一期间，他除担任中华全国文艺界抗敌协会、中苏文化协会的领导工作，又创作了长篇小说《霜叶红似二月花》，中篇小说《走上岗位》《委屈》《报施》等，短篇小说、译著有《复仇的火焰》《高尔基传》等。剧本《清明前后》是这一时期的重要作品。图为抗战时期中国艺术剧社出版的《清明前后》剧本特刊。

◀ 巴金(1904—2005)，原名李尧棠，字芾甘，笔名佩竿、余一、王文慧等。四川成都人，现代文学家、出版家、翻译家。在巴金众多的作品中，《家》是他的成名之作，而《寒夜》则是他的巅峰之作。《寒夜》让巴金与重庆紧紧联系在一起。1940年10月下旬，巴金来到重庆，最初住在沙坪坝的友人吴朗西夫妇办的互生书店里，之后又搬至民国路(现五一路)文化生活出版社楼下的一间小屋里，一直住到1946年5月21日离渝去上海。1944年秋冬之际的一个晚上，在重庆防空警报解除后的一两个小时，巴金开始了长篇小说《寒夜》的写作。图为抗战时期的巴金。

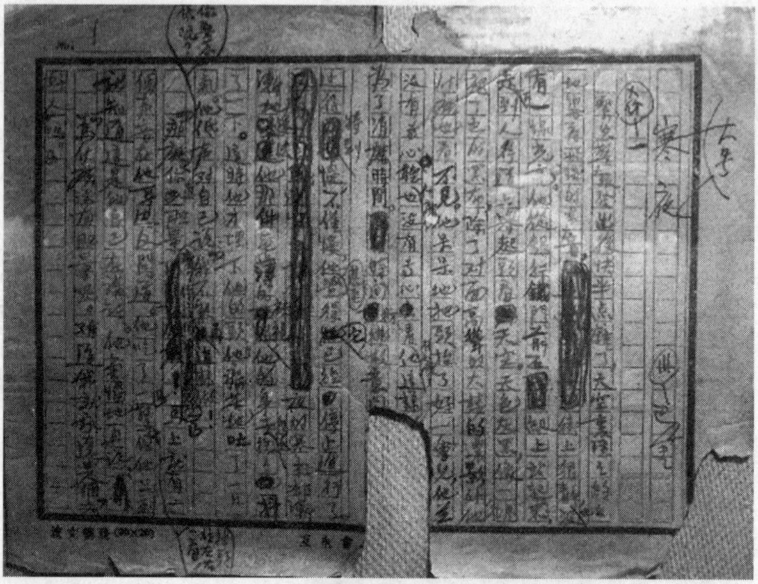

▲ 《寒夜》是巴金最后一部长篇，也是他创作生涯的巅峰。《寒夜》被誉为巴金“家庭题材小说”的炉火纯青之作。巴金先生将《寒夜》的手稿捐赠给国家图书馆。图为巴金捐献给国家图书馆的《寒夜》手稿(可惜第26章至尾声的手稿已失，遗失部分，只得以《寒夜》最初发表的文本印刷体)。

▲ 老舍(1899—1966)，原名舒庆春，字舍予，北京人。现代小说家、剧作家。

▲ 1938年8月14日，作为中华全国文艺界抗敌协会（简称文协）总务部主任的老舍从武汉撤退到重庆。他最先住在大梁子青年会的宿舍里。“五三”、“五四”大轰炸后，曾到南泉避难，之后又在渝中区下半城的白象街88号《新蜀报》报社借居。直到1943年夏天，搬到北碚蔡锷路24号，才算有了一个“安定”的家。图为位于重庆北碚的“老舍旧居”，现已被列为重庆市文物保护单位。

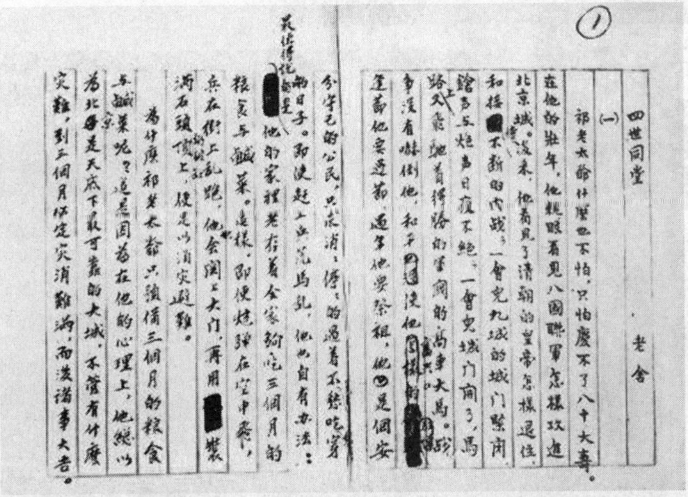

①

四世同堂　老舍

（一）

祁老太爷什么也不怕，只怕庆不了八十大寿。在他的壮年，他亲眼看见八国联军怎样攻进北京城。后来，他看见了清朝的皇帝怎样退位，和接不断的内战，一会儿九城的城门紧闭，枪声与炮声日夜不绝，一会儿城门开了，马路上飞驰着得胜的军阀的高车大马。战争没有吓倒他，和平使他欢喜，逢节他要过节，遇年他要祭祖，他是个安分守己的公民，只求消消停停的过着不至于吃穿困难的日子。即使赶上兵荒马乱，他也自有办法：他的家里老存着全家够吃三个月的粮食与咸菜。这样，即使炮弹在空中飞，兵在街上乱跑，他会关上大门，再用装满石头的破缸顶上，便足以消灾避难。

为什么祁老太爷只预备三个月的粮食与咸菜呢？这是因为在他的心理上，他总以为北平是天底下最可靠的大城，不管有什么灾难，到三个月必定灾消难满，而后诸事大吉。

▲ 在重庆，老舍先生一面积极投身抗战文化工作，一面夜以继日地从事文学创作。抗战八年，除撰写了大量杂文、散文、诗歌外，他完成了长篇小说两部半，《火葬》《四世同堂》两部，半部《蜕》；中短篇小说集两部半，《火车集》《贫血集》和《东海巴山集》；长诗《剑北篇》；话剧9部，独立完成6部，合作3部，它们是《残雾》《张自忠》《面子问题》《大地龙蛇》《归去来兮》《谁先到了重庆》《国家至上》《王老虎》《桃李春风》，总计约两百万字。重庆岁月，成为老舍创作生涯的一个里程碑。图为保存在中国现代文学馆的《四世同堂》手稿。

◀ 梁实秋（1903—1987），北京人。散文家、学者、文学批评家、翻译家。1937年7月28日，北京失陷，梁实秋痛哭失声，他涕泣着对女儿说，孩子，明天，你吃的烧饼就是亡国奴的烧饼了。闻听自己上了日本人的“黑名单”，梁实秋当即写下遗嘱，孤身逃离北京，1939年5月，梁实秋随教育部中小学教科书编委会迁至重庆。图为抗战时期的梁实秋。

▲ 为避战火，梁实秋在重庆的北碚，跟同学吴景超夫妇合资在北碚买了一幢房子。由于房子筑在路边的山坡上，没有门牌，邮递不便，便用吴景超夫人龚业雅的名字，将居室命名为“雅舍”。图为位于重庆北碚的梁实秋旧居——“雅舍”。

▲ 在雅舍蛰居7年，梁实秋在这里翻译、创作了大量作品，《雅舍小品》就是在这里写就的。当《雅舍小品》最初发表在报刊上时，朱光潜便致函祝贺说："大作《雅舍小品》对于文学的贡献在翻译莎士比亚的工作之上。"1949年，《雅舍小品》在台湾出版，此后一版再版，已达到300多次，成为散文出版的神话。图为不同版本的《雅舍小品》。

(二)诗歌

◀ 胡风(1902—1985),原名张光人,笔名谷非、高荒、张果等。湖北蕲春人。现代文艺理论家、诗人、文学翻译家。说抗战文艺,决不能缺失“七月派”以及它的领军人物胡风。胡风一家于1938年12月从湖北辗转来渝。生活稍作安顿,胡风立即着手《七月》杂志的复刊事宜。图为1939年胡风一家在重庆北碚留影。

◀ 在胡风夜以继日的努力下,《七月》杂志很快复刊了。《七月》复刊号(第四集第一期)保持了它一贯的特色,即一面大量刊登来自陕甘宁边区作家的作品,一面推出国统区进步作家的力作。此外还有几篇特写,揭露了日寇轰炸重庆的滔天罪行。以胡风为代表的“七月派”,主要以诗人为主,其代表有艾青、田间、鲁藜、绿原、牛汉等,多写自由诗,其中又以政治抒情诗为主。如胡风的《为祖国而歌》、牛汉的《鄂而多斯草原》、鲁藜的《泥土》等是“七月诗派”的代表作;“七月派”小说的代表有路翎、丘东平、彭柏山等,其代表作如路翎的《财主底儿女们》、丘东平遗稿《茅山下》等。总之“七月派”以新的姿态在中国现代文学史上赢得了不可取代的地位。图为胡风主编的文学杂志《七月》。

◀ 艾青(1910—1996),原名蒋海澄,号海澄,浙江省金华人。现代文学家、诗人。艾青的成名作《大堰河——我的保姆》发表于1933年,这首诗奠定了他诗歌的基本艺术特征和他在现代文学史上的重要地位,被认为是中国现代诗的代表人物之一。其作品被译成几十种文字,著有《大堰河》《北方》《向太阳》《黎明的通知》《湛江,夹竹桃》等诗集。在中国新诗发展史上,艾青是继郭沫若、闻一多等人之后又一位推动一代诗风并产生过重要影响的诗人,在世界上也享有声誉。抗日战争爆发后,艾青在汉口、重庆等地投入抗日救亡运动,任《文艺阵地》编委、育才学校文学系主任等职。这期间,他创作了著名长诗《火把》《溃灭》以及他的重要理论著作《诗论》。图为抗战时期的艾青。

◀ 何其芳(1922—1977),原名何永芳,重庆人。中国著名诗人、散文家。抗日战争爆发后,何其芳回到老家四川任教,并继续写作诗歌、散文、杂文等。1938年,北上延安,任鲁艺文学系主任,并做过朱德的私人秘书。此时写有代表作《生活是多么广阔》《我为少男少女们歌唱》。1944年,被派到重庆,历任中共四川省委委员、宣传部副部长,《新华日报》社副社长等职。作为杰出的诗人,何其芳不仅写过许多深受读者广为传诵的优美诗篇,而且是“五四”新文学运动以来第一位系统地探索并建立了现代格律诗的理论体系的学者。图为抗战时期的何其芳。

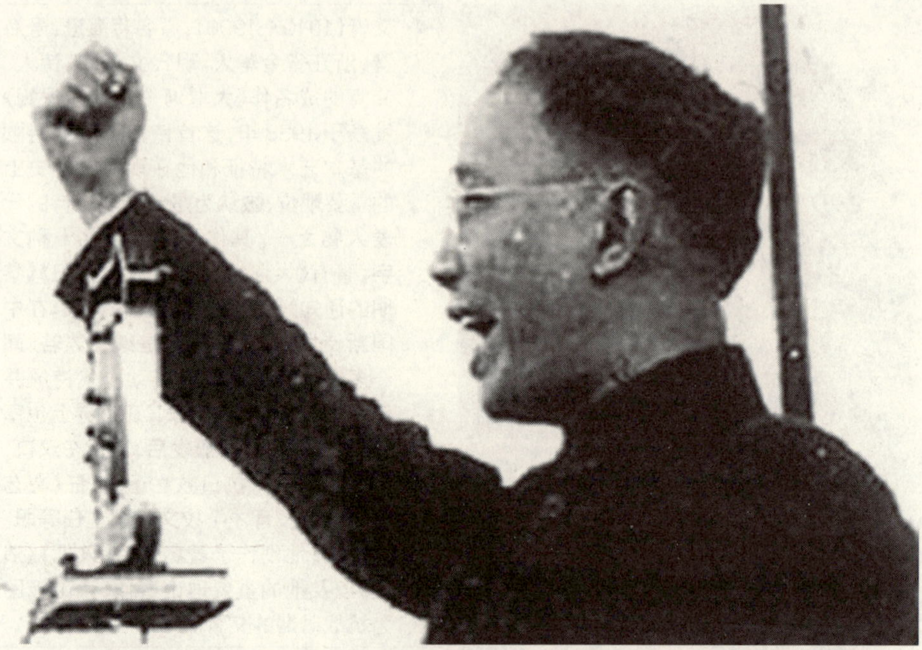

▲ 1941年，郭沫若联合田汉、老舍、茅盾等文化名人，在重庆发出倡议，把端午节定为“诗人节”，专门纪念屈原。此举在文艺界、史学界、教育界等各行各业得到响应，举行了规模盛大的纪念活动。图为郭沫若在第一届诗人节上讲演。

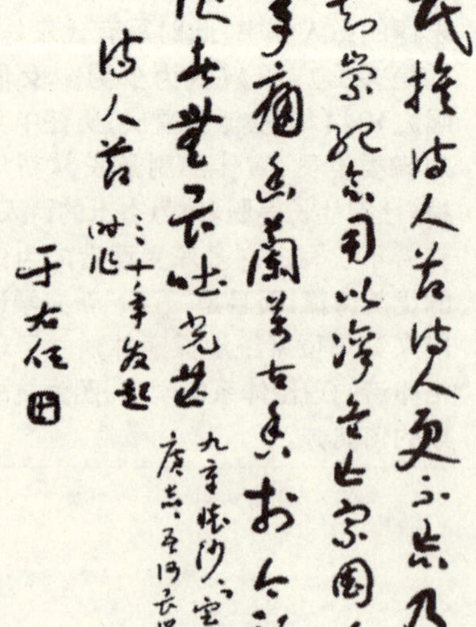

◀ 第一届诗人节活动在1941年5月30日端午节举行。据老舍回忆，参与者有许多的“党国要员”，如于右任（监察院长）、陈立夫（组织部长）、孙科（立法院长）、梁寒操（宣传部副部长）、冯玉祥（副委员长），也有“左翼文人”郭沫若这样的文化名流。大会选于右任为诗人节纪念会主席，老舍为主持人。于右任、老舍做了主题演讲，郭沫若作了有关屈原的考证，李可染作了屈子画像，安娥、高兰等作诗朗诵，马思聪等演奏了音乐。老舍与冰心、胡风、郭沫若、臧克家等53人，联名签署了《诗人节宣言》，以《诗人节缘起》为题，载于当日重庆《新华日报》。图为于右任为第一届诗人节题诗：“民族诗人节，诗人更不忘。乃知崇纪念，用以凛危亡。家国千年痛，幽兰万古香。於今期作者，无畏吐光芒。”

▲ 抗战时生活在重庆的年轻诗人，前排右起臧克家、王亚平，后排右起为柳倩、臧云远、力扬。

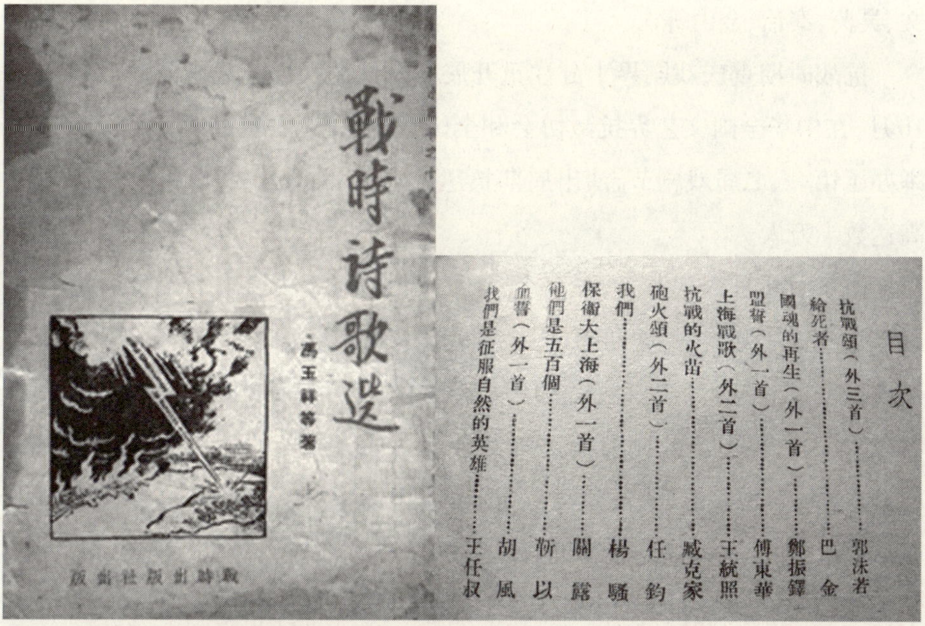

▲ 抗战时期由冯玉祥等编辑出版的《战时诗歌选》。

四、艺术

以戏剧为代表的抗战艺术,是重庆抗战文化中最为璀璨的一章。抗战期间,重庆的戏剧普及程度前所未有,各学校、各职业团体、军队的政治部门几乎都有话剧队。当时在渝的戏剧社团有怒吼剧社、上海影人剧团、怒潮剧社(后改名"中国万岁剧团")、中电剧团、孩子剧团等。另外还有中央青年剧社、中华剧艺社、中央实验剧团等。在重庆工作过的著名剧作家有郭沫若、阳翰笙、田汉、夏衍、洪深、老舍、曹禺、宋之的、陈白尘、吴祖光等;著名导演有史东山、陈鲤庭、贺孟斧、应云卫、沈西苓等;著名演员有赵丹、白杨、张瑞芳、舒绣文、吴茵、秦怡、金山等。

抗战时期重庆戏剧界十分注重开展群众性的大规模戏剧活动。1938年10月,在中华全国文艺界抗敌协会和全国戏剧界抗敌协会的领导下,在重庆举办了第一、二届戏剧节,演出周期长达数十天,因采用街头演出形式,观众高达数十万人。

由于日机狂轰滥炸,重庆每年很长一段时间无法演出。而重庆每年10月至次年5月为雾季,这期间,因大雾弥漫,敌机无法空袭,重庆文艺界遂利用此段时间,举行大规模演出,史称"雾季公演"。从1941年起,"雾季公演"共举办4届,仅上演的剧目就达二百余出。如郭沫若的《棠棣之花》《屈原》《雷电颂》,阳翰笙的《天国春秋》,夏衍的《上海屋檐下》《一年间》《法西斯细菌》,曹禺的《北京人》和吴祖光的《风雪夜归人》等等。

而与戏剧同为姊妹的电影艺术,也随着中华全国电影界抗敌协会、中央电影摄影场(简称"中电")和中国电影制片厂(简称"中制")以及一大批从上海撤退的爱国电影人的迁入，在战时重庆有了长足的发展。电影工作者们以宣传抗日救国为己任，出产了一大批反映抗战现实，配合抗日战争的优秀影片。如故事片《孤城喋血》《北战场精忠录》《八百壮士》《热血忠魂》等，纪录片《我们的南京》《重庆的防空》等，都以抗战现实为主题，激励人民保家卫国，投身抗战。

在全民抗战的热潮中，歌曲是鼓舞士气、团结民众的最有力的音乐形式。抗战歌曲中数量最多的是号召人民奋起抗日和正面表现军民抗日斗争的战斗性歌曲，如孙慎的《救亡进行曲》、孟波的《牺牲已到最后关头》、麦新的《大刀进行曲》等。而抒情性歌曲中，像《五月的鲜花》（阎述诗）、《松花江上》（张寒晖）、《长城谣》（刘雪庵）、《嘉陵江上》（贺绿汀）等，都是感情真切，激动人心的优秀之作，也同样能激发出人们的爱国热情。1938年12月，中华全国音乐界抗敌协会在重庆成立；1939年，重庆又成立了“普及群众歌咏运动委员会”，开始定期举行大型群众歌咏会。聚集于重庆的知名音乐家有马思聪、黄友葵、吴伯超、赵沨等，他们不仅在重庆写下大量音乐作品，并在重庆组建了国立音乐学院及中华交响乐团。

抗战时期，重庆几乎荟萃了国内美术界全部的知名人士，如徐悲鸿、张大千、丰子恺、吕斯白、傅抱石、李可染及美术理论家常任侠、陆丹林、唐义精等。1944年，重庆举办第三次全国美展。整个抗战期间，美术各领域都产生了大量有影响的作品。徐悲鸿取材于重庆挑水夫的《巴人汲水图》，成为他的传世佳作。漫画如丰子恺的《漫画日本侵华史》《劫余漫画》，叶浅予的《重庆小景》《逃出香港》。版画这时期尤为活跃，作品几乎都取自于抗战题材。1938年10月，“中华全国木刻界抗敌协会”迁来重庆，次年在渝举办第三届全国抗战木刻展览，展出作品571幅，深受民众喜爱。抗战时期重庆美术界除围绕抗日救亡创作出大量的作品外，许多画家还通过举办画展、义卖等活动为前线募捐筹款，为抗战极尽自己的微薄之力。如徐悲鸿、刘海粟、张善子、张大千、晏济元等，均在国内外举行筹赈画展。

(一)戏剧

◀ 曹禺(1910—1996),原名万家宝,字小石,祖籍湖北潜江。中国现代杰出的戏剧家。“曹禺”是他在1926年发表小说时第一次使用的笔名。在中国戏剧史上,他是个天才。《雷雨》完成时,曹禺年仅23岁。时隔仅两年,他又相继推出艺术更为圆熟的《日出》,浪漫主义加象征主义的《原野》,寓意深沉、淡远隽永的《北京人》……而完成这一切时,曹禺刚及而立之年。这时,他来到了重庆。图为抗战时期的曹禺。

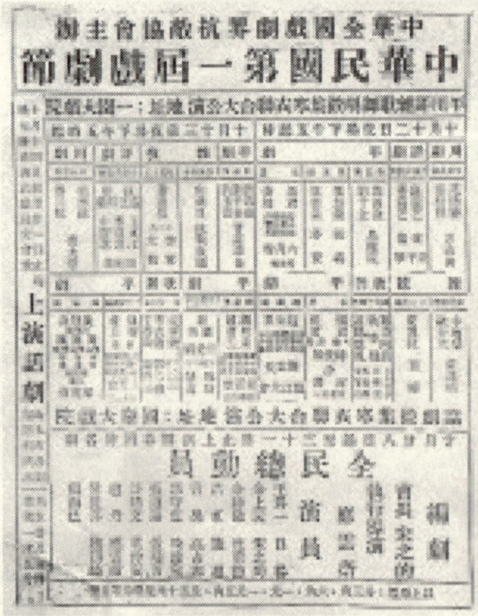

▲ 1938年,重庆举行第一届戏剧节。这个象征着戏剧大团结的节日,其压轴戏《全民总动员》就是由曹禺和宋之的共同创作的。当时的影星赵丹、张瑞芳、魏鹤龄、顾而已、白杨、舒绣文等,正是因此剧而全部亮相于大后方的重庆舞台。演出场场爆满,展现出曹禺抗战作品的成功。图为《全民总动员》海报。

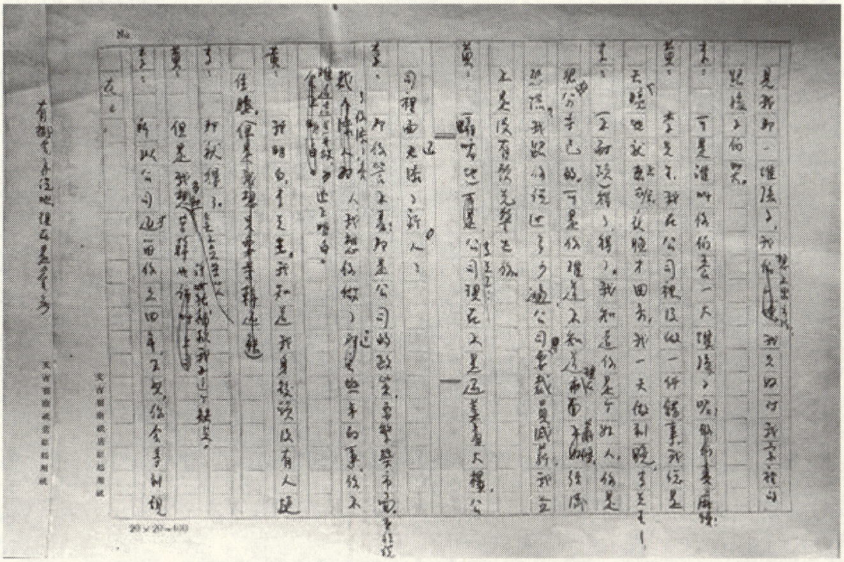

▲ 曹禺《日出》手稿。

▲ 阳翰笙(1902—1993),原名欧阳本义,字继修,笔名华汉,四川高县人。戏剧家、电影家、作家,中国共产党文化工作领导人。抗战期间,阳翰笙任国民政府军事委员会政治部第三厅主任秘书、文化工作委员会副主任等职,为国统区文化界的民族统一战线做出了很大贡献。在此期间,他创作了《李秀成之死》《塞上风云》《八百壮士》等大量优秀影剧文学剧本,鼓舞了全国抗日军民的斗争意志。图为阳翰笙(左)与周恩来合影。

▲ 1941年皖南事变后，阳翰笙创作了优秀历史剧《天国春秋》，以太平天国革命失败的历史教训，以古讽今。图为《天国春秋》剧照。

▲ 夏衍（1900—1995），原名沈乃熙，字端先，浙江杭州人。新文化运动的先驱者之一，著名文学艺术家、翻译家、社会活动家。抗战爆发后，夏衍一直在上海、广州、桂林、香港主办《救亡日报》《华商报》。之后辗转到重庆，在周恩来直接领导下，主持大后方的文化运动，曾任《新华日报》代总编。话剧《法西斯细菌》，是他继《上海屋檐下》之后的又一个新的高峰。该剧写于1942年，同年10月在重庆由中华剧艺社首演，洪深执导。剧本描写了俞实夫、赵安涛、秦正谊三个留学日本的知识分子，归国后，正处在“九一八”、“八一三”和香港沦陷的民族存亡的关头，展示了他们在这样的社会背景中，从不问政治到走向抗战激流的心路历程。这部现实主义力作，是20世纪40年代写现实题材最成功的剧作之一。图为在重庆工作时期的夏衍。

▲ 抗战时期的影剧明星，几乎都演过抗战名剧《放下你的鞭子》。该剧讲述了“九一八”以后，一对从东北逃难的父女在街头以卖唱为生的故事。一日，女儿香姐正要提嗓，却因饥饿难熬，晕倒在地，老父即举起鞭子打她，观众中一名青年工人十分愤怒，大声高呼“放下你的鞭子”，夺下了老父的皮鞭，并加以指责。老父和香姐诉说了日本侵华、家乡沦陷等辛酸，全场激愤，高呼“打倒日本帝国主义”。该剧运用街头卖艺的表现形式，将演员与观众打成一片，借以揭露“九一八”事变后，东北人民在日本帝国主义残暴统治下的悲惨遭遇。《放下你的鞭子》是由《义勇军进行曲》词作者田汉改编而成的独幕剧，1931年，由剧作家陈鲤庭执笔写成的抗战街头剧。图为崔巍、张瑞芳版的《放下你的鞭子》。

◀ 抗战时期，重庆是大后方戏剧运动的中心，一大批知名的老作家、名导演、名演员云集重庆，话剧运动在重庆形成了空前的高潮。1940年4月，郭沫若兼任中国电影制片厂所属的中国万岁剧团团长后，决定新建一处话剧剧场，以解决当时戏剧界剧目繁多，而剧场奇缺的困难。1941年，剧场建成完工后，郭沫若专门请国民政府主席林森题名为“抗建堂”，寓意“抗战必胜、建国必成”。从1941年4月至1945年，共上演了33出大型话剧，被誉为“中国话剧的圣殿”。图为位于今渝中区中山一路181号的抗建堂旧址。

◀ 国泰大戏院坐落于重庆解放碑柴家巷口，用霓虹灯制成的“国泰大戏院”五个大字，当时可谓是摩登至极。戏院分上下两层，共有1500个座位。不过，国泰的出名，并不在它的建筑，而是它在抗战时期重庆话剧运动中的重要作用。中国话剧史上著名的“重庆雾季公演”，许多重要的演出活动和剧目都是在国泰大剧院进行的。1937年10月，重庆国泰大戏院首演《卢沟桥之战》，当台上喊出“我们为全民族而战”，台下无论官员、商人、军人、学生都齐声喊出“打倒日本帝国主义”来响应。1943年6月，国泰大戏院被政府当局明令禁止演话剧。截至此时，这里已上演了94出话剧，并且都是话剧史上的经典之作，如郭沫若的《屈原》、曹禺的《蜕变》、夏衍的《法西斯细菌》、陈白尘的《结婚进行曲》、吴祖光的《凤凰城》、宋之的的《雾重庆》、阳翰笙的《天国春秋》等等。图为国泰大剧院旧址。

◀ 应云卫(1904—1967)，字雨辰，号扬震，上海人。我国早期著名电影导演和戏剧活动家。1938年10月，武汉失守，应云卫随西迁的人流来到重庆。1941年4月，在中共南方局领导下的进步剧团“中华剧艺社”草创成立，应云卫应邀担任理事长。白杨、秦怡、舒绣文、张瑞芳、赵慧深都是中艺的演员，郭沫若、老舍、阳翰笙、吴祖光、陈白尘、陈鲤庭都是和“中艺”紧密合作的剧作家。抗战时期，应云卫先后发起组织中华全国戏剧界抗敌协会、中华剧艺社，并担任上海救亡演剧队三、四两队总队长，执导过《保卫卢沟桥》《放下你的鞭子》《八百壮士》《塞上风云》等抗战名剧，组织演出过《屈原》《棠棣之花》《法西斯细菌》等剧。并于1940年导演拍摄了中国第一部宣传抗日民族统一战线、蒙汉团结抗日的影片《塞上风云》。图为抗战时期的应云卫。

▲ 图为《塞上风云》剧照。

▲ 活跃于陪都艺术舞台的上海影人剧团十姊妹。

▲ “雾季公演”在日机轰炸的间隙中坚持了4届，共有28个剧社、团、队参加演出，共演出大型话剧110多台，它创造了重庆话剧运动，也是中国话剧史的黄金时代。“雾季公演”的盛况，大大激发了剧作家的创作热情，一时间，重庆成了剧作家的丰产地。

▲ 吴祖光《风雪夜归人》剧照。

◀ 1942年1月31日至2月6日，反战歌剧《秋子》在重庆国泰大戏院首演，引起极大轰动。图为《秋子》剧照。

▲ 1937年8月，日本帝国主义侵犯上海，以沪东临青学校为主的一部分中小学生，自发地在难民收容所进行抗日宣传活动。是年9月，中共国难教育社党组织派吴新稼前往，将这些有文艺特长的孩子组织起来，成立了孩子剧团，这些小演员最大的16岁，最小的只有6岁。图为团长吴新稼(中)和小团员的合影。

▲ 上海沦陷后，团长吴新稼率领剧团22人离开上海，于1938年1月抵达武汉。1938年4月，孩子剧团被国民政府军事委员会政治部收编，由第三厅直接领导，并派蔡馥生任政治指导员，郑君里任艺术指导员。1939年1月，剧团迁往重庆。图为文化工作委员会领导与孩子剧团的小演员们合影。

▲ 来渝后，孩子剧团被分两队，分别到四川各地农村集镇进行抗日宣传，演出的剧目有《放下你的鞭子》及《仁丹胡子》《捉汉奸》《街头》《孩子血》等。孩子剧团自成立至1942年9月被迫结束，足迹遍及八个省、市，以戏剧歌咏为武器，为宣传抗日做出了积极的贡献。图为孩子剧团演出的儿童话剧《乐园进行曲》。

(二)电影

▲ 中国电影制片厂，前身为国民党“南昌行营政训处”下的汉口摄影场，成立于1935年。1938年，该厂隶属于军事委员会政治部第三厅，在中国共产党影响下，一部分爱国电影工作者参加了该厂的摄制工作，出品了《保卫我们的土地》(史东山编导)、《热血忠魂》(袁丛美编导)、《八百壮士》(阳翰笙编剧，应云卫导演)3部故事片以及《抗战特辑》《电影新闻》《抗战标语卡通》《抗战歌辑》等多部纪录片。1938年9月，该厂迁重庆观音岩，继续拍摄了《保家乡》(何非光编导)、《好丈夫》(史东山编导)、《东亚之光》(何非光编导)、《胜利进行曲》(田汉编剧，史东山导演)、《火的洗礼》(孙瑜编导)、《塞上风云》(阳翰笙编剧，应云卫导演)、《日本间谍》(阳翰笙编剧，袁丛美等导演)等故事片和大型纪录片《民族万岁》以及新闻、纪录片多集。图为中国电影制片厂制作的影片《八百壮士》剧照。

◀ 史东山(1902—1955),原名史匡韶,浙江海宁硖石人,出生于杭州。中国著名电影导演、编剧。1930年,史东山进入联华影片公司。抗战期间,在重庆参与创建中国电影制片厂,并摄制抗战四部曲:《保卫我们的土地》(1938年)、《好丈夫》(1939年)、《胜利进行曲》(1941年)、《还我故乡》(1945年)。抗战胜利后,他受周恩来委托,在上海和阳翰笙、蔡楚生、郑君里等组织联华影艺社,后与昆仑公司合并,成为抗战后进步电影的新阵地。1946年,史东山拍摄了著名影片《八千里路云和月》,这是史东山一部重要的代表作,也是中国电影的一部扛鼎之作,为中国电影艺术的发展做出了重要贡献,被誉为"为战后中国电影艺术奠下了基石"。

◀ 孙瑜(1900—1990),原名孙成玙,生于重庆,是中国电影史上第一位使用升降机拍摄影片的导演。从中学时代,孙瑜便迷上电影和诗歌。此后去美国威斯康星大学深造,转而入纽约摄影学院学习摄影,1926年回上海开始他的电影生涯。成名作有《故都春梦》《野草闲花》《野玫瑰》等。代表作有《大路》《武训传》等。抗日战争爆发后,孙瑜与家人回到家乡重庆,并很快拍摄出《长空万里》《火的洗礼》等反映抗战题材的影片。

◀ 赵丹(1915—1980),原名赵凤翱,江苏南通人。中国著名电影演员,1931年入上海美术专科学校学国画,后参加左翼戏剧运动,取艺名“丹”。抗日战争爆发后,赵丹加入抗日救亡演剧三队,辗转各地,宣传抗日,并于1939年参加影片《中华儿女》的拍摄。1939年6月,他与徐韬、王为一等前往新疆开拓进步戏剧工作,被反动军阀盛世才监禁达5年之久,直至抗日战争胜利后才回到上海。在几十年的艺术生涯中,赵丹一共拍摄了35部故事片,塑造了一系列光辉的艺术形象,被誉为“中国影坛上的一朵奇葩”。

▶ 赵丹主演的《屈原》剧照。

▲ 影片《十字街头》剧照。

◀ “四大名旦”之称，始于抗战时期的重庆，指的是抗日战争时期活跃于大后方电影和话剧舞台上的四位青年女演员——白杨、舒绣文、张瑞芳和秦怡。其中，白杨（1920—1996），原名杨成芳，中国著名电影、戏剧表演艺术家。在半个多世纪的艺术生涯中，她主演了二十余部电影和四十多出戏剧，塑造了众多不同类型、不同性格的中国女性形象。主演的影片主要有《十字街头》《八千里路云和月》和《一江春水向东流》等。图为四大名旦之一白杨。

◀ 张瑞芳（1918—2012），原籍北京，生于河北保定。抗战初期从北平来到重庆，和大批从上海来的电影明星不一样，她不施脂粉，朴实无华，像一个学生。在重庆第一次登台，扮演《全民总动员》中一位清纯的卖花少女，带有浓郁的乡土气息。曹禺在重庆写的第二个剧本《北京人》刚脱稿，交给他在清华的同学好友、获美国戏剧硕士后归来的张骏祥导演。张骏祥指定张瑞芳来演愫方。先后在怒吼剧社、中华剧艺社等剧团任演员，在二十余部话剧中扮演主要角色，其中影响较大的有《棠棣之花》《屈原》《家》《北京人》等。

▶ 舒绣文（1915—1969），出生于安徽安庆，中国杰出的话剧、电影表演艺术家，中国第一位女配音演员。20 世纪 30 年代初，参加中国共产党领导的五月花剧社、春秋剧社、上海业余影人剧社等团体。1941 年，参加中共组织的中华剧艺社，先后演出《棠棣之花》《虎符》《天国春秋》等作品。

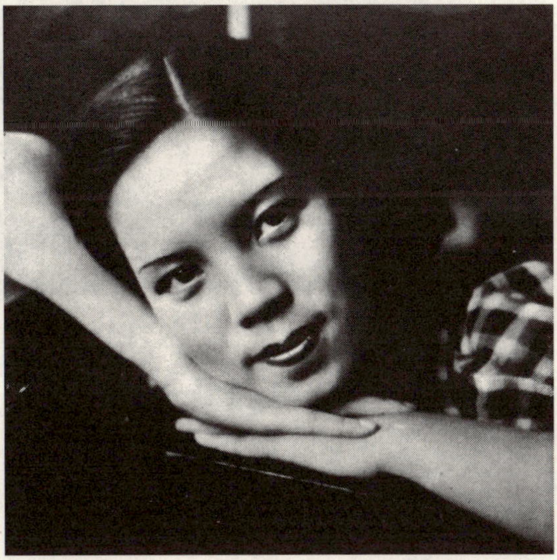

▲ 秦怡(1922—),上海人。1938年,秦怡来到重庆进入中国电影制片厂当实习演员,在此期间,演过话剧《中国万岁》《正在想》和电影《保家乡》《好丈夫》。1941年进入中华剧艺社,在话剧《草木皆兵》《离离草》《桃花扇》《戏剧春秋》《结婚进行曲》等都有出色的表演,成为当时最受欢迎的演员之一。

(三)音乐

▲ 马思聪(1912—1987),中国广东海丰县人,中国作曲家、小提琴家与音乐教育家。他是中国第一代小提琴音乐作曲家与演奏家,在中国近现代音乐史上占有重要地位。抗战爆发后,马思聪参加了抗日合唱团,并担任指挥,创作大量抗战题材的音乐作品,如《自由的号声》《前进》《游击队歌》《保卫华南》等。同年创作了《内蒙组曲》,其中第二章《思乡曲》被认为是中国20世纪的音乐经典之一。1939年10月,马思聪与家人经过长途跋涉来到抗战大后方重庆,不久便出任中华交响乐团指挥。之后一直在香港、广东、广西、云南等地巡回演出。

◀ 赵沨(1916—2001),河南开封人。当代著名音乐理论家、音乐教育家、社会活动家、新中国专业音乐教育的开拓者。1939年,赵沨与李凌、联抗等革命音乐工作者在重庆创建新音乐社,并任《新音乐月刊》主编。这个时期,赵沨在《新音乐》等报刊上发表了一些著作和译文,特别是译配了很多苏联歌曲,如《喀秋莎》《人不犯我,我不犯人》《夜莺曲》《假如明天战争》等,在当时广为流传。1940年秋,重庆首演《黄河大合唱》,赵沨独唱《黄河颂》。同年,赵沨在郭沫若主持的星期文艺演讲会上,作了以《抗日音乐运动》为题的演讲,并应邀到各种业余合唱团去教唱抗日歌曲。

◀ 贺绿汀(1903—1999),湖南省邵东县人,中国作曲家、音乐理论家、音乐教育家。抗日战争爆发后,贺绿汀参加上海文艺界抗日救亡演剧队,奔赴武汉、郑州、西安等地演出,宣传抗日。在山西临汾,他在煤油灯下创作了不朽的抗日战歌《游击队歌》,成为鼓舞抗日军民奋勇杀敌的进军曲。武汉失守以后撤到重庆,任职中央广播电台音乐组,同时任育才学校音乐教师。其间,他创作了著名的抗战歌曲《嘉陵江上》。这首歌寄托了作者对失去的家园——东北三省的怀念,唱出了收复失地的决心。

▲ 刘雪庵(1905—1985),原名廷玳,四川(今重庆)铜梁人。作曲家、音乐教育家。抗战期间,刘雪庵创办过抗战音乐刊物《战歌》,并主编《音乐月刊》,是郭沫若领导的第三厅挂少将军衔的音乐家,创作了《满江红》《募寒衣》《保卫大上海》等抗战歌曲近100首。他为抗战电影《中华儿女》《孤岛天堂》《保卫家乡》等所作的主题歌,在抗日救亡的群众运动中也产生了极大的影响。代表作《长城谣》(由著名电影艺术家潘子农作词)曾成为当时家喻户晓的爱国歌曲。图为刘雪庵(左一)与郭沫若(左二)、于立群(左三)夫妇1940年在重庆张家花园。

▲ 抗战期间重庆的合唱运动极为兴盛,广场、街头、公园、学校到处都激荡着雄壮激昂的爱国之声。其中规模较大的有:1939年2月在中央公园举行的"群众露天音乐会",由著名音乐家盛家伦指挥演唱了《在太行山上》《游击队之歌》等多首抗日歌曲,观众数以万计,场面十分壮观。1942年3月29日,13所大中学校在江津白沙镇举行的万人大合唱,由吴伯超指挥演唱《苏州河北岸》《满江红》等。同年7月重庆璧山县大中学校举行千人大合唱,由刘雪庵指挥,音乐会后还游行全城。演唱的《义勇军进行曲》《歌八百壮士》等歌曲响彻云霄,震撼着重庆市民的心弦。图为1941年在重庆市中心夫子池举行的抗战歌曲千人大合唱。

▲ 陪都重庆的广场、大街上,随处都能见到合唱抗战歌曲的民众。

（四）美术

▲ 徐悲鸿(1895—1953)，原名徐寿康，江苏宜兴屺亭镇人，中国现代画家、美术教育家，中国现代美术的奠基者。

◀ 1937年10月，徐悲鸿随中央大学来到重庆。住在嘉陵江北岸边的他，每日都要过江至对岸沙坪坝中央大学上班。途中，最先映入眼帘的，是一行行挑水的汉子。触动之下，画家留下了传世之作——《巴人汲水图》。这幅《巴人汲水图》在构图上匠心独运，使画家的造型手段放射出奇光异彩。1938年在香港展出时，即被评论家誉为“五百年来罕见之作”。图为《巴人汲水图》画照。

◀ 作为爱国画家，这时期徐悲鸿创作了大量鼓舞人心的作品，如《风雨鸡鸣》是唤醒民众的象征；《愚公移山》意在坚定抗战最艰苦时期人民必胜的信心；《群狮》表现的也是中华儿女威武不屈的精神……1938年，徐悲鸿接受印度著名诗人泰戈尔的邀请筹备赴印个展。1942年，徐悲鸿从海外归来，第一件事便是将卖画所得近10万元美金全部捐献给抗战救灾。图为藏于重庆中国三峡博物馆的徐悲鸿《奔马图》。右下角有徐悲鸿题识："癸未始夏悲鸿，磐溪遣兴。"（"癸未"即1943年）

▲ 重庆磐溪徐悲鸿旧居。

▲ 张善孖(1882—1940),名泽,字善,一作善子,又作善之,号虎痴,四川内江人。少年从母学画,曾拜李瑞清门下,1917年与其弟大千一道东渡日本,回国后任上海美专教授。图为张善孖全家与虎仔合影。

▲ 张善孖忘我地进行抗日宣传创作。在日机疯狂轰炸中,他完成了传世之作——《怒吼吧中国》。在画的右上角他这样题写道:“雄大王风,一致怒吼,战撼河山,势吞小丑。”《怒吼吧中国》这幅巨作融汇了时代精神、民族风格,突出了画家爱国的高尚情操。1938年底,张善孖在周恩来、林森、许世英等人的赞助下,带着自己和其弟张大千的作品共180多件出国举办画展,募集抗日捐款。先后在法国、美国展出,前后约两年,举办100多次画展,共募得捐款20余万美元,全部寄回国内支援抗战。1940年10月20日,载誉归来的张善孖,竟以劳瘁,殁于重庆,享年58岁。时任国民政府监察院院长的于右任为之挥毫写道:“名垂宇宙生无忝,气壮山河笔有神。”图为张善孖国画《怒吼吧中国》。

▲ 张大千(1899—1983),别号大千居士,国画家。20世纪30年代曾两度执教于南京大学(时称中央大学),担任艺术系教授。他在亚、欧、美举办大量画展,蜚声国际,被誉为当时“最负盛名之国画大师”。1938年6月,张大千从北平辗转来到重庆。同年10月,《张善孖、张大千兄弟近作画展》在重庆展出,共展出了100多幅张大千与二哥的作品。这次画展不售门票、不售作品,任人观看,为的是激发广大观众的爱国情感。不出3个月,张大千再次举办《张大千捐募寒衣画展》,并将展出的作品全部售光,所得款项全部交由慈善机构购买寒衣,以帮助难民度过严冬。图为抗战时期的张大千。

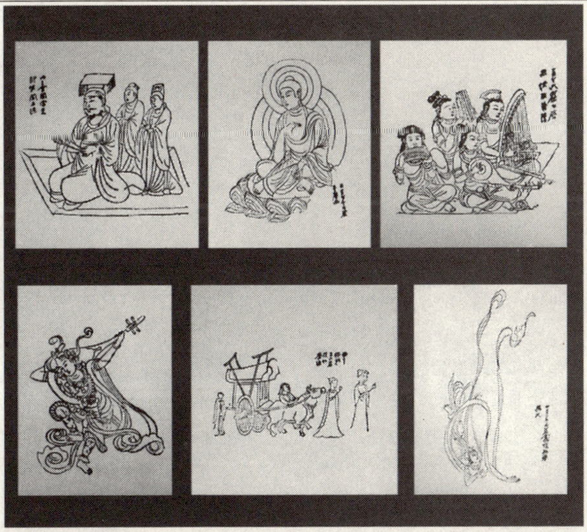

▲ 1940年张大千为了探求画的源流,毅然决定到大西北去临摹敦煌壁画。经过近三年时间,张大千摹得各朝壁画276幅。1944年5月21日至31日,教育部在重庆举办了《张大千临摹敦煌壁画展览》。展览期间排队购票者长达一里多,一时万人空巷。同为艺术大师的徐悲鸿说过:“张大千,五百年来第一人。”图为张大千临摹的敦煌壁画。

◀ 司徒乔(1902—1958),原名司徒乔兴,广东开平人。1924年至1926年就读于燕京大学神学院。1928年赴法国留学,师从写实主义大师比鲁。

◀ 1942年初,司徒乔携全家来到重庆。其间,他用10个月完成《国殇图》组画,组画在重庆、上海、南京展出后,引起极大震动。可喜的是,司徒乔当年创作《国殇图》时留下的草稿,如今仍藏于重庆中国三峡博物馆,成为一件非常珍贵的抗战文物。

◀ 叶浅予(1907—1995),原名叶纶绮,笔名初萌、性天等,浙江桐庐人。中国现代漫画先驱。抗战爆发后,叶浅予是“上海漫画界救亡协会”负责人及“上海漫画宣传队”领队,他当选为1938年6月成立的中华全国漫画界抗敌协会理事,是当时漫画界当之无愧的领军人物。图为抗战时期的叶浅予。

◀ 1939年,叶浅予在香港任《今日中国》画报主编。由于工作原因,1940年,他携妻子来到重庆,此时正值日寇对战时首都实施疲劳轰炸。回到香港,他立即将大后方的所见所闻画成80幅漫画《重庆行》,一经展出,便轰动香港。1943年叶浅予又来到重庆,并将《重庆行80幅作品与新创作的漫画一起组成《战时重庆》百幅组画,在重庆中苏文化协会展出。这套大型漫画组画对抗战后期重庆“大后方”的“社会百态”作了生动真实的描绘,反映了敌机轰炸下不同阶级、阶层人的不同生活,以及山城破败不堪的景象。抗战胜利后,叶浅予应美国政府邀请,先后在纽约、波士顿等地举办《战时重庆》漫画展。图为叶浅予《重庆行》中的组画:滑竿、修脚、擦皮鞋。

◀ 叶浅予漫画作品《全民抗战》。

◀ 汪子美（1913—2002），山东临沂人，是20世纪三四十年代非常有影响的漫画家。抗日战争爆发后，汪子美出于炽热的爱国热情，创作了大量漫画，刊登在《救亡漫画》《抗战漫画》等刊物上，他由上海到南京，再到武汉，再到长沙，再到桂林，最后来到战时首都重庆。在中华民族水深火热的岁月里，他用自己的画笔与人民群众同甘苦、共患难，大声疾呼民族抗战。

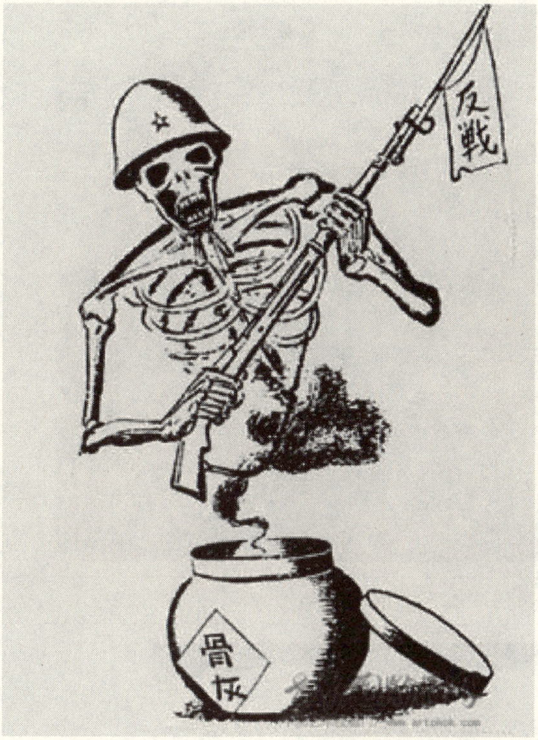

◀ 汪子美反战漫画作品。

▲ 汪刃锋（1918—2010），安徽全椒县人，中国著名版画大师。抗战期间，始用笔名“刃锋”发表作品，创作了大量反映抗战生活的木刻画，如《嘉陵江上》、《赶场》、《人肉市场》、《被淹没的高粱地》（1940年）、《陪都剪影》、《嘉陵纤夫》等。用艺术战斗的汪刃锋，对中国新兴木刻运动贡献卓著，在那个图像的力量要远胜于文字的年代，他的木刻团结、振奋了中国人的民族精神。图为汪刃锋版画作品《赶场》，木刻原版由重庆中国三峡博物馆收藏（国家一级文物）。

▲ 汪刃锋木刻作品《逃到哪里去》，重庆中国三峡博物馆藏。

▲ 王琦（1918— ），重庆人，我国著名版画艺术家。抗战时期在军事委员会政治部三厅、重庆文化工作委员会工作。1939年2月28日，首次在重庆《新华日报》上发表木刻作品《在冰天雪地中的我游击队》。1939年9月，一部分木刻作品参加在莫斯科举行的中国抗战美术作品展览会。抗战时期的王琦以笔作枪，创作了大批反映抗战题材的作品，如表现重庆大轰炸的《野性的屠杀》《车站成了难民住宅》、《警报解除以后》《冬日的防空洞》等系列作品，被誉为“版画流民图”，画家用刻刀艺术再现了当年国统区人民流离失所的生活。图为王琦版画作品《冬日的防空洞》。

▲ 王琦版画作品《警报解除之后》。

五、教育

抗战全面爆发以后，地处中国东部沿海地区的教育事业蒙受了巨大损失，全国108所高校中有91所不同程度的被日寇轰炸破坏，其中有10所被全毁。国民政府迁都重庆后，一大批大、中学校随之西迁，大批落户重庆，重庆很快成为战时中国的教育中心。战争在让重庆承担起重振中国教育重任的同时，也使重庆教育的发展获得了一次历史性的机遇。

战时重庆的高等教育的发展主要体现在学校数量的增加和规模的扩大上。学校数量的增加，表现在战区内的高等院校内迁以及在重庆新建的一批高等学校。随着战局的推移，先后迁入重庆的高等学校有39所，加上新建的12所，重庆的高等院校比战前猛增了51所，是战前的18倍。

学校规模的扩大，主要是指学校自身的拓展。以战前就建立的重庆大学为例，它从3个学院、6个系、教职员120人、在校生326人扩大到5个学院、18个系、2个专修科、教职员420人和在校生1945人。再如国立交通大学，不仅从一个分校发展为本部，更是发展为拥有3个学院、16个系、3个专修科、1个研究所、1个先修班的基础设施比较齐全、建校布局最完整的内迁高校。

“中等教育，以造成社会之中级中坚分子及准备进行专门学术为二大目的。”[①]抗战时期重庆中等教育有普通中学46所，有师范学校5所，有各类职业学校20所，加之各种补习学校24所。从1938年到1945年这7年间，重庆各类中等学校数量由战前36所增加到96所，平均每年增加8~9所。重庆的中等教育，为收容沦陷区来渝的学龄青年，培养中级人才，为高等院校输送生

①1938年，国民政府颁布的《战时教育实施方案》。

源，做出了很大的贡献。

初等教育，即国民教育，包括幼儿园教育和小学教育。重庆市教育局颁布的《保护童婴运动办法要点》《幼稚园设置办法》，促进了婴幼儿教育事业的发展。7年多时间，重庆市新建了幼稚园（班）35所，是战前幼稚园的4倍多。"首重教育初基，知本末之不可轻忽"，国民政府和重庆市政府都对小学教育非常重视，至1944年，重庆已有中心学校60所、保国民学校105所、迁建区小学12所、私立小学108所，共有285所，呈现出"学校如林，庠序盈门"的繁荣景象。

抗战时期是全国社会教育的推进时期，国民政府教育部先后对科学馆、艺术馆、图书馆、民众教育者、家庭教育、播音办法、注音国字推行办法等方面发布了十余个文件。重庆的社会教育机构也是按照国民政府中央所在地的规格建构。国民政府教育部在渝7年，先后建立国立中央民众教育馆、青木关民众教育馆、国立中央图书馆、国立中央博物院、国立礼乐馆、中央美术馆、教育电影画片社、中华教育电影制片厂等，为重庆的社会教育增添了光辉和成果。

抗战时期的重庆教育事业，不仅重建了战时中国的教育布局，保存和发展了我国的教育实力，并在最艰苦的岁月以顽强不屈的精神，存留了中国教育的精髓，培育和弘扬了以爱国主义为核心的民族精神。

(一)高等教育

◄ 重庆大学，创办于1929年，校址最初在菜园坝，1933年迁至沙坪坝。抗战爆发后，重庆大学将校园中松林坡一带让与迁渝的中央大学。两校共处一地，使重庆大学有了很大的发展。1942年，国民政府批准省立重庆大学为国立大学。到抗战胜利前，重庆大学在战乱中已发展成为一所具有文、理、工、商、法、医等六大学院的综合性大学。李四光、马寅初、何鲁、冯简、柯召、吴宓、吴冠中等大批著名学者曾在学校执教。图为重庆大学工学院楼旧址。该楼建于1935年，由留法学者刁泰乾设计，抗战时期曾遭受日机三次轰炸，大半被毁。后经重庆大学师生合力重建，在新旧材质的契合线上承载着重庆大学抗战历史的痕迹，反映了重大人的不屈精神。

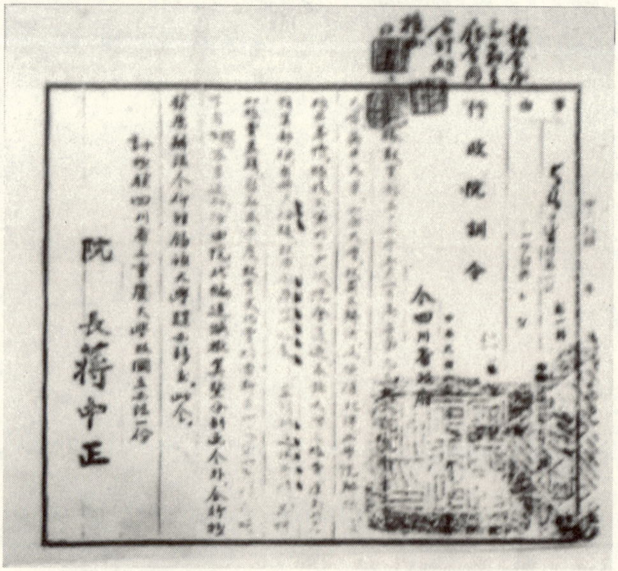

行政院训令

令四川省政府

院长 蒋中正

◄ 国民政府行政院批准重庆大学为国立大学的批文。

▲ 重庆大学理学院。抗战时由数学家何鲁担任院长。

▲ 寅初亭，建于1941年，位于重庆大学梅岭。该亭是抗战时期重庆文化教育界人士为了颂扬重庆大学商学院院长马寅初先生为国家、民族的利益不惜牺牲个人的崇高品质而集资修建的。

▲ 四川省立教育学院，1936年创建。刚建立，全面抗战即爆发，教师为抗战而教，学生为抗战而学。该校不仅在课堂上讲授抗战内容，而且还组织军训，在极其艰苦的环境下走向街头，走向农村，宣传抗战，鼓动抗战。抗战胜利时，四川省立教育学院已有8系1科，即教育系、国文系、农艺系、农制系、英文系、数学系、史地系、博物系和教育专修科，逐步向综合性方向发展。图为四川省立教育学院。

◀ 高显鉴（1893—1961），祖籍浙江绍兴，出生于广西桂林，民国著名教育家、实业家、政治家，被誉为“中国爱国知识分子的典型”。历任四川大学教授、四川禁烟总局局长、四川省立教育院院长、江津县长、四川乡村建设学院院长等职位。抗战时期是重庆三大“文化区”中沙磁区、白沙区的主要倡导者和组织者。

▲ 1937年7月28日，日寇炸毁天津南开大学的消息传到南京中央大学，早已做好搬迁准备的中央大学罗家伦校长立即布置全校师生员工，将学校的图书资料、仪器设备全数送上民生公司的轮船，由水路撤往重庆。在搬迁中，农学院牧场为教学实验用的良种家禽家畜不便搬运，罗家伦宣布由牧场职工自行处理。但牧场职工们知道这些良种家禽是学校的宝贝。于是，在工人王酉亭带领下，大家向罗校长保证，一定要将这些珍禽全部迁到重庆去。1939年11月，当数十名中央大学职工，赶着牛羊，驮着鸡鸭，历时两年到达重庆时，师生们闻之欣喜若狂，罗加伦校长更是激动得泪流满面。图为中央大学迁渝后学生活动掠影。

◀ 中央大学内迁重庆，借重庆大学松林坡校舍作为主校区开展教学工作，后又在柏溪建立分校，作为一、二年级新生校区。图为中央大学松林坡旧址。

▲ 1938年12月，刚到重庆不久的周恩来，在重庆大学“七七抗建”大礼堂为中央大学和重庆大学的学子们作了关于抗战前途的演讲，详细阐述了持久战的方针，驳斥了一部分人的投降论调，赢得了师生们雷鸣般的掌声。图为中央大学“七七抗建”大礼堂旧址。

▲ 中央大学艺术系，主要课程有素描、水彩、中国美术史、西方美术史、油画、图案等。先后有黄显之、陈华、徐悲鸿、傅抱石、吕斯百、秦宣夫、陈之佛等艺术大家来此执教。国立中央大学教育学院艺术科课程重视绘画与艺术史、教育学课程，法国巴黎高等美术学校的教学模式占主导地位，辅以日本美术教育方法，构成了国立中央大学师范学院艺术学系的课程特色，成为国内新式美术教育的典范。图为抗战期间，徐悲鸿（右五）在重庆与中央大学艺术系师生在一起。

▲ 登辉堂，始建于1904年，原是李鸿章祠堂。民国时期由政府拨给复旦公学（今复旦大学）为永久校舍。1935年，为彰显李登辉老校长对复旦的卓越贡献，将该建筑命名为“登辉堂”。1937年9月，复旦大学奉令组成联合大学自上海西迁。1938年2月，择地于重庆北碚夏坝。1939年，校部行政办公楼建成，仍命名为登辉堂。图为复旦大学北碚登辉堂旧址。

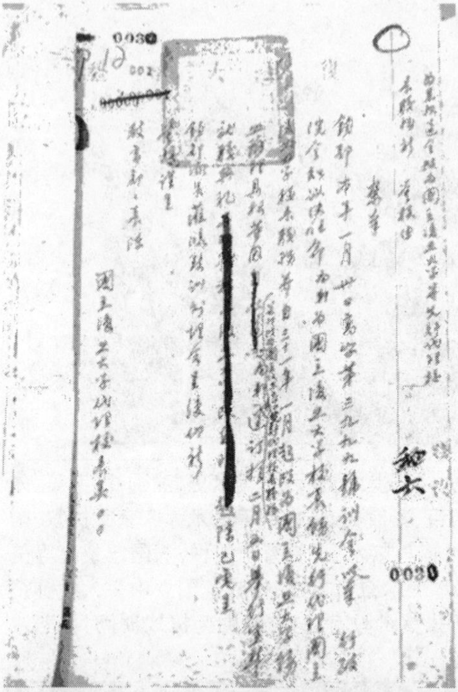

◀ 抗战全面爆发后，复旦部分师生在吴南轩校长带领下，辗转内迁至重庆北碚。为解决战时粮食和副食品供应问题，1940年秋，复旦成立了农学院，添设垦殖专修科、园艺学系、茶叶专修科、农艺学系、农业化学系等。随着复旦在渝形成了文、理、法、商、农五院二十余系的规模，1941年11月29日，国民政府下令：私立复旦大学改为国立。从1942年元旦起，正式挂牌为“国立复旦大学”。复旦由私立改为国立大学，办学条件改善，名师汇聚，学术活跃，使复旦所在地夏坝成为抗战大后方人文荟萃的文化重镇。图为私立复旦大学改为国立的国民政府教育部训令。

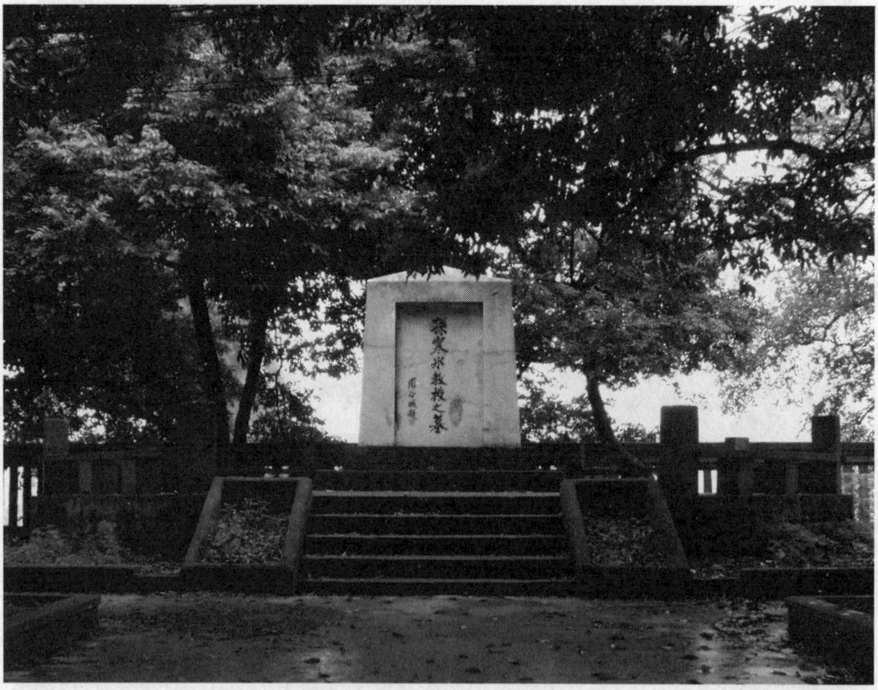

▲ 1940年5月27日，日机27架轰炸重庆北碚复旦大学，投弹百余枚，炸死教授孙寒冰，职员、学生7人，炸伤职员、学生11人。图为孙寒冰教授之墓。

▲ 1940年3月，复旦大学足球队在重庆川东师范(今渝中区文化宫)参加由宋庆龄组织的支持抗战前线劳军募捐义赛后合影。

▲ 1937年7月，在交通大学重庆校友的大力推动下，国民政府教育部决定在重庆成立国立交通大学分校(称“渝校”)，任命国民政府资源委员会化工处处长，化工专家徐名材为校长。校址设在小龙坎，校舍是借的中央无线电器材厂的厂房。1942年8月，该校新址在九龙坡黄桷坪落成。同年，上海租界内的交通大学被汪伪政府接收，重庆分校顺势升格为本部。1943年5月，位于江北溉澜溪的重庆商船专科学校并入交通大学，成为分校。为配合抗战需要，交通大学不仅在教学上坚持沪校优良的传统，还新设置土木工程、航空工程、工业管理等系科和电信研究所，在战时极其艰难的处境中，培养出一大批交通技术和管理人才，从这里走出来的中国两院院士、美国两院院士、台湾中央研究院院士多达21人，成为抗战大后方高教中的一朵奇葩。图为交通大学九龙坡校园文治堂。

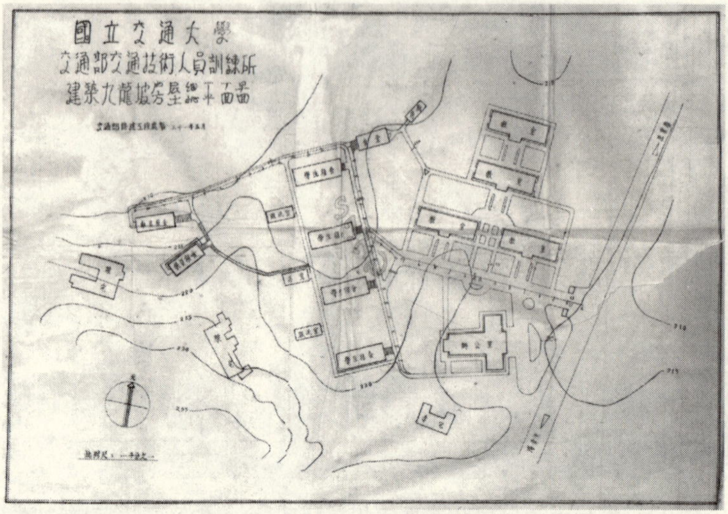

▲ 1942年，修建重庆九龙坡交通大学校园总平面图。

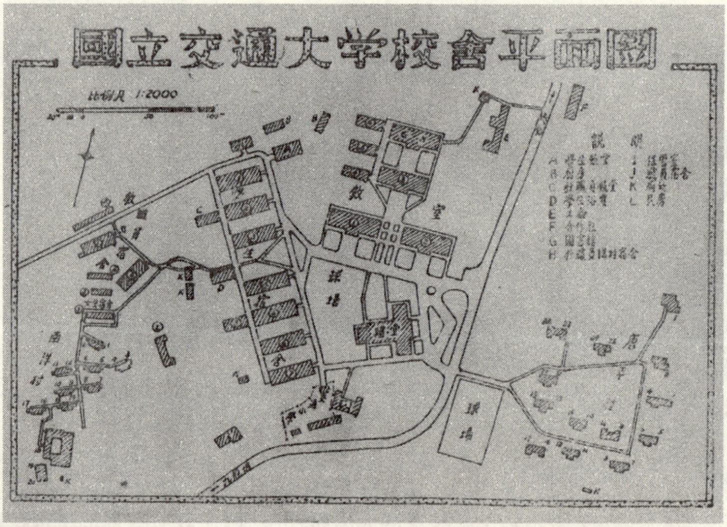

▲ 1945年初，初具规模的重庆九龙坡国立交通大学校舍平面图。交通大学在重庆九龙坡黄桷坪建校，占地300余亩，中贯公路，路西为文治堂、总办公室、教室、图书馆等，稍后为球场以及学生宿舍、浴室、食堂、厕所，再后往山上为教职员丙种宿舍；路东为教职员甲乙两种宿舍和运动场等。对比两张平面图，可看出，虽抗战时期环境恶劣，条件艰苦，交通大学依然在发展壮大，生源逐步增多，为抗战培养了一大批专门人才。就目前重庆抗战遗址调查统计情况看，抗战时期内迁重庆的所有高校中，交通大学建校布局是最完整的、基础建筑设施是最齐全的，礼堂、教学楼、图书馆、运动场、食堂、澡堂、教职工和学生宿舍等应有尽有，比较完整地坚持和秉承了交大办校传统，也为交大能够完整地传承下去做出了巨大贡献。

▲ 交通大学九龙坡校园的学生合影。

▲ 1944年秋抗战后期，在重庆的国立交通大学积极响应征调军中翻译员，组建青年军入伍抗敌的政策，成立从军征兵委员会，学子们掀起一股报名从军的热潮。到1945年春，学生参加青年志愿军45人、政工人员6人、海军81人、空军高级机械班17人、空军飞行及领航12人、译员16人，总共有177人。图为在渝国立交通大学部分从军学生合影，前排左起：董金沂、杨大雄、罗祖道、严棣；后排左起：俞鲁达、施增玮、朱城、李呈英、夏邦瑞、程学俭。

▲ 1938年7月，中央政治学校迁至重庆巴县小泉，借四川省立高工及渝南学校为临时校舍，设有法政、经济、外交、新闻、地政5个系。之后又成立新闻事业专修班、新闻专修科、地政专修科、会计专修科、统计专修科、语文专修科等。1943年，开设法官训练班。1944年3月，第一期法官训练班开学，学期八个月。抗战胜利时，该校与青年团中央干部学校合并，称国立政治大学。图为中央政治学校大礼堂旧址。

▲ 中央政治学校研究部旧址，位于重庆市巴南区南泉镇白鹤林村彭氏民居。

▲ 陆军机械化学校礼堂旧址。

▲ 国民党陆军机械化学校，是1936年3月1日国民革命军第8军代总指挥兼第17军军长徐庭瑶受命在南京组建的，初名“陆军交辎学校”。1938年7月，整编更名为陆军机械化学校。受抗战战事的影响，于1944年迁至重庆潼南县双江镇附近驻扎。其中设有练兵场、礼堂、营房，还建有中正室、教学楼、将军楼等。图为位于金龙村的中正室旧址。中正室是专门为蒋介石建造，用于其视察时居住。

▲ 国民党陆军机械化学校将军楼为学校高级将官居住办公的场所，国民政府军事委员会军训部部长白崇禧曾在此住过。

◀ 晏阳初(1890—1990)，名兴复，四川省巴中县人，社会学人类学的“中国学派”代表之一，中国平民教育家和乡村建设创始人。1940年，晏阳初在重庆北碚歇马场创建中国乡村建设育才院，后扩建为中国乡村建设学院。图为抗战时期的晏阳初。

▲ 中国乡村建设育才院外貌。

▲ 中国乡村建设育才院教学楼。

▲ 国立女子师范学院，于1940年秋，由国民政府教育部在重庆江津白沙坝创建，是当时全国唯一的国立女子高等院校，学制为4年本科。由教育部原督学谢循初任院长，教授中有胡小石、魏建功、卢前、沙梅、佘雪曼、李霁野、李何林、吴伯超等。设有教育、国文、史地、理化、外语、音乐、家政7个系和体育专修科，另办有附中、附小和幼儿班。1941年，受教育部委托，在白沙建立了第一家庭教育实验区。1943年，学院有27个班，在校学生超过400人。图为国立女子师范学院全貌。

▲ 国立女子师范学院旧址。

(二)中等教育

◀ 张伯苓(1876—1951),原名寿春,字伯苓,天津市人,著名教育家。他把教育救国作为毕生信念,创办南开中学、南开大学、南开女中、南开小学和重庆南开中学,形成著名的南开教育体系,为国家培养了大批英才,被尊为“中国现代教育的创造者”。1936年,南开大学校长张伯苓入川考察,决定筹建重庆南开中学。同年夏,在重庆沙坪坝建成私立南渝中学,派喻传鉴任主任。全面抗战爆发后,南开大学中学部迁渝与重庆南渝中学合并,改名为南开中学。张伯苓和喻传鉴二人在重庆南开中学期间,严守校训,坚持以“允公允能”为办学思想,要求学生天天进步、月月进步,应该具有为公不为私,有知识、有技能、有本领的人。图为民国时期的张伯苓。

▲ 南开中学图书馆,底楼为南开大学经济研究所。

▲ 1939年初，周恩来、邓颖超在重庆南开中学津南村与张伯苓等人合影。抗战期间，毛泽东、周恩来、华莱士等政要多次光临南开中学。

◀ 巴蜀学校1933年由国民政府四川省主席王缵绪创建于重庆张家花园，是一所集幼稚园、小学、初中和高中于一体的私立学校。卢作孚、康心如、何鲁等任校董事。以“公正诚朴”为校训，坚持“儿童本位”教育原则，以“手脑并用”为教育目标，实施“教养兼施”教育模式。1937年，国民政府主席林森亲题“成绩斐然”匾额，教育部指定为“优良中学”。1940年9月29日，周恩来在学校操场作《抗战九问》为主题的演讲。因该校董事会成员多为进步的民主人士，所以经常邀请老舍、郭沫若、邹韬奋、田汉、胡风、邵力子、沈钧儒等进步文化人士来校演讲。每年假期时，中华全国文艺界抗敌协会也常借该校作为举办各类活动场地，使巴蜀校园一度成为重庆文化人士宣传抗日民主活动的聚集地之一。图为巴蜀学校创始人王缵绪。

◀ 周勖成(1891—1968),本名尚志,江苏苏州人,巴蜀学校首任校长。

◀ 陶行知(1891—1946),原名文浚,安徽歙县人,著名教育家。1939年7月,陶行知在重庆合川古圣寺创办育才学校,提出“生活即教育”、“社会即学校”、“教学做合一”三大主张,生活教育理论是其教育思想的理论核心。并庄严宣布“育才学校是一个抗日文化团体,办的是建国教育,同时又是抗战教育”。育才学校以“培养真人,培养追求真理的小战士”为目标,要求师生“学习民主,帮助创造民主的新中国;学习科学,帮助创造科学的新中国”;学校以生活教育的原理和方法为指导思想,经常组织师生到工厂、农村进行采访、见习、调查等社会活动,在工农中积极从事文化教育和抗日宣传。郭沫若曾赞道“二千年前孔仲尼,二千年后陶行知”,毛泽东、宋庆龄称其为“伟大的人民教育家”、“万世师表”。

▲ 育才学校旧址。

▲ 陶行知与学生们在一起。

▲ 傅任敢(1905—1982),原名傅举丰,湖南湘乡人,著名教育家,重庆清华中学首任校长。他坚持以教育救国论为指导思想,要求学生“关心时事,不问政治”,认为通过教育可以提高国民的文化素质,造就大批服务于社会的有用之才,以达到拯救国家和民族命运的目的。傅任敢对学生的爱国行为积极支持,鼓励学生关心国家大事,积极参加抗日救亡运动。重庆清华中学,创建于1938年秋,由于筹办者和主要任课教师均系清华大学校友,首任校长傅任敢也是清华大学委派,故定名为重庆清华中学。校址最初在重庆郊区鸳鸯,后迁至李家沱。重庆清华中学一直秉承清华大学“求实”校风和“自强不息”校训,艰苦创业,发奋图强,被誉为重庆主城区“育人乐土,求学圣地”。图为国民政府主席林森题字“重庆清华”。

▲ 梅贻琦(1889—1962),字月涵,祖籍江苏武进。1931年至1948年,任清华大学校长,与叶企孙、潘光旦、陈寅恪被列为清华百年历史四大哲人。1945年,重庆清华中学阅览室竣工,时任清华大学校长的梅贻琦先生,取清华“工字厅”之名,亲笔题写“工字堂”,堂后悬挂“水木清华”匾额。图为重庆清华中学阅览室旧址。

▲ 冯友兰(1895—1990),字芝生,河南南阳人,著名哲学家、教育家。曾任清华大学教授、哲学系主任。著作《中国哲学史》《中国哲学简史》《中国哲学史新编》等成为20世纪中国学术的重要经典,对中国现当代学界乃至国外学界影响深远。被誉为“现代新儒家”。图为冯友兰为重庆清华中学题写的“困学斋”旧址。

▲ 1937年,抗战爆发后,东南亚地区相继挑起排华事件,华侨们纷纷向国民政府提出送子女回国求学。1939年10月,国民政府提出设立华侨学校。同年11月28日,决定在云南昆明保山成立华侨一中。1941年5月,国民政府教育部又在重庆建起另一所华侨中学,取名为“国立华侨中学第二校”。1944年,“侨一中”也由昆明保山迁往重庆江津夏坝,由国民党中央监委李次温担任校长。图为重庆江津夏坝国立第二华侨中学旧址。

(三)初等教育

▲ 战时儿童保育院是中国妇女慰劳自卫抗战将士总会战时儿童保育会(简称战时儿童保育会)为了收容和教育前方逃难到后方来的难童而创办的。抢救、收留、保护、教育数万名难童中既有幼儿又有学龄儿童,属于学前和学龄儿童的混合保教机构。它们对抗战期间解决逃难儿童的生存问题起了重要作用,首创了中国历史上没有先例的战时教育事业。图为保育院的孩子们在练习躲避日机轰炸。

▲ 战时孤儿们捂着耳朵齐唱《轰炸》歌。

◀ 抗战期间，战时儿童保育院全国有60多个，其中重庆有10余个。这10余所战时儿童保育院，有的属于战时保育会，如第一、二、三、四、五、八保育院和直属第一保育院；有的属于社会部，如第六保育院和陪都保育院。其中，赵君陶为第三保育院院长，曹克勋为第四、五保育院院长，马浩然为社会部属第一育幼院院长。图为赵君陶在第三保育院和孩子们在一起。

▲ 抗战时期，国民政府专门为抗战阵亡将领的子弟开设了一所小学，因校址设在黄山蒋介石官邸内，故取名黄山小学。该小学是黄山抗战遗址群中的重要遗址之一。图为位于今重庆黄山抗战遗址博物馆内的重庆黄山小学旧址。

◀ 丁肇中(1936—)，祖籍山东日照，华裔美国籍，1976年诺贝尔物理学奖获得者。1936年，父母出访美国，因丁肇中提前出生而成为了美国公民。两个月后，丁肇中随父母回到中国。1938年12月，其父亲丁观海受重庆大学聘请，从此带领全家在重庆工作和生活了八年。丁肇中就在嘉陵小学读书度过了童年时光。图为1943年，丁肇中(前排右一)与父母、弟弟妹妹在重庆大学合影。

▲ 私立兴华小学，创办于1935年，位于渝中区解放东路九道门，是药材公会创办的私立小学，便于药商和职工子女免费入学。图为私立兴华小学旧址。

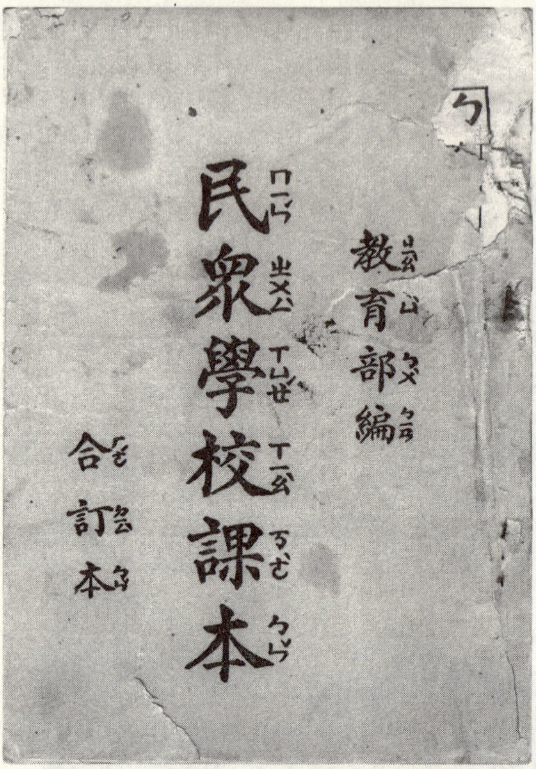

◀ 抗战时期，办学行动受到各派教育理论指导。为适应战时情况之需，提出对中小学各科教材进行变更。比如，从童军体育中增加军事常识，在卫生科里增加救护常识、防御常识、消防常识，在历史科中增加时事讨论，地理科增加军事、地理、交通、管理法，在国画音乐科增加演剧宣传等。图为民国教育部编《民众学校课本》（合订本）。

▲ 战时部分初等教育教材。

（四）社会教育

▲ 1933年4月，教育部派著名学者蒋复璁出任国立中央图书馆筹备处主任，正式开始筹备工作。1937年，戴传贤、朱家骅、梁思成等人组成国立中央图书馆建设委员会，开展筹建工作。抗战爆发后，日军轰炸南京，国立中央图书馆被迫停建。1937年11月18日，筹备处奉命西迁。为防止重要典籍毁于战火，130箱重要图书随船搬迁，于1938年2月运抵重庆。1939年4月，因日机轰炸，国立中央图书馆奉命疏散至江津白沙镇上松林，办公处设在遛马岗邓氏祠堂。1940年8月1日，正式成立国立中央图书馆，蒋复璁任馆长。1941年1月，新馆舍工程全部竣工，为两楼一底五层书库，可藏书40万册。抗战胜利后，国立中央图书馆分批迁回南京，重庆馆舍此后被改建为罗斯福图书馆。图为国立中央图书馆暨国立罗斯福图书馆筹备处旧址。

▲　国立中央图书馆办公处旧址——江津白沙遛马岗邓家祠堂。

▲　国立中央图书馆白沙镇旧址。

▲ 抗战爆发后，由黄炎培于1918年创办的中华职业学校在重庆设立分校。教学中，采取半工半读、工读结合的学制，既注重学生职业知识技能的学习与培养，又强调学生优良职业道德的养成，要求学生具有“金的人格，铁的纪律”。先后开设了铁工、木工、搪瓷、纽扣、商业、石油、石油机械等科，提出“劳工神圣”、“双手万能”、“手脑并用”等口号和原则。1940年5月6日，中华职业学校在重庆张家花园举行职教社成立二十三周年纪念活动，宣传抗战，访问抗属，募集寒衣，向前方将士发致敬电。到会的有穆藕初、冯玉祥、张岳军、冷禦秋、邹韬奋以及社会各界代表700余人。图为重庆中华职业学校旧址(今渝北回兴初级中学)。

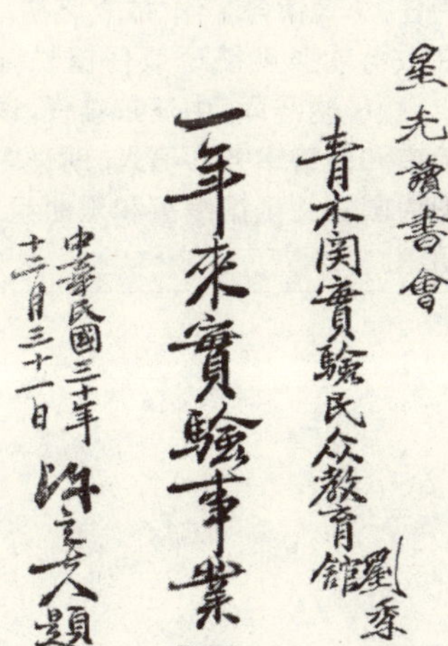

◀ 1939年4月，教育部根据战时需要，公布《民众教育馆规程》《民众教育馆工作大纲》《民众教育馆辅导各地教育办法大纲》，明确规定民众教育馆应辅导或协助该区社会教育机关及公私立中小学兼办社会教育，并谋事业之联合。国立中央民众教育馆，是国民政府教育部于1942年呈请行政院批准设立的，位于重庆李子坝。以遵照中华民国教育宗旨及其实施方针与社会教育目标，辅导各省市县民众教育事业，以及供应各种社会教育的教材为工作目标。图为1941年重庆青木关实验民众教育馆《一年来实验事业记》。

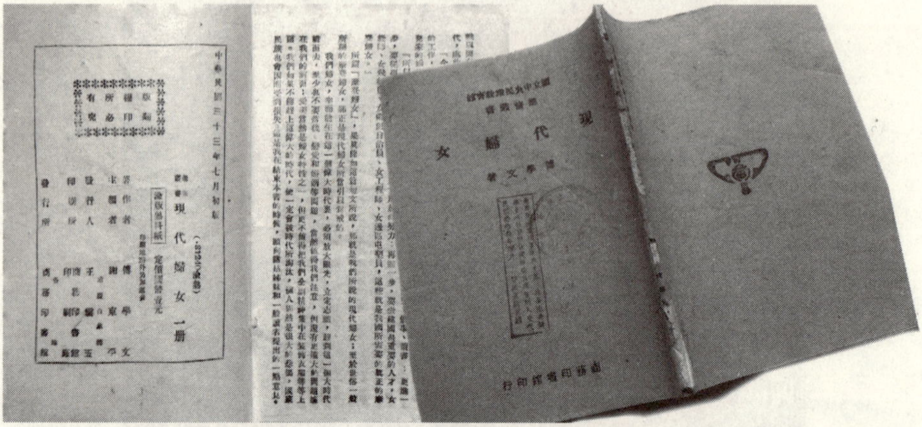

▲ 1944年，国立中央民众教育馆进修丛书《现代妇女》。

◀ 1943年，教育部在重庆设立国立礼乐馆，掌管礼制乐典的厘定、音乐教育和编审与教育部有关的礼乐书籍图表工作，分礼制、乐典、总务三组。国立礼乐馆设馆长、副馆长各一人，均由教育部聘任，总理馆务工作。成立之初，由教育部政务次长顾毓琇兼任馆长。同年除夕，顾毓琇辞职，由汪东接任。设编纂、编审和副编审各6~8人，助理4~6人。图为国立礼乐馆编纂和乐曲组主任杨荫浏。

六、科学技术

重庆成为战时首都后，中央各主要科研机构和科研团体也纷纷迁渝，重庆成为战时中国科技力量最密集的城市和科技中心。

据不完全统计，抗战期间随国民政府迁入重庆和新成立的科研机构近50家。在中国西部科学院的鼎力相助下，这些科研机构大部分聚集于重庆北碚。如中央研究院的动物、植物、气象、物理、心理5个研究所，经济部的矿冶研究所、中央地质调查所、中央工业试验所，农林部中央农业试验所、中国科学社生物研究所、中国地理研究所、军事委员会资源委员会国民经济研究所等等。在北碚工作过的著名科学家有毛汉礼、竺可桢、王家楫、罗宗洛、伍献文等63位，其中，中央研究院和中国科学院院士有40多位。

由于战时工业对科技的极端渴求和依赖，使国民政府加大了对工业科技的投资力度，从而也开创了重庆近代工业科技发展的新时期。其主要表现在典型工业行业的科技进步。如冶金工业发明了用坩埚炼钢、冶炼纯铁；兵器工业制造了战车防御炮、二七式掷弹筒、中正式步枪和捷克式轻机关枪生产线；机械工业则研制出了五五式桐油汽车和煤气汽车以及纺织机械、轮船制造等；化学工业主要改进了桐油的榨制技术及造纸技术。

新成立的农业科研、教学、推广机构近30家，主要有农业科研行政管理部门经济部、农林部，农业研究机构有中央农业实验所、中央林业实验所、中央大学农业实验所，农业院系有中央大学农学院等等。这些机构以及科技人才聚集重庆，使重庆的农业科技焕发出了蓬勃生机，迎来了重庆历史上农业科技进步的第二次高潮。

抗战时期，自然科学也得到了发展。为进一步发挥自然科学的作用，1939年，梁希、潘菽、金善宝、于铎、涂长望、谢立惠等组织了自然科学座谈会；1945年7月1日，中国科学工作者协会也在重庆成立，第一届理事长是竺可桢、监事长是李四光。

1944年，许德珩、潘菽、黎锦熙、劳君展、涂长望、张雪岩、税西恒等专家学者又组织了另一个进步科学工作者的组织“民主科学座谈会”，以继承“五四”精神，争民主、争自由、反独裁、要求团结抗日为宗旨。在中共中央南方局的领导下，由青年科学工作者组成的科技团体在重庆成立，即“青科技”。抗日战争后期，南方局派出一批“青科技”成员留学美国。这批科技人才，后来成为新中国科技领域中的民族精英。

(一)机构团体

◀ 蔡元培(1868—1940),字鹤卿,浙江绍兴人,革命家、教育家、政治家。1928年至1940年,专任中央研究院院长,贯彻对学术研究的主张。1928年6月9日,中央研究院在南京宣告正式成立,蔡元培任院长。同年11月,国民政府公布的《国立中央研究院组织法》第十一条规定:中央研究院直隶国民政府,为全国最高学术研究机关,主要职责为实行科学研究,指导、联络、奖励学术研究。成立时共有13个研究所,其中数学研究所、天文研究所、地质研究所、气象研究所、历史语言研究所、动物研究所、植物研究所、医学研究所筹备处、社会研究所、心理学研究所设于南京,物理研究所、化学研究所、工程研究所设于上海,并设总办事处以办理全院一般行政事宜。

◀ 抗日战争爆发后,1937年秋,中央研究院奉命迁移。总办事处和各研究所分别迁至四川、广西以及云南。其中,总办事处在重庆,动物、植物、心理、物理、气象等五个研究所设在重庆北碚,医学研究所设在重庆歌乐山,地质研究所寄居在重庆小龙坎四川地质调查所内。抗战期间,迁渝的中央研究院各研究所不畏恶劣的环境,依然坚持开展各项研究工作。图为重庆北碚的中央研究院植物研究所和地质研究所。

▲　王家楫(前排左一)、钱崇澍(前排左二)等生物学家在北碚中央研究院生物学实验室前合影。

▲　中国西部科学院，是著名民族航运业巨子、爱国实业家卢作孚于1930年9月在重庆北碚火焰山东岳庙创办的，以“研究实用科学，辅助中国西部经济文化事业之发展”为宗旨。1934年，院部及理化所迁往文星湾惠宇楼。中国西部科学院是由民间捐资建成的，与国立研究机构不同，在管理上除了院所级外，另设董事会，对全院行政事务进行监督管理。西科院的工作特点是在理论研究的同时，更注重应用科学的研究，目的是为地方政府提供咨询。抗战时期，国民政府西迁重庆，一大批重要的学术研究机关团体迁渝。中国西部科学院及其所在地北碚，接受了许多著名学术机构和一流的科技人才的转移和安置，一度成为中国科学界的“诺亚方舟”和“战时学术研究中心”。图为中国西部科学院。

▲ 1943年10月，中国西部科学院联络内迁到北碚的中央研究院动植物研究所、中央地质调查所等十余家科研机构成立中国西部博物馆，以“从事科学教育之推广及专门学科之研究”为宗旨。中国西部博物馆设有地理、地质、工矿、生物、农林、医药、卫生6个分馆，是中国人自己建立的、综合了最多学科的第一家自然科学博物馆。中国西部科学院是中国第一家、也是西南唯一的一家民办科学院，下设工业化验所、农业试验场、博物馆和兼善中学。随着工作的开展，业务的深入，设立董事会，研究所也充实扩大为生物、理化、农林、地质4个研究所。中国西部科学院与中国西部博物馆融为一体，开展众多活动，成为当时四川乃至整个西部地区重要的科研机构。图为中国西部科学院与中国西部博物馆的建筑群。

▲ 1928年，为适应工业发展的需要，国民政府工商部着手筹办中央工业试验所。1937年11月，中央工业试验所奉命迁渝。在卢作孚的大力支持下，中央工业试验所和实验工厂迁至南山、北碚。1938年6月13日，由实业部改组成立的经济部重新拟订公布了中央工业试验所组织条例，规定其隶属经济部，职掌为考验工业原料、改良制造方法、鉴定工业制品，设酿造、纤维、胶体、油脂、制糖、盐卤、纺织染、材料、动力、电气、化学等试验室。中央工业试验成为当时中国大后方工业界一个面向整个工业界、规模最大、门类最多的综合性的工业研究试验机构。图为中央工业试验所旧址。

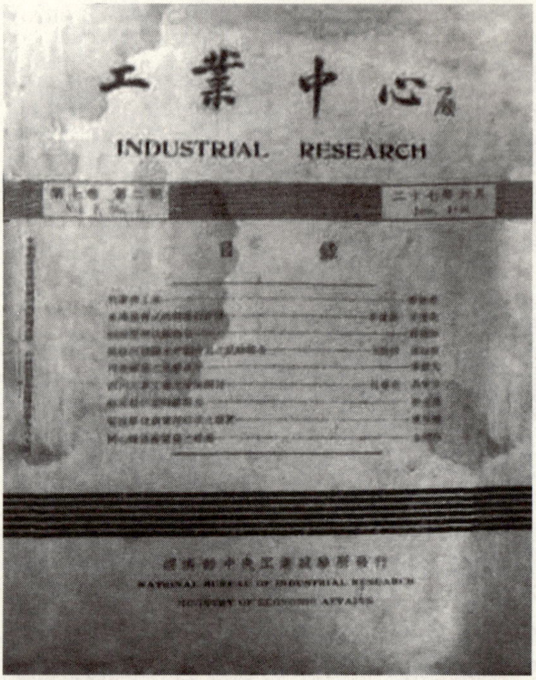

◀ 1938年6月经济部中央工业试验所发行的《工业中心》第二期。

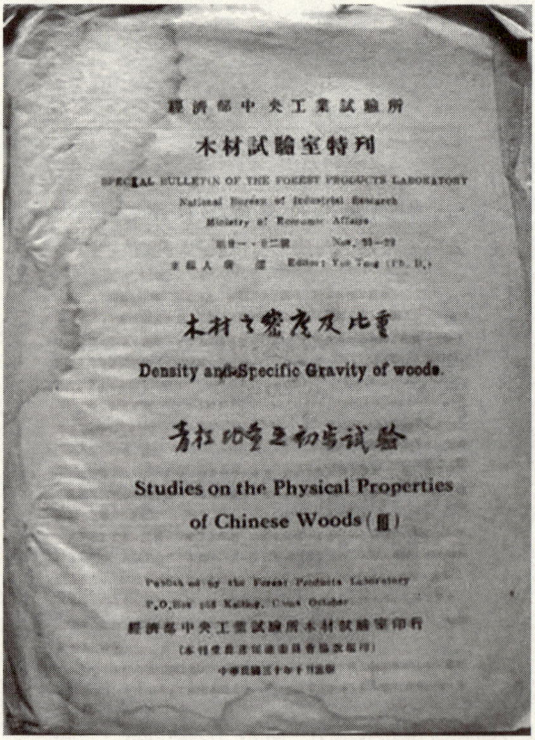

◀ 1941年10月经济部中央工业试验所木材实验室特刊。

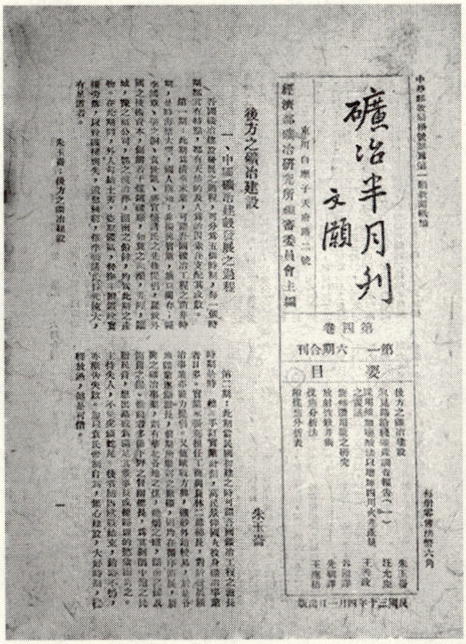
礦冶半月刊

文瀾

經濟部礦冶研究所編審委員會主編

第四卷 第一第六期合刊

目要

◀ 矿冶研究所前身是资源委员会属下的采矿研究室，设在南京。为了加强大后方矿产资源的开发和利用，将原资源委员会所属的采矿研究室和冶金研究室合并，于1938年3月3日在重庆北碚正式成立矿冶研究所，委派原采矿研究室主任朱玉仑任所长。抗战时期，根据战时工业的需要，矿冶研究所把作为后方工业基础的炼铁工业，作为国库基础和换取外汇的黄金、钨、锑、锡、汞，以及有关军工民用的铜、铅、锌、铝，有关技术政策的调查研究列入工作重点，并取得明显进步。矿冶研究所是我国第一个综合性的矿冶科研机构，是大后方专门工业科研机构中规模较大、成绩显著的机构之一。图为1941年4月1日，经济部矿业研究所主编的《矿冶》半月刊。

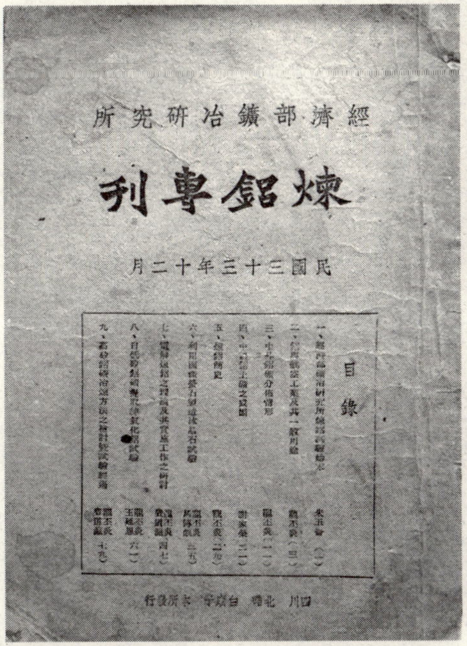
經濟部礦冶研究所

煉鋁專刊

民國三十三年十二月

目錄

◀ 1944年12月，经济部矿冶研究所主编的《炼铝专刊》。

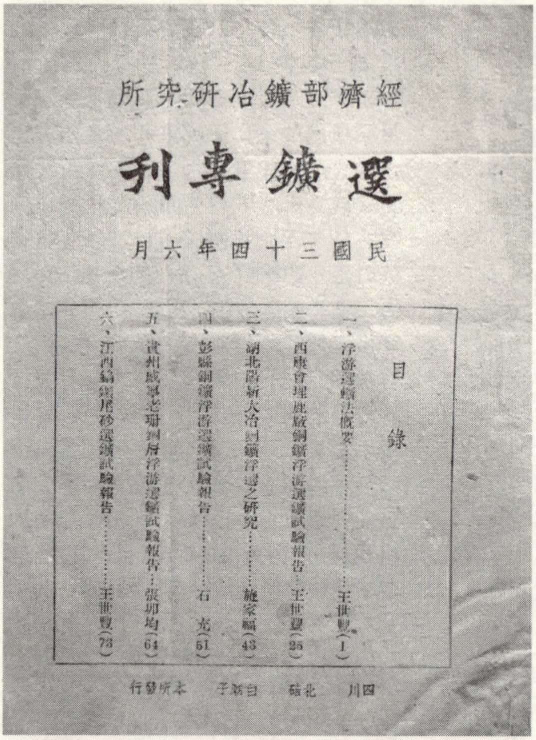

經濟部鑛冶研究所

選鑛專刊

民國三十四年六月

目錄

四川北碚白廟子 本所發行

◄ 1945年6月，经济部矿冶研究所主编的《选矿专刊》。

◄ 胡庶华(1886—1968)，湖南攸县人，教育家、冶金学家，曾任重庆大学、同济大学、湖南大学校长，西南联合工业研究社常务理事。西南联合工业研究社是由设在重庆的、规模和影响较大的省营、民营及官商合营等11家企业自发共同组建的一个具有民间性质的工业科研机构，成立于1938年7月，位于重庆南岸唐家花园四川水泥厂内。

◀ 孙越崎(1893—1995),浙江绍兴人,实业家,曾任西南联合工业研究社理事,是我国现代能源工业的创办人和奠基人之一,被尊称为“工矿泰斗”。

◀ 胡子昂(1897—1991),四川巴县(今重庆巴南)人,实业家。曾任中国兴业公司总经理、川康兴业公司董事长以及西南联合工业研究社监事。

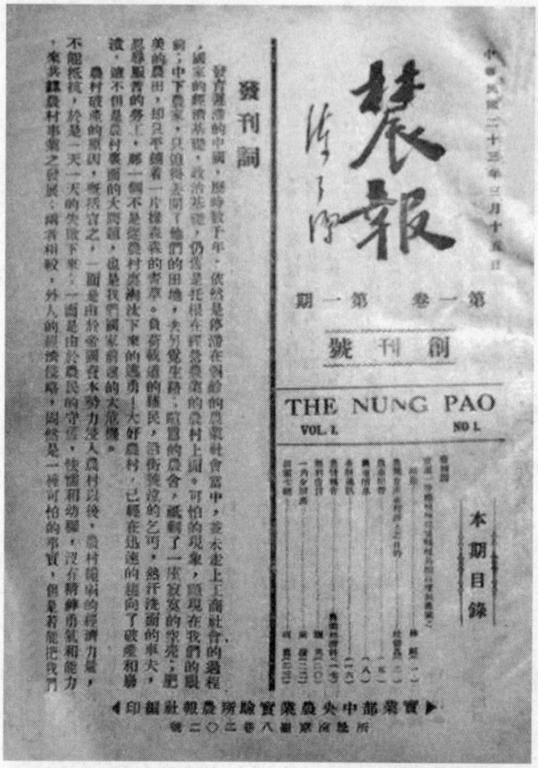
農報

第一卷 第一期

創刊號

THE NUNG PAO

VOL. I. NO. 1.

本期目錄

發刊詞

實業部中央農業實驗所農報社編印

◀ 中央农业实验所，原称中央农业研究所，创建于1932年，位于南京。后采纳戴季陶“注重实用的试验而不仅是理论的研究”的建议，定名为中央农业实验所，主管全国农业研究与推广事宜。1938年，中央棉产改进所、全国稻麦改进所、全国稻米检验监理处和全国小麦检验监理处归并于中央农业实验所。1943年，中央农业实验所迁至重庆北碚天生桥，在李子坝设办事处，所长为谢家声、副所长是沈宗瀚。图为1934年中央农业实验所主办的《农报》创刊号。

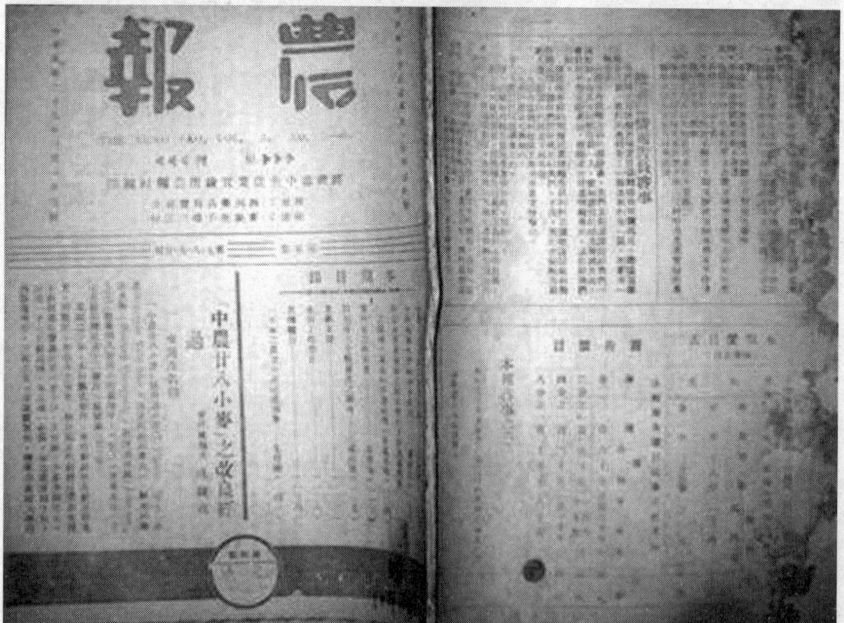
農報

中農廿八小麥之改良經過

▲ 1940年，中央农业实验所主办的《农报》第5卷第7—9合期。

◀ 朱章赓(1900—1978),浙江义乌人。1934年,获美国耶鲁大学公共卫生学博士学位后回国。抗战期间,先后任贵阳卫生人员训练所所长、中央卫生实验院院长。中央卫生实验院,设在重庆歌乐山,有流行病组、营养组、卫生工程组、化学药物组、寄生虫组、妇幼卫生组等8组,是抗日战争时期国民政府卫生署在重庆建立的最高医药卫生研究机构,对大后方的医药卫生状况和疾病的调研、控制,民众健康的宣传指导方面发挥了重要作用。世界著名学者李约瑟评价该院:"所有这些科室都正在进行一流的研究。"

◀ 杨崇瑞(1891—1983),北京通县人,妇产科医师,医学教育家,中国近代妇幼卫生事业创始人,中国助产教育的开拓者。抗战期间,任中央卫生实验院妇幼卫生组主任。

◀ 叶恭绍（1908—1998），江西九江人，儿童少年卫生学家、医学教育家。抗战期间，任重庆中央卫生实验院实用营养组主任。

◀ 张瑞瑾（1917—1998），湖北巴东人，水利科学家、教育家。抗战期间，任中央水利实验处研究员。中央水利实验处，是由中央水工实验所更名而来的。“经行政院第642次会议通过中央水工试验所自1942年1月1日起，改称中央水利实验处，掌理水工、土工试验、水文测验及其他有关水利一切基本设施与研究事项。”地点在重庆上清寺聚兴村。

◀ 韩安(1883—1961),字竹坪,安徽巢县人,林学家,中国近现代林业事业的奠基人之一。1941年夏,国民政府农林部在重庆歌乐山建中央林业实验所,任命韩安为所长,邓叔群为副所长。中央林业实验所建设初仅有造林研究、林产利用与调查推广3个组,其中中央大学梁希教授任林产利用组主任。1945年,该所在南川金佛山成立常山种植试验场,繁殖药用植物常山。还与四川省教育学院协商,合办歌乐山国有森林。

◀ 俞大维(1897—1993),祖籍浙江绍兴,任国民政府军政部兵工署署长,主持成立理化研究所、应用化学研究所、弹道研究所、炮兵技术处、中央修械所等,高薪聘请外国专家来华教导,同时延揽人才随专家工作,使武器研发在中国扎根。弹道研究所1937年7月成立于南京,1938年迁至重庆磁器口,主要从事兵器弹道与火药研究。抗战期间,德国不仅向我国提供了大量的武器,而且还提供军工制造业的母机设备,使我国的军工制造业水平在短时间内得到显著提高,以应付迫在眉睫的抗日战争。因此,弹道研究所虽是基于德国技术和设备建成的,但仍具有极强的自主创新性。其协助设计新炮,制定射表,发展国产原料炸药,并定期为各兵工厂生产的枪炮弹药做鉴定,分析解决膛炸事故,为大后方军事工业做了大量技术工作,为抗日战争的胜利做出了独特贡献。

◀ 任鸿隽(1886—1961),祖籍浙江湖州,出生于四川垫江(今属重庆),著名学者、科学家、教育家和思想家,是中国最早的综合性科学团体中国科学社和最早的综合性科学杂志《科学》月刊的创建人之一。中国科学社是由美国哈佛大学和康乃尔大学的一群高才生发起的,于1915年10月25日在纽约正式成立,任鸿隽为首任社长。抗战期间,为了保存中国科学社生物研究所初步形成的科研队伍,在中国西部科学院卢作孚的帮助下,钱崇澍率领中国科学社生物研究所一部分科技人员,迁往重庆。1937年,迁驻中国西部科学院惠宇楼。1938年初,中国科学社总社迁抵重庆北碚。中国科学社是20世纪中国成立最早、规模最大、时间最久、影响最广的民间科学团体。它拥有一批中国科学事业各学科的开创者,从这里也走出了一批影响中国的名人,为抗战时期的中国做出了巨大贡献。

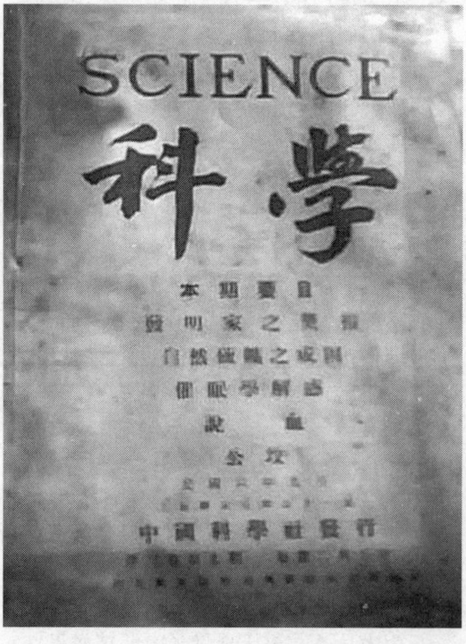

◀ 《科学》杂志,创办于1915年。任鸿隽曾说:"《科学》的问世,不过出于一班书呆子想就个人能力所及,对于国家社会奉呈一点贡献。"《科学》不仅是一个刊物,更重要的是中国20世纪科学史上的一个重要象征。既是科学传播进入新历史阶段的标志,也是中国现代科学家群体逐渐形成的重要标志。他们以现代科学精神融合民族传统风范"立德",以提倡"科学救国"、推动中国科学体制化"立功"和以传播科学知识、转变国民观念"立言"。图为1917年9月,中国科学社发行的《科学》月刊杂志。

◀ 钱崇澍(1883—1965),字雨农,浙江海宁人,植物学家、教育家,中国科学社生物研究所教授、植物部主任,中国近代植物学的奠基人与开拓者之一,中国植物分类学、植物生理学、地植物学、植物区系学的创始人之一。

▲ 北碚中国科学社生物研究所旧址。

(二)科技精英

▲ 李四光(1889—1971),字仲拱,湖北黄冈人,著名地质学家,中国现代地球科学和地质工作的主要领导人和奠基人,首创地质力学,是中国地质力学的创立者。1928年,李四光任中央研究院地质研究所所长。抗战爆发后,李四光率中央研究院地质研究所内迁,经广西桂林、贵阳,最后到达重庆。李四光最大的贡献是创立了地质力学,并以力学的观点研究地壳运动现象,探索地质运动与矿产分布规律,确立了新华夏构造体系的概念,分析了其特点,并运用这些理论概念探讨中国的地质条件和石油形成条件,从理论上反驳了西方所持的中国贫油的观点。

▲ 工作中的李四光。

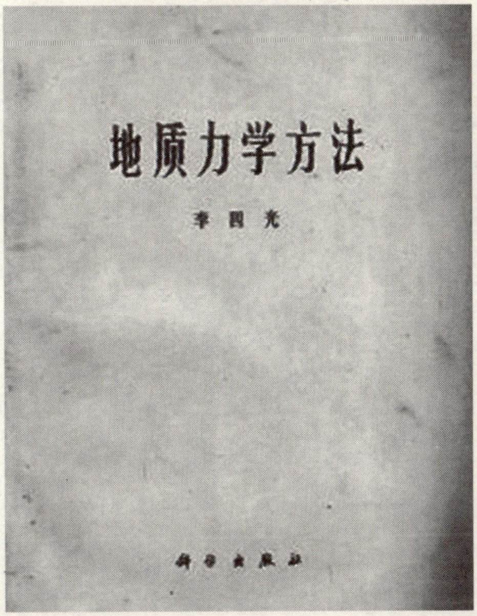

◀ 李四光著作《地质力学方法》。

◀ 丁燮林（1893—1974），字巽甫，江苏泰兴人，著名物理学家，在建设北京大学物理系、中央研究院及创建该院物理研究所方面都做出了积极的贡献。全面抗战爆发豫湘桂战役后，中央研究院物理研究所内迁重庆北碚。丁燮林任物理研究所所长期间，锐意创新，功绩斐然，先后被选为中央研究院代理总干事、总干事，奔走于南京、上海、昆明、重庆、桂林之间，为中央研究院的发展做出了重大贡献。

▲ 丁燮林著作《初级物理实习讲义》、《高级中学物理实验》。

▲ 竺可桢(1890—1974),字藕舫,浙江绍兴人,著名气象学家、地理学家,中国近代地理学和气象学的奠基者、中国物候学的创始人。1928年,应中央研究院蔡元培院长之聘,在南京北极阁筹建气象研究所,任所长,并任中国气象学会会长。1934年,竺可桢与翁文灏、张其昀共同成立中国地理学会。抗战爆发后,中央研究院气象研究所内迁至重庆北碚。他主持气象研究所协助航空及防空做天气预报。竺可桢是历史气候学的创建人、奠基人,在历史气候变迁和历史物候学做出了巨大贡献。他曾在国内建立了40多个气象站和100多个雨量测量站的中国气象观测网。他重视物候的观察记录,广泛收集历史物候资料,著有《物候学》。作为中国现代气象科学的奠基人,他始终关注和研究气候变化,对认识全球重大问题,具有基础的科学意义。

七、人文社会科学

汇集在重庆的社会科学家们，冒着敌机的野蛮轰炸，在简陋的书房中，让人文社会科学的研究，取得了非常可喜的进展。

史学研究领域这时期的特点是"以史为鉴，古为今用"，一切为国家，一切为民族。在这种思想指导下，出现了一批以史为鉴鼓舞抗战斗志的史学著作，如陈安仁的《中华民族抗战史》、汪啸凡的《中国历代兴亡鉴》、教育部编的《中国历代贤豪传》、王敬编的《中国名将传》、顾颉刚主编的《中国名人传》等。此外，还取得了不少学术研究成果，如吕振羽的《简明中国通史》，邓初民的《社会发展史简明教程》，郭沫若的《青铜时代》《十批判书》，翦伯赞的《中国史论集》，黎东方的《中国历史通论》，钱穆的《国史大纲》等。抗战时期的史学，不仅为全民族的抗战提供了历史借鉴，而且对抗战后的史学发展产生了深远的影响。

这时期的哲学领域出现了一批重要的研究成果，如熊十力的《新唯识论》，杜国庠的《先秦诸子思想概要》《先秦诸子的若干问题》，侯外庐、杜国庠、纪玄冰、赵纪彬等合著的《中国思想通史》，以及侯外庐的《中国古代思想学说史》《中国近世思想学说史》等。

经济学是抗战时期颇为兴盛的领域。除政府所属的研究机构外，各大学和民间组织也成立有若干经济研究机构，中央大学、重庆大学、复旦大学等校均设有经济系，拥有许多全国著名的经济学家，如重庆大学的马寅初、丁洪范、朱祖晦等教授，复旦大学的潘序伦、卫挺生、李炳焕、樊弘、吴其祥、张光禹教授。他们一方面适应教学需要编写出高质量的教科书，如张光禹的《经济学原论》,叶元龙、夏炎德的《经济学原理》等,另一方面,结合现实经济问题进行研究,产生了广泛影响。如马寅初先生抗战期间深入研究官僚资本,揭露“四大家族”大发国难财的事实,提出向发国难财者征收“临时财产税”的议案;他的经济思想和爱国主张,引起国内外舆论的重视,得到人民群众的支持。

(一)史学

▲ 翦伯赞(1898—1968),湖南桃源人,维吾尔族。中国著名历史学家。1940年2月,翦伯赞辗转来到战时首都重庆,任“中苏文化协会”总会理事兼《中苏文化》副主编,并经常应郭沫若之邀,在“文化工作委员会”进行学术讲演。图为在重庆时期的翦伯赞。

◀ 1943年,翦伯赞完成《中国史纲》(第1卷)和《中国史论集》(第1辑)的写作并出版。这两部著作成为抗战时期史学研究的重要代表作之一。图为1943年版《中国史论集》。

◄ 钱穆（1895—1990），历史学家，江苏省无锡人。历任燕京、北京、清华、四川、齐鲁、西南联大等大学教授。抗战时期，钱穆在战火纷飞中随西南联大辗转大半个中国，并将主要精力放在中国通史的考证与写作之上。钱穆指出，研究中国历史的第一要务，在于能在国家民族内部自身求得其独特精神之所在。他希望作为抗战中流的精英分子能够从这样一部张扬“士”之人力的史纲里汲取力量前行，他希望《国史大纲》能体现自己的史学精神。图为抗战时期的钱穆。

◄ 1939年6月，《国史大纲》正式完成，1940年6月，由商务印书馆出版。一经面世，该书就以其独特的见解与细致的考证成为了当时各个大学通用的历史教科书，在学生与知识分子中间起到了积极的民族文化凝聚作用，同时也奠定了钱穆史学大家的地位。该书与张荫麟的《中国史纲》被学界称为民国时期中国通史写作的两座高峰。图为1940年版《国史大纲》。

▲　侯外庐(1903—1987),山西省平遥县人,原名兆麟,又名玉枢,自号外庐,中国历史学家、思想家、教育家。抗战爆发后,于1938年在重庆主编《中苏文化》,并参与中苏文化协会及中国学术工作者协会工作。1946年,在上海从事著述活动,并主编《文汇报》之《新思潮》周刊。重要著作有《中国古代思想学说史》(1944年6月,由重庆文风出版社出版)、《中国近世思想学说史》(上卷)(1944年11月,由重庆三友书店出版)等,重要译著《资本论》。

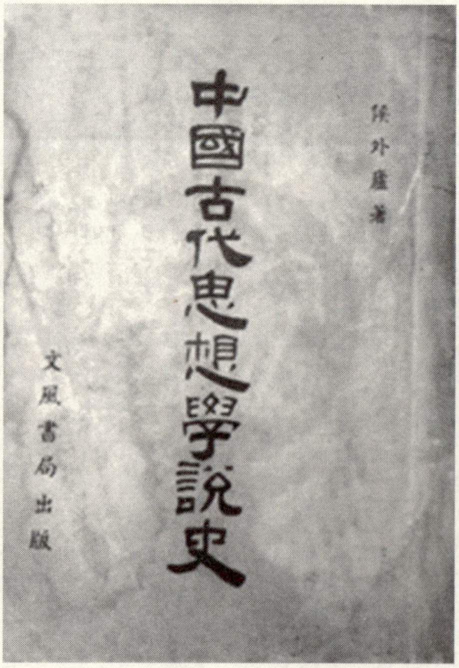

◀　图为1944年版《中国古代思想学说史》。

◀ 陈独秀(1879—1942),字仲甫,号实庵,安徽怀宁人。1932年10月,陈独秀在上海被国民党政府逮捕,关押于南京老虎桥监狱。身陷囹圄的陈独秀虽然在政治上已不能大显身手,但却转而将牢房变书房,重拾旧好——中国文字音韵学研究,做起了学问。图为1937年,囚禁于南京监狱的陈独秀。

▲ 抗战全面爆发后,国民党迫于统一战线的压力,将陈独秀减刑释放。1938年7月2日,陈独秀随逃难的人群来到战时首都重庆,与妻子潘兰珍定居于江津鹤山坪石墙院子,度过了他生命中的最后4年。图为江津陈独秀旧居。

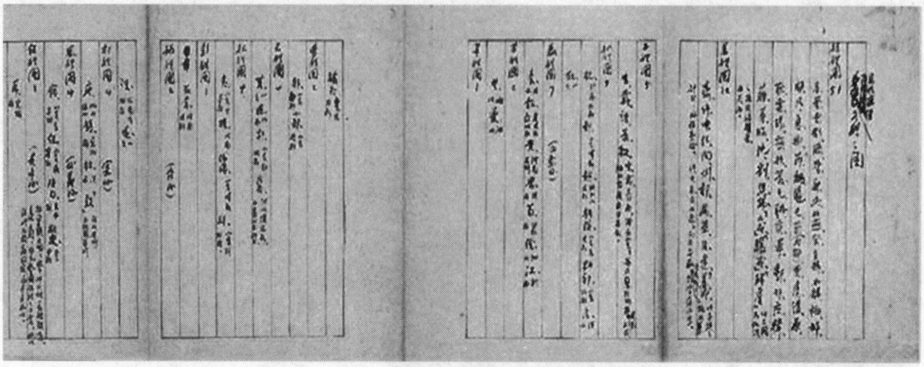

▲ 陈独秀是政治人物，他晚年对世界大势、抗日战局、政治理论等问题仍有许多论述，但投入精力最多的是撰写《小学识字教本》。1939年底至1942年他去世之前写给台静农的一百余封书信，百分之七十都是关于他正撰写的这部著作。《小学识字教本》是国立编译馆预约的书稿，但时任国民党教育部长的陈立夫在审查书稿后批复道："内容无大碍，'小学'两字不妥，容易和'小学校'混淆。"而陈独秀却不买账，毫不留情反驳说："陈立夫懂得什么？'小学'指声音训诂、说文考据，古来有之，两个字一个也不能改。"二陈互不相让，约稿的编译馆左右为难，书自然不敢印。图为陈独秀《小学识字教本》遗稿。

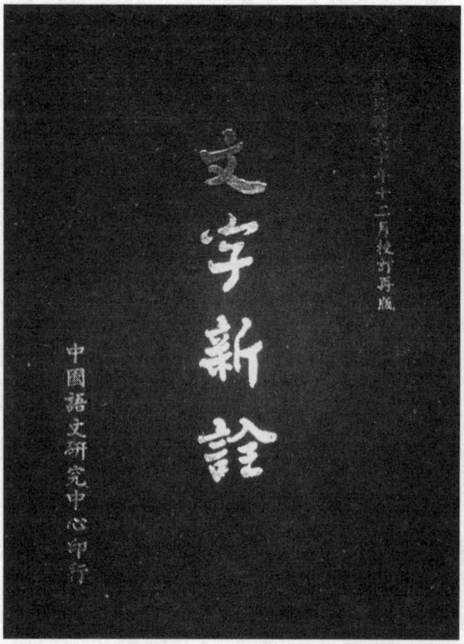

◀ 陈独秀的《小学识字教本》最后仅由国立编译馆油印五十册，分赠关心人士，并未对外印行。所幸的是，该馆当时的社会部主任正好是著名学者梁实秋。1971年，梁先生将保存下来的油印稿交于中国语文研究中心正式出版。不过书名被改为《文字新诠》，书上没有著作人，也删去了作者的《自序》，只是在梁先生新作的"序言"中，才将此书的缘起做了交代。在当时的台湾，梁先生这样做也是有不得已的苦衷，但将书稿保存下来又正式出版，已是学界幸事。1942年5月27日晚9时40分，偏居江津一隅的陈独秀在贫病交加中于溘然谢世。图为台湾版的《小学识字教本》——《文字新诠》。

(二)哲学

◀ 熊十力(1885—1968),湖北省黄冈县人。中国著名哲学家,国学大师。抗日战争爆发后,熊十力并没有随北大南迁昆明,而是避难四川,任教于马一浮主持的乐山复性书院。此时的熊十力,虽身处后方,却痛感外侮日迫,族类益危,常因想起沦陷区同胞之苦辱而禁不住失声痛哭。为此,他撰写了《中国历史讲话》一书,大讲汉、满、蒙、回、藏五族同源,意在为各民族团结一心、共同抗日提供理论与历史依据。

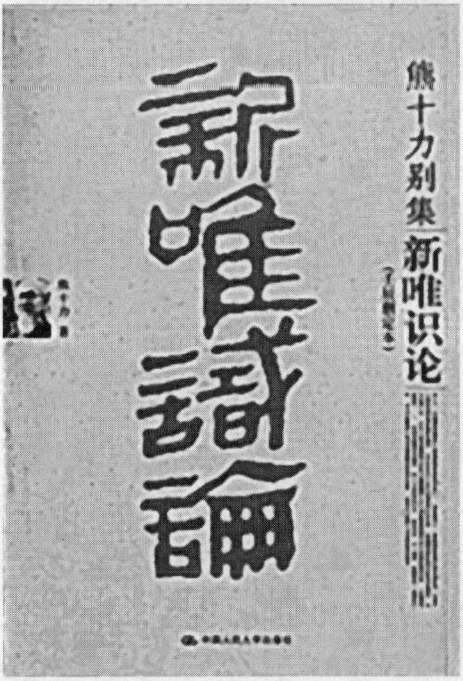

◀ 1943年,熊十力移居于梁漱溟在重庆北碚的勉仁书院。值此民族危亡之秋,熊十力其满腔真情都倾注在中华文化的存亡绝续之上。他认为,一个民族要生存下去,必须要有自己的哲学、自己的文化。1944年,熊氏《新唯识论》由重庆商务印书馆出版发行,此书是熊氏最主要的哲学著作,它标志着熊十力哲学思想体系的完全成熟。图为1944年版《新唯识论》。

◄ 杜国庠(1889—1961),广东澄海人。曾用杜守素、林伯修等笔名。杜国庠早年留学日本,回国后曾执教于北京大学等校。1928年1月,杜国庠到了上海,2月,由钱杏邨、蒋光慈介绍,加入中国共产党。1935年被国民党逮捕,1936年西安事变后出狱。此后杜国庠便主要研究中国思想史,著作有《杜国庠文集》《中国逻辑史》《中国佛学概论》《先秦诸子思想概要》《中国思想通史》(与侯外庐等合编)等。

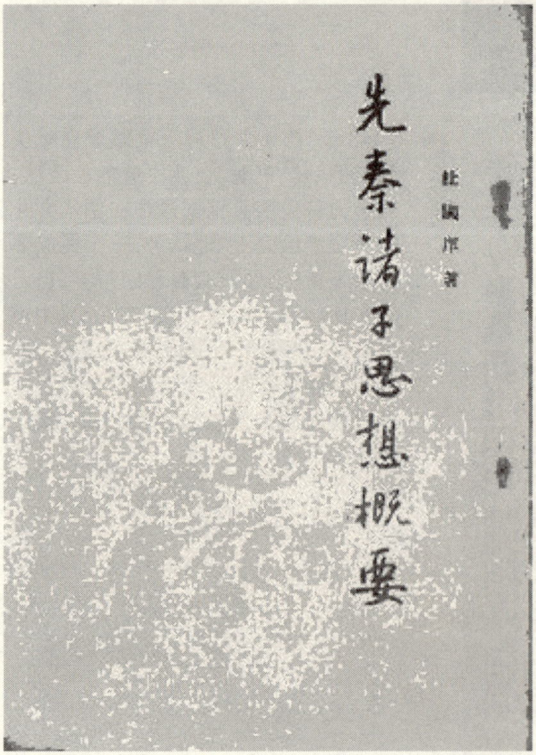

◄ 杜国庠1946年编辑出版的《先秦诸子思想概要》一书系统地概括了从孔子到韩非,其中包括儒、墨、道、法、名各家代表人物的思想。书中特别注意在探讨各家思想社会根源的基础上揭示它们之间的内在联系,从各家思想的互相制约、互相依存,以及它们兴替演变的来龙去脉中,弄清其本来面目,并进而探讨先秦哲学思想史的发展规律。图为1946年版《先秦诸子思想概要》。

◀ 梁漱溟(1893—1988),原名焕鼎,字寿铭、萧名、漱溟,后以其字行世。祖籍广西桂林,出生于北京。中国现代著名思想家,现代新儒家的早期代表人物之一,有“中国最后一位儒家”之称。主要著作有《中国文化要义》《东西文化及其哲学》《乡村建设理论》《印度哲学概论》《唯识述义》等。图为抗战时期的梁漱溟。

▲ 1937年抗日战争爆发,梁漱溟出任参政员,后随参议会来到重庆。在渝期间,梁先生与沈钧儒、邹韬奋、章伯钧等一起组织“统一建国同志会”。1940年,梁先生在重庆璧山来凤驿创办私立勉仁中学(后勉仁中学迁至北碚金刚碑),积极投身于抗日救国的社会活动。图为梁漱溟在重庆北碚撰写《中国文化要义》。

▲ 抗战爆发后，河山沦陷，梁漱溟感到失望和悲观，抗战的前途在哪里?为求答案，1938年1月，梁漱溟经西安到达延安考察，与中共领导人毛泽东作彻夜长谈。图为梁漱溟在延安与毛泽东在一起。

八、宗教

宗教，在重庆有着悠久的历史渊源和文化传统。至抗战前，重庆已有佛教、道教、伊斯兰教、天主教和基督教五大宗教。抗战全面爆发后，全国各地的宗教团体总部纷纷迁来重庆。重庆北碚汉藏教理院和江津支那内学院蜀院都是当时中国佛教的最高学府，基督教在渝也开办了重庆灵修学院（前身为中国基督教灵修学院）等5所神学院校。1943年5月，由佛教徒、天主教徒、基督教徒与伊斯兰教徒等联合组成的爱国抗日团体"中国宗教徒联谊会"在重庆成立，重庆的宗教团体很快发展到了27个，其中佛教团体12个，道教团体5个，伊斯兰教团体4个，天主教团体2个，基督教团体4个。这些宗教团体创办了门类繁多的附属机构，主要有宗教院校、普通学校、书刊出版、医院、慈善救济、饮食服务等。围绕抗日救亡这一主题，重庆的宗教界开展了一系列活动。如重庆佛教徒提出"念佛不忘救国"，组织的僧侣救护队，是重庆大轰炸期间最有名的救亡组织。基督教则提出"要奋兴中国的教会，要先得解放中国的民族"，教徒们在求得自身发展的同时，也为中国的抗日战争做出了积极的贡献。

抗战期间，全国宗教界名流荟萃于重庆，社会活动频繁，留下了深厚的文化积淀，可以说，抗战中的重庆宗教界在中国宗教史上占有特殊的地位，也是重庆抗战文化中不可或缺的一页。

(一)佛教

◀ 佛教传入重庆始于东汉建安十一年(206年),发展于宋代,罗汉寺是重庆最重要的佛教寺庙,也是全国的重点佛教寺庙。抗战期间,中国佛学会西迁重庆,在罗汉寺设临时办事处,由太虚法师主持,罗汉寺一度成为全国佛教中心。1940年7月被日机炸毁,寺庙化为一片焦土,仅存大山门和古佛石刻群像。战后,古庙得以修复。图为位于小什字的罗汉寺。

▲ 1942年12月,由国民党中枢朝野人士戴传贤、于右任、张继、何健、许世英、朱庆澜等42人发起,分别在南岸慈云寺和九龙坡区华岩寺举办护国息灾会49天,于1943年1月16日结束。在重庆历史上写下了国民党要人与佛教徒一起用宗教仪式表达抗日救国愿望的一页。图为九龙坡区的华岩寺山门外景。

◀ 太虚大师(1890—1947),近代著名高僧,法名唯心,字太虚,号昧庵。太虚大师是中国近代佛教改革运动中的一位理论家和实践家,他把一生都献给了振兴佛教、建设新佛教文化的事业。1930年,太虚大师已是中国佛学会主席,经他倡议,得到川军军长刘湘等赞助,选址缙云寺,开始筹建世界佛学苑汉藏教理院。1932年,该院正式开学,太虚大师亲任院长,该院是我国佛学教育最具代表性的高等学府。图为抗战时期的太虚法师。

▲ 1932年秋,世界佛学苑汉藏教理院正式开学,太虚法师任院长,何北衡任院护,潘文华、潘昌猷、王缵绪等数十人任院董,刘文辉任名誉董事长,刘湘任名誉院长。分专修科2年和普通科4年制,课程以藏文、佛学为主,兼授历史、地理、法律、农业等学科。其办学宗旨在《汉藏教理院简章》中明确为:“本院以招收汉藏青年,研究汉藏佛学,沟通汉藏文化,团结汉藏精神,巩固西陲边防,并发扬汉藏佛教,增进世界文化为宗旨。”图为汉藏教理院开学时的留影。

▲ 汉藏教理院成立后，在“闻慧殿”设立了独立的图书馆，到1942年，共藏有汉、藏文大藏经及各种丛书、文库等2573册；大小乘论及论释单行本665本；三论、天台、唯识、贤者、净、律、禅密、各宗论著及语录179册；其余语文类、史地类、艺术类、杂著类共325册，总计3984册。1936年10月，汉藏教理院在“双柏精舍”设立藏文翻译处，1937年，国民政府教育部为翻译处月拨款400元，翻译处改为编译处。编有汉藏合璧教科书十余种，并出版有太虚的《佛学概论》、法尊的《现在西藏》等14种汉文佛学书籍。图为汉藏教理院的教学楼和图书馆“闻慧殿”。

▲ 汉藏教理院太虚大师（前排左三）与张从吾（后排左一）、黄子裳（后排左二）、卢子英（后排左四）合影。

▲ 1940年3月18日，在太虚大师的倡导下，重庆僧侣救护队经过筹建和培训正式成立。方澄一和尚为总队长，慈云寺监院觉通和乐观法师为副总队长。在日机的轰炸中，他们不顾个人的安危，分赴市区及南岸、江北等地参加救护工作。在重庆轰动一时，受到中外人士的瞩目。图为重庆僧侣救护队。

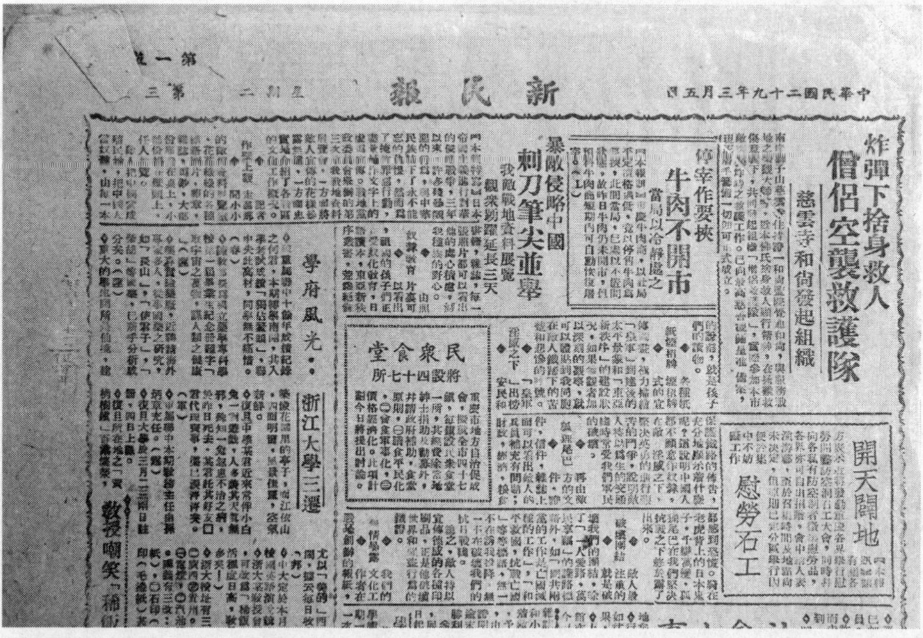

第一版

中華民國二十九年三月五日　新民報　星期二　第三

炸彈下捨身救人
僧侶空襲救護隊
慈雲寺和尚發起組織

停宰作要挾
牛肉不開市
當局以冷靜處之

暴敵侵略中國
刺刀筆尖並舉
我敵戰地資料展覽

學府風光
浙江大學三遷

民衆食堂
將設十七四所

開天闢地
慰勞石工

▲ 1940年3月5日，重庆《新民报》以“炸弹下舍身救人僧侣空袭救护队”为题报道了僧侣救护队舍身救护的消息。

(二)道教

◀ 重庆市区的关庙和南岸黄桷垭的老君洞为道教的重要活动场所。抗战时期,重庆的道教会积极地参加全民的抗日救亡活动,组织空袭服务队,进行救护、施药。在关岳庙创设国术馆,培训人员数百人,为抗战建国增添了力量。图为位于南岸黄桷垭的老君洞。

▲ 抗战时期,北碚缙云山绍龙观住持隆树法师为了拯救战争孤儿、毅然将全部庙产捐献给世界红十字会保育办学,被辟为"北泉慈幼院"。慈幼院由四大教育家之一的周之濂女士任院长,收养难童千余人。

（三）回教

◄ 白崇禧（1893—1966），字健生，广西临桂县人，回族，属国民党桂系核心人物之一。白崇禧从小受伊斯兰教熏陶，抗战期间被推举为中国回教救国协会理事长，中国宗教徒联谊会常务理事等职。中国回教救国协会是抗日战争时期以回族为主而建立的全国性社团组织，先后使用“中国回民救国协会”、“中国回教救国协会”、“中国回教协会”等名称。1938年5月下旬，中国回教救国协会在汉口正式成立，白崇禧为理事长。由于形式的急剧变化，1938年7月，中国回民救国协会迁往重庆张家花园62号挂牌办公。1939年7月底至8月初，经过一段时期的筹备后，中国回民救国协会在重庆十八梯清真寺召开了第一届全国会员代表大会。大会选举白崇禧为理事长，唐柯三等为副理事长。1942年3月29日至31日，中国回教救国协会在重庆召开第二届全国会员代表大会，会后中国回教救国协会更名为“中国回教协会”，抗日战争胜利后，会址迁南京。

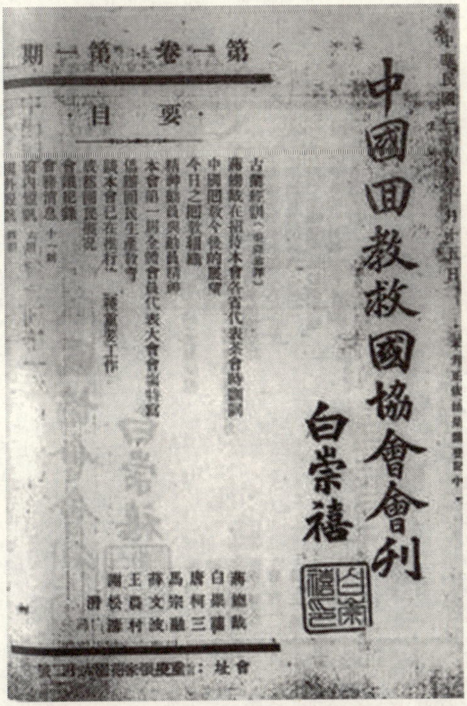

◄《中国回教救国协会会刊》原称《中国回民救国协会通告》，1939年10月创刊于重庆张家花园62号，抗日战争胜利后迁至南京。

(四)天主教

◀ 天主教于清康熙四十一年(1702年)传入重庆。若瑟堂是重庆最早的天主教堂,位于渝中区若瑟堂巷1号,始建于1893年。抗战时期,重庆天主教的教徒们组成“友爱会”分赴重庆市民医院、重庆宽仁医院发放救急款给被日机轰炸受伤的同胞。若瑟堂的钟楼上安装报警器,当日机飞临,即向市民发出警报。1940年,教堂的经堂被日机炸毁,1946年重建,于同年8月修复。图为被日机轰炸后的若瑟堂。

▲ 南川天主教堂建于1914年,抗战时期多次遭日机轰炸,塔楼中现还保留着抗战时期题写的标语:“抗战必胜!建国必成!”图为南川天主教堂。

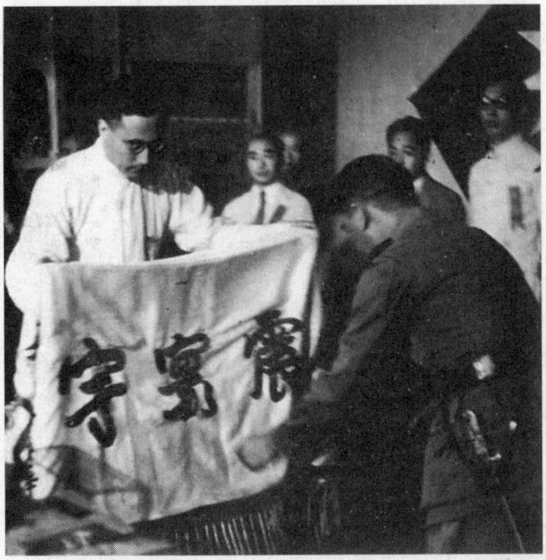

◀ 于斌(1901—1978),字冠五,号希岳,后改为野声。黑龙江兰西人,曾任天主教南京总教区总主教、第二位华人枢机。抗日战争时期,在重庆组织教友支持抗战。1944年,与太虚法师等组织中国宗教徒联谊会,任常务委员。他奔走呼号,揭露日本暴行,为抗战做出了积极的贡献。图为于斌主教向抗战将士献旗。

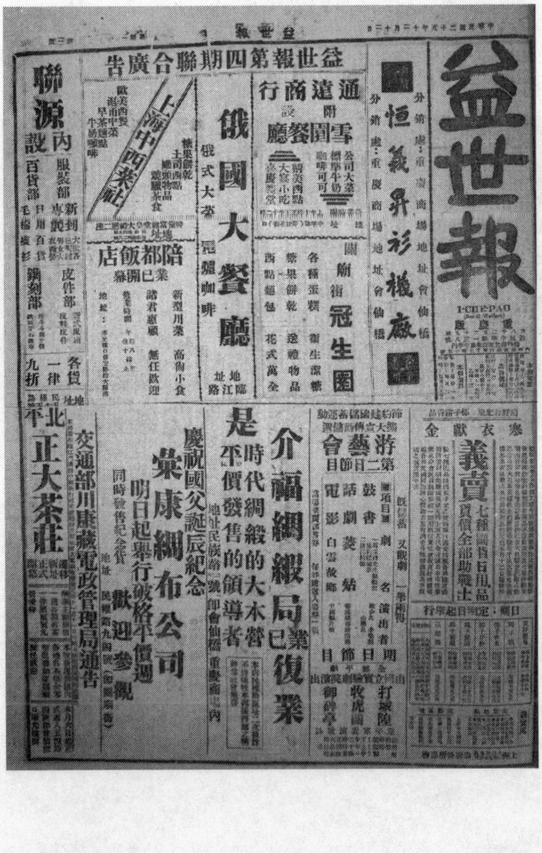

益世報

益世報第四期聯合廣告

益世報
I-CHE-PAO
重慶版

恆義昇衫襪廠
分銷處:重慶商場地址會仙橋

通遠商行
附設雪園餐廳
公司大菜 標準牛奶 咖啡可可
精美西點 大眾小吃

冠生園
廟街
各種蛋糕 衛生糖果 餅乾 送禮物品 西點麵包 花式萬全

俄國大餐廳
俄式大菜 冠類咖啡
地址 臨江路

上海中西菜社

陪都飯店
業已開幕
新型川菜 高尚小食 諸君惠顧 無任歡迎

聯源
內設 服裝部 百貨部 皮件部 鐫刻部
各貨 一律 九折

北平 正大茶莊

交通部川康藏電政管理局通告

慶祝國父誕辰紀念
榮康綢布公司
明日起舉行破格平價週
同時發售紀念貨
歡迎參觀

是時代綢緞的領導者
平價發售
大木營

介福綢緞局
業已復業

游藝會
第二日節目
鼓書 話劇 電影
明日節目
打壩隍 收虎扁 御碑亭

寒衣獻金
義賣
七種日用品 貨價全部助戰士

◀《益世报》是天主教主办的报纸,1915年10月10日创刊于天津,1940年3月24日迁重庆出版,该报在《发刊词》中说:"《益世报》是我国350多万公教教友共同的舆论机关。全世界公教报纸在700家以上,都站在公教立场,主张正义,主持公道,对中国抗战极表同情。"图为抗战时期的《益世报》。

（五）基督教

◀ 基督教于1877年传入重庆，最初是英国内地会麦卡悌牧师经万县来重庆建立的第一个基督教会，嗣后各外国差会相继来渝建立教会。抗战时期，基督教徒与全国人民一道，积极投入到抗日救亡中。1938年，重庆基督教会联合社会各界组织了“重庆红十字救护委员会”。战时，重庆基督教卫理公会和基督教青年会合办的农村教育服务车，在成渝两地沿线巡回服务、宣传抗日，服务群众上百万人，社会影响较大。图为重庆市中华基督教青年会旧址。

▲ 抗战时期，邓颖超同志非常关心妇女儿童，常到基督教青年会慰问。图为1939年秋，邓颖超与重庆基督教女青年会成员合影，前排中为邓颖超，左二为林琼，左三为曾凡珣，第二排右二为刘玉霞（干事），右四为李铿（队长），后排右二为陈天瑞馥（干事）。

◀ 宽仁医院，由基督教传教士于1892年修建，院址在重庆临江门（今重医附二院）。抗战时期，该院专门成立一支流动手术队，为大轰炸中受伤的难民救护。图为流动手术队的工作人员在流动车前的合影。

▲ 重庆仁济医院，始建于1896年，由英国基督教伦敦布道会医师樊立德在重庆木牌坊修建，1934年医院本部迁南岸。抗日战争期间，重庆仁济医院被陪都空袭救护委员会委任为重庆第五重伤医院，专收城区和南岸地区在日机轰炸中受伤的伤员。时任院长梁正伦为重庆救护队第八队队长，大轰炸期间，梁正伦亲率医院医务人员组成救护队渡江到城区抢救伤员，同时，医院免费医治贫病儿童，一直到1946年才停止。该院在抗战时期承担了重庆大量的医疗救护任务。图为重庆仁济医院旧址。

▲ 1943年，冯玉祥（基督教）、白崇禧（伊斯兰教）、太虚（佛教）和于斌（天主教）等7人发起在重庆成立“中国宗教徒联谊会”，于斌担任轮值主席。宋庆龄、宋美龄、张治中等著名人士参加了联谊会。联谊会成立后，在东北等地设立分会，充分发展壮大宗教徒队伍，增强抗日救国力量；举行不定期演讲，号召宗教徒联合起来，谨防日本欺骗利用，以实际行动保卫中国；同时加强对外宣传工作，一方面派宗教领袖出国访问，一方面邀请国际知名人士来华访问，扩大反法西斯联盟。以抗日救国，反对殖民侵略战争，维护世界和平为中心，积极投入抗日救亡工作，举办各种社会救济事业，做了大量的工作。增强抗日救国力量。图为“中国宗教徒联谊会东北分会”纪念章。

九、文化遗产保护

战乱中如何使自己民族的文化遗产不遭到破坏和劫掠，应该是每个政府当局的为政之要。

北京故宫博物院，是国民政府唯一一个直属的博物馆。民国时期，我国最重要的可移动文物，几乎都藏于此。其藏品主要是明清两朝宫廷生活用品、古代典籍、历代书法、绘画、碑帖、雕刻、金银玉器、陶瓷、漆器珐琅、文房四宝、织绣等，皆为国宝重器。

“九一八”事变后，国民政府于1933年就密令北京故宫博物院将故宫及国子监、颐和园所藏的59万件文物全部迁往上海存藏。1937年1月1日，故宫博物院南京分院成立，藏于上海的文物又全部运往南京朝天宫。卢沟桥事变爆发后，行政院又决定将这批文物分三路西迁，分别存藏于贵州安顺、四川峨眉和重庆。抗战胜利后，北、中、南三路文物齐聚重庆，一起踏上回归北京故宫之路。

大足石刻的发现，应该是近代文博史上的一件大事。1945年4月25日，由故宫博物院院长马衡、立法委员何遂、成都齐鲁大学国学研究所所长顾颉刚等15人组成的大足石刻考察团，对大足石刻进行了实地考察。1946年底，《大足石刻图征初编》完成，其序言中称：“考论其价值，以为可继云冈、龙门鼎足而三。”[①]作为中国晚期石窟造像艺术典范的大足石刻，由此逐渐闻名于世。

①《大足石刻图征初编》，1946年版。

（一）文物保护

▲ 1931年“九一八”事变爆发不久，故宫博物院理事会就文物安全问题上报国民政府，申请文物国宝南迁，此议不久便获得行政院批准。1933年2月5日，13427箱59万件文物分批由木板车经天安门推出，在前门火车站上车，数日后运往上海。1937年1月1日，故宫博物院南京分院建成后，存沪文物又被全部运往南京朝天宫。图为集聚在故宫午门前预备搬迁的故宫文物。

▲ 搬运中的故宫文物。

▲ 全面抗战爆发后，行政院当即决定存南京文物分三路疏散，由此开始了故宫文物长达八年之久的西迁之路。其中，北线经洛阳、西安，经宝鸡、汉中、成都，最后落脚四川峨眉县。图为历经艰辛的故宫国宝搬迁车队。

◀ 南线到长沙，经桂林、贵阳，最后落脚贵州安顺县华岩洞。1944年11月10日，广西桂林陷落，接着，日军进攻贵州。12月5日，独山陷落。贵阳是安顺到重庆的必经之路，必须在日军打到贵阳之前将存放在安顺的文物运往重庆。国民政府派出士兵和15辆军用卡车到安顺接运文物，12月5日，即独山陷落的当天，车队装着83箱文物向重庆进发。12月18日，车队终于安全到达重庆巴县一品石油沟。图为曾被用来存放故宫文物的贵州安顺华岩洞。

▲ 中路文物于12月3日离开南京，5个月之后才到达重庆。运抵重庆的文物古籍包括故宫古物馆的687箱、图书馆的1158箱、文献馆的1082箱、颐和园的528箱，古物陈列所的4732箱文物，总计是9338箱，是三路文物中数量最大的一批。到渝文物分三处保藏：第一处是川康银行二楼仓库，存放3830箱；第二处是南岸狮子山安达生洋行仓库，存放3694箱文物；第三处是南岸王家沱吉时洋行仓库，存放1814箱文物。之后因日机对重庆实施战略大轰炸，中线文物又被送往四川乐山。图为曾被用来存放故宫文物的重庆安达生洋行。

▲ 1945年抗战胜利后，颠沛流离十几年，辗转运送两万里的国宝，终于可以回北平故宫。巴蜀地僻山险，又无铁路，回家的路线最好是从重庆乘船到南京，再从南京乘火车到北平。于是三路国宝又一起会聚重庆，乘船西下。文物西迁，以一种顽强不屈的姿态，表达着中国人对民族文化的珍视，它是文化抗战的重要组成部分。图为民国时期的故宫博物院。

（二）文物考察

▲ 大足，民国前不过是重庆附近一偏僻小县。至抗战时期，因在此发现了中国晚期石窟造像艺术的典范而逐渐闻名于世。最先发起考察大足石刻的人，一是陈习删，抗战期间任大足县临时参议会议长，并主纂《民国重修大足县志》，他一直为家乡精美的古代佛教石刻不为外界所闻而深感遗憾；二是中国学典馆馆长、抗战时期著名的史学家杨家骆，他对大足石刻的精美早有耳闻，却一直未有机会前往考察。1944年冬，陈习删想请中国学典馆印刷他重修的县志。陈杨二人见面后，无意中谈及考察大足石刻之事，彼此均有相见恨晚之感。陈习删返大足后，即与县长郭鸿厚商议，邀请杨家骆组织“大足石刻考察团”。图为大足石刻之睡佛。

▲ 1945年4月25日，在杨家骆的努力下，由故宫博物院院长马衡、立法委员何遂、成都齐鲁大学国学研究所所长顾颉刚、复旦大学教授朱锦江、教育部中华教育电影制片厂摄影师冯四知、故宫博物院科长庄严、北碚修志委员会副主任傅振伦、画家梅健鹰、国民参政会副秘书长雷震以及中国学典馆青年学者吴显齐等15人构成的大足石刻考察团终于成行。图为大足石刻考察团成员在考察现场留影。

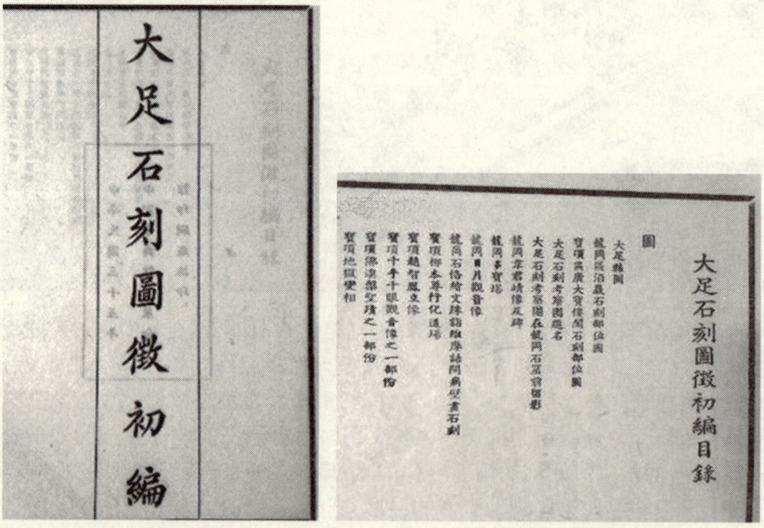

▲ 随着研究工作的陆续开展，关于大足石刻的一篇篇研究报告开始见诸报端。顾颉刚的《大足小志》、杨家骆的《大足石刻及其背景》、朱锦江的《大足石刻艺术批评》、马衡的《大足石刻古文孝经考》、傅振伦的《漫话大足石刻》等学术著作及论文陆续在全国各大媒体或文史杂志中刊出，在重庆引起轰动，也成为抗战胜利前夕全国的文化盛事。图为1946年出版的《大足石刻图征初编》。

▲ 杨家骆在《大足石刻图征初编》序言中这样写道：考察团对大足石刻“编制其窟号、测量其部位、摩绘其像饰、椎拓其图文、鉴定其年代、考论其价值，以为可继云冈、龙门鼎足而三，世亦以家骆之言为不谬，于是大足石刻乃渐著于斯世矣”。1999年12月1日，联合国教科文组织世界遗产委员会在审议大足石刻列入《世界遗产名录》时认为：“大足石刻是天才的艺术杰作，具有极高的历史、艺术、科学价值；佛、道、儒三教造像反映了中国宗教、哲学思想和民俗民情；在思想和艺术方面对后世产生了重大影响。”抗战时期陪都文化人慧眼独具，为保护中华民族的灿烂文化做出了巨大贡献。图为大足石刻之华严三圣。

十、中外文化交流

抗战时期，重庆作为大后方的文化中心，不仅汇聚了国内大量文化科技精英，还拥有相当数量的外国记者、摄影家、文学家、科技工作者、医生以及传教士等。抗战时期的中国战场是世界反法西斯战场的一部分，中外文化力量在重庆共同反抗日本法西斯的侵略，正是这一局面在文化界的反映。此时，“重庆的中外文化交流得到了空前发展，呈现出以下两个显著特点：第一，由分散的个别的交流转变为有组织的全国规模的交流；第二，由单向接受影响的交流转变为双向互动的交流”。重庆中外文化交流的繁荣与抗日战争或者说世界反法西斯战争东方战场局势的转变紧密相关，也是世界各国人民共同反对侵略、爱好和平愿望在文化上的重要表现。

抗战时期，重庆的中外文化交流可以分作两个大的阶段：第一个阶段是从抗战全面爆发到太平洋战争爆发前，中外文化交流以中国介绍国外特别是苏联文化、中外记者向国外揭露日本法西斯罪行并争取国际支援等为主要内容；第二个阶段是太平洋战争爆发后，中外文化交流以中美、中英、中苏间互动为主要形式，以国际人士广泛了解和介绍抗战与中国为重要内容。

抗战前期，中国的反侵略战争在国际上并没有得到太多的声援，世界主要国家对于中国抗战的了解多是通过传教士、在华记者的传播，来华的世界文化名人相对较少。不过，成立于1935年的中苏文化协会在此时相对活跃，出版发行了《中苏文化》杂志，翻译了《日日夜夜》《钢铁是怎样炼成的》《铁流》《虹》《安娜·卡列尼娜》等大量苏俄作品。与此同时，一些国外新闻机构如英国路透社，美国合众社、美联社，法国哈瓦斯社，苏联塔斯社等著名通讯社及

《泰晤士报》《纽约时报》《时代周刊》等著名报社也先后在重庆设立了分社或记者站。不少外国记者来到重庆考察，获取新闻素材。1940年以后，苏联对中国的战时援助减弱，中苏文化交流也相对减弱。

随着战争的持续，中美战时关系逐步发生战略性转变，美国对中国战场的关注得到前所未有的加强。1941年5月，美国重要报刊、通讯社记者60多人抵达重庆。太平洋战争爆发后，美国主要通讯社和20多家重要报刊均派记者到重庆采访，与重庆文化人士和政要频繁接触。1943年，国民政府组织外国记者赴鄂西参观，宣传鄂西大捷。除了通讯媒体的交流外，此时期中美文化界其他领域的交流也十分频繁。如从1942年开始，美国国务院启动了中美文化关系项目。这一项目涉及教师、学生、技术专家、媒体工作者、电影工作者、图书出版工作者、翻译家等，具有较大影响。1944年，罗斯福派副总统华莱士访问中国，特地捎来《致重庆市民的纪念状》，赞扬重庆市民在抗战中顽强不屈的精神。总的来讲，这一时期中美文化交流的加强，增进了美国人对中国的了解。1942年，有60%的美国人尚不知中国在何处，而在1944年，当民意调查机构向美国人询问，他们认为哪些国家在一个国际组织中拥有较大发言权时，“百分之六十三的人把中国同英国、俄国、美国相提并论”。

当然，抗战时期的中外文化交流并非仅限于中苏、中美之间，中英、中日、中荷等国一切爱好和平的文化人士也在进行广泛的交流。如英国科学家李约瑟于1943年3月抵达重庆，并在6月建立了中英科学合作馆，致力于研究中国科学技术史和中西文化交流。又如日本友好人士鹿地亘发起于1940年7月在重庆成立了“在华日本人反战同盟”总部，并担任会长。而在中荷交往中，高罗佩是当时最为杰出的代表。身为荷兰外交官的高罗佩在驻重庆期间，对中国的文学、古琴、书法等均作了深入研究，并同重庆文化名人有过频繁的交流。

不难看出，抗战时期重庆的中外文化交流并没有因为战争的残酷激烈而被打断；相反，此时的中外文化交流较之以前还更为活跃。由于有大后方文化中心的地位，战时重庆的中外文化交流在一定程度上反映了当时国内外文化交流的整体面貌。

(一)机构

▲ 国民党中宣部国际宣传处成立于1937年,后随党政机构迁渝。国际宣传处成立之初就十分注重与外国记者的交往,让他们成为宣传中国抗战的重要力量。对此,时任处长的董显光就提出:要变外国人的喉舌为“我们的喉舌”,变他们的笔墨为“我们的笔墨”。这一时期,美国国家广播公司、加利福尼亚广播组织、互通广播组织、英国大英广播公司等国际新闻机构的记者,经过国民党中宣部国际宣传处的介绍,就可以到国际广播电台直接播出自己的节目。图为董显光。

◀ 第三厅第七处全称是“国民政府军事委员会政治部第三厅第七处”。第三厅是国民政府军事委员会主管战时文化的机构，由政治部副部长周恩来和第三厅厅长郭沫若领导工作。第七处主要负责对日宣传和国际宣传事宜，处长由第三厅副厅长范寿康兼任。下设三科，一科科长杜国庠，担任日文翻译；二科科长董维键，担任国际宣传；三科科长冯乃超，担任对日文件起草。第七处虽为国民军事委员会下属分支机构，但它在抗战时期很大程度上是以国共合作、统战救亡为宣传和活动宗旨的。图为范寿康。

▲ 除了处理日常对外文字宣传工作外，第三厅第七处还广泛联络新闻界、戏曲、电影界的人士，发动他们结合自身的特点来开展抗日救亡运动。第七处下设的戏剧科在1939年元旦举行了火炬游行演出，在1940年举行了第二届戏剧节和戏剧的“民族形式”问题研讨会；第七处也设有电影科，其电影工作者于1940年3月在重庆举行了盛大的“影协”第二届年会，通电慰问前方将士、声讨汪逆，举行电影公映；美术音乐科的艺术家在1939—1940年间，在重庆主办大型的木刻展览会和大型音乐演唱会，宣传抗敌救亡活动。图为杜国庠与沈钧儒等出席新闻媒体活动。

▲ 中苏文化协会是1935年5月由国民政府立法委员张西曼，联合徐悲鸿及一些留苏文化人士在南京发起的。会长孙科、副会长陈立夫和邵力子。图为张西曼（右一）与田汉合影。

◀ 1937年12月1日，中苏文化协会随国府迁来重庆。在当时房荒严重的情况下，张西曼不辞辛苦，四处奔走，终于在重庆中一路觅得一栋二层楼房作为中苏文化协会的会址。这处房子位于市中心，有个大院子，并附设有餐厅和活动室，便于集会和开展活动。在渝期间，中苏文化协会经历了多次改组，为加强中苏友谊，推动抗日救亡运动做出了积极贡献。图为重庆中苏文化协会旧址一角。

▲ 1938年12月，中苏文化协会召开第二届年会及理事会，推举宋庆龄为名誉会长、吴玉章等25人为常务理事，在全国各省城（国民党统治区）及延安等地设有分会。中苏文化协会主要从事抗日救亡宣传、组织活动，以举办研究会、展览会、座谈会、俄语讲习班、讲演会、音乐会、与苏联友人通讯、出版刊物等方式介绍苏联抵抗德国法西斯战争的情况，交流文化信息，鼓舞人民抗战。图为1943年，宋氏三姐妹在中苏文化协会会议后离开会场。

▲ 1941年初，中苏文化协会进行了改组。郭沫若、阳翰笙等文化工作委员会的许多人士进入了中苏文化协会，侯外庐兼任《中苏文化》杂志主编。改组的中苏文化协会，实际上成了南方局领导下的进步人士活动的场所、文化统一战线的重要阵地。图为中苏文化协会创办的刊物《中苏文化》。

▲ 在中共中央南方局的影响下，中苏文化协会成为一批进步文化力量的活动阵地。重庆谈判期间，毛泽东在周恩来、王若飞陪同下，应邀参加了中苏文化协会举行的庆祝中苏友好同盟签订大会，受到各界人士的热烈欢迎。当时，九三学社的一些重要活动也是在此进行的，重庆的文化科技界知名人士也常在此地活动。图为1940年在渝文化名人在中苏文化协会合影。

▲ 中美文化协会于1939年2月22日在重庆上清寺成立。会长孔祥熙，名誉会长宋美龄、史汀生，以加强中美两国间的文化交流为宗旨。抗战时期，中美文化协会成为不少在渝政治、文化名人的活动场所，包括宋庆龄、宋美龄、宋霭龄、詹森、高思、薛穆、王世杰、郭沫若、梅贻琦、竺可桢等人通过中美文化协会，开展各种联络活动。图为1943年6月24日中美文化协会宴请史迪威将军。

◀ 抗战时期，中美文化协会还是促进中美两国民主政治交流的组织。1941年2月22日，是美国开国总统华盛顿的诞辰日，是罗斯福总统三届连任之日，也是中美文化协会成立两周年纪念日，国际广播电台特邀请当时国民党中宣部部长王世杰以国民参政会秘书长及中美文化协会会长的身份，向美国做广播演讲，题目是《民主政治之前途》。1944年2月22日，中美文化协会成立五周年时，美国副总统华莱士向中国广播，宣传战时民主思想。图为《良友》画报刊登的中美文化协会欢送美大使画面。

◀ 1940年4月16日，美国教育家孟禄由香港飞抵重庆。18日，中美文化协会宴请孟禄及准备参加太平洋学会的中国代表。当时的美国驻华大使詹森、行政院副院长孔祥熙等百余名来宾出席作陪。图为1940年4月18日宋氏三姐妹参加中美文化协会为招待外宾举办的游园会。

中英文化协会成立于1933年，由时任国民政府教育部长的王世杰任主席。成立之初，王世杰就指明：“本会之组织，即在谋两国文化上之更深了解，求进一步之合作”。中英文化协会是近代中国建立的第一个国际性文化民间友好组织。中英文化协会作为一个友谊的桥梁，在战时中英交往中发挥了不少作用。英国访问团或代表到访重庆，中国访问团或代表到访英国，中英文化协会均会采取各种方式从中促进。重庆市市长吴国桢，英国驻华大使薛穆，英国亚历山大将军，蒙巴顿勋爵等，均与中英文化协会有着密切联系。图为中英文化协会主席王世杰。

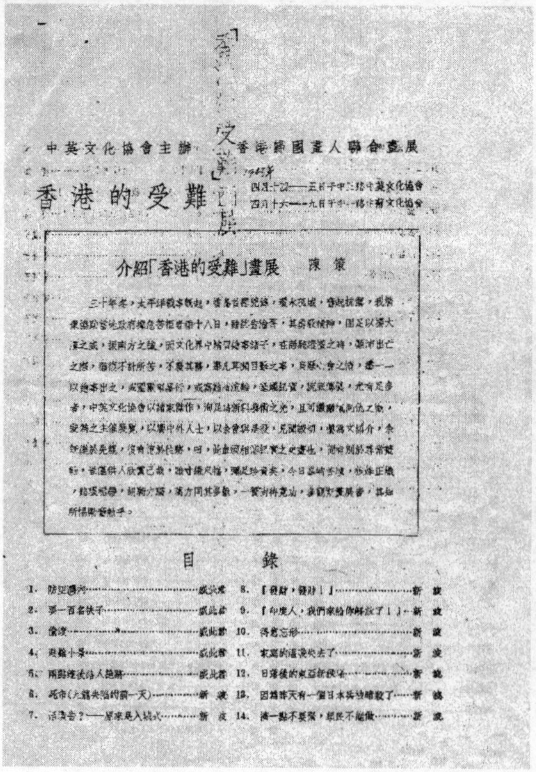

1942年12月，中英文化协会在桂林举办了《香港的受难》画展，旨在控诉日本法西斯侵略香港的罪恶。此次画展，中英文化协会邀请了李济深参加开幕式，展出了新波、郁风、特伟、扬秋人等6名画家的60多幅作品，观众非常踊跃，轰动一时。后来，该展览又在重庆展出，增加了叶浅予、丁聪和林仰峥的作品，展览在山城引起强烈反响。图为《香港的受难》展览海报。

▲ 新波在《香港的受难》展览上展出的木刻艺术品《孤独》。

(二)交流

▲ 海明威是美国著名作家、记者。二战爆发后,海明威直接投身到反法西斯的战斗中。1941年春天,海明威夫妇造访重庆。海明威是以纽约《午报》记者身份来访的,陪同他一起访问的是新婚妻子玛莎·盖尔虹。海明威在重庆期间,还秘密会见了周恩来。此次会见是通过王安娜与海明威的妻子接触后实现的。图为海明威夫妇在重庆。

◀ 格兰姆·贝克是一位美国画家,也是一名记者,同时还是一名官员。格兰姆·贝克曾是美国驻中国大使馆新闻处主任,于1935年秋至1937年末和1940年初至1946年底,两次来中国考察访问。尤其是从1940年初开始,格兰姆·贝克来到重庆,居住了6年才返回美国。《一个美国人看旧中国》是它的考察访问见闻录,分为香港·柳州·重庆、"工合"·"中条战役"、美国人和老大难、美国空军见闻、决定性的时刻、结局等6个部分。《一个美国人看旧中国》最初的名字叫"*Two Kinds of Time*",于1950年在美国出版。图为北京外文出版社出版的*Two Kinds of Time*。

◀ 张书旂（1900—1957），近代著名画家，尤擅长花鸟画，自1929年起，在中央大学任教。

▲ 1940年12月，罗斯福在总统大选中胜出，第三次当选为美国总统。国民政府表示祝贺，同时由外交部长王宠惠与中央大学校长罗家伦委托张书旂以《世界和平的信使》为题，创作一幅中国画，赠送给罗斯福。张书旂创作出由100只形态各异的鸽子组成的巨幅花鸟画。画图完成后，罗家伦在图幅右下角题有诗句。之后，蒋介石在画上书签“信义和平”四字。1940年12月23日，由中美文化协会组织，罗家伦在嘉陵宾馆举行茶话会，将《百鸽图》交给美国大使詹森。罗斯福在1941年1月20日就职大典前收到《百鸽图》，并函嘱詹森向张书旂、罗家伦表示感谢。《百鸽图》曾作为唯一一幅中国书画挂于美国白宫，后收藏于美国罗斯福总统纪念馆。图为张书旂作的《百鸽图》。

◀ 白修德是抗战时期著名的国际新闻工作者，以其独特的思想和职业风格在重庆和中国作采访，是中国抗战历史的重要外国记录者。白修德是1939年4月10日抵达重庆的。图为《时代》杂志著名新闻记者白修德。

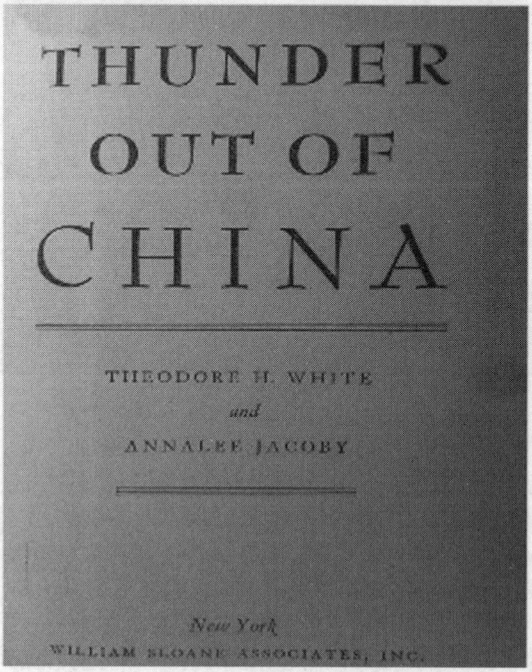

◀ 在渝期间，白修德与周恩来进行了频繁的接触，并成为好朋友。不仅如此，白修德还造访了八路军驻重庆办事处，会见认识了董必武、林彪、叶剑英、龚澎、乔冠华、陈家康等人。在不断交往中，白修德转变了对共产党的看法，这对其新闻报道的倾向性有重要影响。1944年10月，白修德访问了延安，并写出了《中国的惊雷》。图为1946年版《中国的惊雷》封面。

▲ 1942年，奥斯卡正式设立纪录片奖项，反映中国抗战的《苦干》荣获首届奥斯卡纪录片特别奖。该片由美籍华裔李灵爱（Li Ling–Ai）策划、美国记者Rey Scott用16毫米彩色胶卷拍摄完成。《苦干》真实地记录了包括中国上海、南京、广州、成都、兰州、西宁、贵阳及重庆等城市的战时情形，特别忠实地反映了日机大肆屠杀下中国人的不屈精神和顽强意志。图为《苦干》宣传海报。

▲ 李灵爱是一位居住在美国夏威夷的华裔，从小受美国文化熏陶，但又学习了中国语言、舞蹈和音乐。当日本全面侵华后，李灵爱对祖国的战况给予了极大关注。抗日战争全面爆发后，李灵爱积极参加美国援华联合会（United China Relief）在纽约举办的募款时装表演，接受驾驶大型飞机训练，决心驾驶轰炸机前往中国协助对日作战。此次举动虽未最终成功，但随后在没有得到美国政府和有关机构任何资助的情况下，李灵爱与父亲和家人商量，动员祖母变卖了首饰，凑集资金，用当时最好的设备和最棒的柯达彩色胶片拍摄了一部反映中国抗战的纪录片。在李灵爱的策划下，她的摄影团队来到中国，并在战火中拍摄了珍贵的影像。图为李灵爱（前排左一）一家。

▲ 1943年3月24日，李约瑟到达重庆。在这里，李约瑟结识了不少中国科学家，如童第周、张孟闻、沈宗瀚、胡安定等。李约瑟的考察以及与中国科学家的交往，对他后来完成《中国科技史》奠定了基础。图为1943年李约瑟访问中央研究院动植物研究所。

▲ 在李约瑟的建议下，英国政府于1943年10月正式批准了建立中英科学合作馆的计划，并同意由李约瑟任馆长，其经费由英国文化协会负责组织，同时受英国驻华大使馆的领导。中英科学合作馆主要由中、英两国科学家组成。最初有7名科学家，其中4人来自英国，2人来自中国，1人来自印度(当时为英国殖民地)。前后在中英科学合作馆工作过的英国科学家有6名，中国科学家有10名。图为抗战时期的中英科学合作馆。

▲ 来自英国的科学家除李约瑟本人外，还有李约瑟的夫人、英国著名生物化学家李大斐、物理学家班威廉、生理学家毕铿、病理学家萨恩德、地质学家波尔顿。中国方面的10名科学家是有机化学家黄兴宗、农业学家廖鸿英、药学家印碧云、有机化学家曹天钦、物理学家胡乾善、物理学家钱家祁、化学家侯助存、植物病理学家周家炽、生物化学家鲁桂珍、无线电物理学家龙怀民。图为1944年8月28日李大斐与中国科技工作者共进午餐。

◄ 高罗佩是荷兰著名的汉学家和外交家。中国人民抗日战争全面爆发之前，高罗佩先后在莱顿大学、乌德勒支大学完成了学业，并于1935年开始在荷兰外交机构供职。1943年3月，高罗佩被派往中国，出任荷兰驻中国大使馆一等秘书。1943年6月，高罗佩结识了水世芳。水世芳是晚清名臣张之洞的外孙女。高罗佩请水世芳补习中文，二人相互交往，日久情深。1943年9月11日，高罗佩与水世芳宣布订婚。同年12月18日，高罗佩与水世芳在重庆基督教思恩堂里结婚。高罗佩与水世芳的结合进一步奠定了他与中国及中国文化的情缘。也正是在重庆的经历，使得高罗佩在中国古琴、书法、文学等方面的造诣非同凡响。图为高罗佩与水世芳。

▲ 高罗佩对于古琴的热爱早在他来到重庆之前就已经十分明显了，1940年，他就出版了《琴道》。在重庆，高罗佩与冯玉祥、于右任、杨绍武、徐元白等接触频繁，时常到杨绍武家中品评古琴。1944年，高罗佩在重庆出版了《明末义僧东皋禅师集刊》。与高罗佩有过密切交往的许世英、王芃生均为其书着墨撰序。1945年2月，高罗佩与杨绍武等人组织“天风琴社”，专门从事古琴鉴赏与研究。图为天风琴社成立纪念一周年合影。

◀ 鹿地亘与池田幸子是日本反战作家，他们是夫妻。早在1938年，鹿地亘夫妇便与郭沫若等开始接触。在第三厅的帮助下，鹿地亘夫妇从香港来到武汉，并得到当时政治部负责人陈诚、周恩来的接见。随后，鹿地亘夫妇在中国撰写了大量反战材料，由盟军用飞机撒向日本。图为鹿地亘和池田幸子在重庆。

▲ 高罗佩从20岁就开始练习书法。到重庆后，他更是利用与中国名家交流的机会，对书法的追求孜孜不倦，形成了自己独有的“高体”风格。在文学上，高罗佩是一位诗人、小说家。高罗佩对中国古体诗的掌握也十分准确，尤其钟爱律诗。五言的有：“交官任赴渝，狄公视野现。年处万案积，天下无冤叹。憾甚艺创生，锐笔稗史撰。巨制荡西方，公熠压福探。”七言的如：“漫逐浮云到此乡，故人邂逅得传觞。巴渝旧事君应忆，潭水深情我未忘。宦绩敢云希陆贾，游踪聊喜继玄奘。匆匆聚首匆匆别，便泛沧浪万里长。”仅此两例，足可见高罗佩在古体诗上的造诣已不凡。在渝期间，高罗佩读到一本清初公案小说《武则天四大奇案》，这对他后来《大唐狄公案》的写作产生了较大影响。图为高罗佩极具中国元素的书房。

◀ 绿川英子的反战活动可以追溯至“九一八”事变爆发后。因为强烈反对日本的侵略行径，绿川英子被开除学籍。1933年，绿川英子与中国留日学生刘仁相识，二人于1936年结婚。第二年，绿川英子便来到中国，持久地开展反战活动。图为绿川英子与刘仁。

▲ 从1940年起，鹿地亘夫妇开始以重庆为中心开展反战运动。1940年4月27日，鹿地亘率领“在华日人反战同盟西南支部巡回工作团”离桂赴渝。抵达重庆时，鹿地亘夫妇及“工作团”受到重庆各界两千余人的欢迎。5月9日，《新华日报》发表社论《欢迎日本反战工作团》。7月20日，鹿地亘夫妇在重庆成立了“在华日本人反战同盟”总部，并被推举为会长。图为1941年8月25日反战同盟会会员与重庆北碚临别时留念合影。

▲ 除了领导日本反战同盟的工作，鹿地亘还在文学创作、文学评论、翻译等领域创作出大量作品。1940年6月，由鹿地亘编著的《三兄弟》在重庆国泰大戏院公演，盛况空前。重庆各大报纸对此作了大篇幅报道，对《三兄弟》给予了高度评价。1945年9月14日，毛泽东赴重庆与蒋介石谈判期间，曾由周恩来陪同，在桂园单独接见了鹿地亘夫妇，作了长时间的交谈。毛泽东充分肯定了鹿地亘的创举及其为中国抗战所做出的贡献。图为鹿地亘在重庆嘉陵江边创作。

▲ 武汉沦陷后，绿川英子与刘仁来到重庆，住在大田湾，与鹿地亘夫妇为邻。1939年，日机狂轰滥炸，绿川英子与刘仁随三厅迁到赖家桥金刚村。在重庆期间，绿川英子积极参加“在华日本人反战同盟”的活动，向日本俘虏宣讲战争的残酷与侵略的不正当性。1940年夏，三厅改组，绿川英子夫妇受郭沫若邀请，加入到文化工作委员会的工作中，并负责从事对日宣传。1941年6月，绿川英子用世界语翻译了揭露日军暴行的小说《活着的士兵》，由《中国报道》杂志社出版。绿川英子的反战活动得到了周恩来的赞扬。图为1940年三八妇女节，绿川英子在重庆发表讲演。

参考文献

1.《习近平在中共中央政治局第二十五次集体学习时强调,让历史说话,用史实发言,深入开展中国人民抗日战争研究》(2015年7月30日),《人民日报》2015年7月31日。

2. 胡锦涛:《在纪念抗日战争胜利60周年大会上的讲话》(2005年9月3日),《人民日报》2005年9月4日。

3. 秦孝仪主编:《总统蒋公大事长编初稿》,卷四,中国国民党中央委员会党史委员会,1978年版。

4.《蒋委员长讲:四川应作复兴民族之根据地》,见于秦孝仪主编:《中华民国重要史料初编·对日抗战时期》绪编(一),(台)中国国民党中央委员会党史委员会,1981年版。

5. 蒋介石:《国府迁渝与抗战前途》,见于秦孝仪主编:《先总统蒋公思想言论总集》第14卷,(台)国民党中央党史委员会,1984年版。

6.《毛泽东选集》第2卷,人民出版社1991年版。

7. 中共四川省委党史研究室编:《南方局党史研究论文集》,重庆出版社1993年版。

8. 中共重庆市委党史研究室编:《中共中央南方局史》,重庆出版社2009年版。

9. 王健英编著:《中国共产党组织史资料汇编》,红旗出版社1983年版。

10.《刘少奇选集》(上卷),人民出版社1981年版。

11.《第二次世界大战史论文集》,生活·读书·新知三联书店1985年版。

12.《牢记历史　共护和平》,《人民日报》2005年5月9日。

13. [美]罗伯特·布莱克著:《罗斯福与美国对外政策1932—1945》下册,商务印书馆1984年版。

14.《华莱士携带来渝　罗斯福赠送卷轴》,《新华日报》1944年6月25日。

15. 周开庆著:《民国川事纪要》,(台)四川文献研究社1974年版。

16. 周开庆著:《四川与对日抗战》,(台)商务印书馆1971年版。

17. 毛泽东:《致汪精卫、张伯苓电》,中国第二历史档案馆藏,1938年10月28日。

18.《蒋介石日记》,斯坦福大学胡佛档案馆藏,档案号:39-14。据手抄稿整理。

19.《国民政府移驻重庆宣言》,见于张旭光编译:《大战史料汇编》第1集,江西文化出版社1943年版。

20.《国民政府公报》第151号,第140册,(台)成文出版社1972年版。

21. 重庆市志办公室编著:《重庆志》第2卷,西南师范大学出版社2004年版。

22. 军事科学院军事历史研究部著:《中国抗日战争史》(中),解放军出版社2005年版。

23. 唐润明著:《抗战时期重庆的军事》,重庆出版社1995年版。

24. 唐润明主编:《抗战时期大后方经济开发文献资料选编》,重庆出版社2012年版。

25. 陆大钺、唐润明编著:《抗战时期重庆的兵器工业》,重庆出版社1995年版。

26.《国民政府公布国民参政会组织条例训令(1938年4月12日)》,见于中国第二历史档案馆编:《中华民国史档案资料汇编·政治(一)》第五辑,第二编,江苏古籍出版社1997年版。

27.《国民政府通饬遵照抗战建国纲领训令(1938年7月2日)》,见于中国第二历史档案馆编:《中华民国史档案资料汇编·政治(一)》第五辑,第二编,江苏古籍出版社1997年版。

28.《国民参政会纪实》(上),1985年版。

29. 重庆抗战调研课题组:《重庆市抗战时期人口伤亡和财产损失》,中共党史出版社2011年版。

30. 重庆市政协学习及文史委员会、西南师范大学重庆大轰炸研究中心编著:《重庆大轰炸》,西南师范大学出版社2002年版。

31. 宋平著:《蒋介石生平》,吉林人民出版社1988年版。

32. 周恩来:《一年来的谈判及前途》,见于《周恩来选集》(上卷),人民出版社1980年版。

33. 顾执中、侯外庐著:《回忆重庆》,重庆出版社1984年版。

34. 中国民主建国会重庆市委员会、重庆市工商联合会文史资料工作委员会编:《重庆工商人物志》,重庆出版社1984年版。

35. 中国民主建国会重庆市委员会、重庆市工商联合会文史资料工作委员会编:《抗战时期重庆民营工业掠影》,重庆出版社1986年版。

36. 政协重庆市委员会文史委编:《重庆抗战纪事》,重庆出版社1985年版。

37. 中国人民政治协商会议西南地区文史资料协作会议编:《抗战内迁西南的工商企业》,云南人民出版社1989年版。

38. 周勇主编:《重庆·一个内陆城市的崛起》,重庆出版社1989年版。

39. 周勇主编:《重庆通史》第三卷:近代史(下),重庆出版社2002年版。

40. 周勇主编:《重庆抗战史1931—1945》,重庆出版社2013年版。

41. 隗瀛涛主编:《近代重庆城市史》,四川大学出版社1991年版。

42. 张弓、牟之先主编:《国民政府重庆陪都史》,西南师范大学出版社1993年版。

43. 重庆市电信志编纂委员会编辑室编:《重庆电信志:1886—1990》,内部出版,1993年。

44. 祝曙光著:《抗日战争时期的中国铁路运输》,见于《军事历史》1993年第4期。

45. 李占才著:《抗战中的中国铁路运输》,见于《抗日战争研究》1994年第1期。

46. 顾乐观等编:《中国重庆抗战陪都史国际学术研讨会论文集》,华文出版社

1995年版。

47. 徐朝鉴等编:《重庆抗战大事记》,重庆出版社1995年版。

48. 徐朝鉴等编:《重庆国民政府》,重庆出版社1995年版。

49. 彭承福主编:《重庆人民对抗战的贡献》,重庆出版社1995年版。

50. 冯开文、张荣祥主编:《陪都遗址寻踪》,重庆出版社1995年版。

51. 韩渝辉主编:《抗战时期重庆的经济》,重庆出版社1995年版。

52. 陶维全等编:《重庆大事记》,科技文献出版社重庆分社1998年版。

53. 黄济人著:《抗战时期大后方经济史研究》,中国档案出版社1998年版。

54. 陈晓卿主编:《百年中国》,山东画报出版社2000年版。

55. 陈晓卿等著:《一个时代的侧影》,广西师范大学出版社2005年版。

56. 王川平著:《在历史与文化之间》,重庆科学出版社2003年版。

57. 谭刚著:《抗战时期的西部交通建设与城市发展》,见于《天府新论》,2004年第2期。

58. 谭刚著:《抗战时期的西部交通建设》,见于《历史档案》,2007年第1期。

59. 邓又萍等著:《陪都溯踪》,重庆出版社2005年版。

60. 李学政著:《回味陪都市井生活》,重庆出版社2005年版。

61. 李金荣编著:《老行当》,重庆出版社2007年版。

62. 李金荣、杨筱著:《烽火岁月——重庆大轰炸》,重庆出版社2005年版。

63. 苏智良等编著:《去大后方——中国抗战内迁实录》,人民出版社2005年版。

64. 黄波等著:《寻城记——重庆》,四川文艺出版社2007年版。

65.《中国近代机场建设史》,航空工业出版社2008年版。

66. 陈雯著:《试析抗战时期西南航空运输的两次飞跃》,见于《四川理工学院学报(社会科学版报)2008年6月第23卷第3期。

67. 张守广著:《大变局:抗战时期的后方企业》,江苏人民出版社2008年版。

68. 张守广著:《抗战大后方工业研究》,重庆出版社2012年版。

69. 连城著:《抗日战争时期重庆邮政发展初步研究》,西南大学硕士学位论文,2009年。

70. 李波主编:《抗战遗址遗迹图文集》,重庆大学出版社2011年版。

71. 万天伦主编:《北碚岁月·历史文化凝眸》,重庆出版社2012年版。

72. [美]费正清著:《中国对西方的反应》,转引自仇华飞编:《美国的中国学研究》,中国社会科学出版社2011年版。

73. [美]费正清著:《费正清中国回忆录》,中信出版社2013年版。

74. 王介南著:《近代中外文化交流史》,山西出版社2009年版。

75. 薛新力主编:《重庆文化史》,重庆出版社2001年版。

76. 资中筠、陶文钊主编:《架起理解的新桥梁——中美关系史研究的回顾与展望》,安徽大学出版社1996年版。

77. 张注洪主编:《中美文化关系的历史轨迹》,南开大学出版社2001年版。

78. 陈申、徐希景著:《中国摄影艺术史》,生活·读书·新知三联书店2011年版。

79. 潘梓年著:《潘梓年文集》,江苏人民出版社1990年版。

80. 浦熙修著:《百鸽图赠送记》,《新民报》,1940年12月24日。

81. 罗泰琪著:《重庆大轰炸纪实》,内蒙古人民出版社1998年版。

82. 张鲁、刘蜀仪编著:《陪都进步文化人》,重庆大学出版社1995年版。

83. 苏光文主编:《抗战时期重庆的文化》,重庆出版社1995年版。

84. 杨光彦等主编:《重庆国民政府》,重庆出版社1995年版。

85. 文履平、肖鸣锵主编:《抗战时期重庆的新闻》,重庆出版社1995年版。

86. 民革中央孙中山研究学会重庆分会编:《重庆抗战文化史》,团结出版社2005年版。

87. 石曼、余叙昌著:《又见大后方影剧明星》,重庆出版社2005年版。

88. 孙善齐著:《重睹大后方文坛芳华》,重庆出版社2005年版。

89. 重庆中国抗战大后方研究协同创新中心编:《中国抗战大后方——历史文化研究论丛》第一辑、第二辑,重庆出版社2013年版。

90. 王宗光主编:《上海交通大学史》,上海交通大学出版社2011年版。

91. 张小曼、李长林编:《张西曼集》,湖南人民出版社2010年版。

92. 尚明轩主编:《宋庆龄年谱长编(1893—1948)》,社会科学文献出版社2009

年版。
93. 武菁等:《抗日战争纪事本末》,安徽大学出版社2008年版。
94. 程雨辰著:《抗战时期重庆的科学技术》,重庆出版社1995年版。
95. 杨丙粗著:《重庆报纸小史》,见于杨光辉等编:《中国近代报刊发展概况》,新华出版社1986年版。
96. 许增纮、潘洵著:《川东师范学堂与西南师范学院的组建》,见于《西南师范大学学报》(人文社会科学版)2005年第5期。
97. 顾毓琇著:《抗战以来我国教育文化之损失》,见于《时事月报》1938年10月十九卷五期。
98. 李定开著:《抗战时期重庆的教育》,重庆出版社1995年版。
99. 蒋国昌:《重庆市教育志》,重庆出版社2002年版。
100. 王川平主编:《英雄之城——大轰炸下的重庆》,重庆出版社2011年版。
101. 中国人民政治协商会议西南地区文史资料协作会议编:《抗战时期内迁西南的高等院校》,贵州民族出版社1988年版。
102. 中国人民政治协商会议西南地区文史资料协作会议编:《抗战时期的文化事业》,贵州民族出版社1988年版。
103. 民革中央孙中山研究学会重庆分会编著:《重庆抗战文化史》,团结出版社2005年版。
104.《四川新闻调查》,见于《四川月报》1935年2月第6卷第2期。
105.《重庆书店业调查》,见于《四川月报》1935年2月第6卷第2期。
106. 邮电史编辑室编:《中国近代邮电史》,人民邮电出版社1984年版。
107. 四川省立教育学院概况:《川教院档案》,全宗0122,目录1,卷号640。
108. 民国三十七年上期四川省公私立专科以上学校概况调查表:《川教院档案》,全宗0122,目录1,卷号670。
109. 四川乡村建设学院院长办公室:《四川乡村建设学院一览》,四川乡村建设学院刊物发行处,1935年。
110. 重庆市渝中区人民政府地方志编撰委员会编:《重庆市市中区志》,重庆出版社1997年版。

111.《鲁迅全集》第一卷《杂忆》,见于《莽原》周刊1925年6月19日第九期。
112. 重庆红岩革命历史博物馆:《新华日报及群众周刊画史》,重庆出版社2013年版。

后记

2005年，根据重庆市委的要求，我市组织编写出版了专著《重庆抗战史：1931—1945》(周勇主编，重庆出版社出版)，为重庆抗战史研究打下了坚实的基础，也为抗战史宣传提供了依据。由此，关于中国抗战大后方的历史研究开始起步，并迅速拓展。

2008年，重庆市委决定实施“重庆中国抗战大后方历史文化研究与建设工程”(以下简称“抗战大后方工程”)，包括历史文化研究、文物抢救保护、文献档案搜集、文艺精品创作、文化设施建设、对外交流合作6项任务。八年来，工程的实施已取得丰硕成果，引起了国内外的广泛关注。

按照市委的部署，市委宣传部规划了重庆社科重大专项“抗战大后方历史图典”(批准号2012-ZDZX12)，要求以《重庆抗战史：1931—1945》为学术基础，在重庆博物馆(重庆中国三峡博物馆)馆藏图片基础上整合其他文博、研究机构保存的历史图片，以及实施“抗战大后方工程”以来在海外搜集到的珍贵图片，编成一部反映重庆抗战历史的图像历史著作，与2005年出版的《重庆抗战史：1931—1945》互为补充，相得益彰。

摆在大家面前的这部《重庆抗战图史》就是这一项目的最终成果。全书以《重庆抗战史：1931—1945》为基本依据，分“政治”、“经济”、“文化”三篇。其中，“政治篇”涵盖了与重庆相关的战时政治、军事、外交历史；“经济篇”涵盖了战时重庆的工业、金融、商业、交通、邮电以及城市建设与市民生活等内容；“文化篇”涵盖了战时重庆的新闻出版、文学艺术、教育、科技、学术研究、宗教以及中外文化交流等内容。《重庆抗战图史》用以图说史的方式，兼具学术性与普读性，比较全面和准确地呈现了抗战时期重庆的政治、军事、外交、经济、文化以及社会生活，彰显了重庆的历史地位和重庆人民对抗战胜利的牺牲和贡献。

《重庆抗战图史》的编纂以重庆博物馆（重庆中国三峡博物馆）研究团队为基础力量，在周勇、程武彦的主持与指导下完成，同时得到了中共重庆市委宣传部、中共重庆市委党史研究室、重庆市档案馆、重庆红岩联线管理中心、重庆图书馆、重庆社科院、西南大学及中国抗战大后方研究协同创新中心等单位的支持。2014年5月、2015年2月、2015年6月，来自上述单位的周勇、朱军、徐塞声、罗心福、张鲁鲁、郑永明、任竞、潘洵、黄晓东、唐润明、王志昆、邓平、袁佳红等组成的专家组，对《重庆抗战图史》大纲、内容作了讨论，提出了许多宝贵意见，在此表示衷心的感谢！

在《重庆抗战图史》的编撰过程中，张荣祥同志负责统稿和初稿审读，艾智科同志负责协调工作。编撰委员会下设“政治”、“经济”、“文化”三个小组，由小组长牵头各组工作。政治篇、经济篇、文化篇的小组长分别是艾智科、李金荣、邓又萍，他们既参与具体的编撰工作，同时负责各小组初稿的统稿。

——《重庆抗战图史》（政治篇）的编撰由周勇、艾智科、苏健红、雷雯佳、张莉、刘英、丁顺英、李金荣共同完成。其中，周勇负责绪论撰写，艾智科负责第一部分第二节、第二部分、第四部分的内容，苏健红负责第一部分第一、三、四节、第五部分及第七部分第一、四节的内容，雷雯佳负责第三部分第二、四节及第六部分第二、三、四节的内容，张莉负责第六部分第一节的内容，刘英与丁顺英负责第三部分第一、三、五节及第七部分第三节，李金荣负责第七部分第二节内容。

——《重庆抗战图史》（经济篇）的编撰由李金荣、杨雨、黄河、余宽、艾智科、唐润明共同完成。其中，艾智科负责绪论的撰写，李金荣负责第六部分内容；杨雨负责第一部分第一、三、四节和第三部分的内容；唐润明负责第一部分第二节的内容；李金荣、余宽负责第二部分的内容；黄河负责第四和第五部分的内容。

——《重庆抗战图史》（文化篇）的编撰由邓又萍、牛瑞芳、陶昕、艾智科共同完成。其中,邓又萍负责绪论、第一、三、四、七、九部分的内容;牛瑞芳负责第二、八部分的内容;陶昕负责第五、六部分的内容,艾智科负责第十部分的内容。

后记、全书序由周勇撰写,照片统一由马捷、周一川、张静修复。

在书稿形成后,周勇、程武彦、张荣祥分别作了逐字逐页的审读,对全书立意、结构、绪论及章综述的文字、各卷图片都提出了大量的修改意见,进而形成了全书的定稿。

2015年是中国人民抗日战争暨世界反法西斯战争胜利70周年。在这个伟大节日到来之际,由重庆学者撰写的《重庆抗战图史》专著出版,实现了重庆历史学界多年的愿望,也是我们献给这一伟大节日的一份厚礼。

中国人民抗日战争开启了古老中国凤凰涅槃、浴火重生的新征程,重庆就是它的缩影。因此,二战时期的中国不可遗忘,抗战中的重庆同样不能遗忘。《重庆抗战图史》的出版,有助于人们更好地回顾重庆抗战时期的历史,了解今天的重庆;有助于牢记由鲜血和生命铸就的中国人民抗日战争的伟大历史,铭记中国人民为维护民族独立和自由、捍卫祖国主权和尊严建立的伟大功勋,彰显中国人民为世界反法西斯战争胜利做出的伟大贡献;同时也有助于我们弘扬伟大抗战精神,牢记历史、不忘过去、珍爱和平、开创未来,为实现中华民族伟大复兴的中国梦而努力奋斗!

编 者

2015年8月15日

日本投降纪念日